Steinhöfel (Hrsg.) · Spuren der DDR-Pädagogik

Spuren der DDR-Pädagogik

Herausgegeben von Wolfgang Steinhöfel

Mit Beiträgen von
Klaus-Peter Becker, Franz Bernard, Edgar Drefenstedt,
Franz Hofmann, Dieter Kirchhöfer, Paul Mitzenheim,
Edgar Rausch, Werner Salzwedel, Hildegard Steinhöfel,
Wolfgang Steinhöfel, Christa Uhlig, Karlheinz
Tomaschewsky, Harald Zimmer

Deutscher Studien Verlag · Weinheim 1993

Die Deutsche Bibliothek – CIP-Einheitsaufnahme

Spuren der DDR-Pädagogik / hrsg. von Wolfgang Steinhöfel.
Mit Beitr. von Klaus-Peter Becker ... – Weinheim: Deutscher Studien Verlag, 1993
　ISBN 3-89271-414-2
NE: Steinhöfel, Wolfgang [Hrsg.]; Becker, Klaus-Peter

Alle Rechte, insbesondere das Recht der Vervielfältigung und Verbreitung
sowie der Übersetzung, vorbehalten. Kein Teil des Werkes darf in irgendeiner
Form (durch Photokopie, Mikrofilm oder ein anderes Verfahren) ohne schriftliche
Genehmigung des Verlages reproduziert oder unter Verwendung elektronischer
Systeme verarbeitet, vervielfältigt oder verbreitet werden.

© 1993 Deutscher Studien Verlag · Weinheim
Druck: Druck Partner Rübelmann, 69502 Hemsbach
Seriengestaltung des Umschlags: Atelier Warminski, 63654 Büdingen
Printed in Germany

ISBN 3 89271 414 2

Inhaltsverzeichnis

Vorwort 7

Franz Hofmann
Pädagogische Wissenschaft
Erkundungen ihrer historischen Dimension 9

Paul Mitzenheim
Zum Stellenwert der Geschichte der Erziehung in meiner beruflichen
Entwicklung: Lehrerstudent – Lehrer – Lehrerbildner 27

Christa Uhlig
Zur Rezeption der Reformpädagogik in den 70er und 80er Jahren
Ansätze und Kritik 50

Edgar Drefenstedt
Reform oder Revisionismus
Eine Analyse des Jahrgangs 1956 der Zeitschrift »Pädagogik« 68

Dieter Kirchhöfer
Abschied von Individualität – das Paradigma der Individualität in der
sozialistischen Erziehungswissenschaft 103

Werner Salzwedel
Versuch zu einer allgemeinen Pädagogik in der DDR 120

Harald Zimmer
Persönlichkeitsentwicklung unter Beachtung der Aneignung
wissenschaftlicher Erkenntnisse 135

Franz Bernard
Der Einfluß von Funktion und Struktur der Aneignungsgegenstände auf
die Gestaltung von Aneignungsprozessen 150

Wolfgang Steinhöfel
Die Balance im Umgang mit dem Begabtenphänomen
Zur Begabungsforschung an der Technischen Universität
Karl-Marx-Stadt/Chemnitz von 1980 bis 1990 160

Karlheinz Tomaschewsky
Umgestaltung des Unterrichts
Führen der Schülertätigkeiten zum Lösen von Aufgaben und zur
Verinnerlichung von Werten der Moral 185

Edgar Rausch
Unterrichtliche Kommunikation und Kooperation
Didaktische Forschung an der Pädagogischen Hochschule Leipzig
mit paradigmatischem Anspruch 209

Klaus-Peter Becker
Rehabilitationspädagogik an der Humboldt-Universität zu Berlin 225

Hildegard Steinhöfel
Die Frage nach der Chance für die Gesundheitserziehung in der
Lehrerbildung
Gesundheitserziehung in der Schule – eine immerwährende Utopie? ... 239

Zu den AutorInnen und ihren Beiträgen 255

Vorwort

»... wer Historie schreiben oder auch nur verstehen will, hat sich in erster Reihe zweier Dinge zu befleißigen: er muß Personen und Taten aus ihrer Zeit heraus zu begreifen und sich vor Sentimentalitäten zu hüten wissen« (Fontane, in: ›Cecile‹, 1887).

Im Mai 1991 entstand bei den als Autoren in diesem Buch mitwirkenden Erziehungswissenschaftlern der Gedanke, die von ihnen mitgezeichneten bewahrenswerten Spuren pädagogischer Forschung und Lehre der DDR wie ebenso Einschränkungen, die reformerisches Bemühen überlagerten, sichtbar zu machen, Gewesenes festzuhalten, um zu verhindern, daß spätere Geschichtsdeutungen manches als »zeitlich unpassend« vergessen oder verfälschen könnten.

Zu allen Zeiten war und ist es sinnvoll, wenn Zeitzeugen mit erforderlicher Distanz ihre »eigene Geschichte« selbst fixieren, ihre Intentionen und Ergebnisse selbst interpretieren.

Unter den als Autoren auftretenden Zeitzeugen von DDR-Pädagogik sind wohl auch jene »jungen Paulusse«, die gemeinsam mit den »heißen Greisenherzen« – nach 1945, als »das Leben kein Leben mehr war ... und die deutschen Lehrer alt und mürbe ...« waren – eine »Erziehung« wollten »zur Lebenshilfe, zur Verwirklichung des edelsten Menschheitssozialismus durch Religiosierung der Menschen« (Paul Oestreich, 1946). Heute, mehr als 45 Jahre danach, fragen sie sich mit Rückblick auf ihre pädagogischen Intentionen, ob und inwieweit sie sich diesem Ziele näherten.

Heutzutage Spuren der DDR-Bildungsgeschichte und -pädagogik aufdecken zu wollen, wird leider auch durch nicht immer unbeabsichtigte Vergangenheitsbeseitigung oder -verzerrung erschwert. Sicher darf DDR-Geschichte nicht isoliert betrachtet werden, nicht unbeachtet die Spannung im Kräftefeld europäischer Konfrontation und deutsch-deutscher Wirkungen und Gegenwirkungen bleiben. Dennoch können ohne Zweifel bewahrenswerte Spuren auch für eine heutigen Ansprüchen genügenden beachtenswerten Reformkonzeption gefunden werden, wenn sie des »Aufspürens« für wert gehalten werden.

Den Autoren gegenüber möge der Leser, dem Dargelegten folgend, Verständnis dafür zeigen, daß sie sich mit möglicherweise neuen Verzerrungen vor allem dem Bewahrenswerten von DDR-Pädagogik öffnen.

Für die von Anbeginn an gewährte beratende Unterstützung bei der Herausgabe des Buches möchte ich mich bei Herrn Prof. Dr. Peter Zedler sowie dem Verlagsleiter, Herrn Rüdiger Herth, bedanken, wie ebenso für die Mithilfe bei der redaktionellen Durchsicht einiger Manuskripte bei den Herren Prof. Dr. Paul Mitzenheim und Prof. Dr. Werner Lohse, zugleich aber auch und insbesondere bei meiner Frau, Dr. Hildegard Steinhöfel, für ihre unermüdliche organisatorische Hilfe. Für die technische Unterstützung zur Fertigstellung des Druckmanuskriptes danke ich Herrn Ralf Goedicke. Die wissenschaftliche Verantwortlichkeit trägt jeder Autor für seinen Beitrag; für die hoffentlich nicht so zahlreichen Fehler und Mängel des Buches bleibe ich natürlich allein verantwortlich.

Wolfgang Steinhöfel

Franz Hofmann

Pädagogische Wissenschaft

Erkundungen ihrer historischen Dimension

1. Zum Problem

Die Anstöße zu folgenden Überlegungen gingen von Erfahrungen, Erlebnissen und Einsichten einer über Jahrzehnte währenden Tätigkeit als Lehrerbildner, von theoretisch-kritischen Erwägungen zu Grundfragen der pädagogischen Wissenschaft und nicht zuletzt vom geistigen Bemühen eines vorwiegend im Bereich der historischen Pädagogik wirkenden Wissenschaftlers aus, der in immer neuen Anstrengungen die Geschichte von Erziehung und Pädagogik als erkenntnisfördernden Gedankenkreis für das Ganze der Pädagogik zu begreifen suchte.

Im Umkreis der pädagogischen Studien für Lehramtsanwärter und junge Wissenschaftler kam es nicht selten dazu, daß in pragmatisch-utilitaristischer Sicht nach dem Nutzen der Historie für die theoretische Erfassung und Lenkung des Erziehungs- und Bildungsgeschehens gefragt wurde; auch Vertreter der Fachdidaktiken, Methodiken und anderer pädagogischer Disziplinen begegneten den obligatorischen Unterweisungen im Rahmen der Lehrerausbildung mit Skepsis. In den Studiengängen für Lehramtsstudiengängen waren in der DDR obligatorisch Vorlesungen und Seminare im Fachgebiet »Geschichte der Erziehung« zu absolvieren.

Die Begründung der im bezeichneten Sinne geäußerten Ansichten war – abgesehen von unzureichender historisch-pädagogischer Sachkenntnis – Zweifel, was den Wert der Bildungsgeschichte für die pädagogische Kultur anbelangt. Anders ausgedrückt: Die »ewige« Frage nach der fruchtbaren Theorie-Praxis-Beziehung im Bereich des Pädagogischen, die naiv oder sublimiert bei allen Nachforschungen über Wesen und scientifische Dignität der Pädagogik immer von neuem erörtert werden muß, wurde unter dem speziellen Aspekt, was historisch-pädagogisches Wissen zu leisten vermag (oder ob man es als »Urväterhausrat« leicht vermissen kann), aufgeworfen.

Wenn man sich solchen Fragen stellen will, wird eine bloß »antiquarische« Geschichte der Erziehung und Pädagogik, die sich an Feiern und Gedenktagen hochrankt und leider oft nur höchst kurzlebige Aktivitäten zu Tage fördert, im wahren Sinne des Wortes fragwürdig. So reifte eine Erkenntnis: Die Vertreter der Allgemeinen Pädagogik, der Didaktik, Methodik und anderer erziehungswissenschaftlicher Disziplinen werden auf die Dauer nicht umhinkommen, ihre Untersuchungen »geschichtsbewußt« anzulegen, und die Historiker der Pädagogik müssen ihre Studien zunehmend darauf lenken, die von den gegenwärtigen und perspektivisch faßbaren Erziehungs- und Schulproblemen auf die Tagesordnung gesetzten Fragen im Blick zu behalten. Erst indem sich die pädagogische Theorie kontinuierlich ihrer Geschichte versichert und sich die Geschichte der Pädagogik den allgemeinpädagogischen und systematischen Anliegen stellt, vermag jene kreative Ganzheit des wissenschaftlichen Strebens Gestalt anzunehmen, die allein gediegenen Erkenntniszuwachs bewirkt. Auch in diesem Zusammenhang gilt die alte Wahrheit: Theorie ohne Geschichte ist leer; Geschichte ohne Theorie ist blind.

Daher sollte es nicht mehr angehen, daß systematisch-logisch und bildungsphilosophisch arbeitende Pädagogen auf der einen und Erziehungsgeschichtler auf der anderen Seite gleichsam auf parallel verlaufenden Bahnen voranschreiten, die sich erst im Unendlichen schneiden, sondern daß sie weit mehr auf produktive Weise kooperieren lernen müssen.

Solches erscheint unseres Erachtens aber erst dann in vollem Umfang möglich, wenn eine Forschungsrichtung kultiviert wird, die als Geschichte der pädagogischen Wissenschaft – oder auf das zunächst Machbare beschränkt – als Geschichte der pädagogischen Theorie zu bezeichnen ist und über deren Aufgaben, Wesen und Inhalt nach dem gegenwärtigen Stand der Erkenntnisse skizzenweise und fragmentarisch berichtet werden soll.

Einschlägige Bestrebungen, die – um Mißverständnissen vorzubeugen – nur auf einem gediegenen Wissensvorrat und dem kontinuierlichen Zuwachs an Erkenntnissen über Leben, Werk und Wirkungen pädagogischer Persönlichkeiten, über die Leistungen pädagogischer Strömungen, zur Sozialgeschichte von Schule und Lehrerstand und zur Problemgeschichte usw. gedeihen können, tragen entscheidend dazu bei, daß das aktuelle erziehungswissenschaftliche Streben an das Erworbene und Überkommene anzuknüpfen vermag, um das Neue nicht zu überschätzen und im Neuen das Alte transparent werden zu lassen

In drei Anläufen wurde vom Verfasser dieses Beitrages bisher versucht, das für die pädagogische Forschung relativ neue Unternehmen einer Theoriegeschichte der Pädagogik zu verdeutlichen:

Im Jahre 1976 erschien eine Monographie »Erziehungsweisheit – Paedagogia – Pädagogik« (Hofmann 1976) als konzeptionelle Vorstudie. In sieben Werkstatt-Kolloquien, die in Broschüren der »Kongreß- und Tagungsberichte der Martin-Luther-Universität Halle-Wittenberg« Niederschlag fanden, wurden einschlägige wissenschaftsgeschichtliche Problemkreise abgehandelt. In den Kongreß- und Tagungsberichten erschienen Broschüren mit folgenden Titeln: Allgemeine Pädagogik als Anliegen pädagogischer Grundlagenforschung

(1979); Erkenntniswert einer Wissenschaftsgeschichte der Pädagogik (1980); Die Wissenschaftsgeschichte im Imperialismus (1981); Aspektuntersuchungen zur Allgemeinen Pädagogik (1982); Pädagogik – Didaktik – Methodik (1982); Zur Theorie und Geschichte der Pädagogik (1982); Beiträge zur Geschichte der klassischen bürgerlichen Didaktik (1984); Die Wissenschaftssprache der Pädagogik (1985).

Inzwischen sind weitere Teilergebnisse in der Arbeit »Studien zur Geschichte der bürgerlichen Didaktik« (Hofmann 1989) publiziert worden.

2. Die rationale Rekonstruktion einer Wissenschaftsgeschichte der Pädagogik – eine Hypothese

Alle diesbezüglichen Überlegungen gehen von der Erwägung aus, daß es nicht ausreicht, oder daß man es nur als Vorstufe ansehen sollte, die Genese von theoretischen Konstruktionen im pädagogischen Bereich und ihre Konstituierung zur Wissenschaft lediglich zu beschreiben. Ziel sollte es vielmehr auch sein, nach den Gründen, Motiven und Bedingungen dieses Geschehens, nach Sinngebungen und ihnen entsprechenden geistigen Erscheinungen und ihren Entwicklungen in der Zeit zu forschen. Nur dergestalt kann es möglich werden, den Fluß und das Geflecht der Entwicklung von Theorie zu artikulieren, zu typisieren und überschaubar zu ordnen.

Beim Bemühen, eine in der wissenschaftsgeschichtlichen Forschung bewährte Arbeitshypothese zu finden, mit deren Hilfe es auch möglich werden könnte, Gestaltformen der pädagogischen Theorie als Phänomene sui generis zu orten und zu deuten, bot sich – ungeachtet mancher Einwände und kontroverser Auffassungen – die für die Historie der Naturwissenschaften erprobte Anschauung von Th. S. Kuhn über die Struktur wissenschaftlicher Revolutionen und sein Leitbegriff des »Paradigma« an.

Ohne an dieser Stelle die einschlägigen Auffassungen vom Prozeß der Wissenschaftsentwicklung, der Entstehung und des Ablaufes wissenschaftlicher Revolutionen, der Phasen derselben oder des Paradigmas und des Paradigmenwechsels sowie die Kuhns Thesen präzisierenden und ergänzenden Anschauungen von Masterman, Lakatos, Krohn und anderen nachzuvollziehen, soll versucht werden, die Annahmen Kuhns vom »verdeutlichenden Beispiel«, vom »regelgebenden Muster« oder von der »disziplinärenden Matrix« usw. mit gebotener Rücksicht auf die qualitativ andersartigen Gegebenheiten der pädagogischen Theoriebildung anzuwenden, also in den Raum des erziehungswissenschaftlichen Denkens zu transformieren. Bedacht sollen – wenn auch nur am Rande – gewisse Ideen M. Faucault über die »Archäologie des Wissens« werden (vgl. Kuhn 1973).

Von solchen wissenschaftstheoretischen und -historischen Einsichten angeregt, jedoch keineswegs in dogmatischer Weise bestimmt, ließ sich mit gebührender Sensibilität für das Spezifische pädagogischer Reflexion ein gewiß der Diskussion und weiterführender sowie vertiefender Ausarbeitung bedürftiges wissenschaftshistorisches Tableau entwerfen.

In der Folge wird gewagt, die Hauptphasen seines Werdens und seiner Wandlungen im Umriß darzustellen.

Die pädagogische Wissenschaft vermochte sich bekanntlich im »globus intellektualis« erst spät als eigenständige, mit disziplinärem Selbstbewußtsein ausgestattete Theorie zur Geltung zu bringen. Sie durchlief eine lange und komplizierte vorwissenschaftliche oder vorparadigmatische Phase. Während derselben wurde der mühsame Weg vom Mythos zum Logos durchschritten, vollzog sich widerspruchsvoll und mit vielen Peripetien ihrer Ablösung von Theologie und Philosophie. Erzieherische Erfahrung kumulierte kontinuierlich Erkenntnisse, die durch »theoria« generalisiert und graduell sowie in Hinblick auf ihre Topik unterschiedlich systematisiert wurden. In einem noch ungenügend erkundeten Vorgang der Selektion und Adaption wurden im Vorlauf und flankierend Elemente aus jenen geistigen Sphären bereitgestellt, die sich für das pädagogische Denken ergiebig erweisen konnten, nämlich aus dem anthropologischen, kosmologischen, naturphilosophischen, geschichtstheologischen bzw. geschichtsphilosophischen Bereich sowie aus einzelwissenschaftlichen Theoremen, die sich im Verlauf der Zeit aus der »Philosophia« auszugliedern begannen.

Ohne aus dieser Periode eine Überfülle theoretischer Vorleistungen ausbreiten zu wollen, sei nur auf die für die Auffassungen von Menschen, von Natur und erzieherische »techne« bedeutsamen philosophischen Strömungen des Alten Griechenland von den Vorsokratikern bis Aristoteles sowie von Stoa, Epikuräismus, Gnosis und Neuplatonismus verwiesen. Dazu zählen Anschauungen über die menschliche Natur, die für jede theoretische Erfassung des Erziehungsvorganges unerläßlichen Kategorien von Anlage und Begabung, Unterweisung und Übung, das Verfahren der sokratischen Mäeutik, Einsichten über Gnoseologie und Logik oder die Lehre von der Relation zwischen Makrokosmos und Mikrokosmos, die allesamt pädagogisches Denken über Jahrhunderte bestimmen und beunruhigen sollten.

Vorgedacht wurden in den erwähnten großen Zeiträumen auch Lehren über den Stufenbau der Welt in aristotelischer und neuplatonisch-emanatistischer Konzeption. Sie alle sollten nachwirkende Grundschemata für Ordnungen und Entwicklungen des Seins und Wissens abgeben. Beseelt von christlichen Heilserwartungen formten sich Ansichten über den Gang der Geschichte, wobei, direkt oder vermittelt, apokalyptische Visionen, die Auffassungen des Augustinus über die »Civitas dei«, die Geschichtstheologie Joachims von Fiore oder die

Geschichtsphilosophie des Giovanni Battista Vico auch pädagogische Zieltheorien tangierten.

Vor allem die Auseinandersetzungen um das Erbe des Aristoteles sowie seine Rezeption und Brechung durch die verschiedenen Richtungen der Scholastik erweisen sich für die pädagogische Spekulation ebenso ergiebig wie ihre großen geistigen Antithesen in Reformation, Renaissance und Gegenreformation. In ihnen wurden die überlieferten Themen und Thesen in Zustimmung oder Widerstreit von neuem durchdacht und modifiziert. Man kann sagen, daß diese geistige Bewegung in der Schulphilosophie des 16. und 17. Jahrhunderts zunächst gewissermaßen »zur Ruhe« kam.

Als dynamisches Element und Ferment sollte sich in der Folge vor allem die das »offizielle« Denken kontrapunktisch begleitende mystisch-neuplatonische Tiefenströmung erweisen. Sie stellte nicht nur einen Reflex des frühbürgerlichen sozialen Aufbegehrens jener Zeit dar, sondern lieferte auch multivalente Impulse, die für die Entstehung erster Entwürfe pädagogischer Systeme von entscheidender Bedeutung waren.

Dieses nur angedeutete theorieträchtige Inventar, das Jahrhunderte aufbereitet hatten, stellte den Mutterboden dar, auf und aus dem unter bestimmten historischen Bedingungen und angesichts unabweisbarer gesellschaftlicher Bedürfnisse jene zumindest für drei Jahrhunderte bestimmende »regelgebenden Muster« oder »disziplinären Matrices«, also Paradigmata von pädagogischer Wissenschaft gespeist wurden. Derartige Bedingungen und Bedürfnisse lagen – allgemein ausgedrückt – dann vor, wenn an Bildung und Erziehung gestellte Anforderungen mit den vorhandenen Denkmitteln nicht mehr zu befriedigen waren. Erforderliche neue Lösungen mobilisierten notwendig theoretische Aktivitäten.

Derartige entwicklungsfördernde Widersprüche offenbarten sich als wachsende und auf die Dauer unaufhebbare Spannungen zwischen der immer noch verpflichtenden Weltanschauung des Mittelalters auf der einen und der Position des seiner selbst immer nachhaltiger bewußtwerdenden Menschen auf der anderen Seite oder im Streben nach Wissenstotalität und der angesichts von immens anwachsenden Erkenntnisquantitäten durch bloße additive Anhäufung nicht mehr zu bändigenden und vom menschlichen Verstand zu fassenden potentiellen Bildungsinhalte. Dazu trat die sich aus den genannten Sachverhalten zwingend ergebende Frage, wie solche Diskrepanzen mittels besserer Lern- und Lehrverfahren zu meistern wären.

Darin lagen im wesentlichen die Motivationen für die Konstituierung eines ersten Paradigmas im Bereich des Pädagogischen.

Gekennzeichnet wurde es durch seine universalistische, auf Ganzheiten gerichtete Gesamtanschauung und durch Denkstrukturen, die durch die Bestimmungen Harmonie, Ähnlichkeit (M. Facault), Parallelismus von Makro- und

Mikrokosmos, von Welt und Mensch, von Es und Ich charakterisiert sind. Vorbereitet und begründet durch Cusanisches Denken, durch die Naturphilosophie der Renaissance, durch Mystik, Paracelsianismus, durch die Philosophie J. Böhmes und die Anschauungen der spiritualistischen Dissidenten des Reformationszeitalters gewann es in der ersten Hälfte des 17. Jahrhunderts in der Architektonik von Wissenschaftssystemen mit betont pädagogischer Intention Gestalt.

Dieses erste Paradigma soll als »frühbürgerlich« bezeichnet werden. Es besitzt seine ausgereiften Repräsentationen in den Werkganzheiten von Wolfgang Ratke und Jan Amos Comenius.

Beide Persönlichkeiten sind – recht verstanden – nur als Leitgestalten einer Fronde von engagierten Geistern zu begreifen, die das im Dreißigjährigen Krieg zum Ausdruck kommende wirtschaftliche, sozialpolitische und geistige »Beben« mit seismographischer Feinfühligkeit registrierten und als Vordenker ihrer Epoche letztlich danach strebten, der unvollkommenen und unvollendeten »ersten« eine »zweite« oder »Generalreformation« folgen zu lassen. Freilich verdammte sie das Fehlen einer sozialen Massenbasis zu einer »Revolution in Gedanken«. Sie wurde von einzelnen oder geheimen Gesellschaften Gleichstrebender propagiert, versprach sich überaus viel von den Wirkungen sorgsam gehüteter »Arcana«, von Ergebnissen der Alchimie oder vom mächtigen Wirken eines »Perpetuum mobile«. Angesichts der Zeitmisere und immer von neuem enttäuschter Hoffnungen wurde die Reformbewegung durch den Impetus des Zutrauens auf okkulte Künste und durch den Glauben an die baldige Herbeikunft des Tausendjährigen Reiches genährt. Alles einschließend und umschließend erblickten die Weltverbesserer des 17. Jahrhunderts den Schöpfer der »neuen Erde« in einem durch eine »neue Lehrart« oder die »Didactica« universal gebildeten und als »Schmied« seines eigenen und der Menschheit Glück vorbereiteten Menschen.

Damit traten Bildung und Erziehung erstmals explizite als theoriebedürftige und wissenschaftswürdige Anliegen in Erscheinung.

Ratke wie Comenius begriffen ihre Aussagensysteme als organische, wenn auch »ausgezeichnete« Bestandteile des von ihnen entworfenen Wissenschafts- und Wissenskosmos. Ratkes »Allunterweisung« räumte dem pädagogischen Gedankenbau einen hervorragenden Platz unter den »dirigierenden Instrumentlehren« (Ratke 1970, 71) ein; für Comenius stellten sie – durch barocke Zahlensymbolik unterstrichen – in Gestalt seiner »Pampaedia« der »Allgemeinen Beratung über die Verbesserung der menschlichen Dinge« den zentralen vierten Teil im siebenteiligen Opus dar (vgl. Komensky 1970).

Jedoch bereits seit der zweiten Hälfte des 17. Jahrhunderts begann das geschilderte Paradigma seinen Einfluß als bestimmendes, Erkenntnisse förderndes und ordnendes Instrumentarium sowie als konzeptionsprägender und systemgestaltender Faktor des pädagogischen Denkens einzubüßen. So zeigt beispielsweise ein Blick in die Wirkungsgeschichte des Comenianischen Werkes, daß seine von Anbeginn nicht spannungsfreie Ganzheit mehr und mehr auseinanderzudriften begann, nämlich in Elemente des ad hoc Brauchbaren der didaktisch-methodischen Inhalte auf der einen und der diffizilen pansophisch-philosophischen Grundlegung auf der anderen Seite. Erstere behielten Geltung und genossen Anerkennung; letztere wurden über längere Zeiträume hinweg mißverstanden, in Polemiken herabgesetzt, als überholtes Beiwerk unterschätzt oder gar als Narrheit abgetan.

Spätestens seit der Wende vom 17. zum 18. Jahrhundert, vorbereitet durch die Philosophie von Descartes und anderer, setzte eine neue Denkweise ein. Sie war häufig ebenfalls im weitesten Sinne erzieherisch angelegt und besaß ihre gesellschaftlichen Triebkräfte im wirtschaftlich erstarkten und sich politisch sowie kulturell emanzipierenden Bürgertum.

Philosophisch fundiert und begleitet von Denkern wie Leibnitz und Wolff, beeinflußt von der Rezeption des englischen und französischen Sensualismus und Empirismus sowie durch deren Verarbeitung in der Popularphilosophie und massenhaft verkündet durch die Aufklärung entstand in Hinblick auf seine wesentlichen Parameter ein zweites Paradigma. Um den mehrdeutigen Begriff des »Klassischen« zu vermeiden, könnte man es als »hochbürgerlich« bezeichnen.

So vielgestaltig es in der Zukunft auch in Erscheinung treten sollte, so unterschied es sich in all seinen Erscheinungsformen prinzipiell vom erstgenannten durch eine prononcierte, allerdings absolute Subjektbezogenheit. Bei dem Prozeß dieser Wendung vom Objektiven zum Subjektiven handelte es sich nicht um Abgrenzung und Entgegensetzung, sondern um eine Betonung von Schwerpunkten in neuer Qualität.

Schon J. Becher hatte »Pansophia«, ehedem am All orientierte und durch dessen Gesetzmäßigkeiten geprägte Weisheit, durch »Psychosophia«, Seelenweisheit, ersetzen wollen. Menschliche Vollkommenheit wurde als bestmögliche Brauchbarkeit und Glückseligkeit aufgefaßt. Sie bedeutete nun nicht mehr Teilhabe des Menschen an einem Ideal, durch metaphysische Bestimmungen geordnetes Wissen vom Ganzen des Kosmos. Sie wird vielmehr als Leistung des selbstbewußten und seiner selbst mächtigen Subjekts aufgefaßt, das sich kraft des ihm innewohnenden seelischen Vermögens seine Welt aufbaut (vgl. Schaller 1969). Da jedoch alle diese Potenzen des Individuums zunächst zarte, nicht voll entwickelte, aber durch Anregung, Betätigung und Nutzung perfektible Größen sind, bedürfen sie der Kräftigung durch Erziehung. Aus diesem Grundkonzept der Subjektkonzentriertheit bezog das »pädagogische Jahrhundert« seinen beinahe grenzenlosen pädagogischen Optimismus. Aus der Erkenntnis der altersgemäßen Eigenart und Eigenberechtigung der Seele wuchs ihm Verständnis für Entwicklungsbesonderheiten und – modern ausgedrückt –

psychologisches Interesse zu. Aber trotz dieses unbestreitbaren Primates des »Ich« blieben Fragen des Objektiven, also des Kultur- und Bildungsgutes im Blick, wenn auch vorwiegend unter dem Aspekt der Nützlichkeit und Angemessenheit gemäß den konkreten sozialen und individuellen Bedürfnissen, wie es zum Beispiel im Philanthropismus der Fall war.

Das angedeutete allmähliche Auseinanderfallen von Welt und Mensch, von Es und Ich, von Natur und Geist, von Sinnlichkeit und Sittlichkeit, Notwendigkeit und Freiheit oder wie sonst die polaren Kategorien im Spektrum der Geistigkeit des 18. und 19. Jahrhunderts heißen mochten, bestimmte das Wesen der pädagogischen Theorien in all ihrer Vielfalt, ihrer Kongruenz und ihrer Widersprüchlichkeit.

Die nachstehenden Ausführungen haben nicht den Zweck, eine verwirrende Fülle von Erscheinungen und Zusammenhängen auszubreiten, sondern wenige typische Theoreme vorzuführen.

J.-J. Rousseau brachte im »Emile« wohl erstmalig das Wesentliche des genannten Paradigmas auf faszinierende Weise zum Ausdruck. Die »gute« Natur seines Idealzöglings entfaltet sich in einem erdichteten Freiraum. Dort vermag sich der Idealerzieher ganz auf die altersspezifische Subjektivität zu konzentrieren und deren Wachstum behütend, anregend oder hemmend zu begleiten. Das sich vollziehende unumgängliche und der individuellen Kraftentfaltung gemäße Lernen und Erziehen ist quasi Entdecken der Wahrheit. Zumindest muß dies im Bewußtsein des Lernenden der Fall sein, der auch in diesem Fall nur frei scheint, ohne es in Wirklichkeit zu sein. Denn er gehorcht in jedem Falle den »Regieanweisungen« eines klugbedachten pädagogischen Szenariums.

In diesem historischen Prototyp einer von da ab durch die Geschichte geisternden »Pädagogik der Freiheit« und des »Wachsenlassens« wird jedoch zugleich sichtbar, wie Rousseaus Antithese zur alten Erziehung in diesem theoretischen Urbild des genannten Paradigmas durchaus keinen Bruch im Bau der Gedanken darstellt. In Rousseaus zentraler Kategorie, der »Natur«, zum Beipiel schwingen Ideen von der harmonischen Allnatur nach, die von zahlreichen Jüngern Rousseaus weitergedacht wurden.

Das war vor allem der Fall bei J.H. Pestalozzi. Bedingt durch seine gesellschaftlichen Erfahrungen und den Zwang, viele und ganz alltägliche, von den schädlichen Folgen der Notdurft und des »Fabrikenelends« physisch und psychisch gezeichnete Kinder zu erziehen, mußte ihm bald »Freiheit als ein Gut« und »Ordnung als ein anderes« erscheinen. Um der auch bei ihm zwischen einem beherrschenden Weltprinzip und der individuell-menschlichen Selbstkraft schwankenden »Natur« pädagogische Handreichungen zu bieten, sinnierte er über einen »Königsweg« der Menschenerziehung. In seinem Denken, das – man könnte sagen – Ring um Ring legte, gelangte er von einer verklärten Idylle von »Wohnstubenerziehung«, die von väterlich-mütterlicher Liebesgesinnung durchwärmt und von den Bedingungen eines werktätigen Lebens im kleinen Kreise bestimmt wird, zur »hohen Idee« der Elementarmethode. Bildung zu »voller Menschenweisheit« bleibt ihm stets das Ziel. Ihm näherzukommen, erheische »Kopf«, »Herz« und »Hand« in Dreieinheit zu entwickeln, wobei die »Selbstkraft« der »natur« durch »kunst«, das heißt durch pädagogisch bedachtes und erprobtes Können, planvoll, also »methodisch« zu unterstützen ist.

Rousseau hatte eine Hauslehrer- bzw. Hofmesiersituation ohne konkrete Auflagen an den Erfolg und im Grunde fern von den Zwängen von Zeit und Raum geträumt.

Pestalozzi dagegen, der unter dem Joch des Schulmeisters oder Waisenvaters ging, mußte vom Streben nach Ökonomie der Zeit, der Kraft und aufs Äußerste beschränkter Schul- und Erziehungsumstände beseelt sein. Da er genötigt war, viele Kinder gemeinsam zu unterrichten, wurde er angehalten, Stufengänge für einen pädagogischen Prozeß zu entwerfen, die mit der Entfaltung der natürlichen Kräfte »synchronisiert« waren, also an sie anknüpften, sie beim Voranschreiten berücksichtigten und kultivierten.

Bildung und Erziehung durften nicht »Blendwerk« oder »Scheinerfolg« bleiben, sondern es galt, Lernen und Lehren auf »Elementargrundsätze« und »Elementarformen« zurückzuführen. Zu diesem Endzweck waren solche Bildungsinhalte auszuwählen und methodisch aufzubereiten, die »Kraft und das Organ zur Wissenschaft durch Mitteilung wahren Wissens« und gleichzeitig »wahrhaftes Wissen ... eben durch die Entfaltung des Organs der Wissenschaft« (Pestalozzi 1964) bilden. Gemeint ist jene »Doppelseitigkeit«, durch welche ein für alle, auch die Kinder der Armut, tragfähiges Fundament an grundlegenden Kenntnissen, Fähigkeiten und sittlichen Wertvorstellungen sowie handlungsmotivierenden Überzeugungen gelegt und zugleich eine propädeutische Ausformung von Kräften stattfindet, die weiterführende Bildung ermöglichen. W. Klafki hat bekanntlich das Gemeinte für die didaktische Gegenwart mit dem Begriff der »kategorialen Bildung« beschrieben (Klafki 1959). Damit war der wohl am langfristigsten nachwirkende fruchtbare Denkimpuls freigesetzt.

Hingewiesen sei ferner in gebotener Kürze auf die Pestalozzis Bildungsdenken bestimmende, ganz dem zweiten Paradigma mit seiner Subjektzentrierung angepaßte Ideenführung in seinen »Nachforschungen über den Gang der Natur in der Entwicklung des Menschengeschlechtes«.

Comenius, der Repräsentant des frühbürgerlichen Paradigmas, hatte seinerzeit den Versuch unternommen, die an der »ordo« des Seins ausgerichtete Architektur der Dingwelt in seiner »Pansphia« zu erfassen. In dem von ihm entworfenen Gang der »res« als Aus- und Rückfluß aus und zum göttlichen Urgrunde nahm der durch Bildung für seinen Auftrag, »Gipfel der Pyramide« des Seins und »zweiter Schöpfer« zu sein, befähigte Mensch eine Schlüsselstellung ein.

Diesem zyklischen Modell der Entwicklung der Allnatur, in das der Mensch ganz eingefügt ist und in dem er allein den Mittelpunkt der Sicherheit und Vollendung zu finden vermag, steht bei Pestalozzi auf bezeichnende Weise ein lineares Modell gegenüber. Es kennt keine Harmonie und kein geschlossenes Welt- und Geschichtsbild. Das Individuum und die Menschheit durchlaufen den Naturzustand, den gesellschaftlichen Zustand, um erst als auf sich zurückgewiesenes sittliches Selbst ihrem Hochziel zuzustreben.

Unter den verschiedenartigen »Söhnen Pestalozzis« (K. Gutzkow) besitzt – für eine Geschichte der pädagogischen Wissenschaft buchenswert – J.F. Herbart durch seine metatheoretische Leistung einen besonderen Rang.

Obwohl auch seine Lehren von der »Artikulation des Unterrichtes« oder von den »Formalstufen« theoriegeschichtlich höchst bedeutsam sind, sollen in den nachfolgenden Ausführungen allein Herbarts Konzeption einer »Allgemeinen Pädagogik« und die damit verbundenen Anstrengungen Beachtung finden, Pädagogik auf ihre wissenschaftliche Dignität und Spezifik zu hinterfragen.

Was Herbart diesbezüglich in die Schatzkammer des pädagogischen Denkens einbrachte, stellt wahrhaftig das Resultat einer »Kritik der pädagogischen Vernunft« dar. Es ist seinem Wesen nach noch heute nicht überholt.

Bekanntlich stellte es Herbarts Bestreben dar, Pädagogik als ein »Gedankenganzes« zu entwerfen, das als Folge von Grundsätzen und dessen Grundsätze aus Prinzipien hervorgehen. Die Pädagogik setzt durchweg philosophisches Denken voraus und soll zu einem »spekulativen Kunstwerk« oder zu einer »tieferen Philosophie« gestaltet werden. Von Herbart ist der überlieferte Erkenntnisstand in Hinblick auf seinen rationellen Kern durchleuchtet und mit Hilfe der von ihm »more paedagogico« entwickelten Philosophie und Psychologie konsequent auch oft originell-eigenwillig zu Ende gedacht worden. Dabei versuchte er, sich zum Zwecke präziser Beschreibung der Mathematik als »Priesterin der Deutlichkeit und Klarheit« zu bedienen.

Herbart unternahm es also, Mathematik auf Pädagogik zu applizieren. Ausdruck gewann dies in den Versuchen, psychologische Erscheinungen und Vorgänge mathematisch zu erfassen oder gar für den Unterrichtsprozeß in seiner Ganzheit und Allgemeinheit einen »binomialen Ausdruck« aufzufinden.

In eine ähnliche Richtung tendierte sein Vorhaben, in seinem System die Komplexität des Pädagogischen durch eine »kombinatorische« Art abzubilden. Zu diesem Zweck gedachte er die innere Struktur der pädagogischen Wissenschaft als »Tafel mit mehreren Eingängen« zu konstruieren (Herbart 1976).

Mit diesen und anderen Einsichten, etwa mit seiner das Theorie-Praxis-Problem aufgreifenden Anschauung vom »pädagogischen Takt«, war gewiß nicht in den von den Fortschritten der Wissenschaften überholten Details, sondern im theoretischen Anspruch und in der Originalität substantieller Erwägungen ein Non-plus-ultra erbracht, das kreatives Denken anzuregen vermag.

Ohne an dieser Stelle anderen beachtenswerten theoretischen Phänomenen nachgehen zu können, die dem zweiten Paradigma zuzuordnen wären, soll auf eine u.E. entwicklungsbestimmende Tendenz hingewiesen werden, die im bisher skizzierten Denkmuster bereits Symptome des Ungenügens und damit einer produktiven Widersprüchlichkeit sichtbar werden läßt.

Ihr Ursprung ist wohl in letzter Instanz in der kapitalistischen Arbeitsteiligkeit, in der sozialen Differenzierung und wissenschaftlichen Spezialisierung des 19. Jahrhunderts festzustellen. Sie alle fanden in zunehmendem Maße ihre Widerspiegelung im Bewußtsein, und dies sowohl in Hinblick auf subjektive Befindlichkeiten als auch mit Rücksicht auf deren philosophische, wissenschaftliche und künstlerische Abbildung und Sublimierung. Die »Entfremdung der Arbeit« erzeugte Unbehagen und Ängste. Die immer stärkere Trennung von Mensch und Welt, Subjekt und Objekt, von »homo faber« und der von ihm erzeugten »künstlichen«, d.h. durch Arbeit geschaffenen Umwelt, von sinnerfüllter Existenz des Menschen und der ihm noch möglichen Aneignung des Reichtums der materiellen und geistigen Kultur wurde zum beherrschenden Grundthema, das nicht zuletzt pädagogische Reflexionen provozierte.

Das große Erschrecken über das Auseinanderfallen des Subjektiven und des Objektiven, das im 17. Jahrhundert beim Zerfall des frühbürgerlichen, auf Einheit, Harmonie und Ganzheit im Zeichen der freien Persönlichkeitsentwicklung sowie der Freiheit von überkommenen sozialen und geistigen Bindungen gerichtet und als Signal des »Fortschritts« gefeiert worden war, gebar in der ersten Hälfte des 19. Jahrhunderts als dialektisches Widerspiel kontroverse Bestrebungen. Sie äußerten sich – und dies nicht zuletzt mit erzieherischer Konsequenz – in Anstrengungen, das »verlorene Paradies« der Alleinheit und organischen Ganzheit wiederzuerringen und den »Sündenfall« der Vereinzelung, der Zersplitterung und des Verlustes der »Mitte« durch die Zuflucht in eine neue Naturverbundenheit, in beseelte Gemeinschaft und in das volle Leben zu heilen.

So zählt es für die Entwicklung der Philosophie, der Wissenschaften sowie der Literatur und Kunst und nicht zuletzt für die pädagogische Theorie zu den charakteristischen Erscheinungen dynamischer Natur, daß im Rahmen des »hochbürgerlichen Paradigmas« in einer für die Geschichte der Pädagogik bezeichnenden neuen »Aufhebung« im dialektischen Sinne vor allem unter dem Einfluß der Naturphilosophie F.W.J. Schellings und allgemein von Ideen der Romantik der Gedanke der Totalität und Harmonie des 17. Jahrhunderts eine Wiedergeburt in neuer Wertigkeit erfuhr.

Hier seien in exemplarischer Weise lediglich einige Bemerkungen zum Werk von F.W.A. Fröbel und J.B. Graser angeführt. Sie zielen ab auf »Lebenseinigung« oder »Identität der Allheit«.

Das Neue dieser an Erscheinungen des ersten Paradigmas gemahnenden Begriffe ist ohne Zweifel darin zu suchen, daß das »Innere« und das »Äußere«

(Fröbel 1982), »organische Entfaltung seelischer Kräfte« sowie »Geist- und Tatanschauung« des Kosmos in ihrer Wechselwirkung als das »allesvereinigende Prinzip im Weltall« (Graser 1813) gefaßt werden. Dem Menschen ist es nach Fröbel aufgegeben, »Äußerliches innerlich und Innerliches äußerlich« (Fröbel 1982) zu machen. Jede Erziehung sowie jeder Erzieher müssen sich an der organischen Entfaltung ihres Zöglings orientieren. Führen bzw. Wachsenlassen ist in einem ausgewogenen Verhältnis zu realisieren, so daß man alles in allem die neue Qualität des Denkens als dialektische Verbindung der alten Ganzheitsannahme mit der von Rousseau inspirierten entwicklungsbezogenen Auffassung ansehen könnte.

Fröbel schrieb über den Erzieher: Er hat »in jedem Augenblick ... zugleich doppelendig, doppelseitig« zu sein, »gebend und nehmend, verneinend und zuteilend, vorschreibend und nachgebend, fest und beweglich« (Graser 1813).

Gemäß Fröbels erzieherischem Symbolum, daß in allem ein »ewiges Gesetz wirke und herrsche«, das ebenso im Äußeren, also in der Natur, als auch im Inneren, im menschlichen Geiste, »ruht, wirkt und herrscht«, muß jegliche Erziehung darauf bedacht sein, geistige Aneignung der Weltganzheit und Vergegenständlichung durch Handeln mit dem Blick auf Totalität anzuregen und zu lenken.

Bezeichnend für Fröbels Menschenbild war es, daß er zwischen die beiden dialektisch verbundenen Größen ein kontemplatives Element einfügte, nämlich das Streben nach Ruhe und Leben.

Aus dem Werk Grasers soll allein die ganz in die gekennzeichnete Welt- und Menschenvorstellung eingegliederte Auffassung vom »vollendeten Lehrplan« angeführt werden, der bezeichnend in Kreisen oder »Sphären« angeordnet ist. Auch bei ihm lassen sich demnach Anklänge an die bereits mehrfach erwähnte Metamorphose etwa der Gedankenwelt des Comenius feststellen. Dies wird z.B. dann deutlich, wenn er schreibt: »... das All ist ... ein Organismus und schließt den individuellen in sich.« Daher habe der Lehrer im Heranwachsenden letztlich ein »Migniatur-Gemälde« des Einen zu suchen (Graser 1813, 25).

Es liegt auf der Hand, daß die in wesentlichen Repräsentationen zuletzt vorgestellte paradigmatische Gestaltung notwendig fragmentarisch bleibt, d.h. die Fülle der Theoriegestaltung nicht erschöpfen kann. Dem Kenner dürfte es jedoch nicht schwerfallen, andere Gestirne am pädagogischen Himmel jener Epoche einzuordnen. Erinnert werde etwa an F.D.E. Schleiermacher, der sich darum bemühte, der Dialektik Mensch-Natur die von Gott, Mensch und Geschichte zur Seite zu stellen und pädagogisch-theoretisch fruchtbar zu machen.

Schließlich wird man mit Recht fragen dürfen, ob und wie sich Paradigmata einer pädagogischen Wissenschaft in der Folgezeit bis zur Gegenwart darstellen und explizieren lassen.

Da unseres Wissens darüber kaum Erkenntnisse vorliegen, vermögen einschlägige Aussagen bestenfalls Annahmen zu formulieren und Ansatzpunkte für erforderliche Diskussionen und Forschungen zu markieren.

Setzt man das zuletzt im Umriß beschriebene Paradigma samt seinen Varianten als regelgebend bzw. weiterhin dominierend an, dann ist es fragwürdig, ob in den folgenden Jahrzehnten bereits ein neues Denkmuster feststellbar ist. Wahrscheinlich ist vielmehr, daß zunächst eine kumulierende und neue Erkenntnisse assimilierende Phase einsetzte. In ihr mußte die Masse der von den Natur-, Gesellschafts- und Humanwissenschaften zur Verfügung gestellten Einsichten als auch die für pädagogisches Denken unerläßlichen und tangierenden Philosopheme – wie sie sich gegenseitig ergänzten, befruchteten oder korrigierten – rezipiert und verarbeitet werden. Man denke nur an die zwar im einzelnen, aber nicht oder doch höchst selten in Hinblick auf größere geisteswissenschaftliche Zusammenhänge untersuchten pädagogisch relevanten Strömungen. Zu erwähnen wären der Neukantianismus, der Neothomismus und Neopositivismus, der Existentialismus, die Phänomenologie, die Lebensphilosophie, die Soziallehren verschiedener Richtungen, der Marxismus und andere.

Dazu traten und gesellen sich laufend Resultate psychologischer und soziologischer Schulen, mathematisch-statistischer und kybernetischer Denkweisen bis hin zu den alles Bildungsdenken provozierenden, womöglich an seine Grenzen führenden Versuchen und Versuchungen der Computerisierung und der Humangenetik.

Selbstverständlich wurden in dieser »Inkubationszeit« bisweilen mehr oder weniger flüchtig oder konturiert quasi-paradigmatische Strukturen transparent. Gedacht ist dabei an die von W. Dilthey angeregten Systeme, an die »Erziehungswissenschaft« nach den Konzepten von Lochner bis Brezinka oder an eine Pädagogik auf der Grundlage des Dialektischen und Historischen Materialismus.

Anzunehmen ist allerdings, daß unser Blick auf der Suche nach einer modernen disziplinären Matrix im Bereich des Pädagogischen durch die allzu große Nähe zum Gegenstand und zu den sich vollziehenden Prozessen noch zu unscharf sein muß, um das Beiläufige vom Wesentlichen, das Kurzlebige vom Bleibenden und das Zufällige vom Gesetzmäßigen zu unterscheiden. Trotzdem gilt es voranzuschreiten, um den Entwicklungen des pädagogischen Denkens auf der Spur zu bleiben.

3. Die »Anatomie« der pädagogischen Wissenschaft

Schon aus den bisher mehr als bruchstückhaften Ausführungen über Grundlinien des Werdens und der Wandlungen pädagogischer Theorie sollte ersichtlich geworden sein, daß sich die Anreicherung und Ordnung pädagogischer Erkenntnisse über Bildung und Erziehung nicht stetig und keineswegs geradlinig vollzogen hat. In weithin noch der Erhellung bedürftigen »Verwerfungen« von Schichten wissenschaftlicher Aussagen gestalteten sich »Kunstlehren«, also formuliertes und aufbewahrtes Wissen zur Technik erzieherischen Handelns. Diese Wegweisungen und Irrtumswarnungen wurden unter bestimmten Bedingungen und beim Vorhandensein angemessener philosophischer Basissätze zu kohärenten und wissenschaftslogisch konsistenten Systembauten gefügt.

Jedem, der sich auf wissenschaftsgeschichtliche, speziell auf pädagogisch-theoriegeschichliche Mühe einläßt, wird klar werden, daß die einschlägigen Studien bisher nur »prolegomena« sind, die kundtun, wie die Forschung auf diesem Gebiet am Anfange des Anfanges steht.

Bereits bei der oben dargelegten gleichsam »makrokopischen« Betrachtung des immensen Problemfeldes wurde in einigen Passagen angedeutet, daß Pädagogik, so unterschiedlich sie uns in den umrissenen paradigmatischen Ausformungen entgegentrat, Aussagenkomplexe von höchst unterschiedlicher Geltungsdauer und Akzeptanz, Konstanz bzw. Invarianz aufweist.

Ihre »Mikrostrukturen« werden dadurch gekennzeichnet, daß jede einmal gewonnene Erkenntnis – und sei es auch nur als geistigen Fortschritt anregender Widerspruch – für den Fluß der Gedanken legitim und im Grunde keine als absolut verloren gelten darf. Manche von ihnen schienen, einmal errungen, über kürzere oder längere Zeiträume verschüttet, bis sie – wie Herder von Comenius sagte – »zu ihrer Zeit« unter gewandelten Umständen und Erfordernissen neu entdeckt oder regeneriert wurden. Weithin unerforscht blieben Topik und Struktur, die innere Ordnung, die Vernetzung und logische Reihung der Aussagensequenzen sowie deren Darstellungsweise. Zwar existieren höchst interessante und anregende Analysen einzelner Systeme, etwa durch L. Blass zu Herbart (Blass 1972), aber was die Erkundung der Architektur und Dynamik pädagogischer Theorie in größeren Zusammenhängen und epochalen Abläufen betrifft, betritt man eine beinahe weglose »terra incognita«.

Die erwähnte unterschiedliche Geltungsdauer und relative Invarianz von pädagogischen Aussagen steht ohne Zweifel im Zusammenhang mit den konstitutiven Faktoren der Theoriebildung und -entwicklung.

Es ist bekannt, daß die Wissenschaftsgeschichte zwischen externalen und internalen Faktoren unterscheidet. Ersteren, etwa Bedürfnisse und Anforderungen aus den Bereichen Produktion, Wirtschaft, Technik, Politik, Ideologie, Entwicklung der Wissenschaften und Künste, empirisch gesicherte Erfahrungen erzieherischen Handelns und anderen, kommt gewiß ein Primat zu. Die raschen, oft jähen historischen Veränderungen dieser Einfluß- und Motivationsgruppen bewirken, wenn auch in jedem Falle ein Effekt der Verzögerung durch »Reibungsverluste« bei der Überwindung alter Denkgewohnheiten zu registrieren ist, unmittelbare und mittelbare Wandlungen im Theoriegefüge. Erwähnt seien nur pädagogische Zielvorstellungen oder Bildungsinhalte, etwa im Kanon der Allgemeinbildung. Daher sind in diesen Aussagenbereichen Vielfalt, relative Kurzlebigkeit der Anschauungen, kontroverse Auffassungen sowie Variabilität unvermeidlich und unverzichtbar.

Die internalen Wirkkräfte dagegen, und zu diesen zählen Parameter, die vom Wesen und vom Allgemeinen jedes Erziehungsprozesses ohne Rücksicht auf das historische Umfeld bestimmt sind, z.B. der Zwang zur Tradierung der Kulturgüter in der Generationsfolge, die Antinomien von Führen und Wachsenlassen, Individuum und Gemeinschaft und pädagogische Konsequenzen aus gnoseologischen, kognitiven oder logischen Gegebenheiten, bewirken Aussagen von mittelfristiger oder langfristiger Geltung. In diesem Zusammenhang sollten auch die Einflüsse von Intuition und kreativer pädagogischer Phantasie nicht vergessen werden. Gerade diese inneren Faktoren scheinen für eine Reihe permanenter Erscheinungen maßgebend zu sein. Dazu zählen, um nur einiges zu nennen, Auffassungen von der Bildsamkeit des Menschen, von Möglichkeiten und Grenzen der Erziehung, vom pädagogischen Prozeß oder von didaktischen Grundsätzen. Letztere zeigen sich über lange Zeitläufe konstant, da sie letztlich von den sehr langsamen Veränderungen phylogenetischer Natur sowie von den Prozessen der höheren Nerventätigkeit beeinflußt werden.

Auch auf Erziehung gerichtete Intuition und Phantasie sollten in ihrer Auswirkung auf Theoriebildung nicht unterschätzt werden. Als Beispiele seien Comenius' Entwurf eines der lebenslangen Erziehung Rechnung tragenden und nach dem Aufbau des Universums gegliederten Universalschulwesens (Panscholia), Pestalozzis »schweifendes Umherträumen« auf der Suche nach Urformen der Erkenntnis oder Fröbels von der Kristallographie inspirierte Ahnung vom »Sphärischen« genannt. Sie setzten nicht selten Impulse für fruchtbare, zukunftsträchtige Anschauungen, ja bisweilen für geistige Antizipationen frei.

Man geht wohl nicht fehl, gerade in diesen theoretischen Erscheinungen »langweiliger« Natur durchgehende Leitlinien, wenn man so will, die »roten Fäden« des Theoriegewebes zu erfassen.

Daraus erhellen einige Annahmen über den strukturellen Aufbau der pädagogischen Theorie.

Was die Geschichte der Philosophie anbelangt, hat sich Hegel dahingehend geäußert, daß es darauf ankomme, aus jedem System »die Bestimmungen selbst, die durchgehenden Kristallisationen« von den Beweisen, den Rechtfertigungen in Gesprächen, »der Darstellung der Philosophen« zu trennen und – wie er in einem Apercu anmerkt – den »stumm fortwirkenden Maulwurf des wirklichen philosophischen Wissens von dem gesprächigen, exoterischen, sich mannigfach gebärdenden phänomenologischen Bewußtsein des Subjekts« zu unterscheiden.

In eine uns nähere Ausdrucksweise gekleidet und ins Pädagogische umgesetzt soll dies wohl heißen: Theoriegeschichte der Pädagogik wird die »Kristallisationen«, nämlich den rationalen Kern und die sich als Erkenntniszuwachs substantieller Natur erweisenden Aussagen pädagogischer Systeme, abheben müssen von den herkömmlich im Vordergrund der Betrachtung stehenden mannigfaltigen biographischen, werkgeschichtlichen Aussagen, von historischen Lokalisierungen und Wertungen.

Wenn wir uns auch von dem aus Hegels Philosophie des Geistes stammenden Maulwurf-Gleichnis verabschieden müssen, so sollte doch beachtet werden, daß Theoriegeschichte keine Geschichte der Pädagogen im Sinne aneinandergereihter Porträts, sondern eine Geschichte der Pädagogik als Wissenschaft ist, die Genesis, Wandlungen, Kontinuität und Diskontinuität, Rezeption und Innovation ihrer leitenden Aussagen darstellt. Sie wird den zur Erklärung notwendigen geschichtlichen Kontext der Erkenntnisentwicklung angemessen Aufmerksamkeit zu schenken haben. Als Essentielles jedoch wird sie den die Einzelerscheinungen unterliegenden »Subtext«, die »Kristallisation« oder »Knotenpunkte« des »wahren« pädagogischen Wissens, der Problemstellungen und -lösungen sowie der Erkenntnisbereicherung und -darstellung als dialektischer und dynamischer Vorgang »reliefartig« herausarbeiten müssen.

Daß dieses methodologische Herantreten für das Feld der pädagogischen Wissenschaft bisher wenig angewandt wurde und es überdies leicht als rein ideengeschichtliches Verfahren mißverstanden werden kann, bot Anlaß zu manchen Fehl- und Mißinterpretationen. Daß es bewußt auf das Anekdotische und die Farbigkeit konventioneller historisch-pädagogischer Schilderungen verzichten muß, kann nur durch die Feststellung kompensiert werden, daß Einblicke in die Rüst- und Schatzkammer pädagogischer Theoriebildung geboten werden können, die – selbstverständlich auf und neben den herkömmlichen Forschungsrichtungen der Pädagogik – reich an Einsichten in wissenschaftliche epochale Abläufe und »Abenteuer des Geistes« sind.

Wissenschaftliche Redlichkeit gebietet jedoch, den »blinden Fleck« derartiger theoriegeschichtlicher Vorhaben zu beschreiben. Zunächst handelt es sich nicht nur um eine Anzahl offener Fragen, die zum Großteil von der Wissenschaftstheorie vorzuklären sind. Dazu zählt die Klassifizierung bzw. Typologisierung wissenschaftlicher, speziell pädagogischer Systeme, um die sich bereits Herbart bemüht hatte, wenn er seinerzeit zwischen einem »rhetorischen«, einem »kombinierten« und einem »philosophischen« unterschied (Herbart 1965).

Ferner bleibt es aufgegeben, Betrachtungen über die der pädagogischen Theorie eigenen Strukturen der Erkenntniselemente anzustreben. Gemeint sind unter anderem Untersuchungen über den Begriffsapparat im geschichtlichen Wandel oder über die Qualität und Darstellungsweise logischer und hypothetischer Aussagen, wie da sind Urteil, Regel, Prinzip, Axiom oder Gesetzmäßigkeit.

Wer allein die vielbesprochene Unschärfe der pädagogischen Begriffe und die damit für das Selbst- und Fremdverständnis der pädagogischen Wissenschaft abträglichen Schwierigkeiten betrachtet, wird unschwer verstehen, daß die an dieser Stelle geforderten wissenschaftlichen Aktivitäten keineswegs ein von der Erziehungswirklichkeit fernes »Glasperlenspiel« darstellen, sondern in einem vertieften Sinne höchst »praktisch« sind.

Es ist unbestreitbar, daß die in den vorangehenden Ausführungen mehr als Desiderat denn als gesichertes Resultat beschriebene Aufklärung der historischen Dimension der Pädagogik nur als eine der zielstrebig und beharrlich zu betreibenden wissenschaftlichen Anliegen aufzufassen ist. Sie kann weder eine andere verdrängen noch ersetzen. Durch Einblicke in die Geschichte der pädagogischen Theorie wird unmittelbar keine Unterrichtsstunde besser und kein erzieherischer Akt effektiver. Sie liefert »Praecognita« für die Zukunft, vermag diese jedoch nicht zu prognostizieren.

Was sie zu leisten vermag, wird einerseits mit Rücksicht auf die Grundlegung pädagogischer Erkenntnis und andererseits – in größere Zusammenhänge integriert – in Hinblick auf das geistige Antlitz unserer Zeit und der Zukunft zu bedenken sein.

Was die innerpädagogische Solidität anbelangt, wird durch Wissen um die historische Dimension im gegenwärtigen Mit-, Neben- und Nacheinander sowie Gegeneinander der Strömungen durch die Besinnung auf das Geschichtliche ein Moment der Vergewisserung eigener Standpunkte und der Vorausschau auf das noch zu Vollbringende zu Geltung gebracht. Es verhindert vorschnellen Positionswechsel und opportunen Konformismus in bezug auf innovative Ansichten, subjektivistische Anschauungen und Moden. Geschichte als »Gedächtnis« der Menschheit erweist sich nicht als ein den sogenannten Fortschritt hemmender Ballast. Eher diene sie als unerläßliches Korrektiv. Sie kann vor »fraglos« ungeprüften, unbedachten oder in Unkenntnis der Vorleistungen leichtfertig aufgegriffenen und kolportierten Themen und Thesen warnen. Zugleich wird durch Einblicke in die Historie des Bildungsdenkens ein für jede Entscheidung des praxisverbundenen Theoretikers oder des denkenden Praktikers abrufbarer Vorrat an Gedanken bereitgestellt, mit dessen Hilfe durch Empirie angehäufte Wissensquanten gesichtet, in weitere Zusammenhänge integriert und systematisiert werden können. Fehlt dagegen dem Pädagogen dieses »historische Bewußtsein«, dann besteht die Gefahr, hinter bereits gesicherte Auffassungen zurückzufallen, bereits Erprobtes und Bewährtes zu versäumen, alternative Lösungen zu übersehen und »Neues« zu entdecken, das bereits vor Zeiten zutage gefördert wurde.

Schließlich ist pädagogische Theoriegeschichte nur ein Sonderfall der die Gegenwart kennzeichnenden Bewegungen. Die aktuelle wissenschaftliche Entwicklung erweist sich weitgehend als auf Sachlichkeit, Exaktheit, Berechenbarkeit, Praktikabilität, ja beinahe unbegrenzte Gläubigkeit an das Machbare angelegt. Die Rede war sogar vom Theorieüberdruß, und nicht wenige Anzeichen deuten darauf hin, daß angesichts eines dominierenden Pragmatismus und Utilitarismus human- und gesellschaftswissenschaftliches Denken verdrängt oder mißachtet wird.

Dabei häufen sich die Symptome, daß eine neue Welt- und Menschensicht und damit ein an der Jahrtausendwende sich in Konturen aufblendendes pädagogisches Paradigma das Streben zur »universitas« als unterschwelliges Verlangen, die drängende Frage nach »Wesen«, »Wert« und »Sinn« aufzuwerfen und zu beantworten, gebietet. Die Ergründung, Bewahrung und »Aufhebung« der Überlieferung wird also auch für die pädagogische Wissenschaft zu einem existentiellen Anliegen und zu einem den allgemeinen Disput provozierenden Anliegen werden.

Literatur

Blass, J.L.: Pädagogische Theoriebildung bei Herbart. Meisenheim 1972
Comenius s. Komensky
Foucault, M.: Die Ordnung der Dinge. Eine Archäologie der Humanwissenschaften. Frankfurt/Main 1971
Fröbel, F.W.A.: Kommt, laßt uns unseren Kindern leben. Berlin 1982
Graser, J.B.: Divinität oder das Prinzip der einzigen wahren Menschenbildung. Hof und Bayreuth 1813
Herbart, J.F.: Pädagogische Schriften. Düsseldorf und München 1965
Herbart, J.F.: Ausgewählte Schriften zur Pädagogik. Berlin 1976
Hofmann, F.: Erziehungsweisheit-Paedagogia-Pädagogik. Berlin 1976
Hofmann, F.: Studien zur Geschichte der bürgerlichen Didaktik. Berlin 1989
Klafki, W.: Das pädagogische Problem des Elementaren und die Theorie der kategorialen Bildung. Weinheim/Berlin 1959
Komensky, J.A.: Allgemeine Beratung über die Verbesserung der menschlichen Bildung. Berlin 1970
Kuhn, Th.: Die Struktur wissenschaftlicher Revolutionen. Frankfurt am Main 1973
Marx/Engels: Werke. Dietz Verlag Berlin. Band 20
Marx, K./Engels, F.: Über Geschichte der Philosophie. Leipzig 1983
Pestalozzi, J.H.: Ausgewählte Werke. Band 3. Berlin 1964
Ratke, W.: Allunterweisung. Monumenta Paedagogica, Band VIII und IX. Berlin 1970 und 1971
Schaller, K.: Johann Joachim Becher. Ein Beitrag zur Problemgeschichte der Pädagogik. In: Schaller, K.: Studien zur Systematischen Pädagogik. Heidelberg 1969

Paul Mitzenheim

Zum Stellenwert der Geschichte der Erziehung in meiner beruflichen Entwicklung

Lehrerstudent – Lehrer – Lehrerbildner in der DDR 1949–1990

1. Schulzeit in der Stadt der Schulen

»Es gibt kein Vergangenes, das man zurücksehnen dürfte, es gibt nur ein ewig Neues, das sich aus den erweiterten Elementen des Vergangenen gestaltet, und die echte Sehnsucht muß stets produktiv sein, ein Neues, Besseres erschaffen.« (Goethe, zitiert bei Kanzler von Mueller 1956, 90) Diese Goethe-Worte begleiten mich in meiner beruflichen Entwicklung seit einer von mir mitgetragenen Goethe-Ehrung 1949, und sie drücken weitgehend mein persönliches Verhältnis zur Geschichte aus. Heute frage ich mich oft: Vermag geschichtliches Denken nunmehr nach dem gesellschaftlichen Umbruch der letzten Jahre Impulse für eine menschlichere Lebensgestaltung und Lebensführung zu geben, enthält Geschichte das Potential zur Neugestaltung lebensbedeutsamer Vorgänge? Im Kleinkrieg der Meinungen über das »soziale Experiment DDR« werden unterschiedliche Standpunkte dazu geäußert. Die Generation, die die Phase der Entstehung und Gründung der DDR bewußt erlebt hat, möchte wohl mehrheitlich etwas von dem erhalten wissen, wofür sie gelebt und gearbeitet hat. Oder waren die 40 Jahre DDR nur ein in jeder Hinsicht fehlgeschlagenes Experiment? Ist es heute im Nachhinein legitim, diese 40 Jahre als verlorene Zeit in der Geschichte der Deutschen oder auch in der Biographie der einzelnen DDR-Bürger herauszustellen?

Nach den Ereignissen und persönlichen Erlebnissen des II. Weltkrieges wollten die Nachgeborenen von »kriegerischen Lehrern« nichts mehr wissen, und der Text der Kinderhymne von Bertolt Brecht traf wohlgereimt das Anliegen vieler Deutscher, die ihre nächsten Angehörigen in der sinnlosen Barberei 1939 bis 1945 verloren hatten. Durch den Zufall des Geburtsdatums wurde ich nicht mehr Soldat, wurde ich nie Soldat. Aber der älteste Bruder starb mit dem Notabitur von der Schulbank weg in einem Feldlazarett bei Woronesh, und der zweite Bruder kehrte als Neunzehnjähriger mit Schädelbruch und steifem Oberarm heim, nachdem er bei Rimini durch einen Bombentreffer verschüttet worden war. Vom Vater im Geiste des Pazifismus und Antifaschismus, von der Mutter im Sinne der christlichen Ethik Martin Luthers stark beeinflußt, beide Eltern ohnehin auf soziale Gerechtigkeit und solide Bildung ihrer drei Söhne bedacht, war mein Weg vom Berufswunsch zur Berufsfindung und endgültigen Berufsentscheidung folgerichtig und entsprach in hohem Maße den Bedürfnissen der Nachkriegszeit und des Neuanfangs. Besonders motiviert wurde meine *Berufswahl* von »guten Lehrern« in der Beschreibung von J.R. Bechers gleichnamigem bekanntem Gedicht, die es in der Oberschule in Hildburghausen von 1941 bis 1949 gab. Das galt sowohl für die Nazizeit und Kriegsjahre als auch für die unmittelbare Nachkriegszeit und trotz der häufigen Fluktuation der Lehrer bei der Strukturierung der nach dem neuen Bildungsgesetz vom 12.6.1946 vierjährigen Oberschule.

Einerseits wird wohl niemand als »guter Lehrer« geboren, andererseits findet sich kaum ein anderer Beruf, der schon aus der Kindheits- und Jugendperspektive einen so hohen Bekanntheitsgrad besitzt wie der des Lehrers. Die Anfänge meiner Schulerfahrungen reichen bis in die dreißiger Jahre zurück. Meine *Schulzeit* von Ostern 1937 bis zum Sommer 1949 verbrachte ich in der *Stadt der Schulen*. So wurde die kleine südthüringische Kreisstadt Hildburghausen genannt, weil sie im 19. und noch zu Beginn des 20. Jahrhunderts eine Vielzahl von Bildungseinrichtungen besaß:

Ein vorzügliches Lehrerseminar, ein angesehenes Gymnasium, das Technikum (Maschinen- und Elektroingenieurschule bis 1945).

Zu der bunten Schullandschaft gehörte frühzeitig eine Industrieschule (1819), später Gewerbeschule, die Taubstummenschule (1843), eine private Handelsschule und die Landwirtschaftsschule. Nach dem ersten Weltkrieg entstand die Volkshochschule, und mit der Auflösung des Lehrerseminars etablierte sich noch eine zweite hochschulvorbereitende Lehranstalt, die Aufbauschule. Der gute Ruf als Stadt der Schulen wurde im vorigen Jahrhundert auch durch das erste und damals einzige bedeutende Unternehmen, das Bibliographische Institut (1828–1874) von Carl Joseph Meyer (1796–1856), unterstützt. Nach seinem Wahlspruch »Bildung macht frei!« enthielt Meyers Groschenbibliothek das Beste der deutschen klassischen Literatur, 150 broschierte Bändchen von je etwa 100 Seiten zu nur einem Groschen, gedruckt für die intellektuelle Emanzipation des Volkes. Viele Schülergenerationen in Hildburghausen konnten die billigsten Klassiker-Ausgaben noch in der ersten Hälfte unseres Jahrhunderts als Klassensätze der Schulbibliothek des Gymnasiums Georgianum benutzen.

Zu den reichen Bildungstraditionen meiner Heimatstadt zählen Historiker der Pädagogik noch heute die nachhaltige pädagogische Tätigkeit von Dr. Ludwig Nonne (1785–1854). Verwiesen sei an dieser Stelle nur auf den Beitrag von Wilhelm Flitner in dem Band »Thüringer Erzieher« (1964). Ernst Kaiser nannte 1948 mit seinem Buchtitel Nonne den »Schulreformator und Pestalozzi Thüringens«. Bevor der Autor und das erwähnte Buch mir später (1949) bekannt wurden, war ich anläßlich des 200. Geburtstages von Johann Heinrich Pestalozzi am 12. Januar 1946 auf Nonne, der als Schulrat des Herzogtums Sachsen-Hildburghausen 1809 und 1817 an der Wirkungsstätte Pestalozzis in Iferten sich für die außergewöhnliche Erzieherpersönlichkeit begeisterte, aufmerksam gemacht worden. Mein Mathematiklehrer Professor Hermann Röder, langjähriger Direktor der Oberschule bis 1945, unterbrach an diesem Tag den normalen Unterricht zur Gleichungslehre (Bruchgleichungen) und erklärte uns, wie in der Schweiz in Burgdorf und Iferten Pestalozzi seine Schüler in die Bruchrechnung eingeführt hatte. Röder brachte in der damaligen Notzeit keinen runden Kuchen zum Zerteilen mit, einst diente der von Pestalozzis Frau gebackene Kuchen zur Demonstration der Hälften, Viertel, Achtel usw. Die Anschauungslehre der Zahlenverhältnisse von Pestalozzi beeindruckte mich damals, weil ich exemplarisch auf einen Anfangspunkt menschlicher Bildung eindringlich hingewiesen wurde. Seitdem gehört die Bekanntschaft mit der Pestalozzischen Lehrart und Methode und die Liebe zur Mathematik zu den bleibenden Erinnerungen an meine Schulzeit. Noch mehr: das entbehrungsreiche und von der Wirkungsgeschichte einzigartige Leben des Johann Heinrich Pestalozzi hat mich später als Lehrerstudent, während meiner Tätigkeit als Lehrer und nicht zuletzt als Lehrerbildner und Historiker der Pädagogik, ja bis heute, immer wieder bewegt und erregt. Nur wenige Pädagogen haben in der Nachfolge von Pestalozzi so gründlich wie er über die ethischen Prinzipien des Lehrerberufs nachgedacht. Ein paar Regeln aus der Haustafel für Schullehrer vom Pestalozzi Thüringens, Ludwig Nonne, gab mir Ernst Kaiser mit auf den Weg ins Lehrerleben: Wenn dir, lieber Lehrer, etwas nicht gelingen will, so suche die Ursache immer zuerst in dir selbst und in deinem eigenen Tun. – Je kleiner der Zögling ist, desto geschickter muß sein Lehrer sein. – Das Gold der Erziehung findet man nicht auf der Oberfläche. Wer es finden will, muß tief graben und gräbt niemals aus. – Mit einem Tropfen Honig richtet man oft mehr aus, als mit hundert Fässern Galle. – Wer drei verschiedenen Wegweisern zugleich folgt, kommt selten ans Ziel. – Ein Schulhalter ist noch kein Schulmeister (Kaiser 1948, 71/72).

Pestalozzis Handreichung während meiner Schulzeit in der Stadt der Schulen habe ich nie verschmäht, und niemand hat mich in meiner beruflichen Laufbahn ernsthaft daran hindern können, weiterführende Impulse für die Lehrerbildung aus dem in Brieform 1801 veröffentlichten Buch Pestalozzis »Wie Gertrud ihre Kinder lehrt« zu gewinnen. Die Erfüllung fest umrissener Berufsaufgaben, auch die des Lehrers, fordert und erfordert vom Menschen bestimmte und unverzichtbare physische, psychische und sittliche Eigenschaften und Handlungsweisen, jede spezialisierte Tätigkeit hat im Leben ihre unwiederholbaren Situationen, Schwierigkeiten und Widersprüche.

»Der Mensch ist an sein Nest gebunden« heißt es bei Pestalozzi (Pestalozzi 1963, 317). Und weiter: »Aber der Mensch wählt den Mittelpunkt, in dem er wallet und webet, nicht einmal selbst, und er erkennt als bloßes physisches Wesen alle Wahrheit der Welt gänzlich nur nach dem Maße, als die Gegenstände der Welt, die ihm zur Anschauung kommen, sich dem Mittelpunkte nähern, in dem er wallet und webet.« Diese Individuallage kann der Heranwachsende nicht von sich aus wählen, er wird in sie hineingeboren. So erklärt sich der Ansatzpunkt auch für mein pädagogisches Bemühen.

2. Lehrerstudium an der Friedrich-Schiller-Universität Jena

Wenige Tage vor der Gründung der DDR wurde mir die Zulassung zum Lehrerstudium mitgeteilt. Der Tag der Aufnahme in die Pädagogische Fakultät der Friedrich-Schiller-Universität war der 5.10.1949 unter der Nummer 61/18028. Das Entstehen *Pädagogischer Fakultäten* in der damaligen sowjetischen Besatzungszone muß man zweifellos als positives Resultat der demokratischen Erneuerung des Bildungswesens und insbesondere der Lehrerbildung nach den historischen Erfahrungen der Weimarer Republik betrachten. Die Entwicklung der pädagogischen Wissenschaften kann man in den ersten Nachkriegsjahren jedoch nicht getrennt sehen von der Durchsetzung und Verwirklichung der demokratischen Schulreform.

Im Lande Thüringen wurden auf Initiative des Landesdirektors für Volksbildung, Walter Wolf, schon seit Juli 1945 große Anstrengungen unternommen, eine neuartige Einrichtung für die Lehrerbildung und Pflege der Erziehungswissenschaften zu schaffen.

Parallel zu den ersten Schritten zur Einrichtung von Halbjahres-Lehrgängen für Neulehrer in Gera, Erfurt, Hildburghausen, Rudolstadt und Keilhau konnte in Zusammmenhang mit der Neueröffnung der Universität Jena bereits am 9. Oktober 1945 die Sozial-Pädagogische Fakultät mit einstimmiger Billigung des Senats ins Leben gerufen werden. Vorarbeiten dazu hatte Peter Petersen übernommen, der seit 1923 als Professor für Erziehungswissenschaften und den mit seinem Namen verbundenen Schulversuch des Jena-Plans sowie durch zahlreiche Publikationen weit über Thüringen hinaus in pädagogisch interessierten Kreisen Autorität genoß. Nach einer von ihm verfaßten Denkschrift über die »Vollform der akademischen Lehrerbildung an der Friedrich-Schiller-Universität Jena« vom 15. Juli 1945 sollte die Universitätsausbildung die »Regelform« für Lehrer an der Volksschule, höheren Schule, Hilfsschule, Sonderschulen aller Art und auch der Berufsschulen sein. Der Befehl Nr. 205 der SMAD (Sowjetische Militäradministration in Deutschland) über die Einrichtung Pädagogischer Fakultäten vom 12. Juni 1946 engte die Aufgabenstellung und Funktion dieser Fakultäten hauptsächlich auf die Vorbereitung von Fachlehrern für die Klassen 5–8 der Demokratischen Einheitsschule ein. So wurde nach meiner Immatrikulation im Herbst 1949 über die Frage des Ausmaßes der Fachstudien und der pädagogisch-psychologischen Ausbildung für die Grundschullehrer noch heftig diskutiert.

Bei der Eröffnung des Lehrbetriebes der Pädagogischen Fakultät nahm die Festlegung der Kombination der beiden Wahlfächer einen wichtigen Platz ein. Als ein mögliches Wahlfach kam für die neuen Lehrerstudenten »Methodik der Unterstufe« in Betracht. Offensichtlich war das damals ein Kompromißvorschlag, der sich sowohl auf die in den Schulprogrammen der KPD und SPD als auch in dem Programm des Deutschen Lehrervereins vor 1933 erhobenen Forderung nach Hochschulbildung für alle Lehrer stützte und der Tradition der deutschen Volksschule, die keine besonderen Unterstufenlehrer für die Klassen 1–4 kannte, entsprach.

Noch wußte ich als junger Student sehr wenig, wie die aktuellen Anforderungen an die Lehrerausbildung auf dem früher Erreichten aufbauten. In der mir völlig freigestellten Wahl der Fachkombination blieb ich im ersten Semester lange Zeit unsicher und schwankte zwischen Mathematik und Musik, Mathematik und Geographie, Geographie und Methodik der Unterstufe. Schließlich entschloß ich mich für Geschichte und Geographie. Die erkenntnisfördernde Bedeutung des Historischen war mir in meiner Schulzeit noch nicht bewußt geworden. Gerade in diesem Bereich der Unterrichtung in Geschichte hatte meine Generation viele Defizite. Krieg und Militarismus, den Einsatz der Atombombe in Hiroshima und Nagasaki am Ende des II. Weltkrieges empfand ich als Ergebnis falsch gelaufener gesamtgesellschaftlicher Prozesse. Für mich bedeutete der Krieg und seine Folgen eine Art Schlüsselerlebnis. Nunmehr war es für mich ein wichtiger Ansatzpunkt, als Lehrer den chauvinistischen und nationalistischen Tendenzen in meiner Umgebung entgegenzutreten. Daß bei dem Bemühen um Völkerfreundschaft und Friedenssicherung die Erziehung der Schuljugend eine bedeutsame Rolle spielen mußte, darin bestärkten mich vor allem Hochschullehrer mit entsprechenden Einstellungen. Sie fand ich 1950 an der Universität Jena in Vorlesungen, Seminaren, auf Exkursionen und bei der Auswertung der ersten Praktika in der Pädagogik, Geschichte und Geographie, vor allem in der persönlichen Begegnung und dem direkten Kontakt mit Karl Schrader, Carl Rössger, Hugo Preller, Karl Griewank, Friedrich Schneider, Fritz Koerner und einer Reihe weiterer hervorragender Persönlichkeiten, die mir insgesamt eine hinreichende *Lebensorientierung* vermittelten und mich frühzeitig auf den Weg zu einer befriedigenden Berufstätigkeit brachten.

Die geschichtlichen Befunde zur vertieften Erkenntnis aktueller und künftiger Erscheinungen zu nutzen, dazu trugen in beeindruckender Weise die Pädagogen Schrader und Rössger bei, weil sie nach den Erfahrungen zweier Weltkriege, nach einem jahrzehntelangen unermüdlichen Ringen für eine Schule, die von Ideen Pestalozzis, Fröbels und Diesterwegs geprägt ist und weltoffen für die Aufnahme humanistischer kultureller Werte anderer Völker, den Auftrag und die Funktion der Schule wohldurchdacht und prägnant auszudrücken verstanden. Ihr engagiertes Plädoyer für eine Demokratisierung der Bildung und zu grundlegenden Anforderungen an die Gestaltung der Einführung der Lehrerstudenten in die pädagogische Praxis gehören nach meiner Ansicht zu ihren bleibenden Verdiensten.

Zu einem Bildungserlebnis mit nachhaltiger Wirkung wurden die zweistündigen Vorlesungen zur Geschichte der Pädagogik im ersten und zweiten Semester von Karl Schrader, ein Proseminar unter Leitung von Peter Petersen – »John Locke und Immanuel Kant« – sowie das Hauptseminar bei Schrader »Geschichte des Volksschulwesens im 19. Jahrhundert«. Auffällig war in der gesamten Pädagogikausbildung jener Jahre eine Dominanz historischer Inhalte. Infolge der Lage am Beginn des Lehrerstudiums bekam die Vorlesung Schraders eindeutig die grundlegende Funktion für die gesamte pädagogisch-methodische Ausbildung. Sie fand 1949/1950 wegen des großen Zuspruchs mit etwa 350 Hörern in der Aula statt. Besonders auf Grund seiner persönlichen Erfahrungen mit der minderwertigen Ausbildung an den früheren preußischen Lehrerseminaren forderte er die qualifizierte Fachlehrerausbildung.

Die geschichtliche Schau sollte »das Verständnis für die jetzige Arbeit auf dem Gebiet der pädagogischen Praxis und Theorie eröffnen«. Wie er uns in einer systematisch und übersichtlich gegliederten Vorlesung geistige Welten der Kulturgeschichte mit dem Bezug auf das Pädagogische erschloß, spürten wir Studenten zunehmend von Woche zu Woche: in den getroffenen Einschätzungen und Zusammenfassungen drückte er zugleich seine eigene Auffassung zu den Darlegungen aus. Besonders aber die Seminare bei Schrader ließen erkennen, wie sehr die Persönlichkeit des Lehrenden den Bildungserfolg bestimmt. Er praktizierte gern die heuristische Methode ganz im Sinne Diesterwegs und vermittelte das Erlebnis, daß man als junger Student gemeinsam im Gespräch mit ihm und im Suchen, Prüfen, Abwägen neue Erkenntnisse gewinnt. So imponierte mir auch die Neugestaltung der schulpraktischen Ausbildung, die von ihm 1949 nach einem System wachsender Anforderungen entworfen wurde: A-Kurs = Einführung in die Struktur des Bildungswesens; B-Kurs = Hospitationskurs; C- und D-Kurs = eigene Unterrichtsversuche unter Anleitung von Methodikern; E-Kurs = selbständiger Unterricht bei Tutoren. Wir, der 1949er Immatrikulationsjahrgang, waren die ersten, die dieses System verwirklichten (Schrader 1949).

Obwohl Peter Petersen 1950 und 1951 kaum noch in den Vordergrund unserer Lehrerausbildung trat, lernte ich durch den A-Kurs seine Universitätsschule im Vergleich zu anderen Bildungseinrichtungen kennen und belegte aus Interesse ein Proseminar bei ihm. Daß Schulen nach dem Jena-Plan in anderen Ländern die Bildungsreform inspirieren würden, war in der damaligen Situation der pauschalen Kritik an der Reformpädagogik nicht abzusehen. Was in Jena in zweieinhalb Jahrzehnten erprobt worden war, wurde nicht mehr als ein internationales Phänomen begriffen. Petersens Jena-Plan-Schule galt vielmehr als ein Fremdkörper innerhalb der Demokratischen Einheitsschule. Die Leitung der Universität hat sich 1950 nicht für die Erhaltung dieser Einrichtung für Forschungszwecke eingesetzt, obwohl das gültige Bildungsgesetz von 1946 Kern- und Kursunterricht in der Grundschule vorsah. In einem 1949 unveröffentlichten Manuskript zur didaktisch-methodischen Situation wies Karl Schrader auf die Notwendigkeit der inneren Schulreform hin: »Alle bisher als selbstverständlich hingenommenen Grundsätze der didaktischen Arbeit bedürfen der kritischen Überprüfung« (Schrader 1989, 129/130).

Daraus zogen die Thüringer Landesregierung und das zuständige Ministerium keine Schlußfolgerungen.

Einige mir wichtige Fragen der Schulpädagogik wurden in Petersens Proseminar »John Locke und Immanuel Kant« angesprochen: die körperliche und moralische Erziehung, die »Maximen« für die Verstandesbildung, das Strafproblem in der Schule u.a.m. Die Seminare zeichneten sich durch Problemhaftigkeit, hohe Leistungsanforderung und Achtung jedes einzelnen Teilnehmers aus. Ein enges Kontakt- und Vertrauensverhältnis zu Petersen kam nicht zustande, weil er sich oft durch seinen Assistenten vertreten ließ. Während meiner Studienzeit in Jena übertraf Carl Rössger als Lehrerbildner Petersen in der Ausstrahlungskraft auf die studentische Jugend. Durch seine Lebensverbundenheit und seine Aufgeschlossenheit für die Bedürfnisse angehender Lehrer wirkte Rössger auf mich weniger dadurch, was er lehrte, als vielmehr durch seine Art, wie er von den Kindern sprach und seinem ausgeprägten Gerechtigkeitssinn. Erst im fortgeschrittenen Alter war es ihm vergönnt, seine reichen pädagogischen Erfahrungen als Hochschullehrer an der Universität Jena in Lehrveranstaltungen zur Geschichte der Erziehung und bei der Einrichtung, Leitung und Profilierung der didaktischen Kurse und der pädagogischen Praktika zur Verfügung zu stellen. Nach schlimmen Erlebnissen in seiner beruflichen Laufbahn begrüßte er die Befreiung vom Faschismus mit großer Erleichterung und widmete sich seit 1945 unverzüglich der Heranbildung eines »neuen Lehrergeschlechts«. (Mitzenheim 1989, 200) Er gehörte zu den Verfassern und Bearbeitern des Methodischen Manifests, das den neuen Lehrern in Thüringen schon im Juli 1946 eine Grundlage für ihre Unterrichtsarbeit gab und auch mir eine Richtschnur war für die pädagogisch-didaktische Bewältigung der ersten Schulversuche (Universität Jena und neue Lehrerbildung 1967, 84–86). Als ich freiwillig vom 1.–23.9.1950 ein Schulpraktikum an der Vereinigten Grund- und Oberschule Eisfeld abgeleistet hatte und dort wöchentlich 18 Stunden, und zwar Geographie in Klasse 10, 9, 5, Mathematik in Klasse 9 und 5 unterrichtete, lud mich danach Rössger als Direktor des Instituts für Didaktik zur Auswertung meines ausführlichen Praktikumsberichts persönlich ein. Durch den intensiven Gedankenaustausch vertiefte sich bei mir die Erkenntnis, daß der Kern jeder Lehrerbildung die Erziehungswissenschaften sind und pädagogische Arbeit letztlich doch gleichwertig ist, ganz gleich in welcher Schulstufe der Lehrer wirksam wird. Durch seine Güte und Hilfsbereitschaft beförderte er durch die weitergehenden Kontakte meine Liebe zum Lehrerberuf. Er sprach mit mir wie ein älterer Freund und Kamerad über seine Lebenserfahrungen, seine verdienstvolle Tätigkeit im Leipziger Lehrerverein, seine Aktivitäten als Schulrat in Gotha und während der Greilschen Schulreform in Thüringen, seine Bildungsreise in die Sowjetunion (1925) und seine Bekanntschaft mit sowjetischen Pädagogen wie A.W. Lunatscharski, P.P. Blonski, S. T. Schazki, A.P. Pinkewitsch. Diese direkte menschliche Begegnung weckte meine Neugierde für historische Zusammenhänge. Daran hatten außer Schrader und Rössger auch die Hochschullehrer der Geschichte großen Anteil. Ein Zeugnis aus dieser Zeit bewahre ich noch als Beleg auf, die Empfehlung von Professor Dr. Hugo Preller, mich fachlich auch als Lehrer für die Oberschule und den Unterricht bis zur 12. Klasse ausbilden zu lassen. Mit dem Datum vom 19.12.1951 übergab er mir das Schreiben, das mir ein Lehrerstudium bis einschließlich des Herbstsemesters 1953/54 ermöglichte.

Von der Zuneigung für die meisten meiner Hochschullehrer wäre trotz der individuellen Unterschiede noch viel Wissenswertes und für die Situation im Lehrerstudium Typisches zu berichten. In der Umbruchszeit, dem Beginn der Zweistaatlichkeit in Deutschland, gab es manchmal in politischer Hinsicht widrige äußere Umstände. Dennoch verdanke ich der Universität Jena eine solide Grundlagenbildung für meinen beruflichen Werdegang. Mein Streben richtete sich als künftiger Lehrer auf eine gründliche Jugenderziehung und die positive Gestaltung zwischenmenschlicher Beziehungen. Das Wertvollste, was ich dazu durch mein Lehrerstudium in einer bewegten Zeit und persönliche Kontakte zu Universitätslehrern empfangen und immer festgehalten habe, war der innige Wunsch, die Mitmenschen und die nachwachsende Generation in meiner Thüringer Heimat für ein gegenüber der Zeit von 1933 bis 1945 friedlicheres und rücksichtsvolleres Miteinanderleben bereit zu machen mit den vielfältigen Möglichkeiten, die der Lehrerberuf bietet.

3. *Lehrer im Geiste Fröbels und Diesterwegs*

Nachdem ich durch drei Praktika Lehrende und Lernende im Unterricht an einer Zwölfjahresschule in Eisfeld, einer Grundschule in Jena und der Goethe-Oberschule Ilmenau erlebt hatte, erhielt ich als Absolvent die erste Lehrerstelle mitten im Schuljahr 1953/54 an der *Max-Greil-Oberschule in Schleusingen*. Dort übernahm ich zum 1. März 1954 ohne Änderung des Stundenplanes den Geschichtsunterricht in acht Klassen mit je drei Wochenstunden. Meine Vorgängerin war von einer Reise nach Westdeutschland am Jahresende nicht zurückgekehrt, und so fiel der Geschichtsunterricht wochenlang aus. Der zuständige Schulrat, der Direktor der Oberschule und noch mehr die Schüler waren froh über die unerwartete Lösung des Problems, und ich bemühte mich als junger Lehrer, die entstandene Lücke an einer historisch so bedeutsamen Bildungseinrichtung zu schließen. Bereits im Jahre 1577 war diese Schule gegründet worden als Bildungszentrum der Grafschaft Henneberg, sie besaß eine sehr wertvolle Bibliothek mit Erstdrucken aus dem 16. und 17. Jahrhundert. Zu den hervorragenden Direktoren des hennebergischen Gymnasiums Schleusingen zählte Andreas Reyher (1611–1673), der nach seinen eigenen Worten »die Zeit seines Lebens in keiner anderen Funktion als zu der Didactica Beliebung gewidmet« und der nach seiner Berufung nach Gotha (1640) als Verfasser des »Schulmethodus« und durch die Verbreitung pädagogischer Grundsätze von Ratke und Komensky weithin bekannt geworden ist. Der Einblick in die wenig benutzten Bibliotheksbestände inspirierte mich mit anderen Kollegen zu dem Vorschlag, eine Schulzeitung als Verbindungsblatt zu den Eltern und ehemaligen Schülern zu schaffen. Mit kleineren Beiträgen sollte dort auch aus der Geschichte der Schule berichtet werden.

In der Öffentlichkeit hatte in den fünfziger Jahren diese Oberschule den Ruf einer *angesehenen Internatsschule*, und das Einzugsgebiet erstreckte sich weit über den mittleren Thüringer Wald. Prominente Vertreter der Intelligenz der DDR schickten ihre Söhne und Töchter nach Schleusingen.
   Die erforderliche Druckgenehmigung für die Schulzeitung hatte der Rat des Bezirkes Suhl erteilt; die Zeitung erfüllte allerdings nur einige Monate 1954 und 1955 die ihr zugedachte Funktion. Noch bevor meine geplanten historischen Beiträge im Manuskript vorlagen, wurde ein Bericht von mir über mangelhafte Leistungen in Orthographie der vier neunten Klassen, in denen ich im Herbst 1955 Geschichte unterrichtete, der Anlaß für die zuständige Behörde in Suhl, die weitere Druckgenehmigung zu verweigern. Die pädagogische Funktion der Kontrolle und Bewertung verstand ich damals im Bewußtmachen des Leistungsstandes der mir anvertrauten Schüler, in der Bestärkung des Positiven und dem Aufzeigen von Leistungsschwächen. In dem konkreten Fall war den Schülern auf ihrem Abschlußzeugnis der Grundschule im Fach Deutsch durchweg die Note »Sehr gut« und »Gut« erteilt worden. Die außergewöhnlich hohe Zahl an Fehlern in der Rechtschreibung beunruhigte mich. Notenbild und tatsächliche Leistung deuteten auf eine falsche Handhabung der Zensierung in vielen

Zubringerschulen der Oberschule Schleusingen hin. Mit meinem Beitrag in der Schulzeitung wollte ich auf typische Fehler hinweisen und die Eltern anregen, für das bevorstehende Weihnachtsfest ihren Jungen und Mädchen geeignete Lektüre auf den Gabentisch zu legen. Meine in pädagogischer Absicht gutgemeinten Empfehlungen wurden völlig mißverstanden und mein Artikel von einigen Funktionären der Volksbildung als eine politische Provokation hingestellt. Als Hauptargument gegen das weitere Erscheinen der Schulzeitung wurde ins Feld geführt, ehemalige Schüler der Schleusinger Schule, die in Westdeutschland lebten, seien Bezieher und Leser und der anstößige Aufsatz über Schwächen in der Orthographie bei Oberschülern müsse als »Diffamierung der Errungenschaften der demokratischen Schulreform in der DDR« aufgefaßt werden. Dieser Vorfall aus dem Schulalltag entmutigte mich nicht, weiterhin im Lehrerkollegium für eine gerechte Zensierung, Bewertung und Beurteilung der Schüler zu streiten und als Klassenleiter bei der Festlegung der Zensuren für Fleiß, Ordnung und Mitarbeit sowie für die verbale Schülerbeurteilung auf dem Jahreszeugnis oder die Gesamteinschätzung auf dem Reifezeugnis vorrangig pädagogische und psychologische Gesichtspunkte zur Geltung zu bringen.

Besonders meine Mitarbeit als Erzieher im Internat eröffnete mir bald ein neues Gebiet der Pädagogik, auch der Geschichte der Erziehung, das meinen Blick über die Schleusinger Schule hinaus lenkte. Das meist übliche Nebeneinander von Schule und Internat, von Fachlehrer und Erzieher, war Gegenstand vieler Gespräche, und vor allem die jüngeren Lehrer fragten dabei, ob die zahlreichen außerhalb der Schulstunden aufgetretenen Faktoren besser zur pädagogischen Wirksamkeit gebracht werden könnten. So entschlossen wir uns im Lehrerkollegium zu einem *Schulversuch*, indem die Internatserziehung zur Sache der Lehrer gemacht und einige Jahre auf »reine Erzieher« ohne eigenen Unterricht an der Schule verzichtet wurde. Bis auf wenige ältere Kollegen beteiligten sich die Lehrer regelmäßig an der Betreuung in der Hausaufgabenstunde am Nachmittag, und eine Gruppe der jüngeren Lehrer gestaltete aktiv das Internatsleben bei gleichzeitiger Verantwortung für die Tätigkeit als Fachlehrer und Klassenleiter mit. Der vorherrschende Eindruck bei allen Beteiligten war, daß durch die Verbindung und wechselseitige Ergänzung der unterrichtlichen und außerunterrichtlichen Elemente eine vielseitigere und in mehrfacher Hinsicht qualifiziertere Bildung und Erziehung ermöglicht wird und die Gestaltung des Internatslebens im Reichtum der Formen und Methoden umfangreicher wurde. Anregungen dazu vermittelten nicht zuletzt in Thüringen die ehemaligen Landerziehungsheime unter Hermann Lietz, die Freie Schulgemeinde Wickersdorf und Fröbels Erziehungspraxis in Keilhau. Schulfeste und Schulfeiern, Musikabende und Buchlesungen, Wandertage und Ferienobjekte, gemeinsamer Besuch von

Vorstellungen im Meininger Theater, körperliche Arbeit zur Errichtung des Naturtheaters Steinbach-Langenbach waren bemerkenswerte Zeichen dafür, daß anstelle der einseitigen intellektuellen Bildung damals in der Internatsschule vielseitigen Interessen und Neigungen der Schüler Rechnung getragen wurde. Damals konnte ich in Erfahrung bringen, daß die Gebäude der ehemaligen Lietz-Stiftung in Haubinda zu einer Schule mit Internat und einer Ausbildungsstätte für Werklehrer hergerichtet werden sollten. Durch die Nutzung der körperlichen Arbeit als Bildungs- und Erziehungsmittel wurde jedoch zunächst mehr unbewußt als bewußt an Forderungen moderner Reformpädagogen angeknüpft. Die Vorzüge der früheren Hermann-Lietz-Schule Haubinda waren bei meinem Besuch 1956 weithin vergessen. Nebenbei erfuhr ich, daß der damalige Bezirksschulrat sich persönlich für das Archiv der Schule in Haubinda interessierte. Später erfuhr ich durch seine Publikation viel Wissenswertes über die Leistungen, die Grenzen und Möglichkeiten der ersten deutschen Landerziehungsheime von Hermann Lietz (Bauer 1961). Politisch motivierte Wertungen verhinderten jedoch eine intensive Beschäftigung mit historisch-pädagogischen Gegenständen in der Lehrerweiterbildung. So traf für die Lehrer in Schleusingen schon damals zu, was Gustav Wyneken in dem Rundbrief »Bericht für meine Freunde über meinen Besuch in Wickersdorf vom 30.6. bis 2.7.1956« festhielt, die Oberschule teilte weder Geist noch die Institutionen der ursprünglichen Schule.

Um so merkwürdiger und erfreulicher sei es, daß sie die geschichtliche Verbindung mit ihr sorgfältig pflegen. An der Schleusinger Schule war dies nicht der Fall. Mitte der fünfziger Jahre konnte niemand Auskunft geben über den Namensträger der Schule. Durch Kontakte mit Sozialdemokraten aus der Zeit der Weimarer Republik erfuhr ich, daß im Herbst 1945 auf Empfehlung des Landesamtes für Volksbildung in Weimar das ehemalige Hennebergische Gymnasium den Status einer Landesinternatsschule erhielt und ihr bei dieser Gelegenheit der Name des sozialdemokratischen Schulpolitikers und zeitweiligen Ministers Max Greil (1877–1939) übertragen worden war. Die Recherchen zum Namensträger führten zu einer Korrespondenz mit Erich Greil, dem Sohn Max Greils, und einer ersten Einsicht in Akten zur Greilschen Schulreform im Staatsarchiv Weimar. Im Kollegium meiner Schule konnte ich daraufhin über wichtige Lebensstationen des Namensträgers und Gesetze und Verordnungen des Ministeriums Greil in einer Sitzung des Pädagogischen Rates informieren, nichtwissend, daß durch diese Aktivität sogar ein Ansatzpunkt für meine spätere Dissertation gegeben war. Die Betrachtung der Schulverhältnisse und der Schulkämpfe nach 1918 in Thüringen war für mich zunächst eine nützliche historische Besinnung. Zu der Überlegung, daß es auf pädagogischem Gebiet wertvolle Traditionen fortzusetzen galt, gelangte ich noch mehr durch die pragmatische Erfüllung meiner Aufgaben als Mentor im Fernstudium der Neulehrer und Kindergärtnerinnen, dankbare Aufträge für einen jungen Lehrer. Durch den ständigen Umgang mit in der Erziehungspraxis tätigen und erfahrenen Kollegen wuchs das Bedürfnis, über das Profil der Kindergärtnerin und des Lehrers sowie den spezifischen Gegenstand der pädagogischen Arbeit weiter nachzudenken.

In der Verallgemeinerung meiner eigenen Erfahrungen festigten sich solche Positionen wie etwa Erziehung und Bildung muß den ganzen Menschen umfassen; Erziehung und Bildung muß frühzeitig beginnen; eine Erweiterung der Erkenntnis hat nicht ohne weiteres eine Änderung der Charaktereigenschaften zur Folge.

Mit 26 Jahren zum stellvertretenden Direktor der *Ober- und Mittelschule Zella-Mehlis* berufen, sah ich in dieser Funktion noch deutlicher, daß die Liebe des Lehrers zu den Schülern, seine Toleranz und sein Einfühlungsvermögen mindestens so wichtig sind wie seine Bildung und sein Fachwissen. Ein Jahr später vor die Wahl gestellt, ob mir die Leitung der Oberschule in Suhl anvertraut wird oder ob durch die Annahme einer Assistentenstelle in der Abteilung Unterrichtsmethodik des Instituts für Pädagogik der Universität Jena mir eine Mitwirkung in der Lehrerbildung zusagen würde, entschied ich mich für die Rückkehr an die Stelle, die mich frühzeitig aufs Pädagogische hingelenkt hatte. An einer ehrenvollen Funktion in der Administration der Volksbildung zeigte ich wenig Interesse, während die Erweiterung des geistigen Horizonts durch neue Studien mich reizte. Bei Fröbel las ich in der »Menschenerziehung«: »Mannigfaltigkeit der Kenntnis im notwendigen, lebendigen Zusammenhang macht nie eitel; denn sie macht den Menschen nachdenkend, und zeigt ihm, daß er im Ganzen nur noch wenig weiß; jenes erhebt den Menschen zum Menschen, dieses gibt ihm seinen schönsten Schmuck: Bescheidenheit« (Fröbel 1826, 349). Es gehörte auch zu Fröbels weitreichenden Überlegungen, daß jeder Mensch das kleinste Geschäft groß betreiben könne, daß jedes Geschäft sich so veredeln lasse, daß es zu betreiben des Menschen nicht unwürdig sei. Ich wollte nunmehr meine Arbeitsfreude seit dem Herbst 1957 dem an der Philosophischen Fakultät beheimateten Institut für Pädagogik zuwenden, weil dem »Optimum an Leistungen«, das in den fünfziger Jahren von der Schule der DDR erwartet wurde, auch ein »Optimum an Ausbildung« entsprechen müsse. Die mir damals bekannten ungerechtfertigten Vorurteile, die die pädagogisch-methodische Ausbildung belasteten, sollten nach meiner Ansicht allmählich abgebaut werden. Daß dieser Vorgang nicht problemlos sein würde, um alle Möglichkeiten der Universität für eine solide Lehrerbildung auszuschöpfen, dessen war ich mir bei meinem Wechsel von der Schule zur Hochschule bewußt. Sollten die Schulen zeitgemäße »Pflanzstätten der Humanität in ihrem ersten, tiefsten, unentbehrlichsten Fundament« werden, wie es Diesterweg vorschwebte, so war dazu eine »hohe Meinung« zur Lehrertätigkeit in der Öffentlichkeit und in der Wertschätzung der neuen Lehrergeneration dringend nötig: »Wer die Bedeutung seines Berufs nicht erkennt, nicht groß von ihm denkt, wird als Lehrer wenig leisten und wirken« (Diesterweg 1962, 377).

4. Engagierter Lehrerbildner und zeitweilig begeisterter Historiker der Pädagogik

Zu den Besonderheiten meiner Lehrertätigkeit gehörte die stärkere Hinwendung zum Studium des Marxismus und der Geschichte der Arbeiterbewegung. Dazu trug der »kalte Krieg« mit seinen nachteiligen Folgen im Bereich der Kultur und Bildung wesentlich bei. Dennoch habe ich mich erst nach einer längeren Phase der Besinnung entschlossen, Kandidat und Mitglied der SED zu werden. Nach dem XX. Parteitag der KPdSU im Februar 1956 schöpfte ich Hoffnung auf eine Zukunft ohne die Fesseln eines doktrinären Sozialismus im Weltmaßstab und in der DDR. Nach mehreren Urlaubsreisen nach Westdeutschland gelangte ich zu der Einsicht, daß für die in der BRD regierenden Parteien die Einheit Deutschlands nicht mehr auf der Tagesordnung stand. Als nach 1945 und besonders in den fünfziger Jahren die Forderung erhoben wurde, daß Auschwitz nicht noch einmal sei und daß die Quellen des Faschismus endgültig zum Versiegen gebracht werden müßten, entsprach diese Orientierung meiner politischen Einstellung. Hinzu kam die Überzeugung: die Lehrerschaft besitzt im Rahmen der antifaschistisch-demokratischen Neuordnung in der DDR größere Chancen als in der BRD, das Bildungswesen zur Vermehrung sozialer Gleichheit zu benutzen. Angesichts der konkreten Lebensumstände und aus beruflichen und familiären Gründen wollte ich als Mitarbeiter der Friedrich-Schiller-Universität an einer Gesellschaft mitwirken, die den Menschen verweist auf Bildung und Vernunft wie auf Völkerverständigung und Toleranz.

Aber dadurch wurde ich die Frage nach dem »besseren Deutschland« nicht mehr los. In diesem Zusammenhang bewegten mich Fragen nach dem Sinn des Lebens, ich dachte nach über christliche und marxistische Ethik. Mich beeindruckte damals die Entscheidung des hessischen Kirchenpräsidenten Martin Niemöller gegen die Wiederaufrüstung in der BRD. Durch die Lektüre der Schriften von Emil Fuchs wurde ich auf Berührungspunkte zwischen Christentum und Marxismus hingewiesen (Fuchs 1952; Fuchs 1956).

Die Erkenntnisse in den Frühschriften von Karl Marx veranlaßten mich, über soziale Probleme gründlicher nachzudenken und die Welt mit den Augen der Unterdrückten zu sehen. Daran knüpfte sich die Verpflichtung, Lehrern in der Ausbildung und Weiterbildung Denkanstöße zu geben im Sinne des kategorischen Imperativs von Marx, alle Verhältnisse umzuwerfen, in denen der Mensch ein erniedrigtes, ein geknechtetes, ein verlassenes, ein verächtliches Wesen ist.

Wie sehr die Vorstellungen der Vergangenheit über die oft beschämende Stellung der Lehrer noch die Köpfe vieler Menschen beherrschten, zeigte sich bei der Gewinnung des Lehrernachwuchses, wo der Bedarf größer war als die Zahl der Bewerber. Nicht nur leistungsstarke junge Menschen mit hinreichender pädagogischer Eignung sind in jenen Jahren für das Lehrstudium immatrikuliert worden. Was jedoch insgesamt von der Universität Jena hinsichtlich der Lehrerbildung während der Zeit der Existenz der DDR geleistet wurde, kann nur in größerem Entwicklungszusammenhange analysiert und beurteilt werden.

Schwerpunkte meiner Tätigkeit waren seit dem Herbstsemester 1957 die Ausschöpfung vieler Möglichkeiten für die zweckmäßige Gestaltung der Theorie-Praxis-Beziehungen in der Pädagogikausbildung und die Entwicklung und Vervollkommnung des Berufsethos junger Lehrer. Zur Ausprägung der erforderlichen Willens- und Charaktereigenschaften bei der Anbahnung des pädagogischen Könnens gehörten neben einer Reihe anderer Anforderungen eine ausgewogene Wertung der erreichten Fortschritte und der Mängel in den ersten Unterrichtsversuchen der Lehrerstudenten und die Erschließung des Reichtums pädagogischer Erfahrungen für die berufliche Tätigkeit. Diesen beiden Aspekten der Lehrerbildung widmete ich sowohl in der Unterrichtsmethodik als auch in der Beschäftigung mit der Erziehungs- und Schulgeschichte vorwiegend meine Aufmerksamkeit.

Die Hochschullehrer der Pädagogik und Methodik in Jena, meist schon im fortgeschrittenen Alter stehend und von der Last der drängenden Tagesgeschäfte erdrückt, sahen sich bei der Überprüfung der Ergebnisse ihrer Arbeit häufig einer öffentlichen Kritik ausgesetzt. Die Auseinandersetzungen um die Produktivität der Pädagogik in Lehre und Forschung wurden festgemacht an Erscheinungen des abstrakten Theoretisierens, des langwierigen Streits um Begriffe und Definitionen, einem flachen Empirismus bei pädagogischen Untersuchungen in der Schulpraxis sowie einem engen Praktizismus in der Methodik der meisten Unterrichtsfächer. Das betraf auch mein engeres Arbeitsgebiet jener Jahre bis 1963, die Methodik des Geschichtsunterrichts, wo ich besonders an der Vorbereitung, Durchführung und Auswertung der schulpraktischen Übungen und Praktika maßgeblichen Anteil hatte. Dadurch blieb ich weiterhin in engem Kontakt mit Schulen, Lehrern und Schülern, denn der tägliche Umgang mit Schülern im Unterricht fehlte mir nach meinem Weggang aus dem Kreis Suhl in Jena sehr. Die noch wenig entwickelte Kooperation der wissenschaftlich engagierten Pädagogen miteinander und mit der Schulpraxis befriedigten mich nicht. Um so mehr war ich erfreut, als mir Professor Schrader ein Dissertationsthema zur Thüringer Schulgeschichte anbot. Im gegenseitigen Einvernehmen durfte ich die Schulpolitik und Schulentwicklung nach der Novemberrevolution 1918 näher untersuchen und die Ansätze zu einer demokratischen Schulreform unter dem Ministerium Greil analysieren und würdigen.

Seit der Inkraftsetzung des Gesetzes über die sozialistische Entwicklung des Schulwesens in der DDR (2.12.1959) und der ständigen Veränderung der Struktur der Lehrerbildung fand ein unerträglicher Meinungsstreit über »fehlerhafte Auffassungen« zum Verhältnis von Theorie und Praxis am Institut für Pädagogik statt: Inhalt und Formen der Lehrerausbildung wurden offiziell mehr und mehr so angelegt, daß Lehrer mit ihrer Berufsvorbereitung einen polytechnischen Gesichtskreis erhielten und somit »eng mit der Arbeiterklasse und dem sozialistischen Aufbau verbunden sind«.

Während ich mich in die Historische Pädagogik vertiefen und nach der Emeritierung von Professor Schrader als Oberassistent und Lehrbeauftragter mich dieser pädagogischen Disziplin hauptsächlich zuwenden konnte, löste die Universitätsparteileitung auf der Grundlage der Habilitationsschrift von Rudolf Menzel und eines unter seinem Namen erschienenen Artikels in der Zeitschrift Pädagogik (Menzel 1962, 127) eine Diskussion unter der Überschrift »Die Pädagogik und das Leben« aus, die bis zu Verletzungen und Verärgerungen verdienter Pädagogen getrieben wurde und personelle Konsequenzen einschloß. Nach einem Interregnum übernahm Werner Dorst in der Nachfolge von Karl Schrader die Leitung des Instituts für Pädagogik und veranlaßte meine Umsetzung in die Abteilung Geschichte der Pädagogik; schließlich übertrug er mir 1965 sogar die kommissarische Leitung dieser Abteilung. In diese Zeit fiel die Übertragung der vollen Verantwortung für die Betreuung der Lehrerstudenten auf die Fachrichtungen, an denen sie immatrikuliert waren und die Fusion der einzelnen Fachgebiete der bisherigen Abteilung Unterrichtsmethodik mit dem entsprechenden Fachinstitut der Philosophischen bzw. Naturwissenschaftlichen Fakultät. Trotz einiger widriger politischer Umstände – die Fusion beispielsweise war eine Entscheidung von großer Tragweite – sollten die sechziger Jahre hinsichtlich der Eigenverantwortlichkeit für die Lehre, die Weiterbildung und die Mitwirkung am wissenschaftlichen Leben überhaupt die besten Jahre für meine Tätigkeit als Historiker der Pädagogik werden. In der Lehre hatte ich noch weitgehende Freiheit, welche Gegenstände in Vorlesungen und Seminaren behandelt wurden.

Die Vorlesungsverzeichnisse weisen aus, daß von Semester zu Semester neue Angebote möglich waren. Bevorzugte Themen waren die Lehrer-Schüler-Beziehungen und didaktische Grundsätze aus historischer Sicht, der Philanthropismus und die Nationalerziehung, bildungspolitische Bestrebungen der deutschen Arbeiterbewegung, historische Grundlagen der Sowjetpädagogik. Mit Begeisterung bereiteten wir in der Gemeinschaft pädagogisch erfahrener Seminarleiter Seminare zum pädagogischen Werk und Wirken von Diesterweg und Makarenko vor. Mit zahlreichen Aktivitäten in der Lehrerweiterbildung erlangte ich bald in Zusammenhang mit Publikationen eine Ausstrahlung auf ganz Thüringen. Anläßlich des 20. Jahrestages der Gründung der Sozial-Pädagogischen Fakultät organisierte ich im Anschluß an eine Festveranstaltung ein Kolloquium zur Erforschung der Erziehungs- und Schulgeschichte Thüringens, wo ich vorschlug, das Institut für Pädagogik der Friedrich-Schiller-Universität für dieses Gebiet zum ständigen Konsultationsort zu bestimmen (Bartsch 1966, 175/176).

Die rege Publikationstätigkeit und Mitwirkung in zentralen Konferenzen der Historiker der Pädagogik ermöglichten mir wissenschaftliche Kontakte und kollegiale Begegnungen mit namhaften Historikern der Pädagogik der DDR und auch des Auslandes. Daraus ergab sich die relativ frühzeitige Berufung (1966) zum Mitglied des Wissenschaftlichen Rates für Geschichte der Erziehung, der damals von Robert ALT geleitet wurde.

Unter dem Einfluß einiger Fachkollegen und besonders dem Urteil von Paul Oestreich vom 27.12.1945 habe ich in jener Zeit die Kritik an der Reformpädagogik einseitig betrieben und die Leistungen von Peter Petersen nicht in ihrer Gesamtheit erfaßt (Mitzenheim 1965, 1966, 1967, 1968). Eine negative Wirkung in meiner Einstellung zum Wirken von Petersen hatte über viele Jahre das Buch von Hans Mieskes »Pädagogik des Fortschrittes?«, das mir der ehemalige Rektor Otto Schwarz mit der Bemerkung übergab, es sei ein typisches Produkt des kalten Krieges und eine stark subjektiv geprägte Abrechnung mit der DDR-Pädagogik. Tatsächlich lieferte das Buch von Mieskes dazu Belegstellen, und ich konnte den Haß des Autors gegen sozialistische Bildungsbestrebungen und Pädagogen auf Grund meiner Lebenserfahrung nicht verstehen. Der damaligen Beschlußfassung zum »Gesetz über das einheitliche sozialistische Bildungssystem« vom 25.2.1965 gingen fast zwei Jahre umfangreiche fachliche Bemühungen und Beratungen voraus, die meines Erachtens in der deutschen Erziehungs- und Schulgeschichte kaum eine Parallele hatten. Das außerordentliche Interesse an der künftigen Gestaltung des Bildungswesens war in der DDR, wie es sich in zahlreichen Stellungnahmen in Thüringen und an der Universität Jena zeigte, durchaus nicht nur auf enge Fachkreise beschränkt. Das treibende Motiv für die weitere Umgestaltung des Bildungswesens in der DDR bis zum Ende der sechziger Jahre war meines Erachtens sozialpolitischer Art, die bisher als höherwertig geltende Bildung sollte möglichst vielen Menschen zuteil werden. Von dieser sozialen Vergünstigung, die der Staat gewährte und zwangsläufig auch ihre Spuren in der Lehrerbildung bis hin zum Lehrgebiet Geschichte der Erziehung hinterließ, war in Mieskes' Buch kaum die Rede (Mieskes 1960, 15ff.).

Die fortschreitende Abgrenzung von der Entwicklung in der BRD nach dem 13. August 1961 führte allerdings bald zur Vernachlässigung einer gründlichen Beschäftigung mit der nichtmarxistischen Pädagogik und der Einschränkung des Lehrgebietes Geschichte der Erziehung von vier Semesterwochenstunden (1963) auf eine Semesterwochenstunde (1969). Das unter Federführung des Ministeriums für Volksbildung 1969 verordnete Lehrprogramm der Pädagogik und Psychologie war eine falsche Entscheidung, nämlich »die zeitweilige faktische Liquidierung der Geschichte der Erziehung als Ausbildungsdisziplin und damit die Unterschätzung ihrer spezifischen Funktion im Studium« (Ministerium für Volksbildung, Hauptabteilung Lehrerbildung 1978, 16).

Parallel dazu wurde 1969 am Institut für Pädagogik zielstrebig die Profilierung und Konzentration der pädagogischen Forschung »auf einen, und zwar erziehungswissenschaftlichen Schwerpunkt von hoher ideologisch-politischer Relevanz«, noch dazu in einer theoretisch und praktisch hoch aktuellen Thematik – Sozialistische Einstellungserziehung – vorangetrieben und die Gründung der Sektion Erziehungswissenschaft vorbereitet. In den Darlegungen zu den »unverrückbaren Positionen«, die nunmehr die Erziehungswissenschaftler in Jena »einnehmen müssen«, gehörte nicht die Bewahrung und Fortführung der reichen pädagogischen Traditionen in Jena. Die Abteilung Geschichte der Pädagogik verlor ihre Existenzberechtigung, und die Wissenschaftskonzeption für die Entwicklung der Sektion bis 1975 negierte völlig eine eigenständige historisch-pädagogische Forschung (Dorst 1971, 7ff.).

Mit der Sektionsgründung wurde die Abteilung Geschichte der Pädagogik aufgelöst, die geringen Lehrverpflichtungen nach dem Studienprogramm von 1969 dem Lehrstuhl Erziehungstheorie zugewiesen, die regionalgeschichtlichen Arbeiten wegen der Kräftekonzentration auf einen aktuellen Forschungsschwerpunkt abgebrochen und eine kontinuierliche Qualifizierung für die Historische Pädagogik in Jena aufgegeben. Die Sektionsgründung stellte somit für meine berufliche Laufbahn als Lehrerbildner und Historiker der Pädagogik den entscheidenden Knotenpunkt dar. Die Alternative hieß Weggang von Jena oder die Übernahme anderer Lehrverpflichtungen.

Nolens volens übernahm ich eine neue Aufgabe am Institut. Werner Dorst übertrug mir die Leitung des Pädagogisch-Psychologischen Grundkurses, eine komplexe Lehrveranstaltung für alle Lehrerstudenten des ersten Studienjahres (zeitweilig 400 bis 500). Die Vergabe und Betreuung wissenschaftlicher Arbeiten zu historisch-pädagogischen Themen wurde mir auf Jahre hin untersagt, sogar die weit fortgeschrittene Materialsammlung zur Geschichte der Lehrerbewegung sollte ich nicht zum Abschluß einer Dissertation B führen und mich stattdessen vergleichenden Studien zur Einstellungserziehung zuwenden, denn »der Erziehungswissenschaftler denkt sich seine Aufgabenstellung nicht aus, er entnimmt sie den Beschlüssen der Partei der Arbeiterklasse«, so eindeutig formuliert ist dies in der Festansprache zur Gründung der Sektion Erziehungswissenschaft vom 29.9.1969 nachzulesen. Deshalb wurde ich in den siebziger Jahren von der intensiven Arbeit auf dem Gebiet der Geschichte der Erziehung abgedrängt und meine Aktivitäten bei Konferenzen und Tagungen als mein »persönliches Hobby« hingestellt. Die Schwierigkeiten und Konflikte, die sich für den Stellenwert der Geschichte der Erziehung daraus ableiten, können hier nur exemplarisch angedeutet werden. Für eine Tätigkeit als Hochschullehrer kam für mich zunächst das Berufungsgebiet »Grundlagen der Pädagogik« in Betracht. Erst als vom zuständigen Ministerium Lehrstühle für Geschichte der Erziehung an allen Einrichtungen der Diplomlehrerausbildung gefordert worden waren, erfolgte nach der Veröffentlichung des Buches »Lehrerin gestern und heute« (Mitzenheim 1973) und die Erweiterung des Lehrgebietes Geschichte der Erziehung zu zwei Semesterwochenstunden meine Berufung zum ordentlichen Professor.

Die Geringschätzung des pädagogischen Erbes durch die Leitung und Kollegen der Sektion wirkte sich in vielerlei Hinsicht nachteilig aus. Entgegen meiner sachlichen Argumentation teilte der Sektionsdirektor auf eine entsprechende Anfrage des Kustos der Universität (Dr. Günter Steiger) zu Veränderungen der Denkmäler in der Goetheallee mit, »im Falle einer Neuaufstellung der Denkmäler könnte man auf Rein und Stoy verzichten,... jedenfalls meinen wir, daß die Rangordnung nicht den tatsächlichen wissenschaftlichen und historischen Leistungen entspricht«. (Dorst 3.9.71)

Die Gewinnung befähigter Mitarbeiter für den Wissenschaftsbereich Geschichte der Erziehung seit 1975 wurde durch die Projekte der auftraggebundenen pädagogischen Forschung in den siebziger Jahren wesentlich erschwert. Hauptsächlich wurden die Leistungen des Bereiches daran gemessen, in welchem Umfang eine Zuarbeit zum zentralen Forschungsthema der Sektion erfolgte. Die aktive Unterstützung der Pflege pädagogischer Traditionen im Territorium der Thüringer Bezirke und an der Universität Jena blieb über Jahre eine Aufgabe unter anderen zeitaufwendigen Verpflichtungen. Der größte Hemmschuh für den Ausbau des Wissenschaftsbereiches Geschichte der Erziehung blieb bis zum gesellschaftlichen Umbruch 1989/90 die ahistorische Einstellung der meisten Kollegen in den anderen Disziplinen der Erziehungswissenschaften.

Die Profilierung und Erweiterung des Wissenschaftspotentials für die Geschichte der Erziehung konnte aber nur über die langfristige Vorbereitung und ständige Qualifizierung des wissenschaftlichen Nachwuchses erreicht werden. Die Bedingungen dazu waren in den siebziger und achtziger Jahren weit ungünstiger als vorher. In den offiziellen Dokumenten kam besonders seit dem VIII. und IX. Parteitag der SED der Verbreitung geschichtlichen Wissens über die Geschichte der Arbeiterbewegung und der DDR sowie »über historische Grundprobleme der sozialistischen Staatengemeinschaft als Ganzes allergrößte Bedeutung« zu (Hager 1976, 51f.).

Durch die Lehrprogramme der Pädagogik von 1975 und 1982 verpflichtete das Ministerium für Volksbildung die Historiker der Pädagogik in der Ausbildung und Weiterbildung der Lehrerschaft viel mehr als früher ein lebendiges

Bild vom Werden »unserer Gesellschaft und ihrer Schule zu vermitteln« (Honecker 1976, 26). Die Forschungsgruppe »Geschichte der Schule und der Pädagogik in der Deutschen Demokratischen Republik« verlangte sogar, daß die Kräfteverteilung auf dem Gebiet der Geschichte der Erziehung zugunsten »der verstärkten Orientierung der Partei auf die Geschichte des Sozialismus in der DDR« verändert wird (Uhlig 1977, 30).

Als Historiker der Pädagogik in der großartigen Kulturlandschaft und reichen pädagogischen Provinz Thüringen fühlte ich mich in besonderer Weise betroffen und beunruhigt über diese und ähnliche Tendenzen in der Wissenschafts- und Bildungspolitik der DDR. Eine enge Profilierung und Sichtweise auf das pädagogische Erbe blieb mir in der Lehre und in Publikationen fremd. Motiviert zur fachwissenschaftlichen Wirksamkeit der Geschichte der Erziehung in den achtziger Jahren wurde ich immer weniger von den jeweiligen Beschlüssen der Partei; für die eigene Initiative zur Pflege und Weiterführung pädagogischer Traditionen waren maßgebend die Vorhaben des Wissenschaftlichen Rates für Geschichte der Erziehung und der Kommission für deutsche Erziehungs- und Schulgeschichte bei der APW, die sachkundig und zielstrebig geführt wurden und somit die fachliche Kompetenz für wichtige Publikationen und die internationale Repräsentation der Wissenschaftsdisziplin Geschichte der Erziehung oft unter schwierigen Bedingungen gewährleisten konnten. Die Vorbereitung und Durchführung einer Reihe von Jubiläen und wissenschaftlichen Kolloquien – vor allem im Interesse der Förderung des wissenschaftlichen Nachwuchses – dienten dazu, einer fortschreitenden Austrocknung dieser Wissenschaftsdisziplin praktisch entgegenzuwirken. Dabei fällt eine gewisse Dominanz des klassischen pädagogischen Gedankenguts und seine Erschließung auf, wenn wir auf die UNESCO-Ehrung zum 200. Geburtstag von Friedrich Fröbel, das Jubiläum 200 Jahre Salzmann-Schule in Schnepfenthal und die Diesterweg-Ehrung verweisen.

Eine Bereicherung erfuhren die beiden wissenschaftlichen Ereignisse 1982 und 1984 in Thüringen durch Beiträge von Studentenzirkeln der Universität Jena (Jahrbuch 1983, Pädagogik 1984). Neben der umfangreichen Vorbereitung solcher wissenschaftlicher Höhepunkte wurde bei verschiedenen Anlässen das Bild über das Bildungswesen und Erzieherpersönlichkeiten in Thüringen wie Adolf Reichwein, Gustav Wyneken, Theodor Neubauer und Anna Siemsen erweitert. Obwohl die Reformpädagogik außerhalb der auf dem IV. Pädagogischen Kongreß genannten Quellen für die Entwicklung der sozialistischen Pädagogik und Schule stand, kam es in der Lehre und in Beratungen der Erziehungswissenschaftler auch in Jena auf Grund eines breiteren Erbeverständnisses in der Geschichtswissenschaft der achtziger Jahre zu Ansätzen einer differenzierten Auseinandersetzung mit der Reformpädagogik, beispielsweise anläßlich des 100. Geburtstages von Peter Petersen. Durch die Bekanntschaft mit dem pädagogischen Werk und Wirken von W.A. Suchomlinski vertiefte sich bei mir die Einsicht, daß die schroffe Gegenüberstellung der Reformpädagogik und Sowjetpädagogik in der offiziellen Bildungspolitik schädlich und nachteilig war hinsichtlich der immer wieder erhobenen Forderung auf den letzten Parteitagen der SED und den Pädagogischen Kongressen seit 1971, die »inhaltliche Ausgestaltung« und unter pädagogischem Aspekt qualitative Verbesserung der Schule der DDR als zentrale Aufgabenstellung für alle Pädagogen und Lehrer anzunehmen (Mitzenheim 1980).

Die Ablehnung der Perestroika in der Sowjetunion und die auf dem IX. Pädagogischen Kongreß offen verkündete Skepsis gegenüber einer »Renaissance der Reformpädagogik« verdeutlichten in gravierender Weise, daß eine realitätsnahe Auseinandersetzung mit der erfahrbaren gesellschaftlichen Wirklichkeit von der Führung der SED weiterhin verhindert werden sollte. Hinsichtlich des Leistungsverständnisses der Schule und Lehrerbildung in der DDR, das ich über viele Jahre mit großer Sympathie begleitet habe, stellte ich bei bildungspolitischen Maßnahmen der 70er und vor allem der 80er Jahre eine Bedeutungseinbuße der Pädagogik im allgemeinen und ein Historizitäts-Defizit im pädagogischen Denken fest. Die starke Verjüngung der Lehrerschaft und der Lehrkräfte der Pädagogik begünstigten Inkongruenzen zwischen dem von namhaften Vertretern der Pädagogik in der Vergangenheit Gedachten und Prioritäten, die von der praktischen Bildungspolitik bis 1989 gesetzt worden waren. Die Ergebnisse der historisch-pädagogischen Forschung und der Publikationsorgane, wie beispielsweise das Jahrbuch für Erziehungs- und Schulgeschichte, war für die Leitung und Leiter der Volksbildung weitgehend uninteressant geworden. Dieser unbefriedigende Zustand der Mißachtung der pädagogischen Wissenschaft in der Praxis bewegte mich, einer »Bildung auf neuen Pfaden« das Wort zu reden und die Geschichte und Vorgeschichte des pädagogischen Denkens nachhaltiger fruchtbar zu machen beim Herangehen an die ungelösten Fragen der Volksbildung und Lehrerbildung. Meine Bereitschaft zu einer kritischen Prüfung des sehr differenziert abgelaufenen Entwicklungsprozesses der Lehrerbildung und der Funktion der Geschichte der Erziehung habe ich 1989 und 1990 bekundet und erklärt (Mitzenheim 1989, 1991).

Jetzt ergoß sich jedoch gleichzeitig eine Welle der Kritik über die Sektion Erziehungswissenschaft und damit auch über mein eigenes Tun. Die Art und Form der »Abwicklung« dieser Einrichtung verletzte mich tief, und das Jahr 1991 wurde dadurch das schwerste meiner beruflichen Tätigkeit. Nunmehr dominierte die pauschale und undifferenzierte Ausgrenzung aller Hochschullehrer der Pädagogik in Jena. Noch Sinn in diese Vorgänge zu bringen, bedeutet für einen DDR-Bürger meines Jahrgangs einen *schmerzhaften Erkenntnisprozeß* zu durchlaufen. Nach meinen Erfahrungen ist eine oft unzutreffende Gleichsetzung von Faschismus und Sozialismus unzulässig und fragwürdig.

Bei einer kritischen Aufarbeitung der Vergangenheit ist zu berücksichtigen, daß es in der DDR einige günstige Bedingungen für das Grundrecht auf Bildung ohne Unterschied des Geschlechts gab, um die andere Länder noch ringen. Es wird schwer sein, eine wahrheitsgetreue Darstellung der »Spuren der DDR-Pädagogik« vorzulegen. Ein erster Schritt dazu ist die Kenntnisnahme der Individuallage auch der handelnden Historiker der Pädagogik, die Individuallage, in die jeder einzelne von ihnen hineingeboren wurde und die für ihn einmalig und unvertauschbar war. Als engagierter Lehrer und Lehrerbildner danke ich der DDR mein Dasein. Dabei schwingen Fragen mit, wie sie Christa Wolf in einer Passage im »Störfall« stellt: »Treiben die Utopien unserer Zeit notwendig Monster heraus? Waren wir Monster, als wir um einer Utopie willen – Gerechtigkeit, Gleichheit, Menschlichkeit für alle –, die wir nicht aufschieben wollten, diejenigen bekämpften, in deren Interesse diese Utopie nicht lag (nicht liegt) und, mit unseren Zweifeln diejenigen, die zu bezweifeln wagten, daß der Zweck die Mittel heiligt?« (Cloer 1988, 30). Erst eine integrative Zusammenschau der personellen, institutionellen, methodologischen und gegenstandstheoretischen Voraussetzungen läßt den *Vergleich der Leistungen der Historiker der Pädagogik* der DDR zu denen der BRD bis 1989 zu (Dzambo 1987; Auswahlbibliographie 1981, 1982, 1989).

Für die kritische und differenzierende Auseinandersetzung mit der Schulentwicklung und Pädagogik des 20. Jahrhunderts habe ich mir dazu eine Lebensmaxime der mir politisch und geistig nahestehenden Pädagogin Anna Siemsen zueigen gemacht: »Unser Leben reicht nicht für alles, was noch zu tun ist. Wenn ein Kampf ausgekämpft ist, morgen fängt der neue an. Wenn eine Hoffnung uns betrogen hat, wir bauen eine stärkere und bessere Erkenntnis ... Es werden viele Menschenleben geopfert in dem Hochofen, der unsere Zukunft läutert. Unser Leben ist unverloren, wenn wir's mit hineinwerfen, um seine Glut zu erhöhen« (Siemsen 1932).

Literatur

Bartsch, H.: 20. Jahrestag der Gründung der Sozial-Pädagogischen Fakultät an der Friedrich-Schiller-Universität Jena. In: Pädagogik (Jg 21), 1966
Bauer, H.: Zur Theorie und Praxis der ersten deutschen Landerziehungsheime. Berlin 1961
Cloer, E.: Ausgewählte Aspekte der Entwicklung des pädagogischen Denkens in der SBZ und DDR. In: Die Deutsche Schule 1/1988, S. 19/32
Diesterweg, F.A.W.: Wegweiser zur Bildung für deutsche Lehrer und andere didaktische Schriften. Ausgewählt und eingeleitet von Franz Hofmann. Berlin 1962
Dorst, W.: Festansprache zur Gründung der Sektion Erziehungswissenschaft am 29.09.1969. In: Wissenschaftliche Beiträge der Friedrich-Schiller-Universität, 1971

(Erziehung zur sozialistischen Persönlichkeit, im Leninsymposium der Sektion Erziehungswissenschaft. S. 7/13)

Dorst, W.: Brief an den Kustos der Universität, Herrn Dr. Günter Steiger

Dzambo, J.: Erziehung, Bildung, Schule im Wandel der Geschichte. Eine Auswahlbibliographie. Bad Heilbrunn 1987. Auswahlbibliographie zur Geschichte der Erziehung, Teil 1 (1967–1975) Berlin 1981, Teil 2 (1976–1980) Berlin 1982, Teil 3 (1981–1985) Berlin 1989. Hrsg. APW der DDR. Vgl. a. Günther, K-H.: Traditionen und Leistungen der Geschichte der Erziehung als Wissenschaftsdisziplin in der DDR. Berlin 1981 (APW der DDR)

Fröbel, F.W.A: Die Menschenerzerziehung. Keilhau 1826

Fuchs, E.: Marxismus und Christentum. Leipzig 1952

Fuchs, E.: Christliche und marxistische Ethik. Leizig 1956

Hager, K.: Der IX. Parteitag und die Gesellschaftswissenschaften. Berlin 1976

Honecker, M.: Zu einigen Fragen der kommunistischen Erziehung aus der Sicht der Beschlüsse des IX. Parteitages der SED. Parteihochschule »Karl Marx« beim ZK der SED. Vorlesungen und Schriften. O.O., o.J.

Jahrbuch für Erziehungs- und Schulgeschichte. Jg. 23/1983, S. 168; Pädagogik 39. Jg.,9/1984, S. 737. Wir erschließen, bewahren und verwirklichen das humanistische Erbe von Friedrich Fröbel. Jenaer Erziehungsforschung. Sonderheft 1982. Studien zum Philanthropismus. Jenaer Erziehungsforschung. Sonderheft 1984

Kaiser, E.: Dr. Ludwig Nonne, der Schulreformer und »Pestalozzi Thüringens«. Weimar 1948

Kanzler von Müller: Unterhaltungen mit Goethe. Kritische Ausgabe, besorgt von Ernst Grumach. Weimar 1956 (Gespräch vom 4.11.1823)

Mieskes, H.: Pädagogik des Fortschritts? Das System der sowjetzonalen Pädagogik. München 1960

Ministerium für Volksbildung, Hauptabteilung Lehrerbildung: Zur Gestaltung der Beziehungen zwischen Theorie und Praxis in der pädagogischen und psychologischen Ausbildung der Diplomlehrerstudenten. Ergebnisse der wissenschaftlichen Konferenz der Abteilung Pädagogik/Psychologie und Fachschulen vom 9. und 10. Februar 1978 an der Pädagogischen Hochschule »Dr. Theodor Neubauer« Erfurt/Mühlhausen. Berlin 1978

Mitzenheim, P.: Karl Rößger 1880 bis 1960. Über vier Jahrzehnte Vorkämpfer der neuen Schule. In: Wegbereiter der neuen Schule. Hrsg. von Gerd Hohendorf, Helmut König und Eberhard Meumann. Berlin 1989, S. 200/209

Mitzenheim, P.: Universität Jena und neue Lehrerbildung. Jenaer Reden und Schriften, 1967. Hrsg. anläßlich der 20. Wiederkehr des Gründungstages der Sozial-Pädagogischen Fakultät der Friedrich-Schiller-Universität Jena, Anlage 3 (Methodisches Manifest)

Mitzenheim, P.: Die Greilsche Schulreform in Thüringen. Jena 1965

Mitzenheim, P. (Hrsg.): Heute schon Geschichte. Suhl 1966

Wissenschaftliche Zeitschrift der FSU Jena (GSR) Jg. 17 (1968), H.1

Mitzenheim, P.: Lehrerin gestern und heute. Berlin 1973

Mitzenheim, P.: Über das wissenschaftliche und literarische Werk von Wassili Alexandrowitsch Suchomlinski. In: Pädagogik 5/1980, S. 402–406 (vgl. dazu: Pädagogik 9/1980, S. 697–706)

Mitzenheim, P.: Bildung auf neuen Pfaden ? Einheitlichkeit und notwendige Differenzierung im Schulwesen. Volkswacht (Gera) 5.12.1989, S. 6

Mitzenheim, P.: Anna Siemsen als »politische Pädagogin«. In: Politische Erziehung in

sich wandelnden Gesellschaften. Plädoyers für eine Veränderung der Politischen Bildung. Hrsg. von Dietrich Hoffmann, Weinheim 1991, S. 77/96
Pestalozzi, J.H.: Ausgewählte Werke. Eingeleitet und erläutert von Otto Boldemann. Bd. II, Berlin 1963
Reformpädagogik in Jena. Peter Petersens Werk und andere reformpädagogische Bestrebungen damals und heute. Hrsg. vom Universitätsverlag Jena der FSU. Wissenschaftliche Redaktion: Paul Mitzenheim, Walter Wennrich, Jena 1991
Schrader, K.: Die schulpraktischen Kurse im Rahmen der Lehrerbildung an der Universität Jena. In: Pädagogik, 4.Jg., 1949, Heft 11, S. 557/567
Schrader, K.: Die didaktisch-methodische Situation – ein Beitrag zu ihrer Klärung 1948/49. In: Wissenschaftliche Zeitschrift der FSU (GSR) 38.Jg., H. 2/1989, S. 129/145
Siemsen, Anna: Deutschland zwischen Gestern und Morgen. Jena 1932
Thüringer Erzieher. Hrsg. von Günther Franz unter Mitwirkung von Wilhelm Flitner. Köln/Graz 1966
Uhlig, G.: Aufgaben der Geschichte der Erziehung in der Deutschen Demokratischen Republik bei der langfristigen Auswertung des IX. Parteitags der SED. In: Beiträge zur Geschichte von Schule und Pädagogik in der DDR in den sechziger Jahren. Manuskriptdruck der Technischen Hochschule Karl-Marx-Stadt 1977, S. 23-47
Universität Jena und neue Lehrerbildung. Jenaer Reden und Schriften 1967, S. 60/80, S. 82/83

(Der Beitrag zu Andreas Reyher von Kurt Schmidt S. 40/55. Die antifaschistischen Pädagogen Prof. Dr. Adolf Reichwein, Dr. Theodor Neubauer, Dr. Anna Siemsen und der Begründer der Freien Schulgemeinde Wickersdorf Gustav Wyneken fanden in dem Band keine Berücksichtigung)

Christa Uhlig

Zur Rezeption der Reformpädagogik in den 70er und 80er Jahren

Ansätze und Kritik

Zur Ausgangslage

Seit dem politischen Umbruch im Herbst 1989 wurden Reformpädagogik, ihre Rezeptionsgeschichte in der DDR sowie ihre angenommene Bedeutung für die Umgestaltung von Schule und Erziehung unter den nunmehr neuen Bedingungen sowohl in der öffentlichen pädagogischen Diskussion als auch in den Erziehungswissenschaften mit Intensität thematisiert, und zwar von drei verschiedenen Ansätzen her:

- als Kontinuität der Beschäftigung mit Reformpädagogik in der DDR, nunmehr unter äußerlich günstigeren Bedingungen, aber häufig verbunden mit Bewertungsunsicherheiten und Paradigmenbrüchen,
- als »Neuentdeckung« des Themas für die Erziehungswissenschaften und die pädagogische Praxis, mitunter diametral zu bisherigen wissenschaftlichen Positionen, verbunden mit Verdrängungserscheinungen und unkritischem Paradigmenwechsel,
- als Basisbewegung von Lehrerinnen und Lehrern, Eltern, Schülerinnen und Schülern mit unterschiedlichen Intentionen und Inhalten, gerichtet auf eine demokratische Erneuerung der Schule, auf Selbst- und Mitbestimmung, motiviert durch den Wunsch, Starrheit, Eingleisigkeit, Ideologisierung und daraus erwachsende Ungerechtigkeiten aufzubrechen.

Die Gründe für dieses breite Interesse an der Reformpädagogik sind vielfältig und wurden in der pädagogischen Literatur der letzten zwei Jahre verschiedentlich erörtert (Pehnke 1990, 1991; Lost 1990; Uhlig 1990; Keim 1992): Defizite und entsprechender Nachholebedarf in der DDR, der Reiz des Suspekten oder gar Verbotenen, Legitimationsüberlegungen, Zugänglichkeit der reformpädagogischen Literatur aus der Bundesrepublik, missionarische Ambitionen bestimmter Richtungen moderner Reformpädagogik, wie der Waldorf- oder der Montessoripädagogik, vor allem wohl aber der Wunsch nach pädagogischer Kreativität und Vielfalt.

Welche Erklärungen und Zugänge auch immer zutreffen mögen, sie stehen irgendwie in Beziehung zu dem geschichtlichen Erfahrungshintergrund des Verständnisses von und des Umganges mit der Reformpädagogik in der DDR.

Die folgenden Betrachtungen konzentrieren sich auf die Rezeption von Reformpädagogik zwischen Mitte der siebziger Jahre und 1989. Seit dieser Zeit befaßte sich die Autorin in ihrer wissenschaftlichen Arbeit mit Aspekten der Reformpädagogik, kann demnach den Versuch wagen, allgemeine Rezeptionsgeschichte kritisch und selbstkritisch mit persönlichen Erkenntnissen, Widersprüchen und Erfahrungen zu verbinden und somit ein Moment von DDR-Geschichte lebendiger und nachvollziehbarer zu machen. Für diese thematische und zeitliche Eingrenzung sprechen weitere Gründe:

Erstens befassen sich Publikationen zur Rezeption der Reformpädagogik in der DDR, das betrifft sowohl Arbeiten aus der DDR-Zeit als auch jüngere Untersuchungen, detaillierter und ausführlicher mit den 40er und 50er Jahren, jener Zeit, da die Auseinandersetzungen um Reformpädagogik noch weitgehend offen waren und über die pädagogische Presse bzw. Archivdokumente relativ leicht nachvollziehbar sind. Grundmuster des Umgangs mit Reformpädagogik in diesen Jahren sind in der Literatur im wesentlichen offengelegt (Lost 1990, 1991; Pehnke 1991, 1992a,b; Günther/Uhlig 1988; Uhlig 1990, 1992 u.a.). Dagegen ist die Quellensituation für die nachfolgenden Jahrzehnte komplizierter, erfordert ergänzende Recherchemethoden, wie Biographieforschung, Interviews u.a. Seit Ende der 50er Jahre wurden pädagogische Kontroversen weniger öffentlich, eher indirekt und instrumentalisiert (z.B. über Förderung oder Förderungsentzug) ausgetragen. Reformpädagogik war politisch etikettiert (vgl. Geschichte der Eriehung, 1.–11. Aufl., 1957–1972; Günther/Uhlig 1974) und kein Thema der offiziellen Pädagogik mehr. Das erschwerte den Forschungszugang und erklärt Defizite in der Bearbeitung dieses Zeitraumes (Ansätze bei Lost 1991; Keim 1992; Pehnke 1991, 1992a; Uhlig 1992).

Während historisch-pädagogische Publikationen aus der Zeit vor 1989 in ihrer Mehrzahl die Auseinandersetzung mit der Reformpädagogik bzw. ihre Ablehnung in den Vordergrund stellten und Versuche ihrer differenzierten Bewertung eher Ausnahme blieben (um letzteren Aspekt bemühten sich unter den führenden Erziehungshistorikern der DDR insbesondere Deiters, Alt, Günther, Hofmann, Ahrbeck, Mitzenheim u.a.), findet in entsprechenden Arbeiten seither ein Um- und Aufwertungsprozeß reformpädagogischen Denkens in der DDR statt, in dem das jeweilige Verhältnis zur Reformpädagogik als Indikator für Demokratieverständnis und Reformpädagogik selbst als Chance für eine demokratische Schulentwicklung beschrieben werden. Dabei besteht weitgehend Übereinstimmung im Bewertungsgrundmuster: produktiv-kritische Aufnahme der Reformpädagogik in die Überlegungen für eine antifaschistisch-demokratische Schulreform 1946, politische Abgrenzung von der Reformpädagogik und einseitige Orientierung an der sowjetischen Pädagogik, Neubelebung der reformpädagogischen Diskussion Mitte der fünfziger Jahre und ihre Diffamierung als revisionistisch und sozialismusfremd, Dominanz politischer Bewertungen für das folgende Jahrzehnt (Päd. Forschung, 5/6/90, S. 43ff.; Pehnke 1991, 1992a; Lost 1991; Uhlig 1991, 1992; Geißler 1992). Allerdings stehen der vorwiegend positiven Bewertung der angebahnten Schulreform nach dem Krieg auch Zweifel und Kritik entgegen (Klier 1990; Hofmann 1991). Und zu Recht warnt Pehnke vor kritikloser Sicht auf die Reformpädagogik insgesamt (Pehnke, 1992a). Für das Verständnis der Bildungsgeschichte der DDR wäre es letztendlich ahistorisch, frühere Bewertungsmuster nunmehr umzukehren, historisch konkret determinierte Auseinandersetzungen aus ihrer Geschichtlichkeit zu lösen oder bestimmte »Problemjahre« bzw. Kulminationssituationen im Umgang mit Reformpädagogik für das Ganze zu halten.

Ein *zweiter* Grund ergibt sich aus dem pädagogischen Credo Robert Alts, mit dem er in den bildungspolitischen und pädagogischen Auseinandersetzungen der 50er Jahre ein Angebot für dialektischen, differenzierten, konstruktiven Umgang mit Reformpädagogik machen wollte, und besonders aus der Frage, was in den nachfolgenden Jahren daraus wurde. Alt schrieb damals: »Dabei wird es in der Geschichte der bürgerlichen Pädagogik, die doch unter anderen gesellschaftlichen Bedingungen entstand und einer anders strukturierten gesellschaftlichen Ordnung diente, keine Theorien geben und praktischen Vorschläge geben, die wir vollends bejahen und unkritisch übernehmen können, ebenso wie wir selten pädagogische Bestrebungen finden werden, in denen wir nicht Details bemerken können, die die pädagogische Einsicht und das pädagogische Können bereichert haben« (Alt 1956, 411). Und: »Die Einschätzung der gesamten Konzeption einer ›Pädagogik vom Kinde aus‹ darf uns nicht dazu verleiten, jeden Vertreter dieser Richtung als einen ›Handlanger des Imperialismus‹ zu verdächtigen und alles, was im Rahmen dieser Bewegung geschah, schlechthin abzulehnen und unserer eingehenden Beschäftigung nicht für wert zu halten ...« (ebd., 432). An der Reformpädagogik, insbesondere an den reformpädagogischen Praktikern, schätzte Alt pädagogisches Ethos, Berücksichtigung der Situation des Kindes, der Altersbesonderheiten, der Individualität, der Selbsttätigkeit und der Lebensnähe. »Es kann kein Zweifel sein, daß der humanistische Kern einer solchen Haltung Bestandteil unserer pädagogischen Einstellung werden muß und daß unsere Schule ihren Aufgaben besser gerecht werden würde, wenn ihre Erziehungs- und Bildungsarbeit stärker und in weiterem Umfange von dieser Haltung geprägt würde« (ebd., 436).

Alts Angebot wurde damals von den bildungspolitischen Ent-scheidungsträgern nicht angenommen (vgl. Geißler 1992). Seine Auffassung fand keinen Eingang in die offizielle pädagogische Meinung. Aber sie war und blieb populär, setzte gleichsam einen möglichen Maßstab für historisch-pädagogisches Arbeiten in der DDR. Wenn aus Alts Aufsatz über die Reformpädagogik so häufig zitiert wurde und wird, dann deshalb, weil er gleichsam Symbolcharakter für einen bestimmten Anspruch hatte und zugleich als Legitimation für diesen Anspruch geltend gemacht werden konnte. Robert Alts Biographie[1] garantierte ihm in der DDR Respekt und verschaffte ihm diesen auch in pädagogischen Kreisen. Sein Verständnis von Reformpädagogik stand seit 1956 trotz aller politischen Verdrängung reformpädagogischer Ambitionen in den Erziehungswissenschaften gleichsam im Raum. Hinter seine Auffassungen zurück mußte man nicht gehen.

Drittens ist es die von Kollegen (West) häufig gestellte Frage, wie es denn möglich war, das sich eine, wenngleich kleine Forschungsgruppe in der DDR offiziell mit Reformpädagogik beschäftigen konnte und noch mehr die dahinter stehende Vermutung, daß dies entweder mit besonderer Restriktion oder mit besonderer »Staatsgunst« zu tun haben müsse. Befördert wird diese Auffassung durch die mitunter pauschalisierte Annahme, Reformpädagogik wäre in der DDR der siebziger und achtziger Jahre nicht thematisierbar gewesen. Die geringe Zahl an einschlägigen, zugänglichen Publikationen mag ein solche These stützen, ebenso wie vereinzelt geäußerte, meines Erachtens als Verdrängungs – bzw. Schutzeffekte zu bewertende Meinungen von Kollegen (Ost), man hätte generell, prinzipiell und ohne eigenen Spielraum ausschließlich nach »Plan«[2] forschen dürfen. Ganz offensichtlich gibt es einen erheblichen Aufklärungsbedarf über tatsächliche Möglichkeiten und Grenzen erziehungswissenschaftlicher Forschung in der DDR, der ohne sachbezogene, differenzierte und zugleich komplexe wissenschaftliche Analyse der realen Forschungssituation nicht zu befriedigen sein wird. Eine solche umfassende kritische Analyse kann der Beitrag nicht leisten. Vielmehr soll es um den Versuch gehen, eigenes wissenschaftlich Tun, eigene wissenschaftliche Verantwortlichkeit kritisch zu reflektieren, Fakten und Entwicklungen zu benennen, Denkmuster und Motive zu hinterfragen, Kontinuitäten und Brüche aufzuzeigen, geistige Selbstbeschränkung zu begreifen – nicht als außenstehende Betrachterin, sondern als unmittelbar Beteiligte und mit der Hoffnung, auf diese Weise am ehesten einer noch ausstehenden wissenschaftlichen Analyse des widersprüchlichen Verhältnisses der DDR-Pädagogik zur Reformpädagogik nützen zu können.

Schwierigkeiten einer positiven Näherung an Reformpädagogik

In der zweiten Hälfte der siebziger Jahre begann sich an der Pädagogischen Hochschule Leipzig ein Projekt zur »differenzierten Erforschung der spätbürgerlichen Reformpädagogik«, wie wir es damals nannten, zu entwickeln.[3] Motiviert wurde das Vorhaben durch verschiedene begünstigende Faktoren. Dazu gehörten u.a. das Angebot des damaligen Vorsitzenden des Wissenschaftlichen Rates für Geschichte der Erziehung, Helmut König, in Vorbereitung auf den 100. Geburtstag von Paul Oestreich 1978 wissenschaftliche Arbeiten zum Bund Entschiedener Schulreformer (1919–1933) zu vertiefen, – ein, bei allen später Beteiligten bereits im Studium angelegtes Interesse an Reformpädagogik, – Ermunterung für die Bearbeitung der Reformpädagogik »als einem der aufregendsten Bereiche der Erziehungsgeschichte« durch einige der älteren Erziehungswissenschaftlerinnen und Erziehungswissenschaftler (namentlich sei Rosemarie Ahrbeck genannt; vgl. Ebert 1991) und vor allem – ein Wissenschaftsklima an der Pädagogischen Hochschule selbst, das weniger populäre Forschungen erlaubte. Alfred Wolfram[4], damals Direktor der Sektion Pädagogik/Psychologie, kam aus der Tradition der reformpädagogischen Humboldtschule in Chemnitz. Die didaktische Forschung befaßte sich um Edgar Rausch mit Kooperation und Kommunikation im Unterricht, einem Gegenstand, der in reformpädagogischen Konzepten zumindest geschichtliche Vorläufer hatte (vgl. Rausch in der vorliegenden Publikation). Weitere Beispiele ließen sich anfügen.

Die Intentionen des Projekts richteten sich auf eine Integration der Reformpädagogik in das Traditionsverständnis der DDR-Pädagogik im Rahmen der zu jener Zeit von der Geschichtswissenschaft der DDR problematisierten Diskussion über Erbe und Tradition (Schmidt 1985), auf die Einbindung reformpädagogischer Auffassungen in die Überlegungen zur Entwicklung und Gestaltung der Schule in der DDR, auf die Erforschung didaktischer und methodischer Konzepte in Erwartung innovativer Impulse für die Pädagogik in der DDR, auf die Aufarbeitung der reformpädagogischen Praxis in der regionalen Schulentwicklung und Lehrerbewegung Deutschlands. Dementsprechend erfolgte der Einstieg über Themen zum Bund Entschiedener Schulreformer (Uhlig 1979, 1980), zum Leipziger Lehrerverein (Fehling/Naumann/Pehnke/Ulm 1987; Pehnke/Uhlig 1988, 1989), zu den Bremer Schulreformern Gansberg (Ulm 1987) und Scharrelmann (Pehnke, 1984), zur Arbeitsschulbewegung (Pehnke/Stößel 1987), zu Gurlitt (Uhlig 1983), Ellen Key und Hugo Gaudig (Steinhöfel 1992).

Probleme und Widersprüche unseres Forschungsansatzes ergaben sich, neben anfänglich noch stark eklektizistischen Herangehensweisen, aus heutiger Sicht in zweierlei Hinsicht. Zum einen wurde Reformpädagogik kaum alternativ und ›in Frage stellend‹ zur etablierten ›sozialistischen‹ Pädagogik diskutiert, sondern stets nur als impulsgebend, als erweiterndes und sozialistische Pädagogik in ihrem traditionellen Verständnis noch stärker *legitimierendes* Moment. Zum anderen folgte die geschichtspädagogische Bewertung damals noch stark den traditionellen Lehrmeinungen, vor allem der pauschalen Etikettierung der

Reformpädagogik mit »spätbürgerlich« und »objektiv den Interessen des Imperialismus nützend«. Zugleich wurde Reformpädagogik an einem verengten Fortschrittsbegriff gemessen, der progressives Denken und Handeln nahezu ausschließlich der ›objektiv progressiven Klasse‹, der Arbeiterklasse, zuschrieb und nichtproletarischen Bewegungen bestenfalls Bündnisfähigkeit zubilligte (vgl. z.B. Uhlig 1980, 1981, 1986). Der Anspruch Alts wurde zwar erneut gesetzt und auf andere Bereiche der Reformpädagogik übertragen. Ob dies jedoch der bildungspolitischen und pädagogischen Problematik der siebziger und achtziger Jahre gerecht wurde, bleibt rückblickend im Zweifel. Ein Paradigmenwechsel erfolgte zu jener Zeit nicht.

Neue Akzente wurden insbesondere durch die stärkere Hinwendung zur reformpädagogischen Praxis auf regionaler Ebene sowie zu reformpädagogischen Aktivitäten der Lehrervereine gesetzt.

Sowohl die benannten Probleme und Widersprüche als auch die Neuansätze prägten das erste wissenschaftliche Kolloquium zur »differenzierten Erforschung der spätbürgerlichen Reformpädagogik« im Januar 1981, einem in vielen Fragen naiven, verkrampften und verschlüsselten Versuch einer positiven Näherung an das Thema Reformpädagogik (Konferenzbericht, 1981). Über den Umweg der als notwendig befundenen Auseinandersetzung mit der bürgerlichen Pädagogik in der BRD wurde die Beschäftigung mit der Reformpädagogik als dringend begründet und zugleich eine größere Differenzierung ihrer Bewertung eingefordert. So wurde beispielsweise argumentiert: »Um das Wesen der Rezeption in der spätbürgerlichen Pädagogik der Gegenwart, also die Rezeption spätbürgerlicher Pädagogik durch spätbürgerliche Pädagogik, differenziert erfassen und bloßlegen zu können, bedarf es der gründlichen Kenntnis des Rezeptionsgegenstandes selbst ...« (Uhlig 1981, 9). Anknüpfend an eine Befragung von 120 ehemaligen Schülern der reformpädagogischen Humboldtschule in Chemnitz, die eine eindeutig positive Erinnerung an Schulzeit und Lehrer ergab, wurde schließlich abgeleitet, daß die Reformpädagogik, vorurteilsfrei beleuchtet, »durchaus impulsgebend für die pädagogische Theorieentwicklung sein« kann (ebd., 10).

Die Resonanz auf das Kolloquium innerhalb der historischen Pädagogik war unterschiedlich. Konstruktive Kritik und Rückenhalt kam eher aus den Unterrichtsdidaktiken, aus der Geschichtswissenschaft und von Lehrern als aus der eigenen Disziplin. Von Seiten der etablierten Generation der Erziehungshistoriker (Ausnahmen wurden bereits erwähnt) erlebte das damals mehrheitlich junge und wissenschaftlich unerfahrene Forschungsteam auf verschiedene Weise Konfrontationsdruck. Während manche vorzogen, Projekte und Arbeitsergebnisse schlichtweg zu ignorieren, warnten andere uns »Nachwuchswissenschaftler« vor dem Eis, auf das wir uns begeben würden, vor der Kompliziertheit des

Gegenstandes, vor der Gefahr prinzipienlosen, unmarxistischen Herangehens und des Revisionismus, die man vor allem hinter dem Anspruch der Differenziertheit vermutete. Letztendlich seien die Maßstäbe, so G. Hohendorf, für Bewertungen reformpädagogischer Auffassungen bereits gesetzt, durch die zeitgenössische Kritik in der Arbeiterbewegung einerseits und die Diskussionen und Publikationen der fünfziger Jahre andererseits:

»Die Auseinandersetzung mit der bürgerlichen Reformpädagogik war für uns (die Erziehungswissenschaftler in den 40er und 50er Jahren, Ch. U.) geschichtliche Forschung und Teilnahme an der aktuellen pädagogischen Diskussion zugleich. Sie sollte den Weg in die sozialistische Zukunft unserer Schule bahnen helfen. Heute, nach dem unveräußerlichen Sieg des Sozialismus in der DDR, heute, da der X. Parteitag der SED neue gesellschaftliche Horizonte abgesteckt hat, führen wir diese Diskussion von den gesicherten Positionen der marxistisch-leninistischen Pädagogik aus. Wir lassen uns auch nicht durch historische Forschungen in der BRD beirren, die häufig unsere damaligen Fragestellungen und Wertungen angreifen, aber dann letztlich doch unter dem Druck der Fakten jener Grundrichtung folgen müssen, die unsere gesellschaftlich begründete Kritik angebahnt hat« (Hohendorf 1981, 20).

Dabei ging es zu jenem Zeitpunkt weniger um eine kritische Auseinandersetzung mit der Reformpädagogik-Rezeption in den 40er und 50er Jahren, schon gar nicht um Kritik der in dieser Zeit agierenden Pädagogen, sondern lediglich um eine erneute Thematisierung der Reformpädagogik als Gegenstand von pädagogischer Forschung und Lehre.

Diese vergleichsweise »sanften« Kontroversen wiederholten sich in verschiedenen Varianten, beispielsweise im Zusammenhang mit Promotionsverfahren oder wissenschaftlichen Veranstaltungen, wie einem späteren Kolloquium zum Thema »Aktivität und Schöpfertum durch Reformpädagogik«. Ausgangspunkt dieses Kolloquiums war die Hypothese, daß wesentliche Kritikinhalte am Unterricht in der DDR jener durch viele Reformpädagogen bereits zu Beginn des Jahrhunderts kritisierten Unterrichtssituation ähnlich sind, wie Stoffdominanz, Frontalunterricht, Gleichmacherei, mangelnde Subjektivität, Passivität, geringe sprachliche Aktivität der Schülerinnen und Schüler u.a. Das Kolloquium rückte unterrichtsdidaktische und methodische Auffassungen der Reformpädagogik in den Vordergrund und verzichtete weitgehend auf eine einleitende allgemeine politische Abgrenzung, setzte diese vielmehr als gegeben voraus, was einigen als zu verkürzt und als zu positive Deutung erschien.

Ungeachtet dieser inhaltlichen Auseinandersetzungen, die letztendlich die Beschäftigung mit Reformpädagogik nicht wesentlich behindert haben, vollzog sich seit Anfang der 80er Jahre in der historischen Pädagogik ein eher verhaltener Umwertungsprozeß, der sich an folgenden Tatsachen festmachen läßt:

1. Vorwiegend über Dissertationen und Diplomarbeiten konnte das Forschungsfeld zur Reformpädagogik erweitert werden. Insbesondere in den Unterrichtsmethodiken wuchs das Interesse an wissenschaftsgeschichtlichen und problemgeschichtlichen Untersuchungen, in denen reformpädagogische Auffassungen jeweils eine bevorzugte Rolle spielten (vgl. Klütz 1986; Wiltsch 1987; auch Pehnke 1992a). Eine systematische und vertiefende Aufarbeitung einschlägiger Forschungen liegt noch nicht vor, wäre aber für die sachliche Beurteilung der DDR-Erziehungswissenschaft erforderlich. Allein im Umfeld und in Nachfolge des Leipziger Forschungsprojekts konnten bis 1990 mehrere Dissertationen verteidigt werden (Pehnke 1984, 1990; Klütz 1986; Ulm 1987; Wiltsch 1987; Ertel 1989; Paetz 1990; Dietrich 1990). Andere Arbeiten wurden durch die Umbrüche in den Wissenschaften der DDR 1990/91 abgebrochen bzw. verzögert, z.B. zum Leipziger Lehrerverein, zu Key und Gaudig, zu Rißmann, zu Arbeitsschulauffassungen im Deutschen Lehrerverein, zur reformpädagogischen Gestaltung der Kinderheime der Internationalen Arbeiterhilfe, zur Reformpädagogik-Rezeption nach 1945.

Auch an anderen erziehungswissenschaftlichen Lehr- und Forschungseinrichtungen nahmen in der Tendenz Projekte zur Reformpädagogik zu (z.B. Mebus, 1988; Ebert, 1990). Positionen, Forderungen und Ansätze zu einer differenzierteren Sichtweise wurden populärer (vgl. z.B. Hofmann 1976, 169ff; Günther 1987; Berliner Schulgeschichte 1987, 118ff.).

2. Nicht nur in den Erziehungswissenschaften fand die Beschäftigung mit Reformpädagogik Resonanz, sondern vor allem unter Studenten und auch Lehrern. Insbesondere jedoch fühlten sich Lehrer aus jener, zu dieser Zeit meist schon berenteten Lehrergeneration angesprochen, denen reformpädagogische Auffassungen und Praktiken entweder aus der Zeit der Weimarer Republik oder aus der Neulehrerzeit in den ersten Jahren nach dem Krieg vertraut waren und die in der Neubelebung reformpädagogischen Gedankengutes eine, wenngleich späte und vielleicht auch illusionäre, Rehabilitation ihrer früheren pädagogischen Ideen sahen. Es sei auch nicht verschwiegen, daß diese freudige Hoffnung eines manchen aus der älteren Lehrergeneration unsere Arbeit erheblich motivierte. Fakultative Lehrangebote und Vorträge wurden mit Interesse angenommen und mündeten nicht selten in Debatten über Schule und Pädagogik generell, über Widersprüche zwischen pädagogischer Theorie und pädagogischer Praxis, zwischen Anspruch und Wirklichkeit. Selbst reguläre Lehrveranstaltungen gingen meist über das offizielle Lehrprogramm für die erziehungswissenschaftliche Ausbildung hinaus, das in seiner Fassung von 1982 für Reformpädagogik im Rahmen des Komplexes »Die bürgerliche Pädagogik unter den Bedingungen des Imperialismus und der Existenz des Sozialismus« zwei Stunden einräumte (Lehrprogramm 1982, 14).

3. Trotz der insgesamt größeren Aufgeschlossenheit für reformpädagogisches Denken blieben einschlägige Ergebnisse auf der Wissenschaftsebene wenig reflektiert, in der Praxis ohne Wirkung und in der Bildungspolitik ignoriert – bis zu jener Zentralen Direktorenkonferenz im Jahre 1982, auf der die damalige Minsterin für Volksbildung in einem scheinbaren Auffassungswandel die Bedeutung Kerschensteiners für die DDR-Schule entdeckte. Sich auf N.K. Krupskaja (Krupskaja 1967, 220ff.) beziehend hob sie die Arbeitsschule als Moment progressiver Entwicklung hervor: »Mit dem Blick auf die stürmische Entwicklung der Industrie und Technik, der Produktivkräfte in der Phase des Übergangs des Kapitalismus in Deutschland in sein monopolistisches Stadium um die Wende zum 20. Jahrhundert sah sie (Krupskaja, Ch.U.) in der Entwicklung des Arbeitsschulgedankens, wie Kerschensteiner und andere ihn in der Kritik an der lebensfremden, maßgeblich von religiösen Dogmen bestimmten und auf formales, elementares Wissen gerichteten volkstümlichen Bildung entwickelt hatten, eine außerordentlich aktuelle Frage für die künftige Gestaltung des Schulwesens.« Und Krupskajas Einschätzung der Deutschen Lehrerversammlung 1912 folgend »betrachtete sie die Arbeitsschulbewegung fortschrittlicher deutscher Lehrer als Pionierarbeit für die Entwicklung einer neuen Schule, einer Schule, die die produktive Tätigkeit, verbunden mit geistiger Bildung, in den Dienst der Persönlichkeitsentwicklung stellt« (Honecker 1986, 606). Die im Vergleich zu den Auffassungen der 50er Jahre, auch noch zu den offiziellen Lehrpositionen der 70er und 80er Jahre positive Einschätzung Kerschensteiners und der Arbeitsschulbewegung durch die höchste bildungspolitische Instanz wirkte zwar irritierend, hatte jedoch keinerlei praktische, auf die Schule bezogene Folgen. Offensichtlich lag der Sinn dieser Umorientierung zum einen in der Anpassung an die in der Geschichtswissenschaft geführte Diskussion um ein breiteres Erbe- und Traditionsverständnis, zum anderen in einer Reaktion auf die beständige Kritik am Umgang mit der Reformpädagogik in der DDR seitens der Erziehungshistoriker der BRD.

Allerdings war die Möglichkeit von historisch-pädagogischen Forschungen in höherem Maße legitimiert. Selbst bei der »Träger«-Generation der Auseinandersetzung mit der Reformpädagogik war Umdenken zu beobachten. Beispielsweise stellte Hohendorf, der die Diskussion um Reformpädagogik in den fünfziger Jahren nachhaltig beeinflußt hatte, fest: »Mit der Ausarbeitung der sozialistischen Pädagogik in der Theorie wie in der Praxis der sozialistischen Staaten hat sich auch unser Verhältnis zur Reformpädagogik verändert. Es wird jetzt durch die Aufgabe bestimmt, ihre positiven Elemente für die weitere inhaltliche Ausgestaltung unserer Schule zu nutzen ...« (Hohendorf 1989, 7).

4. Diese Gesamtlage machte es schließlich möglich, Forschungen zur Reformpädagogik in größeren und systematischeren Zusammenhängen zu konzipie-

ren, frühere, selbstgesetzte wie übernommene Wertungsmuster kritisch zu hinterfragen und daraus Konsequenzen für Forschungsansätze zu ziehen. Stärkere Beachtung fanden
- die *reformpädagogische Praxis*, vor allem in der Volksschule sowie solche Bestrebungen, die auf eine *Verbesserung der sozialen und bildungsmäßigen Situation aller Kinder* aus waren,
- das *kritische Inbeziehungsetzen der Reformpädagogik zu den pädagogischen Grundfragen des Jahrhunderts* und ihre Rolle in den Auseinandersetzungen um eine vernünftige, humane und friedliche Welt,
- ein *Fortschrittsverständnis*, das historischen Fortschritt nicht an abstrakten und imaginären Größen mißt, sondern an dem »in der Wirklichkeit tatsächlich erkämpften Fortschritt ... Eine solche Sicht auf Reformpädagogik übersieht nicht ihre Grenzen, ihre Widersprüche, ihre reaktionären Momente, ihre z.T. profaschistischen Züge. Es geht aber um eine solche Gewichtung von Fortschritt und Reaktion, die hilft, aus der Geschichte heraus Interessenübereinstimmung in existentiellen Menschheitsfragen nachzuweisen, auch auf schulpolitischem und pädagogischen Gebiet« (Uhlig 1987, 10). In diesem Zusammenhang haben die Arbeiten von Pehnke zur Antikriegshaltung in der Reformpädagogik einen besonderen Wert (Pehnke 1987, 1988, 1989, 1990a). Erstmals schien es nunmehr auch möglich, reformpädagogische Themen in den Plan Pädagogischer Forschung, wenngleich nur als untergeordnetes Projekt zur Problemgeschichte, einzubringen. Daß es der Plan für die Jahre 1991 bis 1995 werden sollte, mag Ironie der Geschichte sein. Gleiches gilt für eine geplante zweibändige Quellenauswahl zur Arbeitsschulbewegung in der Reihe »Pädagogische Bibliothek«, die 1990 ihr Erscheinen einstellen mußte.

Die Janusköpfigkeit des Umgangs mit Reformpädagogik in der zweiten Hälfte der 80er Jahre

Das bildungspolitische Interesse an der Reformpädagogik verdichtete sich mit dem Beginn des neuen Denkens, der Perestroika, in der Sowjetunion, und zwar aus offenbar unterschiedlicher Motivation. Zum einen sahen nicht wenige Pädagoginnen und Pädagogen der DDR in der dort 1984 eingeleiteten Schulreform und in den Konzepten zur Demokratisierung und Humanisierung der Schule, die auch pädagogische Grundmuster der frühen sowjetischen Pädagogik (Krupskaja, Tolstoi, Blonski, Schazki u.a.; Überwindung der traditionellen Lernschule, stattdessen Arbeitsschule, Lebensverbundenheit, Kindorientiertheit u.a.) aktivierten, Alternativen bzw. Diskussionspunkte zur Bildungspolitik und Pädagogik in der DDR (Weiß 1990, 1991). Zum anderen wuchs mit der

Skepsis gegenüber dem neuen sowjetischen Kurs bei den Trägern der offiziellen DDR-Politik, die ihre Abneigung hinter der Losung vom »Sozialismus in den Farben der DDR« verbargen, im bildungspolitischen und pädagogischen Bereich erneut Vorbehalt gegenüber der Reformpädagogik und deren geistiger Verwandschaft mit den pädagogischen Reformen in der Sowjetunion, die man von der DDR-Lehrerschaft fernzuhalten suchte. So entstand erneut ein Abgrenzungsmodel mit in der Regel zwei Grundargumenten: Die Pädagogik der Zusammenarbeit entspräche in vielem der frühen sowjetischen Pädagogik und diese wiederum habe unter reformpädagogischen Einflüssen gestanden. Auseinandersetzung mit der Reformpädagogik diene demzufolge der Auseinandersetzung mit der sowjetischen Pädagogik, die direkt zu führen man sich offenbar scheute. Und: Eine stärkere Besinnung auf die eigene deutsche Bildungstradition erspare den Umweg über die sowjetische Pädagogik und entspräche den historisch gewachsenen Bedingungen in der DDR eher (vgl. z.B. Pädagogik 1/88, 1ff.) Trotz dieser gegenläufigen Absicht bahnte sich seit Mitte der achtziger Jahre ein stiller Paradigmenwechsel an, nachzuvollziehen am ehesten in Dissertationsschriften, Gutachten, Vorträgen oder Lehrangeboten. Sympathie mit dem pädagogischen Denken in der Sowjetunion *und* der Reformpädagogik weitete sich ebenso aus wie die Ablehnung von geistiger Zensur (z.B. Verbot der Zeitschrift »Sputnik«, Erschwerung der Zugänglichkeit zu sowjetischer Reformliteratur).

In diesem Kontext entstanden die Beiträge »Zur Rezeption der Reformpädagogik durch die Pädagogik der DDR« und »Die Reformpädagogik im Bild der pädagogischen Traditionen der DDR« in der Zeitschrift »Pädagogik« (Günther/Uhlig 1988).[5] Die Autoren waren sich der Widersprüchlichkeit der Situation durchaus bewußt und natürlich auch durch sie beeinflußt. Einerseits bemüht, Interesse an Reformpädagogik weiter zu vertiefen und zu provozieren, begann andererseits der Kompromiß dort, wo die innovative Bedeutung reformpädagogischen Denkens im 20. Jahrhundert für die Entwicklung der Pädagogik in der DDR relativiert wird. Es ging den Autoren aber vor allem darum, die Chance, nach 32 Jahren (Alt 1956) Reformpädagogik überhaupt wieder in der zentralen pädagogischen Presse grundsätzlich thematisieren zu können, nicht zu vergeben. Unter diesem Aspekt wurden von nicht wenigen diese Artikel als »Durchbruch« im Verhältnis zur Reformpädagogik interpretiert. Sie waren es nicht. Schon bald sollte auf dem IX. Pädagogischen Kongreß 1989 die Sachlage politisch gerade gerückt werden: »Nun ist es in der Pädagogik, wie in anderen Bereichen, immer zweckmäßig, sich geschichtlicher Erfahrungen und Erkenntnisse bewußt zu sein, aber es ist schon eine Frage, ob die sozialistische Pädagogik der 90er Jahre auf Thesen zurückgreifen soll, die die Reformpädagogik in der Kritik an der erstarrten bürgerlichen Lernschule in der ersten Hälfte dieses Jahrhunderts formuliert hat.« Und: »Unsere Skepsis gegenüber einer ›Renaissance der Reformpädagogik‹ hat auch noch einen anderen Grund. Infolge ihrer theoretischen Unschärfe und Ungenauigkeit, der zugrunde gelegten Spontaneitätstheorien, mancher utopischer und anarchistischer Anklänge können einige reformpädagogische Thesen auch für revisionistische Angriffe auf die sozialistische Schule und Pädagogik gebraucht und mißbraucht werden ...« (Bulletin 1989, H. 3, 34). Damit waren jene, die Reformpädagogik in ihren demokratischen Richtungen und Momenten als Tradition sozialistischer Schule und Pädagogik verstehen wollten, die in der kritischen Auseinandersetzung mit der Reformpädagogik innovativen Gewinn für die Gegenwart und Zukunft vermuteten, wieder einmal, wie so oft in der Geschichte der DDR, belehrt und in die Schranken verwiesen.[6] Dabei kommt es weniger darauf an, wer die erneute politische Abgrenzung von der Reformpädagogik artikulierte, sondern vielmehr darauf, daß dies zu jenem Zeitpunkt überhaupt noch geschehen konnte und vor allem, daß es letztendlich trotz vieler interner Diskussionen öffentlich unwidersprochen blieb. »Wer hat Angst vor Reformpädagogik?« nannte die Autorin den Entwurf einer Entgegnung zu den auf dem IX. Pädagogischen Kongreß geäußerten Positionen und als Antwort: »Wem Lernschule bequemer scheint, wer Angst hat vor mündigen, kritischen, mitdenkenden Schülern, wer Angst hat vor dem Leben, vor der Berührung der Schule mit dem Leben, vor geistiger Kultur ...« Veröffentlicht hat sie dies nicht! – Waren es Mutlosigkeit, Scheu vor Auseinandersetzung, Unsicherheit oder einfach Versagen – der individuelle Konflikt, vielleicht sogar als typischer wissenschaftsethischer Konflikt dieser Jahre, bleibt, belastet die dringlich notwendige eigene, *selbstbestimmte kritische Auseinandersetzung um Funktionen, Möglichkeiten, Grenzen und Versäumnisse der Erziehungswissenschaften in der DDR*. Denn, darf heute Kritik üben, wer damals schwieg? Bestenfalls vermag die Erfahrung eigenes Tun zukünftig kritisch zu begleiten. Das jedoch ist eine nicht zu unterschätzende Chance.

Resümee

Unsere Beschäftigung mit Reformpädagogik vollzog sich im Rahmen der bildungspolitischen und pädagogischen Entwicklungen in der DDR. Es war weder unser Ziel, Schule und Pädagogik der DDR grundsätzlich in Frage zu stellen, noch gesamtdeutsche Dimensionen und Perspektiven in unsere Überlegung einzubeziehen. Unserer Absicht lag vielmehr die Erkenntnis zugrunde, daß das reformpädagogische Denken, insbesondere dort, wo es sich im Kontext demokratischer bildungspolitischer und politischer Forderungen ausgeprägt bzw. ein an den Bedürfnissen der Kinder und Jugendlichen orientiertes pädagogisches Ethos entwickelt hat, eine Herausforderung für die Schule der Gegenwart darstellt – jener Gegenwart, die wir erlebten und kannten. Dabei blieb uns auf Dauer der *Zusammenhang von Reformpädagogik und Demokratie* nicht verborgen, vor allem *als Problem unserer Gegenwart in der DDR*. Deshalb sahen wir auch in der Beschäftigung mit Reformpädagogik eine Möglichkeit, festgeschriebene Denkmuster aufbrechen und den Weg für Neuansätze der Konzipierung und Gestaltung von Schule und Pädagogik, in denen emanzipatorische, kindorientierte, humanistische und demokratische reformpädagogische Auffassungen einen Platz haben und Moment pluraler Meinungsentwicklung sein sollten, ebnen zu helfen. Reformpädagogik sollte als Teil sozialistischer Bildungstradition auch deshalb thematisiert werden, weil die Frage, ob eine Synthese demokratischer reformpädagogischer Ideen und sozialistischer Bildungspolitik, beispielsweise in Gestalt einer differenzierten, elastischen Einheitsschule oder in der Rücknahme des Lernschulcharakters zugunsten sozialer Lebensgestaltung, als Alternative zur tatsächlichen Ausrichtung der sozialistischen Schule des Nachdenkens durchaus wert gewesen wäre. Dieser Ansatz mag falsch oder illusionär gewesen sein. Dennoch: die eingangs bereits erwähnte reformpädagogische Euphorie und die selbstbestimmten Initiativen zur Demokratisierung der Schule in der sogenannten Wendezeit mit ihrem in der deutschen Geschichte wohl kaum ein zweites Mal zu findenden Demokratiebedürfnis und -verständnis, die Erfahrungen mit den Schulgesetzgebungen in den neuen Bundesländern *danach* und dem offensichtlich wiederum politisch motivierten Abbruch von Alternativen allerdings scheinen eher zu bestätigen, daß auch unter den neuen Bedingungen reformpädagogische Ansprüche, sofern sie nicht den traditio- nellen Schulstrukturen und dem vorherrschenden Bildungsverständnis entsprechen, einen schweren Stand haben. Das Problem Reformpädagogik in Deutschland ist nicht aus der Welt. Auch nicht die Frage, wie weit und wie offen demokratische Strukturen sein müssen, damit im Interesse aller Kinder reformpädagogisches Denken und reformpädagogisches Engagement Entfaltungs-chancen haben.

Anmerkungen

1   Robert Alt (1905–1978) arbeitete bis 1933 als Lehrer an der Karl-Marx-Schule in Berlin-Neukölln. Während der Naziherrschaft war er politischen und rassistischen Verfolgungen ausgesetzt. Bis 1941 unterrichtete er an jüdischen Bildungseinrichtungen in Berlin. 1941 wurde er verhaftet und nach Auschwitz verschleppt. Er war einer der wenigen Überlebenden des KZ-Schiffes »Cap Arkona«, das am 3. Mai 1945 in der Lübecker Bucht versenkt wurde. Robert Alt hatte wesentlichen Anteil am Aufbau der Lehrerbildung und der erziehungswissenschaftlichen Forschung in der DDR. Besonders hervorzuheben sind seine Publikationen zur Geschichte der Erziehung (vgl. Alt 1975; Wegbereiter 1989, 31–38).

2   Gemeint ist der »*Plan Pädagogischer Forschung*« (PPF), der seit 1970 mit Gründung der APW im Fünfjahresrhythmus die hauptsächlichen Forschungslinien und Forschungsprojekte der pädagogischen Forschung, Publikationen eingeschlossen, festlegte. Der Forschungsplan wurde von der APW geführt und kontrolliert. Die Aufnahme in den Forschungsplan schuf einerseits günstigere materielle Forschungsbedingungen und Koordinierungsmöglichkeiten, zog jedoch andererseits stärkere staatliche Kontrolle nach sich. Im Bereich der historischen Pädagogik entstand der Plan auf der Grundlage der eingereichten Vorschläge aus den an der Forschung beteiligten Einrichtungen, die in den zuständigen Institutionen (Institut für Theorie und Geschichte der Pädagogik, vorher Arbeitsstelle für Geschichte der Pädagogik) lediglich zusammengefaßt wurden. Forschungsstrategien, Schwerpunkte und Themen wurden im Wissenschaftliche Rat für Geschichte der Erziehung beraten und festgelegt, in dem alle entsprechenden Forschungsbereiche der Universitäten und Hochschulen vertreten waren.

3   Dazu gehörten zunächst Alfred Wolfram, Christa Uhlig, Andreas Pehnke, Karin Abraham. Gerlinde Naumann, Horst Schwabe, Eberhard Ulm, Bärbel Steinhöfel und Alfred Kurtz kamen später hinzu, als Externe außerdem Günther Fehling (Direktor der Comeniusbücherei Leipzig), Herbert Engel (ehemaliger Schriftführer des Leipziger Lehrervereins), Rosemarie Klütz (Methodikerin des Englisch-Unterrichts an der Humboldt-Universität Berlin) sowie jährlich 4–6 Diplomanden (vgl. Verzeichnisse der Dissertationen und Diplomarbeiten in: Jahrbuch ... 1980–1990). Leiter des Projekts war A. Wolfram, nach seiner Emeritierung 1981 Ch. Uhlig. Nach der Versetzung Ch. Uhligs an die APW Berlin 1986 wurden dort Forschungen zur Reformpädagogik als historisch-pädagogisches Teilprojekt mit geringer Kapazität weitergeführt. In Leipzig bemühte sich vor allem A. Pehnke um Fortführung und setzte mit seiner Dissertation B (Pehnke 1990c) sowie mit den von ihm betreuten Diplomanden eigene Akzente in der Erforschung der Reformpädagogik, indem er sich vorzugsweise der didaktischen und methodischen Arbeit in der Volksschullehrerschaft zuwandte. Der Lehrstuhl Geschichte der Erziehung an der Pädagogischen Hochschule Leipzig wurde 1986 mit Roland Schmidt, vorher Karl-Marx-Universität Leipzig, besetzt. A. Pehnke ging 1989 an die Pädagogische Hochschule Halle, um dort ein neues Forschungsprojekt zur Reformpädagogik zu entwickeln.

4   Alfred Wolfram (geb. am 12.5.1916 in Leipzig), gelernter Buchdrucker, unterrichtete ab 1945 als Neulehrer in Chemnitz. 1948 übernahm er die Leitung der »Humboldtschule mit Tagesheim« in Chemnitz, einer traditionsreichen weltlichen Reformschule, die als Versuchsschule bis 1951 arbeitete (vgl. Wolfram 1979; Ertel 1989; Steinhöfel 1991). Seit 1950 war A. Wolfram in der Lehrerbildung tätig, zunächst am Pädagogischen Institut Dresden, von 1958 bis 1965 als Direktor des Pädagogischen Instituts Leipzig. Nach seiner Promotion arbeitete er als Dozent in der Sektion Pädagogik/Psychologie, zu verschiedenen Zeiten als deren Direktor. Sein wissenschaftliches Interesse sowie seine Lehrtätigkeit galten vorzugsweise der Geschichte der Erziehung, insbesondere den progressiven demokratischen Bestrebungen in der Reformpädagogik und in der frühen sowjetischen Pädagogik (Makarenko).

5   Der Auftrag für die Artikel kam von der damaligen Ministerin für Volksbildung, übermittelt durch den Präsidenten der APW. Sie sollten einerseits Reformpädagogik als Erbe der DDR legitimieren und andererseits den Nachweis führen, daß die »Pädagogik der Perestroika« ein reformpädagogisches Surrogat sei. Beide Autoren waren sich dagegen einig, daß sie die Reformpädagogik als beachtenswerte Tradition in

den Mittelpunkt rücken und eine Einmischung in die pädagogische Diskussion der Sowjetunion nicht akzeptieren wollten. Die Artikel waren deshalb ein schwieriger Balanceakt zwischen Auftrag und eigenem Anspruch.

6 Die Darstellung dieses Sachverhalts bei Neuner (Neuner 1991, 292) mag als persönliche Widerspiegelung akzeptierbar sein und Motivationszusammenhänge erklären helfen. Damals Beteiligte und Betroffene haben dies so nicht erkennen und nachvollziehen können und mußten die Absage an Reformpädagogik subjektiv als Reglementierung und Abbruch von Forschungsperspektiven empfinden.

Literatur

Alt, R.: Über unsere Stellung zur Reformpädagogik. In: Erziehung und Gesellschaft. Pädagogische Schriften, ausgew. u. eingel. v. K.-H. Günther, H. König und R. Schulz, Berlin 1975

Berliner Schulgeschichte. Von einem Autorenkollektiv unter Lt. v. W. Lemm, Berlin 1987

Bulletin des IX. Pädagogischen Kongresses. Teil 3, Berlin 1989

Dietrich, B.: Zum Einfluß von Monopolen, Unternehmerverbänden und anderen Verbänden auf die schulische Bildung und Erziehung. 1925 – 1932/33. Diss.A., Berlin 1989

Ebert, B.: Rosemarie Ahrbeck – Zum 10. Todestag. In: Wissenschaftliche Zeitschrift der Universität Halle, Jg. XXXX, 4/91

Ebert, N.: Zur Entwicklung der Volksschule in Berlin in den Jahren 1920 bis 1933 unter besonderer Berücksichtigung der weltlichen Schule und Lebensgemeinschaftsschulen. Diss.A, Berlin 1990

Ertel, A.: Zur Entwicklung sächsischer Versuchsschulen in den Jahren der Weimarer Republik. Diss.A, Berlin 1989

Fehling, G./Naumenn, G./Pehnke, A: Das Ringen des Leipziger Lehrervereins um allseitige Lehrerbildung. In: Wissenschaftliche Zeitschrift der Pädagogischen Hochschule »Clara Zetkin« Leipzig, III/87

Geißler, G.: Zur Schulreform und zu den Erziehungszielen in der Sowjetischen Besatzungszone 1945–1947. In: Pädagogik und Schulalltag (Berlin), 4/91

Geißler, G.: Zur pädagogischen Diskussion in der DDR 1955–1958. In: Zeitschrift für Pädagogik, 6/1992

Geschichte der Erziehung. 15. Aufl. Hrsg. v. K.-H. Günther, F. Hofmann, G. Hohendorf, H. König, H. Schuffenhauer. Berlin 1987

Günther, K.-H./Uhlig, G.: Geschichte der Schule in der DDR 1945–1971. Berlin 1974

Günther, K.-H.: Einige theoretische und methodologische Probleme der Geschichte der Erziehung. In: Jahrbuch für Erziehungs- und Schulgeschichte. Jg. 27, Berlin 1987

Günter, K.-H./Uhlig, Ch.: Zur Rezeption der Reformpädagogik durch die Pädagogik der DDR. In: Pädagogik (Berlin), 9/88; dieselben: Die Reformpädagogik im Bild der pädagogischen Traditionen der DDR. Ebd., 10/88

Hofmann, F.: Erziehungsweisheit, Paedagogia, Pädagogik. Berlin 1976

Hofmann, J: Die Bildungssituation in der DDR – Ergebnis einer bürokratisch-zentralistischen Politik. In: Recht der Jugend und des Bildungswesens (Neuwied), 1/91

Hohendorf, G.: Reformpädagogik und Arbeiterbewegung 1900 bis 1917. In: Wissenschaftliche Zeitschrift der Pädagogischen Hochschule »Clara Zetkin« Leipzig, III/91

Hohendorf, G.: Reformpädagogik und Arbeiterbewegung. Oldenburg 1989

Honecker, M.: Zur Bildungspolitik und Pädagogik in der DDR. Ausgewählt und herausgegeben von W. Lorenz (Lt.), K.E. Brinckmann, L. Gläser, G. Hohendorf, H. Lindner, H.J. Schütt, Berlin 1986
Jahrbuch für Erziehungs- und Schulgeschichte. Hrsg. v. der Kommission für deutsche Erziehungs- und Schulgeschichte. Jg. 1–30, Berlin 1960–1990
Keim, W.: Verunsicherung versus Wendehalsigkeit. »Reformpädagogik« als Thema ostdeutscher Erziehungswissenschaft im Vereinigungsprozeß. In: Jahrbuch für Pädagogik 1992. Hrsg. v. K. Himmelstein und W. Keim, Frankfurt/M., Bern, New York, Paris 1992
Klier, F.: Lüg Vaterland. Erziehung in der DDR. München 1990
Klütz, R.: Neusprachlicher Arbeitsunterricht an den höheren Schulen Deutschlands in der Weimarer Republik. Diss.A, Berlin 1986
Konferenzbericht. In: Wissenschaftliche Zeitschrift der Pädagogischen Hochschule »Clara Zetkin« Leipzig, III/81
Krupskaja, N.K.: Volksbildung und Demokratie (1915). In: Sozialistische Pädagogik. Eine Auswahl aus Schriften, Reden und Briefen in vier Bänden. Besorgt v. K.-H. Günther, L. Hartung u. G. Kittler, Bd.1, Berlin 1967 (Pädagogische Bibliothek)
Lehrprogramme für die Ausbildung von Diplomlehrern der allgemeinbildenden polytechnischen Oberschulen im Fach Pädagogik an Universitäten und Hochschulen der DDR. Berlin 1982
Lost, C.: Bemerkungen zum Umgang mit Reformpädagogik in der DDR (1945 bis 1989). In: Pädagogische Forschung (Berlin), 5/6/90
Lost, C.: Zum Umgang mit Reformpädagogik in der DDR 1945–1989 als Fallbeispiel für das Problem Hinwendung zum Kind. In: Dem Kinde zugewandt. Überlegungen und Vorschläge zur Erneuerung des Bildungswesens. Hrsg. v. H.-D. Schmidt, U. Schaarschmidt, V. Peter, Baltmannsweiler 1991
Mebus, S.: Zu den fortschrittlichen bildungspolitischen und pädagogischen Bestrebungen im Sächsischen Lehrerverein 1918 bis 1924, untersucht an der Sächsischen Schulzeitung. Diss. A, Berlin 1988
Naumann, G./Pehnke, A./Uhlig, Ch.: Der Leipziger Lehrerverein – Motor der Lehrerbewegung in Deutschland im Kampf um die Demokratisierung der Schule. In: Wissenschaftliche Zeitschrift der Pädagogischen Hochschule »Clara Zetkin« Leipzig, III/87
Naumann, G./Pehnke, A.: Impulse des Leipziger Lehrervereins zur Erhöhung der Qualität des Unterrichts. In: Wissenschaftliche Zeitschrift der Pädagogischen Hochschule »Clara Zetkin« Leipzig, III/87
Neuner, G.: Pädagogische Wissenschaft in der DDR. Ein Rückblick auf Positionen und Restriktionen. In: Die Deutsche Schule (Göttingen), 3/91
Pädagogik (Berlin), 1/88
Pädagogische Forschung (Berlin), 5/6/90
Paetz, A.: Das bildungspolitische und pädagogische Wirken Kurt Löwensteins in der Kinderfreundebewegung. Diss.A, Berlin 1990
Pehnke, A.: Schulpolitische und pädagogische Auffassungen des Reformpädagogen Heinrich Scharrelmann (1871–1940). Diss. A, Leipzig 1984
Pehnke, A.: Erste Untersuchungsergebnisse zur geistigen Richtung der spätbürgerlichen Arbeitsschulbewegung. In: Wissenschaftliche Zeitschrift der Pädagogischen Hochschule »Clara Zetkin« Leipzig, III/86
Pehnke, A./Stößel, R.: Zur Entwicklung des Arbeitsschulgedankens im Leipziger Lehrerverein. In: Wissenschaftliche Zeitschrift der Pädagogischen Hochschule »Clara Zetkin« Leipzig, III/87

Pehnke, A./Uhlig, Ch.: Der Leipziger Lehrerverein – Spiegelbild fortschrittlicher Lehrerbewegung in Deutschland. In: Jahrbuch für Erziehungs-und Schulgeschichte, Jg. 28, Berlin 1988; dieselben: Die Arbeitsschule – Ergebnisse der Methodischen Abteilung des Leipziger Lehrervereins. Ebd., Jg. 29, Berlin 1989

Pehnke, A.: Der Volksschullehrer Wilhelm Lamszus im Kampf gegen den imperialistischen Krieg. In: Pädagogik (Berlin), 5/87

Pehnke, A.: Für Frieden, Völkerfreundschaft und pädagogischen Fortschritt. Wilhelm Lamszus. In: Beiträge zur Geschichte der Arbeiterbewegung (Berlin), 2/89

Pehnke, A.: Wilhelm Lamszus (1881–1965) – Antikriegsliteratur kontra militärische Verhetzung im Geschichtsunterricht. In: Geschichtsunterricht und Staatsbürgerkunde (Berlin), 12/88

Pehnke, A.: Zum frühen Engagement des Reformpädagogen Wilhelm Lamszus für eine atomwaffenfreie Welt – Anregungen zur praktischen Friedenserziehung. In: Pädagogik und Schulalltag (Berlin), 12/90.(a)

Pehnke, A.: Anmerkungen zur Renaissance der Reformpädagogik. In: Pädagogik und Schulalltag (Berlin), 10/90.(b)

Pehnke, A.: Studien zur Entwicklung von Auffassungen in der Lehrerbewegung über die Aktivierung des Schülers im Unterricht der deutschen Volksschule von 1900 bis 1918. Diss. B, Berlin 1990.(c)

Pehnke, A.: Über den Umgang mit Reformpädagogik. In: Pädagogik und Schule in Ost und West (Oldenburg), 1/91

Pehnke, A.: Reformpädagogik – ein Stiefkind der pädagogischen Historiographie in der DDR. In: Jahrbuch für Pädagogik 1992. Hrsg. v. K. Himmelstein u. W. Keim, Frankfurt/M., Bern, New York, Paris, Wien 1992.(a)

Pehnke, A.: Ein Plädoyer für unser reformpädagogisches Erbe. In: Pädagogik und Schulalltag (Berlin), 1/92.(b)

Schmidt, W.: Zur Entwicklung des Erbe- und Traditionsverständnisses in der Geschichtsschreibung der DDR. In: Zeitschrift für Geschichtswissenschaft 33 (1985), S. 195–212

Steinhöfel, W./Steinhöfel, B.: Hunboldtschulprojekt. Gute Schule heute und im Anspruch reformpädagogischer Tradition. Wissenschaftliches Konzept. Chemnitz, Preprint Nr. 197/5.Jg./1991

Uhlig, Ch.: Theoretische Auffassungen Paul Oestreichs zur Entschiedenen Schulreform. In: Jahrbuch für Erziehungs- und Schulgeschichte. Jg. 19, Berlin 1979

Uhlig, Ch.: Die Entwicklung des Bundes Entschiedener Schulreformer und seiner schulpolitischen und pädagogischen Auffassungen. Diss. B, Berlin 1980

Uhlig, Ch.: Zu einigen theoretischen und methodologischen Ausgangspositionen differenzierter Erforschung spätbürgerlicher Reformpädagogik. In: Wissenschaftliche Zeitschrift der Pädagogischen Hochschule »Clara Zetkin« Leipzig, III/81

Uhlig, Ch.: Auffassungen zum Unterrichtsgespräch in der reformpädagogischen Arbeitsschulbewegung. In: Wissenschaftliche Zeitschrift der Pädagogischen Hochschule »Clara Zetkin« Leipzig, II/85

Uhlig, Ch.: Die Hilfe der Sowjetunion bei der Überwindung reformpädagogischer Tendenzen in der Zeit der antifaschistisch-demokratischen Schulreform. In: Wissenschaftliche Zeitschrift der Pädagogischen Hoschschule »Clara Zetkin« Leipzig, III/86

Uhlig, Ch.: Konzeptionelle Überlegungen zur Weiterführung der Forschungen zur Reformpädagogik. In: GdE – Information, hrsg. v. Wiss. Rat f. Gesch. d. Erz. d. APW (DDR), 1/2/88

Uhlig, Ch.: Zur Aktualität der Reformpädagogik in der DDR. In: Die Deutsche Schule (Göttingen), 2/90

Uhlig, Ch.: Die Reform, die stehenblieb. Das Schicksal der Schulreform in der DDR nach 1945. In: Pädagogik (Weinheim), 1/91

Uhlig, Ch.: Gab es eine Chance? – Reformpädagogik in der DDR. In: Pädagogik und Schulalltag (Berlin), 1/92

Uhlig, U.: Inhalte, Ziele und Methoden der Pädagogik Ludwig Gurrlitts und ihre Einordnung in die spätbürgerliche Reformpädagogik. Diplomarbeit, Leipzig 1983

Ulm, E.: Die Stellung des Leipziger Lehrervereins zum Faschismus – Leipziger Lehrer im Widerstandskampf und ihre Rolle bei der antifaschistischen Schulreform in Leipzig. In: Wissenschaftliche Zeitschrift der Pädagogischen Hochschule »Clara Zetkin« Leipzig, III/87

Ulm, E.: Die schulpolitischen und pädagogischen Auffassungen des Reformpädagogen Fritz Gansberg unter besonderer Berücksichtigung der Subjektposition des Schülers. Diss.A, Leipzig 1987

Wegbereiter der neuen Schule. Hrsg. v. G. Hohendorf, H. König u. E. Meumann. Berlin 1989

Weiß, H.: Neues pädagogisches Denken in der Sowjetunion. In: Pädagogik (Berlin), 4/90

Weiß, H.: Reformpädagogik in der Sowjetunion heute. In: Pädagogik und Schulalltag (Berlin), 1/91

Wiltsch, I.: Methodische Grundauffassungen, Verfahren und Mittel innerhalb der Reformbewegung des neusprachlichen Unterrichts an höheren Schulen des imperialistischen Deutschland von 1882–1902. Diss. A, Potsdam 1987

Wolfram, A.: Möglichkeiten und Grenzen eines reformpädagogischen Schulversuches in der Weimarer Republik. In: Wissenschaftliche Zeitschrift der Pädagogischen Hochschule »Clara Zetkin« Leipzig, II/1979

Edgar Drefenstedt

Reform oder Revisionismus

Eine Analyse des Jahrgangs 1956 der Zeitschrift »Pädagogik«

Bei Einschätzungen der deutsch-deutschen Geschichte nach 1945 gibt es zur Zeit wohl mehr Gegensätzliches als im Grundsätzlichen Übereinstimmendes. Das betrifft vor allem auch die Allgemein- und Bildungsgeschichte in der SBZ (Sowjetischen Besatzungszone) und in den verschiedenen Entwicklungsabschnitten der DDR. Eine (vielleicht sogar: *die*) Differenz besteht bei alternativ erscheinenden Vergangenheitsbewertungen wohl darin, ob man dabei von einer Fehlentwicklung von Anfang an (bezogen auf stalinistische Herrschaftsmethoden) ausgeht, oder bestimmten Kräften, die im Osten Deutschlands, nach ihrer Selbstaussage und durch historische Tatsachen belegt, einen Neubeginn versuchten, sowohl (subjektiv) ehrliches Streben als auch (objektiv) eine historisch gerechtfertigte (wenn auch von verschiedenen Faktoren abhängige und eingeschränkte) Erfolgschance zubilligt.

Interessanterweise gibt es ernst zu nehmende Autoren, die, an Sachfragen belegt, mal der einen, mal der anderen Einschätzung zuneigen. Peter Bender beispielsweise kam einerseits bei einer Einschätzung der 45 Jahre unter der Überschrift »Die Parteidespotie« zu folgender Aussage: »Die DDR brachte nicht einen Neubeginn, sondern eine schreckliche Kontinuität; die Ostdeutschen hatten die Nazidiktatur gerade überstanden, da fielen sie unter die Diktatur der SED ... In der DDR ging grundsätzlich alles von oben nach unten, Spontanität war verdächtig und Initiative sogar dann nicht geschätzt, wenn sie der Parteilinie entsprach ...«[1] Das stand im Märzheft 1992 der »Weltbühne«. Im Aprilheft schrieb der gleiche Autor: »Die immensen Sozialausgaben der DDR lassen sich nicht allein politisch und ökonomisch erklären, sie entsprangen auch sozialistischen Überzeugungen, die älter sind als der Stalinismus. Da ging es ... um die Freiheit von Not ..., um Vollbeschäftigung ..., um die Aufhebung der restlichen Standesgrenzen ...: Jeder konnte alles werden. Da ging es ... um die Aufhebung des Bildungsprivilegs. Jedes Arbeiterkind sollte studieren und sich ›qualifizieren‹ dürfen ...«[2]

Meines Erachtens deuten solche unterschiedlichen Wertungen zum einen auf die Kompliziertheit der Aufgabe (Geschichtsaufarbeitung, bezogen auf einen so vielfältigen, durch jahrzehntelange gegenseitige Beschuldigungen in der Wertung belasteten Prozeß), zum anderen auf die Notwendigkeit differenzierten Herangehens hin. Geschieht das nicht, bleibt es also bei einer Totalverurteilung der DDR-Erfahrung, dann führt das einerseits, wie Manfred Kossok schrieb, zu einer eklatanten Einschränkung der rückwärtsgewandten (wenn auch nur partiellen) Kritik der Entwicklung in dem anderen deutschen Staat, der BRD, zum anderen wird die deutsche Geschichte ab 1945, nach der Zeit des Faschismus, eines ihrer wesentlichsten Inhalte beraubt, der Hoffnung auf eine neue Gesellschaft, des Suchens nach Alternativen, generell des Versuchs, neue Wege zu gehen. Vergessen, Verschweigen oder Manipulieren des Geschehens in der SBZ/DDR bedeutete auch, wie Kossok vermerkt, einen Verzicht gerade auf »dramatische Kapitel« in der DDR-Entwicklung. Als solche hebt der Autor die Jahre 1953, 1956 und 1968 hervor, deutet noch weitere Zeitmarken unter dem Aspekt versuchter Erneuerungen an.[3]

Ob man das 1956er Geschehen im Bildungs- und Pädagogik-Bereich ebenfalls als dramatisch ansieht oder nicht: Auf jeden Fall weist es interessante Züge auf. 1956 war auch in diesem gesellschaftlichen Bereich ein Jahr voller Hoffnung, ein Jahr, in dem nach erneuten Reformen gestrebt und daran auch geglaubt wurde. Eine Analyse des Jahrgangs 1956 der Zeitschrift »Pädagogik« soll das belegen.

Das Jahr 1956 in der Bildungsgeschichte der beiden deutschen Staaten

Die öffentlichen Diskussionen dieses Zeitraums wurden in verschiedener Hinsicht mitbestimmt durch Vorbereitung, Durchführung und Auswertung des V. Pädagogischen Kongresses, der nach einer langen kongreßlosen Periode (der 4. Pädagogische Kongreß in Berlin war 1949 gewesen) vom 14.–18. Mai 1956 in Leipzig durchgeführt wurde. Dieser Kongreß stand unter der Losung: »Macht die deutsche demokratische Schule in jeder Hinsicht zum Vorbild für die Schule des künftigen geeinten, friedliebenden und demokratischen Deutschland!«[4]

Was die historische Wertung und Einordnung dieses Kongresses und der Bestrebungen und Diskussionen in diesem Jahre 1956 generell betrifft, ist bis heute kein Konsens erkennbar. Dieser Kongreß ist auch nur mittelbar Teil meiner Studie. Im Zentrum stehen grundsätzliche und Diskussionsbeiträge sowie Äußerungen zum Zeitgeschehen, die den Hauptinhalt des Jahrgangs 1956 der »Pädagogik« ausmachen. Neben der »Deutschen Lehrerzeitung« war die »Pädagogik« das zentrale Presseorgan auf diesem Gebiet in der DDR. Im Gesamtinhalt der Zeitschrift kommt zum Ausdruck, wie umfassend, prinzipiell, vieles erneut infrage stellend, damals unter Pädagogen bzw. über pädagogische Fragen diskutiert wurde. Obwohl dabei im beträchtlichem Maße Erneuerungswillen sichtbar wird, viele der Beiträge starke Resonanz unter den Pädagogen und in der schulinteressierten Öffentlichkeit fanden, spiegelte sich das bisher nur unzureichend, teils oberflächlich und verzerrt, in der DDR-Geschichtsschreibung wider.

Im Grunde blieb es im Laufe von Jahrzehnten bei der gleichen Allgemeinverurteilung, wie man sie bereits in der 1959 erschienenen Publikation »Die Schule in der DDR« vorgenommen hatte: »Der Aufbau der sozialistischen (!) Schule ging ... nicht ohne Kampf und Widerspruch vor sich. Einige Mitarbeiter an wissenschaftlich-pädagogischen Einrichtungen, im Staatsapparat und auch an Schulen erkannten nicht die sozialistische (!) Perspektive der gesellschaftlichen Entwicklung und leugneten die Notwendigkeit, die sozialistische Schule aufzubauen. Einzelne nahmen dogmatische Erscheinungen im Schulwesen zum Vorwand (!), um unter scheinmarxistischen Losungen (!) die Erfolge der deutschen demokratischen Schule zu diskreditieren. In den Auseinandersetzungen wurden teilweise sogar Auffassungen imperialistischer (!) Pädagogen vertreten. Viele der sozialistischen und humanistischen Erziehung feindliche (!) reformpädagogische Ansichten, die längst widerlegt waren, lebten neu auf ... Die revisionistischen Auffassungen und Bestrebungen ... wurden entlarvt (!) und zerschlagen.«[5]

Auch in bildungsgeschichtlichen Arbeiten der (alten) BRD wurden die hier berührten Auseinandersetzungen unter dem Schlagwort »Revisionismusdebatte« subsumiert. Eine der am ehesten zutreffenden Einschätzungen dieses Teils der DDR-Bildungsgeschichte kann wohl Oskar Anweiler zugeschrieben werden: »Die wichtigste strukturelle Neuerung der Schulentwicklung der fünfziger Jahre betraf die Einführung ... der Zehnklassenschule ... Die tatsächliche und konzeptionelle Entwicklung der Zehnklassenschulen zwischen 1951 und 1958 stellt ein verschlungenes Kapitel der DDR-Schulgeschichte dar ... Seit 1956 wurde ... die ›zehnklassige allgemeinbildende Mittelschule‹, die zugleich die Aufgabe der polytechnischen Bildung übernehmen sollte, als ›die dem sozialistischen Aufbau entsprechende Schulform‹ proklamiert ... Dieser Grundsatzbeschluß wurde auf dem V. Pädagogischen Kongreß in Leipzig ... erläutert. Diesem Kongreß kommt eine interessante (!) und in verschiedener Hinsicht bemerkenswerte (!) Rolle in der schulpolitischen Entwicklung der DDR zu; in der DDR-Schulhistorie wird er zwiespältig beurteilt ... Die Jahre 1956 und 1957 werden als eine Periode des ›zeitweiligen Zurückbleibens ... und des Tempoverlusts beim weiteren Ausbau der sozialistischen Schule‹ charakterisiert, wobei diese Mängel in erster Linie den Erscheinungen des ›Revisionismus‹ ... zugeschrieben werden.«[6]

In diesem Zusammenhang schätzt Anweiler ein: »Die inhaltliche Substanz der pädagogischen Diskussionen 1956/57, die seit 1948 wieder ... öffentlich und relativ offen ausgetragen wurden, erstreckte sich auf eine Reihe virulent gewordener Entwicklungsprobleme (!) – im Grunde genommen blieb kaum ein Thema ausgespart ... Eine systematische Aufarbeitung der Themen und Standpunkte dieser ›*Revisionismus-Diskussion*‹ *auf pädagogischem Gebiet* liegt bisher nicht vor; die polemischen Darstellungen aus der DDR verkürzen und entstellen meistens die Probleme ...«[7]

Diese »virulent gewordenen Entwicklungsprozesse« und die dazu auf den Seiten der Zeitschrift 1956 geführten Diskussionen bilden den Gegenstand meines Beitrags mit dem Ziel des Sichtbarmachens von »Spuren der DDR-Pädagogik«, die heute und in Zukunft nicht vergessen werden sollten. Die Vorbereitung und Auswertung des V. Pädagogischen Kongresses (von diesem an wurden die Kongresse mit römischen Ziffern gekennzeichnet) bildet dabei einen gewissen, aber nicht den einzigen Bezugspunkt.

Wenn man aus heutiger Sicht und Erfahrung auf das Jahr 1956 zurückblickt, scheint es dringend erforderlich zu sein, die damaligen Zeitumstände, die deutsch-deutsche Teilung wie auch die Versuche zu ihrer Überwindung bewußtzumachen. Eine Losung wie die des V. Pädagogischen Kongresses (»Macht die Schule ...« – siehe oben!) würde sonst völlig unverständlich erscheinen. In dieser Zeit fand zum Beispiel in West wie Ost das Buch »Die Teilung Deutschlands«, erschienen 1957 in »rowohlts deutscher enzyklopädie«, große Beachtung. Im Vorwort schrieb der Autor, Richard Thilenius, unter anderem: »Zwölf Jahre ist Deutschland nun geteilt. Das mag nicht viel sein, gemessen an den weiten Zeiträumen, mit denen die Geschichte rechnet. Polen ist über ein Jahrhundert lang geteilt gewesen. Doch es ist immerhin ebensolange, wie Hitlers ›tausendjähriges Reich‹ gedauert hat. Und es ist allzu lange für all jene, die unter der Teilung unmittelbar zu leiden haben ...«[8]

Wer über diese Zeit nachdenkt, muß sich der damals noch nahen gemeinsamen deutschen Geschichte bewußt sein. Die Grenze war, trotz gewisser Einschränkungen, noch überschreitbar. Reisen hin und her fanden statt. Im Gegensatz dazu waren die staatlichen Beziehungen so gut wie eingefroren. Es herrschte die Atmosphäre des Kalten Krieges, und die Angst war groß, es würde sich irgendwann daraus plötzlich ein »heißer« entwickeln. Es gab vielfältige Bemühungen um Wiederherstellung der Einheit Deutschlands, in relativ starkem Maße auch unter Lehrern und Erziehern.

Pädagogen aus Ost und West wirkten dabei zusammen, knüpften an gemeinsame demokratische Traditionen an. Seit Ostern 1952 bestand eine deutsch-deutsche Pädagogenvereinigung, nannte sich nach dem Gründungsort (Schwelm i. Westf.) »*Schwelmer Kreis*«. Die deutsche Reformpädagogik spielte darin – als gemeinsame Tradition und gegenwartsnahe Erneuerungsgrundlage – eine verbindende Rolle. Die Verurteilung dieser deutschen pädagogischen Tradition auf dem 4. Pädagogischen Kongreß der DDR (1949) hatte das Zusammenwirken belastet. Anderes, was Ost und West miteinander verband, hatte sich bislang jedoch als stärker erwiesen.

Unter den DDR-Pädagogen wurde damals, auch in der Öffentlichkeit, viel und heiß diskutiert, vor allem auch über den weiteren Entwicklungsweg von Schule und Bildung. Welche Fragen standen – und mit welcher Zielrichtung – im Vordergrund? Wie angekündigt, will ich das am 11. Jahrgang der Zeitschrift »Pädagogik« historisch-konkret erörtern, nicht, wie es so oft geschieht, den späteren Wertungen zugeordnet und auf sie zugeschnitten, sondern zeitbezogen und zeitgerecht.

Eine neue Aussage- und Wirkungsform der Zeitschrift »Pädagogik«:
»Unser Wort«

In Veränderung und als Ergänzung der bisherigen Gestaltung begann man ab Heft 1 mit einer neuen Rubrik, genannt »Unser Wort«. Hier wurden kurze Erörterungen oder Stellungnahmen der Redaktion bzw. einzelner ihrer Mitglieder veröffentlicht. Das gab die Möglichkeit, die Leser unmittelbar und aktuell anzusprechen. Historische Bezüge nutzte man als Mittel, um das jeweils erörterte Problem auch in seiner allgemeineren Bedeutung bewußtzumachen.

Den Beginn machten (im Heft 1/1956) Überlegungen zur Bedeutung der Psychologie für die Tätigkeit des Pädagogen. Historisch wurde das an Äußerungen Herbarts belegt. Unter aktuellem Aspekt hieß es dann mit problemhafter Schärfe: »Viele Lehrer und Erzieher – und sie gehören gewiß zu den aufrichtigsten Schulmännern und zu denen, die sich mit innerer Ungeduld um pädagogisches Können bemühen – sagen frank und frei, daß psychologische Überlegungen in ihrer Bildungs- und Erziehungsarbeit eine geringe Rolle spielen, daß ihre Unterrichtsarbeit wenig psychologisch durchdacht ist und daß sie auf diesem Gebiet unendlich viele Fehler begehen. Kann man nicht ... noch mehr behaupten? Sind nicht auch Armut an Ideen, an Einfällen und an Phantasie, das Routine- und Schablonenhafte, die Kälte und Unpersönlichkeit, die Langweiligkeit und das Uninteressante (!) – diese Feinde jeder lebendigen Erziehungsarbeit – vielfach Begleiterscheinungen und Folgen eines unpsychologischen Unterrichts und einer unpsychologischen Erziehung? Man möchte noch weitergehen. Diese übertriebene Versachlichung und Intellektualisierung, die Hilflosigkeit und zum Teil auch Armseligkeit in der Anwendung vielseitiger Methoden, vor allem in der Erziehungsarbeit, die Vernachlässigung des Gefühls und Willens und die mangelnde ästhetische Erziehung – ich will diese Aufzählung nicht fortsetzen – können und müssen von dort her auch erklärt werden. Mir scheint, daß unsere Kinder auf ihre Weise dies auch empfinden und fühlen und in ihrem Verhalten und ihren Äußerungen zeigen«.[9]

Man verzeihe das lange Zitat. Nichts davon schien mir für die beabsichtigte Aussage entbehrlich. Die Überlegungen, noch dazu an dieser zentralen Stelle, zeugen von ernsthaftem Nachdenken, zum Teil auch von Umdenken. Es ging nicht nur um mehr Psychologie, sondern um einen kind- und entwicklungsgemäßen Unterricht, um den Schüler als Individuum. Das kann man auch anderen der hier – in »Unser Wort« – geäußerten Gedanken entnehmen. »Das Individuum«, heißt es weiter, »kann ... nicht deduziert werden. Konstruktion des Zöglings a priori ist daher ... ein leerer Begriff.. Haben wir ihn aber nicht eingelassen und an unseren Ausbildungsstätten sogar kultiviert? ... Nicht Thesen und abstrakte Begriffe gehören an den Anfang des Studiums, sondern die einfachsten psychologischen Tatsachen und Erscheinungen des alltäglichen Lebens, der Schulklasse ... und die Analyse dieser ... Tatsachen, ergänzt durch einfache Versuche ... Mit einem Wort, das psychologische Denken ... Pädagogen, Psychologen und vor allem Methodiker und Praktiker der verschiedensten Gebiete sollten zusammentreten und prüfen, wie wir dem psychologischen Denken in unserer pädagogischen Arbeit wieder (!) Eingang und einen gebührenden Platz verschaffen können«[10]

Wer die damaligen Diskussionen miterlebt hat, weiß, daß viele Pädagogen, wahrscheinlich sogar die Mehrzahl, an das anknüpfen wollten, was in den Jahren von 1945 bis 1948 inhaltlich und methodisch sowohl die Schulpraxis als auch die Lehrerausbildung bestimmt hatte. Und die damaligen Ausbildungs- wie Unterrichtsprozesse waren in starkem Maße durch reformpädagogische Quellen bereichert worden.

Von ähnlichem Engagement, wie es in bezug auf psychologisch fundiertes kindgemäßes Denken und Handeln des Pädagogen in »Unser Wort« des Hefts 1/1956 sichtbar wurde, zeugen in der gleichen Rubrik und im gleichen Heft geäußerte Sorgen zu einem Problem, das bereits damals viele Eltern und Lehrer sehr beunruhigte: »Daß Bücher die Phantasie des Kindes beflügeln und sich umsetzen wollen in Aktion, ist dem Pädagogen nicht neu. Leiden und Taten der Helden prägen sich unvergeßbar ein, der stolze heimliche Traum soll Wirklichkeit werden – im Spiel und im Ernst! ... Wie aber, wenn ... sich im Zwielicht zwischen Spiel und Ernst jugendliche Banden zusammenrotten und einem ›Ideale‹ Leben verleihen, das sie zu Plünderung, Gewalttat, Quälerei und sexuellem Exzeß anleitet? Daß es neben dem Weckruf des Edlen die Faszination durch das Böse, Antihumane gibt, neben der Erziehung die Vergiftung – diese Erfahrung unserer Tage hat wohl jeden Erzieher erschüttert ... Freilich muß jeder Lehrer, ja jeder verantwortungsbewußte Mensch ... darüber wachen, daß Schund und Schmutz nicht durch dunkle Kanäle einsickern ... Bei alledem bleibt eine Frage ...: Genügen Verordnungen, um der infernalischen Bedrohung ... wirksam zu begegnen? Läßt unser Unterricht, unser Jugendleben nicht noch vieles unberührt, was im Kinde nach Betätigung und Leben drängt: Seine Sehnsucht nach dem Abenteuer, seine Phantasie, seinen Traum? ... Es ist an der Zeit, unruhig zu werden über dieser Frage ... Was nützt uns das beste Lesestück, wenn wir es im Unterricht zerreden und in abstrakter, schematisierender Weise mißhandeln! Es geht darum, unsere Schüler zur wahren Begegnung mit der Dichtung zu führen ...«[11]

Bei einer anderen Stellungnahme in der Rubrik »Unser Wort« ging es im engeren Sinne um ein Gedenken an Schiller, in diesem Zusammenhang dann aber – pädagogisch-grundsätzlich – um die Liebe zum Theater und den Theaterbesuch Jugendlicher. Das auch hier hervortretende Thema der Kritik am formalen Abarbeiten von Verpflichtungen bestimmte den ganzen Jahrgang. Man stellte die Frage: »Erfüllt ... heute schon überall die deutsche demokratische Schule ... die ... Aufgabe, in unseren Jungen und Mädchen Liebe und Begeisterung für das deutsche Theater der Gegenwart zu wecken, in ihnen dramatische Meisterwerke der Nationalliteratur mit dem Reichtum und der Vielgestaltigkeit ihrer Charaktere und Situationen, mit der Schönheit, der Kraft, der Leidenschaftlichkeit und Würde ihrer Sprache lebendig werden zu lassen, ...ihnen bewußt zu machen, daß in der Aufführung eines Bühnenwerkes die verantwortungsvolle Leistung eines großen Kollektivs von Künstlern und technischen Mitarbeitern zum Ausdruck kommt?«[12]

Immer wieder stelle man fest, heißt es dann weiter, daß es manchmal mehr um den Absatz der Karten als um die Sicherung eines Theatererlebnisses gehe, daß beispielsweise Schüler der 11. Klasse, wie der Lehrplan es vorschreibe, über Lessings Beitrag zum Theater und zur Nationalliteratur »in wohlgesetzter Rede« sprechen können, daß es sich dabei aber sehr oft nur um auswendig gelerntes Wissen handle, welches unfruchtbar bleiben müsse, weil der Unterricht keine echte innere Beziehung zum Theater erweckt habe.[13] Und es wird gefordert: »Schaffen wir in den Lehrplänen für den Deutschunterricht, besonders in der allgemeinbildenden Zehnklassenschule und in der Oberschule, Platz für Stunden, in denen der Deutschlehrer ... zu seinem Teil dazu beitragen kann, die ihm anvertraute Jugend zu dem Theaterpublikum von morgen zu erziehen ...«[14]

Instruktiv scheint mir im Nachhinein auch das Eingehen der Redaktion der »Pädagogik« auf eine wissenschaftliche Konferenz zur sogenannten Pionierarbeit zu sein, darüber hinaus auf die Art und Weise, wie Konferenzen eigentlich sein sollten. »Mit besonderem Interesse«, heißt es in »Unser Wort«, »wurde der Diskussionsbeitrag einer jungen Pionierleiterin ... aufgenommen. Sie gab verschiedene Streiflichter aus ihrer Arbeit, berichtete, wodurch sie sichtbare Erfolge hatte, und stieß dann jedesmal auf ein Problem, mit dem sie allein bisher nicht fertig wurde, zu dessen Lösung sie die Hilfe der pädagogischen Wissenschaft erbat. Der Beitrag unterschied sich ... sichtlich von vielen Diskussionen, die wir zwar seit langem gewohnt sind (!), die uns jedoch niemals befriedigen können. Entweder wird in ihnen nur gefordert (›Es kommt darauf an ...‹) oder nur berichtet (›Wir haben bei uns ...‹) ... Bei dieser Konferenz war es ... sehr viel anders ... Beschränkung auf ein Problem, und zwar auf das, dessen Lösung vordringlich ist und deshalb von allen sehr gewünscht wird; ein einleitendes Referat, das immer von der Praxis ausgeht und alle theoretischen Sätze aus den Beobachtungen des täglichen Lebens ableitet; Beeinflussung der Diskussion durch die Konferenzleitung in der Richtung, nach neuen Wegen zu forschen und die noch ungelösten Probleme gemeinsam anzugehen; vielseitige Zusammensetzung der Teilnehmer, um eine zu enge Betrachtungsweise zu vermeiden; ein Schlußwort, das ... starke Impulse für die weitere Arbeit gibt ...«[15]

Die Redaktion leitete aus dieser Konferenz Folgerungen für das gemeinschaftliche Herangehen an die Lösung der immer deutlicher gewordenen Notwendigkeit ab, kindgemäß zu erziehen, bei wissenschaftlichen Überlegungen vom Kinde auszugehen. »Sollte es nicht möglich sein«, fragt deshalb die Redaktion der Zeitschrift am Ende der hier auszugweise wiedergegebenen Überlegungen, »allen (!) unseren Konferenzen diesen wissenschaftlichen Charakter zu geben? Warum kam er gerade bei einer Konferenz über Pionierarbeit so deutlich zum Ausdruck? Vielleicht doch deswegen, weil bei Beratungen über diesen Problemkreis der ganze (!) Erziehungsprozeß, das Leben der Kinder in seiner Gesamtheit (!) betrachtet werden muß, wenn man weiterkommen will ...«[16]
Eine Überlegung zum Nachdenken für alle, die es ernst meinten mit einer Veränderung pädagogischen Denkens, einer Veränderung, die zugleich eine Rückkehr bedeutete, hin zu Grundgedanken einer kindgemäßen Erziehung.

In »Unser Wort« (Heft 3/1956) ging es um ähnliche Gedanken, stärker als vorher aber schon mit Blick auf den bevorstehenden V. Pädagogischen Kongreß, zugleich mit Anleihen an einen anderen Kongreß, der kürzlich stattgefunden hatte, den der Schriftsteller. »Dem Schriftstellerkongreß ging«, so wurde hervorgehoben, »eine umfangreiche Diskussion voraus: in den Zeitschriften und Zeitungen und in den Tagungen des Verbandes. Je mehr der Termin heranrückte, desto mehr nahm diese Diskussion den Charakter einer äußerst offenherzigen, gehaltvollen und kämpferischen Auseinandersetzung (!) an. Der Kongreß wurde damit die Schlußphase, die Zusammenführung, der Höhepunkt einer Bewegung (!), die viele Menschen – nicht nur die Teilnehmer des Kongresses – ergriffen hatte ... Auch unter uns Pädagogen wächst eine solche Bewegung aus kleinen Ansätzen heran (!); offen und kritisch werden ›Selbstverständlichkeiten‹ (!) überprüft, wird überall an Verbesserungen gearbeitet ... Auch unser Kongreß muß der – wenn auch vorläufige – Abschluß einer gründlichen (!) Auseinandersetzung ... werden.[17]

Wichtig erscheint auch – aus damaliger wie heutiger Sicht – ein Beitrag in »Unser Wort« Mitte des Jahres 1956, in dem unter aktueller und perspektivischer Sicht Forderungen an die pädagogische Wissenschaft gestellt wurden. »Die Bedeutung der Wissenschaft ...« heißt es dort unter anderem, »braucht heute ... nicht mehr betont zu werden ... Verbesserungen auf irgendeinem Gebiet ... sind ... ohne Mitwirkung der Wissenschaft nicht vorstellbar ... Von der pädagogischen Wissenschaft ... darf (deshalb) ... erwartet, ja es muß von ihr verlangt werden, daß sie die neu auftretenden Probleme im Erziehungswesen am frühesten erkennt, sie in klaren Worten ausspricht und damit auch der Öffentlichkeit zum Bewußtsein bringt und ihre Lösung anstrebt ... In einer so wichtigen Angelegenheit wie der Errichtung der allgemeinen Mittelschule hat die pädagogische Wissenschaft diese ihre eigenste Aufgabe offenbar nicht erfüllt. Sie hätte vorangehen sollen ... Tiefgreifende und nachhaltige Veränderungen in der Erziehung kommen immer nur dann zustande, wenn sich zahlreiche einzelne Maßnahmen zu einem neuen System der Pädagogik (!) verbinden ... Nicht umsonst hat man die Tätigkeit des Erziehers von altersher mit derjenigen eines Gärtners verglichen. Auch die Ernte des Erziehers braucht ihre Zeit, um zu reifen.«[18] In den weiteren Ausführungen über das Jahr 1956 wird der aktuelle Bezug noch stärker hervortreten.

Hinwendung zu den Realprozessen im schulischen Alltag

Neben den redaktionellen Äußerungen in »Unser Wort« sind andere Beiträge zu nennen, in denen Neues oder Kritisches (bzw. Neues und Kritisches) zum Ausdruck kam. Eine auf den realen pädagogischen Prozeß gerichtete Position kennzeichnete, mehr unter wissenschaftsmethodischem Aspekt, der Psychologe Hans Hiebsch in seinem Diskussionsbeitrag zu »Methoden der pädagogischen Forschung«. Er bezog sich darin auf einen in Heft 10/1955 der »Pädagogik« erschienenen Artikel von Walter Wolf, in dem Verfahren des Nachvollziehens pädagogischer Prozesse abgelehnt worden waren. Wolf hatte dabei die These verfochten: »Wir wollen den Unterricht nicht aufnehmen, sondern analysieren.«[19] Hiebsch entgegnete: »Es ist mir unverständlich, wenn Wolf ... (solche) Versuche aus prinzipiellen Erwägungen heraus kritisiert ... Das Aufnehmen ermöglicht doch erst eine gründliche Analyse; man könnte gegen obigen Satz geradezu formulieren: Wir müssen das Unterrichtsgeschehen möglichst getreu aufnehmen, damit wir es um so besser analysieren können ... (Die) Zeit der deduktiven und spekulativen Bearbeitung pädagogischer Probleme muß endlich abgeschlossen werden, um einer sehr strengen (!) und nüchternen (!), am Gegenstand selbst durchgeführten empirischen Forschung Platz zu machen.«[20]

Instruktiv ist unter dem Aspekt des Suchens nach neuen Lösungen auch der Beitrag des Görlitzer Schuldirektors Heinz Seifert. Er schrieb »Über die Entwicklung des Schulkollektivs«, stellte eigene Erfahrungen dar. In der Anfangsphase der nach eigenem Konzept durchgeführten Erneuerungen ging es ihm und seinen Kolleginnen und Kollegen an der dortigen Diesterwegschule vor allem um die einzelnen Schulklassen. Sie sollten nicht nur aufnehmend oder reaktiv, sondern selbsttätig und aktiv zur Geltung kommen. Die Schülerinnen und Schüler der jeweiligen Klassen konnten sich selbst gewählte Aufgaben stellen. »So wie der Lehrer bei seiner Erziehungsarbeit ein bestimmtes Ziel verfolgt«, erklärte der Direktor seinen eigenständigen Versuch zur Kollektiverziehung, »muß auch der Klassenverband als solcher ein Ziel haben ... Die Aufgabe, wir können auch sagen die Perspektive, muß natürlich erreichbar sein ... Aus der Aufgabe ... ergaben sich ... bestimmte Formen ... a) die gegenseitige Hilfe in der Klasse, b) die Kritik der Schüler untereinander, c) die Umgangsformen der Schüler.«[21]

Dieses Vorgehen stieß anfangs auf Schwierigkeiten, verlangte Umstellungen im Denken und Handeln bei den Eltern, den Pädagogen und natürlich den Schülern selbst. Am schwierigsten erwies sich bei den Schülern, sachlich untereinander Kritik zu üben. Auch die Umgangsformen miteinander und zu anderen entwickelten sich nur langsam. Die gegenseitige Hilfe dagegen wurde schnell zur Gewohnheit, ausgenommen selbstverständlich bei Leistungskontrollen. Was in einzelnen Klassen erprobt worden war, wurde später auf die Schule als Ganzes ausgedehnt. Das Interesse der Schüler an »ihrer« Schule wuchs zusehends. Mitverantwortung und Mitgestaltung entwickelten sich. Es entstand – im alten Gebäude – nicht nur eine »schöne Schule«; es entstanden im Laufe der Zeit auch wertvolle Umgangsformen und günstige Beziehungen untereinander, zwischen den Schülern jeder Klasse, zwischen den einzelnen Klassen, besonders auch denen der jüngeren und der älteren Schüler, natürlich auch zwischen Pädagogen und Schülern (und umgekehrt). Das alles wirkte sich bis zu einem gewissen Grade auf das jeweilige Familienklima, auf die häusliche Erziehung aus. An der Schule bildeten sich wertvolle Traditionen heraus. In bestimmten Zeitabständen wurden Schülervollversammlungen durchgeführt. Weitere Formen der Schülermitverantwortung sollten erprobt werden.[22]

Es ist nachträglich schwer auszumachen, wieweit bei solchen Versuchen in der Realität von Schulen Anleihen bei der Sowjetpädagogik oder bei Reformversuchen deutscher Schulen in der vornazistischen Zeit (oder bei beidem?) Pate gestanden haben. Auf jeden Fall ist festzuhalten, daß etwas Starres zu zerbrechen versucht wurde, und das mit dem Ziel, die Schule als Lebensstätte zu gestalten.

Die Zeitschrift blieb auch weiterhin den Realprozessen in der Schule verpflichtet, wobei in der Regel Folgerungen für die Wissenschaft gezogen wurden. Zu nennen sind hier Beiträge wie »Über den Formalismus in den Kenntnissen der Schüler« (Werner Scheler), »Zum Verhältnis von Theorie und Praxis in der Fachmethodik« (Gerhard König), beides in H. 3; »Über die Unterrichtsvorbereitung des Lehrers« (Hans Herbert Becker in H. 4). Das Doppelheft 5/6 diente dann einer Umfrage, auf die gesondert eingegangen werden soll. Zu erwähnen sind noch Artikel wie »Die zweite industrielle Revolution und die Volksbildung« (Wolfgang Reischock), »Die Aufgaben des Schuldirektors ...«

(Helmut Stolz), beides in Heft 7/1956. Die folgende Ausgabe der »Pädagogik« (Heft 8) enthielt u.a. Beiträge zum Lösen von Text- bzw. Sachaufgaben (Siegfried Sorge, Fortsetzung im Heft 9), zur polytechnischen Bildung (Horst Wolffgramm) und zu Landschulfragen (Ulrich Beyer). Aus den letzten Heften des Jahrgangs hebe ich, um den Gesamtcharakter der »Pädagogik« dieser Zeit zu kennzeichnen, noch Beiträge zur Heimatkunde (Helmut Stolz), zum Thema »Erziehung und Gesundung durch Arbeit (Willy Steiger), beides Heft 10/1956, sowie zur »Methodik der Erteilung von Hausaufgaben« (Klaus-Dietrich Wagner in den Heften 11 und 12) hervor. Prinzipielle wie mehr angewandte Beiträge wechselten also miteinander ab. Die Schulwirklichkeit stand relativ stark im Blickpunkt.

»Was erwarten Sie vom V. Pädagogischen Kongreß?« –
Ergebnisse einer Umfrage

Je näher der Kongreß heranrückte, desto mehr wuchsen die Erwartungen. Es ging dabei ja um mehr als um diese Großveranstaltung in der Leipziger Kongreßhalle. Es ging um die Schule, um die Pädagogik, um Erneuerung. Das sagt eindeutig auch die repräsentative Umfrage aus, welche die Redaktion der »Pädagogik« durchgeführt hatte und unmittelbar vor Kongreßbeginn veröffentlichte. »Was erwarten Sie vom V. Pädagogischen Kongreß ?« Das war die Frage, die individuell zu beantworten war. Gestellt hatte man sie an Lehrer und Erzieher, Schuldirektoren, Vertreter der Berufspädagogik, pädagogische Wissenschaftler, an Wissenschaftler anderer Disziplinen, an Künstler, Schriftsteller, Betriebsleiter, Theaterintendanten und Dramaturgen. Die Frage war allgemein und persönlichkeitsbezogen gehalten. Im Grunde war es für die Befragten mehr eine Aufforderung zum Bedenken von Gegenwart, Vergangenheit und Zukunft. So wurden die Erwartungen an den Kongreß in der Regel auch offen mit dem Sichtbarmachen vorhandener Unzulänglichkeiten, Mißstände und Fehlentscheidungen verbunden.

Als allgemeines Resultat der Auswertung der eingegangenen Stellungnahmen konnte die Redaktion folgendes Resümee ziehen: »Von den ... Forderungen, die alle Gebiete des pädagogischen Lebens berühren, traten einige immer wieder auf, so zum Beispiel: ...Die Erziehung mit produktiver Arbeit verbinden! Die Psychologie sowohl in der Unterrichts- als auch in der Erziehungsarbeit an den ihr gebührenden Platz rücken! Der ästhetischen Erziehung und der Beeinflussung der Kinder durch das Kunsterlebnis muß größere Beachtung geschenkt werden! Das Buchstabenwissen muß gediegenen Kenntnissen und Fertigkeiten Platz machen! Größere Beweglichkeit und Freizügigkeit in der Methodik! Viel mehr Verbindung zwischen den verschiedenen Bereichen unseres Schulsystems! Der ... revolutionäre Schwung der Jahre nach 1945 muß wieder geweckt werden! Bessere Ausnutzung der vorliegenden Erfahrungen früherer Schulmänner! Neuerungen im Schulwesen müssen vor der Einführung gründlicher und in breitestem Ausmaß diskutiert werden! Die Organe der Volksbildung müssen die Arbeit an der Basis aufmerksamer studieren, schneller auf Anregungen und Kritik reagieren und die guten Erfahrungen verallgemeinern! Die Fachpresse muß mehr den Erfahrungsaustausch fördern und den Meinungsstreit anregen!«[23]

Geht man diese Forderungen nach »Erneuerung aus eigener Kraft« gedanklich durch, läßt sich ohne Schwierigkeiten eine bestimmte, Grundsätzliches betreffende Parallelität mit dem feststellen, was dann Ende der achtziger Jahre, in der allzu kurzen Zeit der sogenannten Wende, an Kritiken und Wünschen im Sinne einer Reform der DDR-Schule und Pädagogik an die Öffentlichkeit kam. In den einzelnen Meinungsäußerungen tritt, besonders wenn man sie nach über 35 Jahren unter der Frage »Was wäre wenn?« noch einmal durchdenkt, der damalige entschiedene Erneuerungswille mit einer gewissen Einheitlichkeit in bezug auf Kritisches, zu Bewahrendes, Verbesserungswertes und einer starken Differenziertheit in bezug auf Wiederaufzugreifendes und zu Veränderndes wohl noch stärker als in der redaktionellen Zusammenfassung hervor. Dazu als Beleg und als Möglichkeit des historischen Nachvollziehens damaliger Standpunkte und Vorschläge einige Auszüge aus den in der »Pädagogik« publizierten Meinungsäußerungen:

Die »Auffassung, daß Erziehung ... nur bewußte, vorsätzliche und zielgerichtete Einwirkung auf den Schüler ist, (führte) zu einer Nichtbeachtung der großen Möglichkeiten der Erziehung ... Die Aktivität und die Initiative der Schüler als wirksamste Erziehungsfaktoren blieben unbeachtet, ja, es kam sogar ... zu ihrer Unterdrückung ... Der bisherige Verzicht auf die Mobilisierung der schöpferischen Kräfte ... ist um so schmerzlicher, als hier die eigentliche Ursache für ... Mängel ... zu suchen (ist) ... Möge der V. Pädagogische Kongreß ... Markstein im Aufbau der deutschen demokratischen Schule werden. Möge er ... helfen, den jetzt notwendigen Entwicklungsschritt nicht langsam und schleppend, sondern schnell und zügig zu gehen.« Prof. Hugo Müller, Institut für Pädagogik an der Karl-Marx-Universität Leipzig.[24]

»Ich setze die Hoffnung in den V. Pädagogischen Kongreß, daß er nicht nur kritisch und selbstkritisch die Arbeit der letzten Jahre durchleuchtet, sondern auch solche Beschlüsse faßt, die den Lehrern zur Gewißheit werden lassen, daß auf neuen Wegen reiche Möglichkeiten einer besseren Arbeit freigelegt werden. Nun ist die Zeit ..., wo unsere Lehrer mündig gesprochen werden ..., wo kein starres Reglement ihnen als Krücke zu dienen braucht ...« Herbert Becher, Stadtschulrat, Berlin.[25]

»Die fortschrittliche Lehrergeneration aus der Weimarer Zeit begrüßte freudig unsere demokratische Schulreform nach 1945 ... Alte und neue Lehrer begaben sich begeistert an die Verwirklichung der neuen Ziele. Im Laufe der Zeit wurde vieles erreicht. Und doch sind viele Lehrer seit mehreren Jahren von ernster Sorge um unsere Schule erfüllt ... Sie mußten erfahren, wie die Stoffülle der Lehrpläne eine solide Unterrichtsarbeit erschwerte. Dazu kam die Geringschätzung von Methoden, die sich bemühen, den Unterrichtsstoff interessant und verständlich an die Kinder heranzubringen. So blühte der Formalismus in erschreckendem Ausmaß ... In Wirklichkeit ist unsere Bildung bis heute ... überverbalisiert ... Es ist zu hoffen, daß ... unsere ... Schule in ihrer inneren Entwicklung eine neue Wendung nimmt ... Bei der Ablehnung der bürgerlichen Reformpädagogik glaubte man alle methodischen Errungenschaften über Bord werfen zu müssen ... Da man in der Zeit der Reformpädagogik den Formalismus der alten Lernschule zu überwinden trachtete, befanden sich die Methodiker in einer ähnlichen Lage wie wir heute ... Wir sollten deshalb das methodische Erbe dieser Zeit kritisch sichten und uns von seinen ... Gedanken befruchten lassen. Möge sich die pädagogische Wissenschaft in den Dienst dieser Bemühungen stellen und ... die Stellung der Methodik ... so klären, daß wir nicht wieder in einen methodischen Dogmatismus, ...der für jede fortschrittliche Weiterentwicklung ein Hindernis bildet, verfallen ... Möge der V.Pädagogische Kongreß wieder jene kühne Reformfreudigkeit an den Tag legen, wie wir sie ... nach 1945 erleben konnten«. Hans Manßhardt, Lehrer, Dorf Wehlen.[26]

»Bisher ist der Unterstufe, dem Fundament unserer Schule, zuwenig Beachtung geschenkt worden; die Bedeutung ihrer Arbeit wird trotz allen gegenteiligen Erklärungen unterschätzt. Mittel- und Oberstufe werden ... die ... Anforderungen ... nicht erfüllen können, wenn nicht auch der Elementarunterricht entsprechend verbessert wird ... Ein erster Schritt dazu wäre die Bereinigung des weiten Feldes, das die Ausbildung des Unterstufenlehrers, die Arbeit der Institute für Lehrerbildung umfaßt. Was wir hier nacheinander versucht haben, was wir hier noch nebeneinander praktizieren, beweist nur, daß gerade auch auf diesem Gebiet sich ausgewirkt hat, was leider im ganzen Bildungs- und Erziehungswesen bei uns noch nicht überwunden ist: Die Hast, mit der verfügt und angeleitet wird, wobei von den besten Plänen letzten Endes wenig übrig bleibt.« Prof. Paul Joecks, Institut für Lehrerbildung, Berlin-Köpenick.[27]

»Die Arbeit des Lehrers ist ihrem Wesen nach ein schöpferisches Tun. Ihr schlimmster Feind ist die Schablone ... In unseren Schulen ... ist der seelenlose Schematismus ... weit verbreitet ... Nach meinen Beobachtungen ist das dogmatische Verhalten vieler Schulfunktionäre dafür verantwortlich zu machen. Ich erwarte vom V.Pädagogischen Kongreß, daß er für die notwendige Qualifizierung der mittleren und oberen Kader in der Volksbildung – vom Schulleiter bis zum Funktionär des Ministeriums – überlegte Impulse gibt ... Das zweite Anliegen: In der Lehrerbildung und in der pädagogischen Forschung muß die Psychologie wieder den Rang einnehmen, der ihr nach ihrer Tradition in Deutschland gebührt. Das setzt voraus, daß gewisse Funktionäre der Volksbildung ihre Unterschätzung der wissenschaftlichen Psychologie aufgeben, daß in der Lehrerbildung mit der abstrakten Vermittlung von philosophischen Thesen und Definitionen Schluß gemacht wird – zugunsten der Vermittlung einer lebens- und praxisnahen Persönlichkeitslehre, und daß mehr als bisher der große Reichtum an Fakten und Erkenntnissen aller Zweige und Richtungen der Psychologie fruchtbar gemacht wird ...« Dr. Hans Hiebsch, Diplompsychologe, Halle/Saale.[28]

»Ich wünschte mir, daß der V. Pädagogische Kongreß unsere gesamte erzieherische Arbeit – die praktische wie die theoretische – mehr auf das Kind einstellen möge ... Was ist der schon so oft beklagte Formalismus in Bildung und Erziehung denn anderes als ein Ausdruck des Abrückens vom Kinde? Und wie viele mit großer Anstrengung vollbrachte Maßnahmen führen nur deshalb nicht zum ... Ziel, weil sie ... sich nicht mit des Kindes eigener lebendiger Kraft verbinden? Ich denke an Wettbewerbe, Schulfeiern, Fahnenappelle, Pionierzusammenkünfte, wissenschaftliche Veröffentlichungen ...« Dr. Werner Lindner, Deutsches Pädagogisches Zentralinstitut.[29]

»Im Aufbau unserer demokratischen Schule ist ... (eine) stärkere Berücksichtigung des Sprachlichen ... dringend notwendig ... Lateinunterricht ist ... besonders wichtig, weil er das logische Denken besser schult, als das irgendeine lebendige Sprache vermag, weil er auf solche Weise dem Deutschunterricht wesentliche Hilfe erweisen kann (und das tut bitter not!), und weil Kenntnisse im Latein das Studium (auch ein späteres Selbststudium) aller westlichen Sprachen ... ungemein erleichtern ...« Prof. Dr. phil., Dr. paed h.c. Victor Klemperer.[30]

»In der Schule wird ... reichliche Stoffmenge eingepaukt, auf der Universität herrscht schulmäßige Terminlernerei ... Ergebnis: ein Kreislauf blanker Fakten, schwache Durchdringung des Materials, unverallgemeinertes Fragmentwissen ... Eingedenk also, daß Fortschritt Humanisierung bedeutet und daß Humanisierung heute vor allem in der Zurückführung des Menschen zu sich selbst besteht, knüpft der Schreiber dieser Zeilen folgende Erwartungen an den V. Pädagogischen Kongreß: 1. zeitliche und stoffliche Entlastung ... 2. größere Freizügigkeit für die selbständige Tätigkeit ...« Wolfgang Jennrich, Student ...[31]

»Es wäre zu wünschen, daß Klarheit geschaffen werde über die Art, wie der junge Mensch zum Leben in der Gemeinschaft eines Volkes und der Völker geführt werden kann. Eine politische Erziehung, die der Schüler als solche empfindet, wird früher oder später leicht ins Gegenteil umschlagen. Staatsfreudigkeit wird nicht gelehrt, sondern vorgelebt ...« Curt Wehrhahn, Pfarrer ...[32]

»Es zeigt sich ..., daß die Jugend an all den großen Bemühungen, unser bedeutendes nationales Kulturerbe und das künstlerische Schaffen der Gegenwart den Massen unseres Volkes nahezubringen, im allgemeinen zu wenig Anteil nimmt. Der geistige Besitz dieser Güter fällt niemandem in den Schoß ... Eine intensivere Erziehung der Jugend vom frühesten Alter zur Musik und Kunst würde auch die ... Auswahl der besten Begabungen ... wesentlich fördern ...« Prof. Johannes Ernst Köhler, Musikhochschule Weimar.[33]

»Dem V. Pädagogischen Kongreß wünsche ich, daß er die Erlebnisarmut in unseren Schulen überwinden möge ... Schluß mit jeglicher Bevormundung des Lehrers! Sie tötet die Begeisterung und die Freude, ohne die es keinen erlebnisreichen Unterricht gibt – ohne die es auch keine echte Disziplin in der Schule geben kann ...« Karl Veken, Kinderbuchautor.[34]

Interessant war auch die Stellungnahme eines Lehrers, der von trüben Erfahrungen ausgehend, von sich aus die gestellte Frage umkehrte und sich dazu äußerte, wie der Kongreß möglichst nicht verlaufen möge. »Ich erwarte nicht«, schrieb Ekkehart Hoffmann aus Erfurt, »daß es ein ›Begrüßungskongreß‹ wird ..., daß ... Dauerredner und Sichselbstbeweihräucherer zu Worte kommen ..., daß vom ›Grünen Tisch‹ aus administriert und kommandiert wird ..., daß jene das große Wort führen, die immer alles auf die lange Bank schieben ..., jene ..., die für jede Kritik schriftlich danken und dann doch nichts verändern ..., daß der V. Pädagogische Kongreß ein Turnierplatz der ›Ritter vom Schema F‹ wird ... Es ist in den Pädagogischen Räten, in den Pädagogischen Kreiskabinetten, in den Pädagogischen Kreiskonferenzen schon unendlich viel gesagt worden. Wenn daraus keine Taten werden, ist der ganze Kongreß nichts als blauer Dunst.«[35]

Die öffentlichen und offenen Stellungnahmen aus der Zeit Mitte der fünfziger Jahre, aus denen hier Auszüge vorgelegt wurden, bedürfen meines Erachtens keines Kommentars. Solche Erneuerungswünsche gab es, und nicht nur zu dieser Zeit. Daß sie auf Dauer die Bildungsentwicklung in der DDR nicht dominierten, ist eine andere Frage. Bereits der Kongreß selbst, in dessen unmittelbarer Vorbereitung die hier wiedergegebene Meinungsäußerungen erfolgten, baute manches von den Erwartungen ab, ließ aber trotzdem noch einige Zeit Raum für Zuversicht oder doch Hoffnung.

Der V. Pädagogische Kongreß – Ein Überblick

Das mit Erwartungen der geschilderten Art belegte und belastete Ereignis fand vom 15. bis 18. Mai 1956 in Leipzig statt. 185 Teilnehmer meldeten sich zu Wort. 64 davon sprachen in der Diskussion; die anderen gaben ihre Beiträge schriftlich ab. Für jeden historisch Interessierten liegt zur gründlichen Analyse und Wertung dieses Kongresses neben anderen Veröffentlichungen ein fast 600 Seiten umfassendes Protokoll als zeitgenössische Dokumentation unter dem Titel »Aufgaben und Probleme der deutschen Pädagogik« vor. Sie enthält die

Grußadressen, das Referat des Ministers Fritz Lange, große Teile der Diskussionsreden (einschließlich schriftlich eingereichter), mehr als ein Dutzend Dokumente (Beschluß, Entschließungen von Arbeitsgruppen, Abschlußkommuniqué), wesentliche Inhalte einer Spezialberatung zur polytechnischen Bildung und anderes.[36]

Der Kongreß wurde auch von Pädagogen aus der Bundesrepublik Deutschland besucht und publizistisch gewürdigt, allerdings weniger von »offiziellen« Kräften als von Mitwirkenden im Schwelmer Kreis und anderen an einer deutsch-deutschen Verständigung aktiv interessierten Pädagogen. Einer der Gedanken, der in der Umfrage der Zeitschrift durchgehend aufgetreten war, hatte gelautet: »Es müssen die Wege gezeigt werden, um die Lehrer ganz Deutschlands einander näher zu bringen!«[37]

Dr. Fritz Helling aus Schwelm i. Westf., der diese deutsch-deutsche Pädagogenvereinigung leitete, sprach ebenfalls zur Diskussion. Er hatte sich, in der Vorbereitungszeit des Kongresses, mit folgenden Aussagen an der Umfrage der Zeitschrift »Pädagogik« beteiligt: »Da der V. Pädagogische Kongreß die geplante Verbesserung der Jugenderziehung in der Deutschen Demokratischen Republik als nationale Aufgabe im Geist der fortschrittlichen Traditionen der gesamtdeutschen Lehrerschaft in Angriff nehmen will, erwarte ich von seinen Beratungen und Beschlüssen, daß sie alle diejenigen Pädagogen, die sich in beiden Teilen Deutschlands für eine demokratische Schule einsetzen, näher zusammenführen und so der Wiedervereinigung unseres Vaterlandes dienen.«[38]

Ein anderer der führenden Schwelmer, Walter Kluthe, zugleich Schriftleiter der in Schwelm herausgegebenen Zeitschrift »Schule und Nation«, erklärte in einem dort publizierten Bericht u.a.: »Etwa 1800 Delegierte nahmen daran teil, Lehrer und Erzieher, Wissenschaftler, Vertreter der Regierung, der Parteien und der Massenorganisationen, unter ihnen 142 Arbeiter und Angestellte aus volkseigenen Betrieben und der Landwirtschaft, sowie Vertreter der Elternbeiräte. Dazu kam eine große Zahl ausländischer Gäste ... Der V. Pädagogische Kongreß war der Höhepunkt einer seit vielen Monaten geführten Diskussion ... (Er) stand unter dem Motto ›Macht die deutsche demokratische Schule in jeder Hinsicht zum Vorbild für die Schule des zukünftigen geeinten, friedliebenden und demokratischen Deutschland‹. Diese Aufforderung mußte die Gäste aus der Bundesrepublik sehr nachdenklich stimmen. Es gab in den vergangenen Jahren (gemeint ist hier vor allem: in der BRD; E.D.) viel Kritik an der Schule in der DDR, Kritik an der schematischen Übernahme der Sowjetpädagogik, an der mangelnden Berücksichtigung der Ideen und Erfahrungen fortschrittlicher westlicher Pädagogen, an dem oft bürokratischen, zentralistischen Reglementieren, das die schöpferische Iniative des Lehrers hemmte, an der Stoffülle der Lehrpläne usw. Eines bleibt jedoch allgemein anerkannt, daß in der DDR durch die Beseitigung des Bildungsprivilegs die Voraussetzungen geschaffen worden sind, allen Kindern die gleichen Bildungsmöglichkeiten zu sichern ... Der V. Pädagogische Kongreß soll eine neue Etappe einleiten ... Die Fehler der Vergangenheit sind erkannt ... Die Entschließungen des Kongresses eröffnen ... eine große Perspektive ... Es war erfreulich, daß schon bei der Vorbereitung des Kongresses namhafte Pädagogen aus der Bundesrepublik Gelegenheit erhielten, kritisch zu den Entwürfen Stellung zu nehmen ... Die Kongreßbeschlüsse haben den Pädagogen in der DDR ein weites Arbeitsfeld gegeben und werden sicher auch ihre Ausstrahlung auf die Bundesrepublik haben.«[39]

Diese Aussagen geben im Grunde die gleiche Erwartungshaltung wieder, wie sie damals bei der Mehrzahl der DDR-Pädagogen – und darüber hinaus vieler anderer Bürger – ausgeprägt war. Hoch geschätzt wurden in der Situation der deutschen Spaltung und des Kalten Krieges die gesamtdeutsche Offenheit aller Verlautbarungen vor und auf dem Kongreß, die grundsätzlich veränderte, zum Positiven hin gewandelte Haltung zur Reformpädagogik, eine gewisse Neubewertung des pädagogischen Erbes in Ost und West, und zwar unter Betonung der Verständigungsbemühungen unterstützenden gleichen Traditionen.

Dazu ergänzend – als Beleg – eine der Aussagen im Referat des Ministers Lange auf dem Kongreß selbst: »Wir deutschen Lehrer in Ost und West haben ein gemeinsames Interesse, ein gemeinsames Ideal, eine gemeinsame Aufgabe: uns eint der Wille, Deutschland als einen unteilbaren, demokratischen und friedliebenden Staat herzustellen. Heute gilt es, das uns verbindende Gemeinsame (!) in der Entwicklung des deutschen Schulwesens zum Wohle aller Kinder unseres Volkes zu finden und es tatkräftig zu entwickeln ...«[40]

Und an anderer Stelle: »Zu den weiteren Aufgaben unserer pädagogischen Wissenschaft gehört es, den wissenschaftlichen Austausch mit Pädagogen in der Bundesrepublik über gemeinsam interessierende Fragen zu verstärken. Hier gilt es, die bisher häufig vorhandene oberflächliche (!) Beobachtung der Entwicklung in Volksbildung und Pädagogik in Westdeutschland zu überwinden, unsere Lehrer und Erzieher eingehender zu informieren und sich ernsthaft mit den Bemühungen fortschrittlicher westdeutscher Pädagogen zu beschäftigen ... Schließlich gehört es zu den Aufgaben unserer pädagogischen Wissenschaft, die fortschrittlichen Tendenzen im deutschen pädagogischen Erbe zu erforschen ..., mit der vulgären Verurteilung aufrechter Pädagogen aus der Zeit des Imperialismus in Deutschland Schluß zu machen (!), und diese Pädagogen in ihrer Liebe zum Kinde, in ihrem Ideenreichtum, in ihrem Mut und in ihrer Verbundenheit mit dem Volk gebührend zu würdigen.«[41]

Einen Schwerpunkt im Referat des Minister, und auf dem Kongreß überhaupt, bildeten die Fragen des Unterrichts, genauer: eines kindgemäßen, den unterschiedlichen Voraussetzungen entsprechenden und jeden einzelnen fördernden Bildungs- und Erziehungsprozesses. Es gelte, erklärte der Minister, »Fehler und Mängel schnell zu überwinden ... So hatte die mechanische Auslegung der Losung des IV. Pädagogischen Kongresses: ›Steigerung der Arbeitsproduktivität in den Betrieben heißt: Steigerung der Lerntätigkeit in den Schulen‹ dazu geführt, daß man in der Hauptsache die äußerlich meßbare Quantität (!) steigerte, aber darüber die Qualität mit ihren nicht immer meßbaren Werten vernachlässigte ... Ein anderer Mangel der letzten Jahre ist in der einseitigen, überspitzten Betonung der intellektuellen Bildung ... zu sehen ... Ein weiterer ... liegt in der unzureichenden pädagogisch-psychologischen Durchdringung (!) der Erziehungs- und Bildungsarbeit. In dem Bestreben, allen Kindern ein möglichst umfassendes Wissen zuteil werden zu lassen, wurden die Lehrpläne in unzulässiger Weise mit Stoff belastet. Das führte zu einer Überforderung der Schüler, zur Verletzung des Prinzips der Faßlichkeit, zu übermäßigen Anforderungen an ... das Abstraktionsvermögen ... Die Kinder eigneten sich ... oft nur formale Kenntnisse an ... Allein schon die Stoffülle ... mußte zwangsläufig auch den Lehrer in Widerspruch zu ... bewährten methodisch-didaktischen Grundsätzen (!) führen ... Die allseitige Entwicklung der physischen und psychischen Kräfte der Kinder und die erzieherische Einwirkung auf ihre Gefühle, Meinungen und Überzeugungen wurden vielfach der Bewältigung eines großen Stoffpensums geopfert. Ein überspitztes, schematisches Kontroll- und Prüfungssystem täuschte oft über das wirklich vorhandene Wissen und Können der Schüler, begünstigte Strebertum, Überheblichkeit, Kritiklosigkeit ... Einheitlichkeit des Erziehungs- und Bildungswesens darf ... nicht mit Gleichförmigkeit oder Schablone verwechselt werden. Wir brauchen mehr Elastizität und größeren Spielraum (!) für die inhaltliche und methodische Gestaltung des Unterrichts.«[42] Das waren harte Kritiken, eindeutige Forderungen. Sie entsprachen dem, was auch in den Erwartungshaltungen der an der Umfrage der »Pädagogik« beteiligten Persönlichkeiten zum Ausdruck gekommen war.

Kritisch-konstruktive Befragung der Bildungsgeschichte –
Rückbesinnung auf die Reformpädagogik

Beides bestimmte den Inhalt der Hefte des Jahrgangs 1956 der »Pädagogik«, und das bereits in der Zeit der Kongreßvorbereitung, in starkem Maße. Pauschalisierende Urteile waren zurückgenommen worden, ohne daß man schon immer differenziertere vorlegen konnte. Ein solches Herangehen gehörte mit zur Klärung des Geschichtsbildes, hatte aber auch pragmatische Zwecksetzungen, sollte mit dazu dienen, historische Quellen für die Niveauerhöhung der pädagogischen Arbeit in der Gegenwart zu erschließen, den stark dogmatischen Charakter des Lehrens und Lernens zu überwinden. Die Dogmatik (oder auch Scholastik) in Inhalt und Methodik des Unterrichtens und im erzieherischen Wirken wurde in beträchtlichem Maße auf die ab 1949 erfolgte Abkehr von der

Reformpädagogik und auf eine nicht ausreichende Beachtung der internationalen Entwicklung zurückgeführt.

Es ging aber nicht allein um die Neubewertung und Nutzung nur dieses Teils wertvollen pädagogischen Erbes. Im Jahrgang 1956 finden wir eine breite Palette historischer Arbeiten: »Briefe K.F.W. Wanders an Philipp Schneider (Leo Regener), »Pädagogische Gedanken in Wilhelm Weitlings ›Garantien der Harmonie und Freiheit‹« (Franz Hofmann); beides in H. 2/56. – »Die gesellschaftliche Rolle der Sozialpädagogik im Vorkriegsimperialismus« (Helga Schmidt; H. 3/56). – »Erziehungsbestrebungen in Deutschland zur Zeit der bürgerlichen Revolution von 1848« (Helmut König; H. 4/56). – »August Bebel über den Zustand des Schulwesens in Deutschland um 1900« (Gerd Hohendorf; H. 5/6/56). – »Der Hamburger Schulversuch« (Leo Regener; H. 7/56). – »Die Pädagogik Herbarts« (Karl Schrader; H. 8/56). – »»Panorthosia«, J.A. Komensky's Plan der Universalreform« (Franz Hofmann; 10/56). – »Erziehungsprogramme der französischen Materialisten« (Manfred Naumann). Ergänzt wurde das durch ausführliche und fundierte Buchbesprechungen, zum Beispiel zu dem im Eckstein-Verlag Westberlin erschienenen Werk von Schönebaum über »Johann Heinrich Pestalozzi, Wesen und Werk« (G. Ulbricht in H. 1/56). W. Dube hatte für H. 4/56 eine Bibliographie der deutschen (!) Hochschulschriften im Bereich der Pädagogik und Psychologie zusammengestellt. In H. 5/6 erschien eine Besprechung von »Robert Owen – Pädagogische Schriften«. Was weitere historische Ausarbeitungen betrifft, beschäftigte man sich in diesem Jahrgang der Zeitschrift mit der »Pädagogik Deweys« und den »Ausgewählten pädagogischen Schriften« von Dobroljubow (beides in H. 9/56), mit Titeln wie »Die proletarische Jugendbewegung Deutschlands« (H. 10/56) sowie Robert Alts »Vorlesungen über die Erziehung auf frühen Stufen der Menschheitsentwicklung« (H. 12/1956).

Während diese Ausarbeitungen vornehmlich der Erschließung historischer Quellen dienten, waren die Arbeiten dieses Jahrgang zur Reformpädagogik – neben der Analyse und Wertung des pädagogischen Gehalts – stark auf Anregung für die Gegenwart ausgerichtet. Das begann im ersten Heft dieses Jahrgangs mit dem Artikel von Willy Steiger unter dem Titel »Für eine richtige Einschätzung Kühnels«. Der Autor kritisierte darin bisherige Einschätzungen, in denen Kühnel als Reaktionär charakterisiert worden war, bezog sich bei der Wertung der Schriften Kühnels besonders auf das Buch »Neubau des Rechenunterrichts«, schätzte es folgendermaßen ein: »Mit diesem Buch ermöglichte Kühnel erst mathematische Bildung. An Stelle des alten, auf mechanisierte Fertigkeit gerichteten Drills setzte er eigenes Denken. Er beseitigte das geisttötende Normalverfahren, das Nachsagen und Auswendiglernen. Er führte hin zu eigener Leistung. Er wollte die Kinder dahin bringen, daß sie immer mehrere Lösungswege aufzeigen können ... Kühnel ... hat uns gelehrt: Was der Mensch mit seinen Händen wirklich angegriffen hat, das hat er ›begriffen‹, das hat er verstanden ...«[43]

Andere Beiträge dieses Jahrgang waren nicht unmittelbar der Rückbesinnung auf die Reformpädagogik gewidmet, brachten aber inhaltlich gleichartige und gleichgewichtete Grundgedanken und praxisbezogene Anregungen zum Ausdruck. Als Beispiel könnte u.a. ein Konferenzbericht zu Fragen der Anschaulichkeit dienen. Dieses »alte« Prinzip wurde nun wieder in den Vordergrund gerückt. Der Berichterstatter, Mitglied der Redaktion der »Pädagogik«, schrieb unter anderem: »Die Konferenz hat sich mit einigen Fragen, die ... zeitweilig ungenügend beachtet (!) wurden, befaßt: die veranschaulichende Wirkung der Sprache; der Zusammenhang von Anschaulichkeit und Erlebnishaftigkeit; die Aussagen der Logik über das Verhältnis von Konkretem und Abstraktem, über Begriffsbildungen, Definitionen, Urteile und Schlüsse und die jeweiligen Konsequenzen ...; der Gebrauch ›künstlerischer Anschauung‹ für Literatur- und Geschichtsunterricht usw. ...Der Arbeitskreis über Anschaulichkeit wird seine Arbeit fortsetzen ... Alle sind gebeten, die Arbeit durch Zuschriften, Hinweise, Erfahrungsberichte zu unterstützen.«[44]

In den Heften des Jahrgangs 1956 (teils vor, teils nach dem Kongreß mit seiner bereits übermittelten Orientierung) publizierte die Zeitschrift (anschließend an den Artikel von Steiger zu Kühnel) folgende Beiträge von Wissenschaftlern und erfahrenen Lehrern, die unmittelbar (!) auf eine Neubewertung der deutschen Reformpädagogik gerichtet waren: Bemerkungen über unser Verhältnis zur Reformpädagogik« (Karl-Heinz Günther, H. 3/56) – »Betrachtungen zur Auseinandersetzung der Reformpädagogik mit der Bedeutung von Erziehung, Umwelt und Anlage« (Hans Manßhardt, H. 4/56) – »Über unsere Stellung zur Reformpädagogik« (Robert Alt, H. 5/6/56) – »Der Hamburger Schulversuch. Wilhelm Lamszus zum 75. Geburtstag« (Leo Regener, H. 7/56). »Kühnel, ein Schulpraktiker der Vergangenheit« (Viktor Kuhn. H. 7/56) – »Wir wollen aus der Vergangenheit das Feuer übernehmen« (Willy Steiger, H. 9/56)

Im Beitrag von Günther wurde noch einmal nachvollzogen, wie es in der SBZ/DDR nach anfänglicher Zuwendung zu einer Abkehr von der Reformpädagogik gekommen war: »Nach 1945 knüpfte man ... beim Neuaufbau des Schulwesens unter anderem an reformpädagogische Traditionen an. Ein Grund ... liegt zweifellos darin, daß sich die Reformpädagogen selbst als ›Revolutionäre‹ fühlten ... Aus diesen und anderen Gründen kam es, daß die Neulehrerausbildung und zum Teil auch die Pädagogischen Fakultäten ... reformpädagogisch orientiert waren ... In den ersten Nachkriegsjahren wurde die Reformpädagogik ... als ein Gesamtkomplex empfunden, in dem das Charakteristische der einzelnen Repräsentanten und Strömungen zusammenfloß ... Auch in den ersten Lehrplänen finden sich reformpädagogische Einflüsse ... Aber schon 1947 machten einige Schulfunktionäre ernste Bedenken geltend ... Auf dem IV. Pädagogischen Kongreß 1949 in Leipzig beschäftigte sich H. Siebert besonders mit Kerschensteiner und beantragte, der Kongreß möge fordern, ›daß für uns demokratische Lehrer nicht eine imperialistische Arbeitsschule als Ideal gilt, sondern die demokratische Einheitsschule‹ ... Man bemühte sich um den Nachweis, daß die deutsche Pädagogik um die Jahrhundertwende ›offen in das Lager des Imperialismus überging‹ ... (Vor) einigen Jahren wurde darauf hingewiesen, daß man ... bereit sein sollte, auch ›Materialien aus der imperialistischen Epoche ... zu übernehmen. Es wird mit Recht die Frage auftauchen, warum an dieses ... Problem erst jetzt herangegangen wird. Einen Grund ... wird man darin sehen müssen, daß die vor einigen Jahren geführte Diskussion über die Erziehung als gesellschaftliche Erscheinung keine voll befriedigenden Ergebnisse gezeitigt hat...«[45]

Hier wird deutlich, in wie starkem Maße gesellschaftliche Umbrüche neben berechtigten Neuansätzen immer auch zur zeitweiligen Verdrängung wertvoller pädagogischer Erkenntnisse und Erfahrungen geführt haben. Was Günther als Simplifizierung des Verhältnisses von Gesellschaftsstruktur und pädagogischer Erfahrung beschrieb, hat nicht nur in diesem Fall, sondern leider immer wieder aufs Neue in der deutschen Bildungsgeschichte zu Fehleinschätzungen geführt. Weil man diesem oder jenem Staat und seinem Bildungswesen letztlich gedient habe, sei sozusagen alles, was den Inhalt dieser Arbeit ausgemacht hatte, selbst wenn es, zumindest im großen und ganzen, der Entwicklung der Jugend förderlich gewesen ist, in Bausch und Bogen zu verurteilen. Zu verurteilen (oder zu bestrafen) waren und sind nach dieser »Logik« auch alle, die in diesem »System« gearbeitet haben. Historische Parallelen bis heute deuten sich an.

Am stärksten sprach sich wohl Robert Alt für eine sorgfältige Unterscheidung zwischen pädagogischem Streben und dessen Wertschätzung und der Nutzbarmachung und Beeinflussung dieses Strebens innerhalb ganz bestimmter gesellschaftlicher und schulischer Verhältnisse aus. Kritisch – aus pädagogischer Sicht – analysierte er in seinem Beitrag – als Exempel – die Konzeption einer »Pädagogik vom Kinde aus«, schloß daran aber gleich folgende »Warnung« an: Diese Einschätzung ... darf uns ... nicht dazu verleiten, jeden Vertreter dieser Richtung als einen ›Handlanger des Imperialismus‹ zu verdächtigen und alles, was im Rahmen dieser Bewegung geschah, schlechthin abzulehnen und unserer eigenen Beschäftigung nicht für wert zu halten. Das hieße, die Betrachtung eines historischen Phänomens in unzulässiger Weise zu simplifizieren (!) und die komplizierte Vielseitigkeit einer solchen Bewegung nicht zu sehen. Was die Initiatoren und Anhänger dieser wie aller anderen reformpädagogischen Gruppen (!) anbetrifft, so kann man von den allermeisten wohl sagen, daß sie keineswegs bewußt in ihrem Streben der imperialistischen Entwicklung Vorschub leisten ... wollten. Es handelt sich bei dem überwiegenden Teil der Reformpädagogen gerade um den besten Kern der deutschen Lehrerschaft (!), die aus einer tiefen Unzufriedenheit mit den bestehenden Schulzuständen ... den Ruf nach einer Schulreform erhoben. Es waren gerade die von dem Ethos ihres Berufes erfüllten Lehrer, die aus Liebe zu den Kindern (!) ...einen Wandel herbeiführen wollten. Es waren gerade die von einem hohen Verantwortungsbewußtsein gegenüber der kommenden Generation ihres Volkes getragenen Erzieher, die auf eine Neugestaltung der Schule drängten. An ihrer subjektiven Ehrlichkeit und gutem Willen ist in den allermeisten Fällen nicht zu zweifeln ...«[46]

Die weiteren Beiträge zu dieser Thematik, die in diesem Jahr in der »Pädagogik« erschienen, unterlagen ähnlichen Zielstellungen. Sie wurden bereits genannt. Ihr jeweiliges Anliegen geht in der Regel aus den Artikel- Überschriften hervor. Insgesamt war es ein reicher Ertrag, der vom Jahrgang 1956 der Zeitschrift »Pädagogik« zu diesem komplizierten Problem der sinvollen Nutzung des pädagogischen Erbes vorgelegt wurde.

Einen gewissen Abschluß der Diskussion bildete das 1. Beiheft 1956 der Zeitschrift »Pädagogik« mit den Ergebnissen der vier Arbeitskreise, die zur Vorbereitung des V. Pädagogischen Kongresses gegründet worden waren, ihre Arbeit aber erst später abschlossen. Über Ergebnisse des zweiten Arbeitskreises wurde bereits berichtet. Er hatte die »Entwicklung der deutschen Erziehungstheorie in der Zeit des aufstrebenden Bürgertums und der Zeit des entstehenden Proletariats« zum Thema gehabt. Arbeitkreis I behandelte »die Entwicklung der deutschen Erziehungstheorie in der Zeit des aufstrebenden Bürgertums und der Zeit des entstehenden Proletariats«. Arbeitskreis III hatte die Thematik »Einige Hauptprobleme der Entwicklung in Westdeutschland«, Arbeitskreis IV die »Bedeutung und Anwendung der Sowjetpädagogik«.

Schlußfolgerungen für ein neues Herangehen an deutsche Bildungstraditionen ergaben sich nicht nur aus der Sicht auf DDR-Schule und -Pädagogik. Sie wurden auch aus der gesamtdeutschen Orientierung des Kongresses abgeleitet. Erforderlich sei es, hatte der Minister in seinem Referat betont, »wieder an die in der ganzen Welt geachteten Traditionen der deutschen Pädagogik anzuknüpfen, sich auf dieses Erbe zu besinnen, es zu pflegen und weiterzuführen«[47]

Auch in den drei anderen Arbeitskreisen wurde versucht, gegenüber vorangegangenen – nicht selten vereinfachenden und oberflächlichen – Wertungen (bzw. Auf- oder Abwertungen aus aktuell pragmatischen Gründen) zu einer mehr ausgewogenen und realistischen historischen Betrachtungsweise vorzustoßen. Beim Thema »Reformpädagogik« ist das hier vor allem zu verdeutlichen versucht worden. Schulreformerisches wurde als Progreß anerkannt, relativ unabhängig davon, welche politischen Ambitionen dahinter standen. Zu schulreformerischen Praktiken in der Zeit der Weimarer Republik zum Beispiel hieß es unter anderem: »In den Verordnungen der Unterrichtsbehörden über Lehrpläne und Lehrverfahren, in der Gestaltung der amtlich genehmigten Lehrbücher setzte sich der Arbeitsunterricht in vorsichtiger und abgeschwächter

Weise durch. Dadurch ergaben sich für die Lehrer zahlreiche Möglichkeiten, die didaktischen Grundgedanken der klassischen bürgerlichen Pädagogik, Selbsttätigkeit, Anschaulichkeit, Verbindung des Sprachunterrichts mit dem Sachunterricht, wieder zu beleben ... Bedeutendes wurde zur Verbesserung des Anfangsunterrichts, des Heimatkundeunterrichts, des Unterrichts in der Unterstufe überhaupt und in den weniggegliederten Landschulen geleistet ... Das Streben nach einem stärkeren Anteil der Kunst an der Ausbildung der Persönlichkeit war allen Kunsterziehern gemeinsam ... Der Körpererziehung wurde größerer Raum im Stundenplan geschaffen ... Der Gedanke einer täglichen Turnstunde setzte sich durch.«[48]

Am Beispiel der Persönlichkeit Scheibners, Kühnels und Karstädts legte man dar, wie intensiv und mannigfaltig der reformerische Einfluß auf die methodische Arbeit der Pädagogen in der Weimarer Zeit gewesen war. In den Ausarbeitungen zu »Grundproblemen ...« hieß es in diesem Zusammenhang: »Otto Scheibner führte die vielfältigen Arbeitsschulbestrebungen auf eine sinnvolle methodisch-didaktische Grundlage zurück und gab mit seinem in der theoretischen Auseinandersetzung und aus der praktischen Erfahrung entstandenen Werk ›Zwanzig Jahre Arbeitsschule‹ der Schulreformbewegung eine klare methodische Grundkonzeption ... Johannes Kühnels Verdienste liegen besonders auf der theoretischen Durchdringung des Anschauungs- und Rechenunterrichts. In seinen Werken ›Moderner Anschauungsunterricht‹ und ›Neubau des Rechenunterrichts‹ gelangte er zu allgemein anerkannten Erkenntnissen, mit denen er besonders dem Unterricht in der Unterstufe neue Wege wies ... Otto Karstädt arbeitete besonders auf dem Gebiet der Deutschmethodik und vermittelte in seinem Buch ›Methodische Strömungen der Gegenwart (1930) einen Überblick über die methodischen Leistungen der Schulreformbewegung.«[49]

In solchen Aussagen spiegelt sich die Herangehensweise an die Vergangenheit, wie sie im Umfeld des Kongresses vorgenommen worden war, relativ exemplarisch wider. Vor allem ging es – mehr pragmatisch – um die Belebung der gegenwärtigen Schulpraxis. Was aus der Geschichte als Anregung günstig schien, wurde propagiert. Kompliziertere Wertungen wurden den Fachleuten oder der Zeit (oder beidem) überlassen.

Kühne Gedanken in der öffentlichen Diskussion zu Grundfragen der Allgemeinbildung

Der V. Pädagogische Kongreß, so war damals die Auffassung, hatte eine »neue Periode« eingeleitet, »auf die allenthalben große Hoffnungen gesetzt werden ... ›Wiederentdeckt‹ wird das Leben, die Praxis als Kriterium der Wahrheit; nichts bleibt mehr ungeprüft, eine Behauptung gilt wieder als Behauptung, ein schiefes Urteil als ein schiefes Urteil und Schluderei als Schluderei. ›Wiederentdeckt‹ wird auch die pädagogische Wirklichkeit, das Leben, das Kind«[50] So hieß es mit Bezug auf den Kongreß in einer redaktionellen Stellungnahme der Zeitschrift »Pädagogik«. Es liege der Redaktion am Herzen, erklärte man »daß die wichtigsten Fragen, die ...in nächster Zeit geklärt werden müssen, mit großem Verantwortungsbewußtsein, mit Mut, mit Freimütigkeit und polemischer Schärfe angepackt werden ...«[51]

Zu der Zeit, als das geschrieben wurde, hatte die Allgemeinbildungsdiskussion, die in der Zeitschrift geführt wurde, bereits eine ganze Zeit für Interesse und Aufregung gesorgt. Sie ging im Grund über dieses Thema hinaus, reichte hin bis zu neuen Vorstellungen über für diese Gesellschaft günstigste Strukturen der Schule. Neben den bereits übermittelten Aussagen aus der Umfrage in Vorbereitung des V. Pädagogischen Kongresses, die neben Versuchen kritischer Analyse eine bestimmte Erwartungshaltung ausdrücken, und ausgewählten Kongreßpositionen, die eine Umkehr im Didaktisch-Methodischen und eine gründlich überprüfte Stellung zum gemeinsamen deutschen pädagogischen Erbe kennzeichnen, habe ich einige Grundgedanken der in der »Pädagogik« (nach dem Kongreß) geführten Diskussion als weiteres Zeitzeugnis ausgesucht, um eine konkret-historisch (wenn auch nur an ausgewählten Befunden) gestützte Antwort auf die Frage zu geben, wie diese Entwicklungsperiode aus heutiger Sicht eingeschätzt werden müßte.

Die Diskussion begann im Mai-Heft 1956, wurde in weiteren Heften des Jahrgangs 1957 weitergeführt, und auch der Jahrgang 1958 wurde stark davon bestimmt. Beteiligt waren bekannte Wissenschaftler und auch Pädagogen aus der Schulpraxis.[52] Wesentliche Wertungen und Vorschläge werden im folgenden an exemplarisch ausgewählten Aussagen wiedergegeben.

Heinrich Deiters (Dekan der Pädagogischen Fakultät der Humboldt-Universität): »Seitdem die Parlamente der Länder der damaligen sowjetischen Besatzungszone ihre übereinstimmenden Gesetze zur Demokratisierung der deutschen Schule erlassen haben, sind zehn Jahre vergangen. Damals wurden die Grundlagen der demokratischen Einheitsschule geschaffen ... Das Jahr, in dem wir gegenwärtig stehen (1956, E.D.), ist durch pädagogische Maßnahmen gekennzeichnet, die es zum Beginn (!) eines weiteren Abschnitts in der Geschichte unseres Schulwesens machen ... Die allgemeine Mittelschule, die fortschreitend im Verlauf von zehn Jahren (!) an die Stelle der bisherigen (achtjährigen, E.D.) Grundschule treten soll, wird den allgemeinbildenden Unterricht ... verlängern. Die allgemeine Bildung der Jugend gewinnt dabei aber ... mehr, als die Zahl der Schuljahre erkennen läßt, da sich die die geistigen Fähigkeiten des Kindes von Jahr zu Jahr steigern ... Wir dürfen uns nicht ... verhehlen, daß außerordentliche Anstrengungen ... gefordert werden, um das ... höher gesteckte Ziel ... tatsächlich zu erreichen. Die Tendenz zu einer solchen Steigerung ist in allen (!) Ländern, die auf einer höheren Stufe des kulturellen Lebens stehen, zu beobachten. Auch in den führenden kapitalistischen (!) Ländern wächst der Andrang zu den verschiedenen weiterführenden Schulen ...«[53]

»Die *neue Mittelschule* ist ... eine allgemeinbildende (!) Schule wie die Grundschule und die Oberschule. Sie dient in gleicher Weise der allseitigen Ausbildung der Persönlichkeit, der politisch-gesellschaftlichen Erziehung und der polytechnischen Bildung. Der Kampf zwischen den verschiedenen pädagogischen Richtungen im Deutschland des 19. Jahrhunderts um die höhere Schule endete mit dem Nebeneinander mehrerer gleichberechtigter Typen ... Jeder von ihnen erstrebte einen Ausgleich zwischen den Forderungen der allgemeinen Bildung und Ansprüchen bestimmter Berufe an die Schule ... Die allgemeine Mittelschule als allgemeinbildende Schule kann einen solchen Weg nicht einschlagen. Sie muß sich bei der Aufstellung ihrer Lehrpläne an den Gedanken der allgemeinen (!) Bildung ... halten. Daraus ergibt sich, welche Fächer sie als verbindlich, welche sie als wahlfrei ... aufnehmen muß, welche Ziele und Aufgaben sie dem Unterricht in den einzelnen Fächern zu stellen hat und welche Lehrfächer und -gegenstände sie ausschließen muß, weil sie bereits in den Bereich der Berufsbildung fallen ...«[54]

Ehrenfried Winkler (Direktor einer Oberschule und Mitglied des Redaktionskollegiums der Zeitschrift »Pädagogik«): »Die Einführung der Mittelschule bekräftigt, daß die Allgemeinbildung der (achtklassigen, E.D.) Grundschule für die Bedürfnisse unserer Gesellschaft nicht mehr ausreicht ... Das Kernproblem ist: Was gehört zur Allgemeinbildung? Bezieht sich die Frage nur auf die Kenntnisse? Es müssen wohl auch die Fähigkeiten, die moralischen Eigenschaften, der Grad der Sprachbeherrschung, die künstlerisch-ästhetische Seite und die Fertigkeiten in die Untersuchung (!) einbezogen werden ... Vermitteln wir nicht manche Stoffe, die heute mehr Museumsstück als Notwendigkeit sind? ... Eine weitere Frage ist: Inwieweit muß die grundlegende Systematik der Wissenschaften gewahrt werden? Sollte nicht eher eine didaktische Systematik im Vordergrund stehen? ... Welche Fächer sind zu unterrichten, in welchem Umfang und mit welchem Inhalt sind sie in die Bildung einzubeziehen? Bisher scheint darüber mehr aus dem Handgelenk (!) als an Hand exakter Untersuchungen entschieden worden zu sein. Diese jedoch sind dringend erforderlich ... Es war doch so, daß unter Beibehaltung zahlreicher Stoffe früherer Bildungsperioden immer neue Forderungen in den Lehrplänen gestellt wurden ... Da aber die Vermittlung des Stoffes durch den Lehrer, die Übernahme durch den Schüler nur zum geringen Teil (!) auf dem Wege der Erarbeitung und Verarbeitung erfolgte, blieb vieles nur aufgepfropftes (!) Wissen, das bald verlorenging. Das Gehirn des Kindes ist ja nicht der Ausweitung fähig, wie die Lehrpläne (!) ... Wir sollten mit der Haltung und mit der Zielsetzung an die Arbeit gehen, daß es nicht um ... eine ›Allgemeinbildung‹ an sich geht, sondern um das lebendige Kind ...«[55]

Gertrud Klauß (Leiter der Unterrichtsabteilung im Deutschen Pädagogischen Zentralinstitut Berlin): »Zehn Jahre lang wird unsere Schule in naher Zukunft alle Kinder unseres Volkes unterrichten und erziehen ... Nichts von dem bisher in unserer Volksbildung Errungenen werden wir aufgeben. Aber wir wollen weiterschreiten. Dazu ist es notwendig, alles kritisch zu besichtigen, was wir haben, und mutig zu verändern (!), was geändert werden muß ... In den zehn Jahren des Bestehens unserer ...Schule wurden ... auch schwerwiegende Fehler (!) gemacht ... Einer dieser Fehler war die Stoffüberlastung ... Wie weit ist die Kenntnis der Schulgrammatik notwendig? ... Können alle Schüler dem Anspruch gerecht werden, außer der Muttersprache eine Fremdsprache erlernen zu müssen? ... Soll man den Bildungsprozeß für alle Schüler bis zum beendeten 16. Lebensjahr gleichmäßig verlaufen lassen? ... Solche Fragen kommen einer Untersuchung nahe, ob wir etwa den Begriff der ›Einheitsschule‹ ... zu mechanisch (!) aufgefaßt haben ...«[56]

»Wir haben ... manche schwer übersteigbaren Schranken zwischen dem Leben der Kinder und dem Unterricht (!) aufgerichtet. Vor kurzem sah ich eine Physikstunde über die Sicherung der Leitungen im Haushalt. Es ist selbstverständlich, daß diese 8. Klasse sehr viel darüber wußte. Aber der sorgfältig vorbereitete, verantwortungsbewußte Lehrer brachte es 45 Minuten lang fertig – von zwei Durchbrüchen abgesehen – dieses Wissen restlos auszuschalten. Um einer systematischen Wissensvermittlung willen! ... Haben wir nicht oft das Kind, das wir bilden wollten, falsch angefaßt? Wir haben ein Gefäß aus ihm gemacht ... Wir ließen keine Zeit zum Ausreifen ... Wir haben uns in den vergangenen Jahren immerfort an das Gedächtnis der Schüler gewendet ... Der Mensch ist keine Maschine, die taktmäßig ein Material empfangen, bearbeiten und ausstoßen kann ...«[57]

»Im entschiedenen Gegensatz zu bestimmten Auflösungstendenzen der Reformpädagogik ... haben wir den Lehrplan zum Dokument erklärt ... Aber gibt es nicht in der Allgemeinbildung jedes einzelnen Menschen außer dem ›paraten‹ eine Fülle ›latenten‹ Wissens, zwar nicht in ›Leistungskontrollen‹ abfragbar, aber langsam aufsteigend, wenn man es benötigt? Wie würde der Bildungsprozeß bei unseren Kindern verlaufen, wenn wir es wagten (!), ihnen mehr und anderes anzubieten, als was sie im Kontrolldiktat oder in der Jahresabschlußprüfung auf Heller und Pfennig wieder vorzeigen müssen? Und wie wollen wir dem Prinzip der Heimatbezogenheit gerecht werden, wenn sich der Lehrer nicht die Freiheit nehmen darf, den Bildungsprozeß ... an den Gegenständen und Beziehungen zu gestalten, wie die Heimat sie ihm anbietet? ... Sind die Lehrpläne der allgemeinbildenden Schule richtig gestaltet? ... Muß nicht ... dem Schüler, den wir zum selbständig denkenden und verantwortungsbewußt handelnden Menschen heranbilden, ein Lehrer mit den gleichen Eigenschaften gegenüberstehen? Das sollte ... bedeuten, daß der Lehrer nach Lehrplänen arbeiten dürfte, ja müßte, die knappste Aussagen über den verbindlichen Stoff (!) machen und sich der ... Aufzählung des Details enthalten ...«[58]

Diese Diskussion war damit noch nicht beendet. Sie ging im Jahrgang 1957 weiter. Albert Tebbe, Berufsschullehrer und Schulleiter, beklagte in seinem Beitrag die Fülle des Stoffes, Überintellektualisierung, Übermüdung und Nervosität der Schüler. Er sprach sich für ein Minimum aus, legte besonderen Wert auf Sicherheit im Umgang mit der Muttersprache, auf Vertrautheit im Umgang mit Zahlen und auf Zuverlässigkeit in der Arbeit.[59]

Werner Dorst, Direktor des Deutschen Pädagogischen Zentralinstituts, stellte als Ursache für Mängel heraus, daß Inhalt und Gestaltung der Lehrpläne den Lehrern eine einseitige Auffassung vom Unterrichten geradezu aufgezwungen hätten. Er forderte, die Auffassungen und Praktiken, die man bisher vertreten habe, gründlich, offenherzig und prinzipiell zu überdenken und, wenn nötig, zu korrigieren. Er sprach von starken Tendenzen der Stagnation und des Konservatismus, die unbedingt zu überwinden seien. Als Ursachen kennzeichnete er besonders die pädagogischen Doktrinen des 4. Pädagogischen Kongresses. Das wichtigste sei, Dogmen, Schablonen auszumerzen, Lehrer wie Schüler wieder in ihre vollen Rechte einzusetzen.[60]

Hans-Herbert Becker, Universitätsprofessor in Halle/Saale, stellte Untersuchungen mit ihren Ergebnissen vor und leitete daraus Diskussionsvorschläge ab, die eine sechsjährige gemeinsame Grundschule für alle Kinder (außer Sonderschülern) und dann eine starke Flexibilität in der Gestaltung der weiteren Bildungswege vorsah. Zwei relativ selbständige Bildungswege zeichneten sich trotz durchzusetzender Übergangsmöglichkeiten ab.[61]

Die mit ihren Hauptinhalten wiedergegebenen Kritiken und Veränderungsvorschläge in den Beiträgen von Deiters, Winkler und Klauß (aus dem Jahrgang 1956) sowie die inhaltlich referierten Äußerungen von Tebbe, Dorst und Becker zur gleichen Thematik aus dem Jahre 1957 können hier als überblicksartige inhaltliche Information für das Ganze der Diskussion stehen. Von den Grundgedanken her gehörten die Äußerungen im Jahrgang 1957 mit in unsere auf den Jahrgang 1956 bezogene Analyse der Zeitschrift. Eine kurze Inhaltsangabe erschien auch deshalb erforderlich, um – historisch – die Gegenwirkungen und Antworten verständlich machen zu können, die innerhalb der sogenannten Revisionismusdebatte und als deren Folge für einen langen Zeitraum eine Umwertung der Werte zum Ergebnis hatten.

Reform oder Revisionismus – Ringen um historische Wahrheit

Um die Ursachen der Umdeutung von Reformansätzen in »revisionistische Entstellungen« zu erkunden, ist es erforderlich, spätestens (!) mit Ereignissen aus den Jahren 1951 und 1952 zu beginnen. Literatur dazu liegt in den verschiedenen Ausgaben der »Geschichte der Erziehung« in reichem Maße vor. Ich zitiere im folgenden aber aus der zuletzt erschienenen Darstellung, aus den »Thesen zur Geschichte der zehnklassigen allgemeinbildenden polytechnischen Oberschule in der Deutschen Demokratischen Republik – Diskussionsmaterial«, publiziert 1989 im sechsten Heft der »Pädagogik« dieses Jahrgangs.

Welches waren Anfang der fünfziger Jahre aus der Sicht der DDR-Führung die ungelösten Probleme auf schulpolitisch-pädagogischem Gebiet? Mit an der Spitze stand wohl die Frage der weiteren Entwicklung und denkbaren Perspektive der Zehnklassenschulen. »Am 1. September 1951 begann in 107 *Zehnklassenschulen* der Unterricht. Abgeleitet von den volkswirtschaftlichen Zielstellungen des III. Parteitages der SED 1950 ... wurden sie insbesondere in industriellen Zentren eingerichtet. Die Zehnklassenschulen knüpften an Bildungstraditionen des Realschulwesens in Deutschland an und vermittelten eine über die achtklassige Grundschulbildung hinausgehende Allgemeinbildung mit dem Ziel, der Volkswirtschaft in größerem Umfang qualifizierte Kader zur Verfügung zu stellen. 80 Prozent der Schüler an den Zehnklassenschulen waren Arbeiter- oder Bauernkinder. Die zur Hochschulreife führende vierklassige ... Oberschule wurde beibehalten ... Die Entwicklung der Zehnklassenschulen ... verlief schleppend ... Ursachen ... lagen vor allem in Unklarheiten über die inhaltliche und strukturelle Gestaltung ...«[62]

Eine weitere Unsicherheit oder Unklarheit betraf in diesem Zeitraum die Art und Weise, wie in den allgemeinbildenden Schulen das polytechnische Prinzip verwirklicht werden sollte. »Anfang der fünfziger Jahre verfügten viele Schulen noch über Werkräume und Schulgärten, die in den zwanziger Jahren in Verbindung mit Ideen der Arbeitsschule ... entstanden waren ... Es war ... nunmehr von Bedeutung, daß polytechnische Bildung und Erziehung als eine Forderung des Marxismus (!) *auf die Arbeit in der sozialistischen Produktion ... orientierte.* Das (damalige, E.D.) Verständnis dieser Produktionsbezogenheit führte dazu, produktive Arbeit der Schüler bis über die Mitte der fünfziger Jahre hinaus vor allem als Bestandteil der außerunterrichtlichen und außerschulischen Arbeit aufzufassen. Zudem wurde 1951 aus vereinseitigten Positionen der Auseinandersetzung mit reformpädagogischen Ideen heraus, aber auch im Ergebnis einer formalen Orientierung an der sowjetischen Schule ..., der Werkunterricht abgeschafft. Aus den zwanziger Jahren vorhandene Schulgärten wurden vorwiegend im außerschulischen Bereich genutzt ... Ein Höhepunkt der ... Diskussion jener Jahre war die ›Theoretische Konferenz über Fragen der polytechnischen Bildung‹ ... 1953 ... Erstmals ... wurde versucht, Technik, Technologie, Arbeitserziehung, produktive und gesellschaftlich nützliche Arbeit als Gegenstand von sozialistischer Allgemeinbildung näher zu bestimmen ... Die engen Verbindungen von Schulen und Betrieben, die zum Teil auf Patenschaftsbeziehungen beruhten ..., waren ... von entscheidender Bedeutung dafür, das ab 1956/57 von Klasse 1 bis 10 wieder zu vermittelnde Fach Werken materiell und personell abzusichern ... Einige Mittelschulen begannen, die ... Unterrichtsstunden für Werken, teilweise für Physik, Chemie und Biologie, zusammenzulegen, um ... Produktionseinsätze der Schüler oder einen wöchentlichen Unterrichtstag in der Produktion durchzuführen ...«[63]

Ein dritter Bereich, in dem über Jahre hinweg Unsicherheiten, Unklarheiten, beträchtliche Meinungsunterschiede in bezug auf den weiteren Entwicklungsweg bestanden, betraf die »patriotische Erziehung«. War sie anfangs stark auf das Deutsche, die Bewahrung der deutschen Kultur, das Anstreben der Einheit Deutschlands, gerichtet und ins allgemein Menschliche, Internationale eingeordnet, vollzog sich im gleichen Zeitraum, in dem sich, über lange Zeit hinweg, widerspruchsvoll und schwankend, ein Wechsel in den erwähnten anderen grundlegenden Auffassungen vollzog, auch hier ein durch Außenwirkungen beeinflußter, aber wohl keineswegs gesetzmäßiger Wechsel. Im Laufe dieser Jahre ging es, wie in den »Thesen« festgestellt wird, immer mehr »darum, die Fähigkeit und Bereitschaft der Heranwachsenden zu entwickeln, den sozialistischen Aufbau in der DDR voranzutreiben und seine Errungenschaften zu verteidigen. Im Zusammenhang mit der wachsenden Aggressivität revanchistischer Kräfte in der BRD wurde die Frage nach der Verteidigungsbereitschaft zugleich als Frage nach der Haltung zur DDR und zum Sozialismus gewertet. Der Abschluß der Pariser Verträge und der Beitritt der BRD zur NATO führten zu einer zunehmenden Abgrenzung von der BRD. Zu entscheidenden Voraussetzungen für die stabile Entwicklung der DDR wurden die Herausbildung des sozialistischen Bewußtseins, der sozialistischen Moral und Lebensweise. Die damit verbundenen Aufgaben bestimmten auch die Schwerpunkte der politisch-ideologischen Erziehung im letzten Drittel der fünfziger Jahre ...«[64] 1956 spiegelt sich das an einigen wenigen Beiträgen auch in der »Pädagogik« (vor allem in der Diskussion) wider. Dominante Veränderungen in solchen Auffassungen prägen dann aber erst die folgenden Hefte.

Unklarheiten auf schulischem Gebiet hingen eng mit Unklarheiten in bezug auf die weitere gesellschaftliche Entwicklung in der DDR überhaupt zusammen. So ist die Umwertung der Werte auf pädagogischem Gebiet mit dem Übergang zu einer Politik der Führung der SED verbunden, die – nach Kämpfen zwischen verschiedenen Konzeptionen und Fraktionen – schließlich zu politischen Entscheidungen führte, die ich zu Beginn meines Beitrags bereits herausgestellt hatte. Unsicherheit und Unentschiedenheit betrafen nicht nur innen-, sondern besonders auch außenpolitische Fragen. Sie hingen eng mit Auseinandersetzungen innerhalb der Führung der SED zusammen. Die Periode der zumindest partiellen Offenheit und Unentschiedenheit des weiteren Weges betraf wohl vor allem die Zeit von der 2. Parteikonferenz der SED 1952 (mit dem

Beschluß, in der DDR mit dem Aufbau des Sozialismus zu beginnen) bis zum V. Parteitag 1958. Das ist die Spanne auch für Grunddiskussionen mit Varianten der Schulentwicklung, wie ich sie zumindest teilweise hier behandelt habe.

In einer über Jahre andauernden dynamischen Situation, in der verschiedene Entwicklungstrends diskutiert wurden oder doch im Hintergrund von unterschiedlichen Auffassungen in bezug auf weiter zu vollziehende Entwicklungsschritte standen, mußte es schließlich dazu kommen, daß die einen Auffassungen sich durchsetzten, die anderen auf der Strecke blieben. Das aber vollzog sich nicht sachlich, sondern in Form des Siegreichen auf der einen Seite und der schmählichen Verurteilung anderer Auffassungen auf der anderen Seite. Der begriffliche Gehalt von »Revisionismus« fand sich als passender Rahmen, die Diskreditierung ins Ideologische zu übersetzen und damit die anderen Auffassungen »entschieden zurückzuweisen«, wie nicht selten formuliert wurde, oder sie »zu zerschlagen«. Für die daran Beteiligten hatte das in vielen Fällen persönliche Folgen.

Ich fasse noch einmal – zur Veranschaulichung – die »Anklagen« aus dem 1959 erschienenen Buch »Die Schule in der Deutschen Demokratischen Republik« zusammen. Die »Revisionisten« hätten – auf dem Gebiet von Schule und Pädagogik – hieß es da, die sozialistische Perspektive nicht erkannt, dogmatische Erscheinungen zum Vorwand (!) genommen, um – unter scheinmarxistischen (!) Losungen – die bisher erreichten Erfolge zu diskreditieren. Sie hätten längst widerlegte (!) reformpädagogische Auffassungen neu aufgelegt und teilweise sogar Auffassungen imperialistischer (!) Pädagogen vertreten.[65]

Statt einer »Versöhnung« der verschiedenen Vorstellungen oder zumindest einer sachlichen Verständigung kam es – wie man heute sagen würde – zu einem crash-Kurs. Und der sah so aus, daß die Kräfte, deren betont schulreformerisch motivierte und ausgerichtete Meinungen ich in den Abschnitten vorher (soweit im Rahmen eines solchen Beitrags überhaupt möglich) zu kennzeichnen und zu würdigen versucht habe, schließlich die Verlierer waren und als Revisionisten verurteilt wurden. Diese – globale wie kollektive und individuelle – Be- bzw. Verurteilung erfolgte auf der Basis des Marxismus-Leninismus. Nach dessen ideologischer Grundkonzeption besteht »das Wesentlichste des Revisionismus ... darin, daß er den revolutionären Kern des Marxismus durch bürgerliche Anschauungen verwässert und teils ... durch sie ersetzt ...«[66]

Im »Philosophischen Wörterbuch« heißt es: »*Revisionismus* [lat] – Bezeichnung für eine opportunistische Strömung innerhalb der revolutionären Arbeiterbewegung, die unter dem Vorwand (!) einer Verbesserung, Weiterführung oder Erneuerung des Marxismus ... ein ganzes System der Revision seiner theoretischen und politischen Grundlagen mit dem Ziel entwickelt, den wissenschaftlichen und revolutionären Inhalt der Weltanschauung der Arbeiterklasse zu beseitigen (!) und durch bürgerliche (!) Theorien zu ersetzen. Der Revisionismus ist eine spezifische Erscheinungsform der bürgerlichen (!) Ideologie in der Arbeiterbewegung ...«[67]

In der DDR-Schulgeschichte wurde bisher die 3. Parteikonferenz der SED so bewertet, daß sie den einzig richtigen Weg gewiesen habe. Den Auftakt zu einer breiten Diskussion sollte der V. Pädagogische Kongreß im Mai 1956 geben. Er habe jedoch »kein geschlossenes, nach vorn weisendes und verbindliches Programm zur sozialistischen Umgestaltung des Schulwesens aufgestellt ... Es entstand ein Widerspruch zwischen den Anforderungen der Wirklichkeit und dem Zögern und Schwanken führender Schulfunktionäre. Dieser Zustand wurde begünstigt durch die Politik der fraktionellen Gruppe um Schirdewan, Wollweber und Ziller, die den sozialistischen Aufbau bremste ... Unter dem massiven Druck des Gegners traten in verschiedenen Bereichen Anhänger des modernen *Revisionismus* auf. Auch auf schulpolitischem und pädagogischem Gebiet stellten sie immer offener ihre Forderungen (!). Sie nutzten die Tatsache, daß die Diskussion in einigen Publikationsorganen (!) ohne klare Zielstellung geführt wurde. Unter ihren Händen verwandelte sich die ... Aussprache in eine prinzipienlose Fehlerdiskussion (!) ... Die Thesen der Revisionisten waren unvereinbar mit der marxistisch-leninistischen Schulpolitik der SED ...«[68]

Ausblick

Aus heutiger Sicht muß man sicher die Frage neu stellen, ob – und wenn ja: wie und durch wen – damals eine andere Entwicklung möglich gewesen wäre. Das zu entscheiden, kann nicht in der Absicht meines Beitrages liegen, wäre wohl sowieso spekulativ. Es gibt inzwischen Versuche, vor allem den V. Pädagogischen Kongreß einer Neubewertung zuzuführen. Ich verweise hier vor allem auf den Beitrag von Joachim Schiller »Wendepunkte der DDR-Pädagogik – Beispiel 1956: Der V. Pädagogische Kongreß ...«.[69] Auch Schiller hat die Zeitschrift »Pädagogik« als Spiegelbild genutzt, um der historischen Wertung näher zu kommen. Mein Beitrag war im wesentlichen abgeschlossen, als dieser erschien. Ich wage es (als Historiker wie als Zeitzeuge und unmittelbar Beteiligter) beim bisher erreichten Stand der historischen Analyse gegenwärtig nicht, eine historische Einschätzung dieses Kongresses aus eigener Sicht vorzunehmen. Für einen Wendepunkt (so oder so) halte ich ihn nicht. Er hätte (in Richtung reformerischer Neuansätze oder Rückbesinnungen) einer werden können. Dafür spricht auch die hier vorliegende Zeitschriftenanalyse. Zu einer – konservativen – Wende kam es meines Erachtens erst in der Folge dieses Kongresses. Seine Verurteilung und Abwertung im Laufe der folgenden Jahre macht das deutlich.

Anfang 1957 war es noch so gewesen, daß man geneigt war, an eine Umkehr zu glauben, eine Umkehr allerdings, die erst begonnen hatte, die konstant und perspektivisch werden zu lassen noch erhebliche Anstrengungen erfordern würde. So sprach es auch aus den Äußerungen der Redaktion im ersten Heft des neuen Jahrgangs. »Das vergangene Jahr«, hieß es in »Unser Wort«, »brachte uns den V. Pädagogischen Kongreß, der ... eine neue Periode einleitete, auf die allenthalben große Hoffnungen gesetzt werden (nicht: wurden; E.D.) ... Sicher ist manches noch immer so wie vor dem Kongreß ... Hat sich also nichts geändert? Natürlich hat sich vieles geändert; wir meinen sogar, es hat sich Entscheidendes geändert ... ›Wiederentdeckt‹ wird ... das Leben, die Praxis als Kriterium der Wahrheit; nichts bleibt mehr ungeprüft, eine Behauptung gilt wieder als Behauptung, ein schiefes Urteil als ein schiefes Urteil und Schluderei als Schluderei. ›Wiederentdeckt‹ wird auch die pädagogische Wirklichkeit, das Leben, das Kind ... Wenn wir an der Wende von 1956 nach 1957 unsere Arbeit rückwärts- und vorausgewandt überblicken, so liegt uns vor allem Thematischen dies am Herzen: daß die wichtigsten Fragen, die ... in allernächster Zeit geklärt werden müssen, mit großem Verantwortungsbewußtsein, mit Mut (!), mit Freimütigkeit und polemischer Schärfe (!) angepackt werden ... Wir haben oft betont, daß wir die Probleme der Pädagogik unter dem Aspekt der deutschen Entwicklung sehen wollen ... Unser Ziel bleibt dabei: Verständigung durch Auseinandersetzung. Der deutschen Pädagogik wird nicht gedient mit oberflächlicher Polemik, aber eine gründliche, auf umfassender Sachkenntnis (!) beruhende wissenschaftliche Diskussion ... halten wir für unbedingt notwendig ...«[70]

Solche Absichten standen am Ende des Jahres 1956. Die Analyse des Jahrgangs belegt, wie spannungsreich diese Zeit war. Eine Alternative tat sich als Möglichkeit auf. Die Realgeschichte ging einen anderen Weg. Viel gründliche Forschung wird noch notwendig sein, um dieser komplizierten Periode einigermaßen – und differenziert – gerecht werden zu können. Nicht nur die Geschichte muß exakt »befragt« werden, sondern auch die bisherige Geschichtsschreibung bzw. die verschiedenartigen Schreibungen und Deutungen.

Ausgehend von der jahrzehntelangen deutschen Trennung in zwei Staaten, die anderen, zum Teil gegensätzlichen Macht- und Interessengruppen angehörten, muß die Geschichte zwar nicht völlig neu geschrieben, sie muß aber erneut gründlich und kritisch befragt, geprüft und mit großem Verantwortungsbewußtsein gerechten und gesicherten Einschätzungen zugeführt werden. Vielfach ist verantwortungsbewußtes Werten beim Zustand bisherigen Geschichtserlebnisses und bisheriger Geschichtsschreibung noch so erschwert, daß man oft nur Tatbestände darstellen, gewisse Varianten der Wertung anführen und jeweils begründen, mögliche Richtungen historischer Beurteilung zur Diskussion stellen und wissenschaftlichen Prüfung überantworten kann. Nicht nur das, was sich durchgesetzt hat, gehört zur Geschichte. Den Weg ein wenig zu öffnen, um gerade auch in bezug auf die hier behandelte Periode der deutsch-deutschen

Teilung mit ihren alternativen Möglichkeiten zu einer historisch gerechten Darstellung und Wertung kommen zu können, das war mit das Motiv für die hier vorgelegte Analyse.

Literatur und Anmerkungen

1 Vgl. Bender, Peter: Die Parteidespotie. »Die Weltbühne«, XLVII.Jg.(1992), Heft 13, S. 356ff
2 Vgl. Bender, Peter: Der Sozialstaat. »Die Weltbühne«, XLVII. Jg.(1992), Heft 14, S. 402ff
3 Vgl. Kossok, Manfred: Wieviel Thesen braucht der Mensch? »Die Weltbühne«, XLVII. Jg.(1992), Heft 13, S. 353f
4 Vgl. »Aufgaben und Probleme der deutschen Pädagogik. Aus den Verhandlungen des V. Pädagogischen Kongresses Leipzig 1956.« – Volk und Wissen ... Berlin 1956, S. 5. – Dieser »Protokollband« gibt auf insgesamt 591 Seiten ausführlich die Vorbereitung, den Verlauf, den Inhalt und die Beschlüsse dieses Kongresses wieder. (E.D.)
5 Autorenkollektiv: »Die Schule in der Deutschen Demokratischen Republik«, Volk und Wissen ... Berlin 1959, S. 44f. (Die bei der Zitatwiedergabe in Klammern gesetzten Zeichen –!– dienen, wie bei einigen der folgenden Zitierungen ebenfalls, als Hinweis des Autors auf so oder so bedenkenswerte historische Urteile, die im Laufe des Artikels diskutiert werden. E.D.)
6 Anweiler, O.: Schulpolitik und Schulsystem in der DDR. Leske + Budrich, Opladen 1988, S. 51f
7 Anweiler, O.: A.a.O., S. 53. (Hervorhebungen von mir, E.D.)
8 Thilenius, Richard: Die Teilung Deutschlands. Eine zeitgeschichtliche Analyse. Rowohlt Hamburg 1957, S. 7
9 »Unser Wort«, gezeichnet mit »do-«. In: »Pädagogik. Organ des deutschen Pädagogischen Zentralinstituts«, Heft 1/1956, S. 1f
10 »Unser Wort«, a.a.O., S. 2f
11 »Unser Wort«, gezeichnet mit »st-«. A.a.O., S. 3
12 »Unser Wort«, gezeichnet mit »z-t«. In: »Pädagogik«, 11. Jahrg. (1956), H. 2, S. 83.
13 Vgl. »Unser Wort«, a.a.O.
14 »Unser Wort«: A.a.O.
15 »Unser Wort«, gezeichnet mit »d-t«. In: Zeitschrift »Pädagogik«, 11. Jahrg. (1956), H. 2, S. 85
16 Ebd., ebenfalls S. 85
17 »Unser Wort«, gezeichnet mit »d-t«. In: »Pädagogik«, 11. Jahrg. (1956), H. 3, S. 163
18 »Unser Wort«, Gezeichnet mit »d-s«. In: »Pädagogik«, 11. Jahrg. (1956), H. 5/6, S. 323ff
19 Hiebsch bezieht sich hier auf das Heft 10/1955 der »Pädagogik«, S. 767
20 Hiebsch, H.: Einige Bemerkungen zur Diskussion um die Methoden der pädagogischen Forschung«. In: »Pädagogik«, 11. Jahrg. (1956), H. 2, S. 107. (Sperrungen im Text sind hier weggelassen; E.D.)
21 Seifert, H.: »Über die Entwicklung des Schulkollektivs«. In. »Pädagogik«, 11. Jahrg. (1956), H. 2, S. 115
22 Vgl. Seifert, H., a.a.O. S. 115ff

23 »UNSERE UMFRAGE: Was erwarten Sie vom V. Pädagogischen Kongreß«. »Pädagogik«, 11. Jg., 1956, Heft 5/6, S. 433
24 A.a.O., S. 436f
25 A.a.O., S. 439
26 A.a.O., S. 440
27 A.a.O., S. 441
28 A.a.O., S. 441f
29 A.a.O., S. 442
30 A.a.O., S. 443
31 A.a.O., S. 444
32 A.a.O., S. 445
33 A.a.O., S. 447f
34 A.a.O., S. 449
35 A.a.O., S. 450
36 Aufgaben und Probleme der deutschen Pädagogik. Aus den Verhandlungen des V. Pädagogischen Kongresses Leipzig 1956. Volk und Wissen ... Berlin 1956.
37 Zeitschrift »Pädagogik«, 11. Jahrg.(1956), H. 5/6, S. 433
38 A.a.O., S. 435
39 Zeitschrift »Schule und Nation«, Verlagsort Schwelm, 3. Jahrg., H. 1, Juli 1956, S. 26f
40 Aufgaben und Probleme ...; S. 47
41 Aufgaben und Probleme ...; S. 115f
42 Aufgaben und Probleme ...; S. 53ff
43 Steiger, W.: Für eine richtige Einschätzung Kühnels. In: »Pädagogik«, 11. Jahrg. (1956), H. 1, S. 28ff
44 Konferenz über Anschaulichkeit. Redaktioneller Bericht unter dem Zeichen »f-z«. In: »Pädagogik«, 11. Jahrg. (1956), H. 2, S. 143
45 Günther, K.-H.: Bemerkungen über unser Verhältnis zur Reformpädagogik. In: »Pädagogik«, 11. Jahrg. (1956), H. 3, S. 201ff
46 Alt, R.: Über unsere Stellung zur Reformpädagogik. In: »Pädagogik«, 11. Jahrg. (1956), H. 5/6, S. 360
47 Aufgaben und Probleme ...; S. 108
48 »Grundprobleme der deutschen Pädagogik ...« In: »Pädagogik«, 1. Beiheft 1956, S. 20f
49 »Grundprobleme der deutschen Pädagogik ...« A.a.O., S. 21
50 »Unser Wort«. In »Pädagogik«, 12. Jg, H. 1/1957, S. 2. (Auf dort enthaltene Hervorhebungen wurde hier verzichtet; E.D.)
51 »Unser Wort«; a.a.O., S. 3. (Auch hier wurde bei der Wiedergabe auf Hervorhebungen verzichtet; E.D.)
52 An dieser Diskussion beteiligten sich u.a. Deiters, Winkler, Siebert (jeweils H. 5/6/56), Reischock (7/56), Winkler (11/56), Klauß (12/56), Tebbe (3/57), Dorst (4/57), Klauß (5/57), Mader (5/57), Dorst (6/57), Bergleiter (7/57), Becker (9/57), Becker (10/57)
53 Deiters, H.: Allgemeinbildung und allgemeine Mittelschule. In: »Pädagogik«, 11. Jahrgang (1956), H. 5/6, S. 386f. – Der Deiters'sche Beitrag wurde gemeinsam mit Ausarbeitungen von Winkler (Allgemeinbildung und Mittelschule) und Siebert (Allgemeinbildung und pädagogische Wissenschaft) unter der gleichen Hauptüberschrift in der »Pädagogik« publiziert; E.D
54 Deiters, H.: A.a.O., S. 389

55 Winkler, E.: Probleme der Allgemeinbildung. In: »Pädagogik«, 11. Jg. (1956), H. 11, S. 855ff
56 Klauß, G.: Zur Diskussion über Probleme der Allgemeinbildung. In: »Pädagogik«, 11. Jg. (1956), H. 12, S. 929f. (Im Text enthaltene Hervorhebungen wurden hier weggelassen, E.D.)
57 Klauß, G.: A.a.O., S. 931. (Auch hier wurde auf die Wiedergabe der zahlreichen – im Text enthaltenen – Hervorhebungen verzichtet, E.D.)
58 Klauß, G.: A.a.O., S. 932 (Hervorhebungen weggelassen, E.D.)
59 Vgl. Tebbe, A.: Zur Diskussion über Probleme der Allgemeinbildung In: »Pädagogik«, 12. Jahrg. (1957), H. 3, S. 184ff
60 Vgl. Dorst, W.: Probleme der gegenwärtigen pädagogischen Diskussion. In: »Pädagogik«, 12. Jahrg. (1957), H. 4, S. 244ff., H. 6, S. 407ff
61 Vgl. Becker, H.H.: Über das Wesen der Allgemeinbildung und einige aus ihm sich ergebende Folgerungen für das System der Volksbildung. In: »Pädagogik«, 12. Jahrg. (1957), H. 9, S. 663ff. und H. 10, S. 727ff
62 Autorenkollektiv unter Leitung von E. Meumann: Thesen zur Geschichte der zehnklassigen allgemeinbildenden polytechnischen Oberschule in der Deutschen Demokratischen Republik – Diskussionsmaterial. In: »Pädagogik«, 44. Jahrg. (1989), H. 6, S. 482f
63 A.a.O., S. 484ff
64 A.a.O., S. 490
65 Vgl. »Die Schule in der Deutschen Demokratischen Republik«, a.a.O., S. 44f
66 Klaus/Buhr (Hrsg.): Philosophisches Wörterbuch. VEB Bibliographisches Institut, Leipzig 1974, S. 1055
67 Stichwort »Revisionismus«. A.a.O.
68 Günther/Uhlig: Geschichte der Schule ... A.a.O., S. 13ff
69 Vgl. Schiller, J.: Wendepunkte der DDR-Pädagogik ... In: »Pädagogik und Schulalltag«, 47. Jahrg. (1992), H. 5, S. 450ff
70 »Unser Wort«, gezeichnet mit »d-t«. In: »Pädagogik«, 12. Jahrg. (1957, H. 2, S. 1ff. (Die im Original vorhandenen Sperrungen sind hier fortgelassen E.D.)

Dieter Kirchhöfer

Abschied von Individualität

Das Paradigma der Individualität in der sozialistischen Erziehungswissenschaft

Es ist ein zweifacher Abschied: Abschied von den Vorstellungen einer »freien Individualität«, die sich, »gegründet auf die universelle Entwicklung der Individuen und die Unterordnung ihrer gemeinschaftlichen, gesellschaftlichen Produktivität, als ihres gesellschaftlichen Vermögens« (Marx, Grundrisse, 1974, 75) in der sozialistischen Gesellschaft entwickeln sollte. Es waren die Unreife eben dieser gesellschaftlichen Produktivität und die daraus resultierenden sachlichen und personalen Abhängigkeiten, die dem Individuum nur wenig Raum für Selbstbestimmung gaben. Abschied aber auch von Individualität in einer Gesellschaft, die das Individuum aus der Verantwortung für die Gesamtheit und den anderen entläßt und auf sich selbst zurückwirft, und zugleich jegliche Verantwortung für das Individuum abwirft.

Anliegen des vorliegenden Beitrages ist es nicht, wissenschaftliche Entwicklungen in einem bestimmten Abschnitt der DDR-Geschichte zu analysieren und zu werten. Dazu bedarf es einer bestimmten Souveränität, über die ich gegenwärtig nicht verfüge, und die vielleicht erst einer späteren Generation zugängig sein wird. Es ist mir nur möglich, eigene Ansichten auf Grund neuer Einsichten zu überdenken, dort wo notwendig zu korrigieren und dort wo möglich auch weiterzuschreiben.[1] Dabei widerstrebt es mir, die Ergebnisse des vergangenen Denkens wegzuwerfen – es sei denn sie wären keine solchen gewesen – und eine völlig neue Perspektive einzunehmen, die nicht als erarbeitet, sondern als übernommen betrachtet werden müßte.

Es entbehrt nicht eines gewissen Reizes, für die kritische Sicht auf die eigene Erkenntnisentwicklung dieselbe Denkweise – die dialektisch-materialistische – zu nutzen, in der ich früher gedacht habe, was mir den Vorwurf einbringen kann, Münchhausen gleich, mich am eigenen Zopf aus dem Sumpfe herausziehen zu wollen.

Die Zuwendung zur Individualität – Formierungs- oder Öffnungsversuch?

Der Begriff »Individualität« war spätestens mit dem an Marx angelehnten Satz, daß »die sozialistische Gesellschaft selbst umso reicher wird, je reicher sich die

Individualität ihrer Mitglieder entfaltet« (Bericht an den XI. Parteitag, 1986, 59), eine vielgebrauchte und legitimierende Formel.

Seine Nutzung in der Erziehungswissenschaft war daher in den 80er Jahren weder eine besondere Mut- noch eine originäre Denkleistung, sondern befand sich durchaus mit der offiziellen Meinung und dem wissenschaftlichen Meinungsstrom in Philosophie, Kulturtheorie oder Psychologie in Übereinstimmung, insofern man diesen wahrgenommen hatte.

Was bewog Politik und Wissenschaft die Vorstellung von Individualität so prononciert aufzugreifen? War dieses Paradigma ein weiterer Versuch, Erziehung zu perfektionieren, wie Kritiker behaupten (Fischer/Schmidt 1991, 28) oder der Versuch einer Öffnung in der Theorieentwicklung dieser Zeit? Warum setzte sich diese Vorstellung in der Erziehungswissenschaft der DDR trotzdem nur zögernd und inkonsequent durch?

Mitte der 70er Jahre bildete sich unter Gesellschaftstheoretikern die Auffassung vom entwickelten Sozialismus als einer längeren historischen Periode heraus, der sich auf seinen eigenen Grundlagen und nach eigenen Gesetzen entwickelt und bestimmter Zielvorstellungen bedarf.Dabei verwiesen vor allem ökonomische und wissenschaftlich-technische Erfordernisse auf erhöhte Eigenverantwortung, erforderliche Innovationsfähigkeit und – bereitschaft und auf notwendige Kreativität des Individuums. Das allerorts spürbare Defizit an individuellem Engagement machte sichtbar, daß gesellschaftlicher Fortschritt nur noch erreichbar war, wenn Individualitätsentwicklung massenhaft gefördert würde. Die vereinfachenden Vorstellungen der kollektiven Sozialisation (»Gemeinsam arbeiten, gemeinsam lernen, gemeinsam leben«, »Vom Ich zum Wir«) erreichten die Individuen nicht mehr und hatten teilweise konterkarierende Wirkungen. Die gesellschaftlichen Umstände erzwangen in den Gesellschaftswissenschaften einen Paradigmawechsel. Diese gesellschaftliche Situation stellte auch für den Autor eine wissenschaftliche Herausforderung und auch Verlockung dar, traditionelles erziehungswissenschaftliches Denken zu reflektieren und das Paradigma der Kollektiverziehung in Frage zu stellen, wobei mit diesen neuen Vorstellungen kein »Anti«konzept zur herrschenden Erziehungskonzeption hervorgebracht werden sollte.

Aber schon dieser Entstehungszusammenhang macht mögliche Entwicklungslinien sichtbar, die das Paradigma, bevor es eigentlich Theorieentwicklung befördert hätte – an seiner Entfaltung hinderten: Individualitätsentwicklung wurde *erstens* in einem sehr engen, wenn auch nicht ausschließlich *instrumentellen* Zusammenhang gesehen, in dem der einzelne sich durch die Unterordnung unter ein Allgemeines begreifen sollte. Leibniz hatte mit der Vorstellung der Monade (als individueller Substanz), die sich durch ihre von außen unbeeinflußbare Selbsttätigkeit bestimmt, das Fundament der modernen bürgerlichen Individualitätsauffassung gelegt. In den Humboldtschen Vorstellungen gipfelte diese Erkennntis darin, daß jede Monade einem Selbstzweck gehorcht und fordert, die Würde jeder Individualität zu respektieren.Gerade um dieser Würde willen dürfe der Mensch nicht als Instrument für andere oder einem außenwohnenden Zweck herhalten, und es war Marx, der die Entwicklung menschlicher Kräfte« ... als *Selbstzweck, nicht gemessen an einem vorhergegebenen Maßstab*« (MEW 42, 396)[2] forderte. Als großer Grundpfeiler gesellschaftlichen Reichtums erschien ihm nicht mehr die unmittelbare Arbeit, die der Mensch selbst verrichte, noch die Zeit, die er arbeite, »sondern die Aneignung seiner eigenen allgemeinen Produktivkraft, sein Verständnis der Natur und die Beherrschung derselben durch sein Dasein als Gesellschaftskörper« (Marx, MEW 42, 601). Auch in den Erziehungswissenschaften der DDR wurde die Individualität als Ziel formuliert (13), vor allem aus unterrichtsmethodischer Sicht wurde dann aber die Individualität doch wieder als zumeist störende Bedingung im Unterrichtsgeschehen gesehen, die durch ein individuelles Eingehen zu berücksichtigen, zu beachten oder zu nutzen war. Es gehört zu den – auch von mir nicht problematisierten – naiven Widersprüchlichkeiten, daß in ein und demselben schulpolitischen Dokument der Gedanke vom Reichtum einer jeden Individualität neben der instrumentalisierenden Formulierung vom Menschen als wichtigster Produktivkraft oder als subjektiver Faktor stand. Auch die von Stephan Hermlin im »Abendlicht« angedeutete und danach oft zitierte Selbsterkenntnis, daß die »freie Entwicklung eines jeden die Bedingung für die freie Entwicklung aller ist« (MEW 4, 482) ändert nichts an der Konditionalität der Beziehung von Individualität und »höherem Zweck«.

Zweitens enthält auch die Vorstellung von der menschlichen Individualität als *Ziel* des gesellschaftlichen Fortschritts eine stillschweigende anthropologische Voraussetzung, deren Optimismus ich mich auch jetzt noch verpflichtet fühle: daß es einen solchen menschlichen Fortschritt als Fortschritt des Menschseins gibt und *mit* der Änderung der Umstände eine solche Selbstveränderung möglich wird. Es scheint mir nicht der Sozialismus zu sein, der sich der Entwicklung einer freien Individualität entgegenstellt, und es ist auch nicht die menschliche Natur, die des Sozialismus nicht fähig ist. Es war die unentwickelte Praxis des Sozialismus selbst, die durch ihren geplanten und letztlich dann doch wieder spontanen, zentral übersteuerten und übersteuernden, ihren politisch überformten und überformenden Charakter eine solche Individualitätsentwicklung behinderte. Der »reale Sozialismus« war von Beginn an mit dem Gegensatz behaftet (2), einerseits die individuelle Verantwortung und ein selbstbestimmtes Engagement als inhärentes Moment eigener Sinnbestimmung zu benötigen, andererseits dem Individuum diese Autonomie unter depravierten weltweiten und systeminternen Bedingungen verweigern und das Individuum als Citoyen ständig disziplinieren und organisieren zu müssen. Es könnte dieser Widerspruch gewesen sein, der dazu führte, daß sich in der Erziehungswissenschaft der DDR zu diesen Fragen keine theoretische Diskussion entfaltete und unverzichtbare Inhalte des Paradigmas wie Selbstbestimmung, Autonomie, Würde oder Gewissen des Individuums kaum anthropologisch oder pädagogisch problematisiert wurden.

Pädagogisches Erkenntnisinteresse oder philosophische Extravaganz?

Die Herausbildung des Individualitätsparadigmas spiegelt einerseits die engen Beziehungen zwischen Politik und Erziehungswissenschaften, andererseits das Verhältnis zwischen Erziehungswissenschaft und Philosophie wider.

Verfolgt man die Diskussion zum Verhältnis von Individuum und Gesellschaft und zur Stellung des menschlichen Subjektes im historischen Prozeß, so fällt auf, daß historische Zäsuren und ihre Folgezeiten, wie z.B. der XX. Parteitag und die Entstalinisierung oder die Ereignisse in der CSSR 1968, ganz zu schweigen von der Perestroika in der Sowjetunion, auch durch intensive Diskussionen zu diesen Fragen begleitet sind.In diesen Diskussionen trat immer wieder die Kritik auf, daß im Marxismus das Individuum nur ungenügend Beachtung fände und der Marxismus einer eigenen Anthropologie bedürfe. Nach dem XX. Parteitag sind es z.B. Arbeiten von Ananjew, Kostjuk oder Schaff, in den 60er Jahren die von Althusser oder Garaudy, die ein solches Bedürfnis formulieren. Es war die Nähe des Gegenstandes der Erziehungswissenschaften zu diesen Fragen, die dazu führte, daß auch in der pädagogischen Diskussion sich diese Auseinandersetzungen wiederfinden. Es sei nur an die Revisionismusdiskussion in den 50er Jahren (vgl. E. Drefenstedt in diesem Band) oder an die Diskussion zur sozialistischen Persönlichkeit und ihrer allseitigen und harmonischen Entwicklung erinnert, in denen, gebunden an pädagogische Fragestellungen, sich veränderte gesellschaftspolitische Sichten widerspiegeln.

Aus der Sicht eines Philosophen und Pädagogen findet sich in diesen Diskussionen auch die Eigentümlichkeit der Beziehungen zwischen marxistischer Philosophie und Erziehungswissenschaften wieder, die man als» vorsichtige Zurückhaltung« fassen könnte, bei der die Vertreter der Philosophie »Erziehung«, »Kindheit«, »Jugend«, »Schule« als philosophischen Reflexionsgegenstand weitgehend mieden und Erziehungswissenschaftler viele philosophische Diskussionen als abstrakt und wirklichkeitsfern abtaten und die Bezeichnung »Philosophieren« regelrecht pejorativ gebrauchten.Nun wird man sofort aus beiden Lagern darauf verweisen, daß es gemeinsame Beratungen, mehrere gemeinsame Hefte der Deutschen Zeitschrift für Philosophie gab, daß wechselseitig Vertreter beider Disziplinen in den wissenschaftlichen Räten und Gremien saßen und manche Erziehungswissenschaftler wie z.B. Klingberg die materialistische Dialektik explizit und originär als Grundlegung ihrer Theorien (Dialektische Didaktik) nutzten. Trotz dieses richtigen Einwandes kann ich mich des Eindrucks nicht erwehren, daß die jeweiligen disziplinären Diskussionen einander eigentlich unberührt ließen. So kamen beide Disziplinen aus verschiedenen Ansätzen heraus oft zu gleichen Erkenntnissen, ohne voneinander Kenntnis genommen zu haben. Das trifft auch auf philosophische oder philosophisch-ethische Forschunsgruppen an pädagogischen Hochschulen zu (vgl. z.B. die kritische Wertung von K. Leithold 1990, zu den Forschungen zur Individualität und Kollektivität aus der Sicht der Potsdamer Ethikforschung).

Insofern stimmt aus meiner Sicht auch die Vorstellung nicht, die Erziehungswissenschaft habe das Vordenken der Philosophie überlassen und dann deren Resultate nur ins Pädagogische übertragen.

So entwickelte sich Ende der 70er Jahre in der marxistischen Philosophie der DDR die Diskussion zur Individualität, die wiederum in den erwähnten anthropologischen Diskussionstraditionen seit 1945 ruhte. In rascher Folge erscheinen: G. Stiehler »Über den Wert der Individualität im Sozialismus« (1978), I. Dölling »Naturwesen-Individuum – Persönlichkeit« (1979), W. Röhr »Aneignung und Persönlichkeit« (1981) oder »Formen der Individualität« (Mitteilungen aus der kulturwissenschaftlichen Forschung, Humboldt-Universität, Berlin 1982). Im gleichen Zeitraum werden Sammelbände aufgelegt, die sich z.T. interdisziplinär dem Gegenstand« Individualität« zuwenden z.B. »Der Mensch« (Hrsg. D. Bergner Berlin 1982) oder »Der tätige Mensch« (Hrsg. A. Bauer/W. Eichhorn, Berlin 1987). An einzelnen Universitäten und Hochschulen bilden sich philosophische Forschungsgruppen zu diesem Thema (vgl. z.B. Philosophische Probleme der Entwicklung und Erforschung der Individualität und ihre Bedeutung für die kommunistische Erziehung der Lehrerstudenten. Konferenzprotokoll. Band I, II. Dresden 1979 oder Philosophische Fragen der Individualitätsentwicklung bei der weiteren Gestaltung der entwickelten sozialistischen Gesellschaft. In: Dresdner Reihe zur Forschung. Dresden 6/85).

Mein eigener Entwicklungsweg war zu dieser Zeit an solche Gruppen gebunden (PH Dresden: Forschungsgruppe »Dialektik der Individualitätsentwicklung«, PH Zwickau »Dialektik des individuellen Bewußtseins«, Humboldt-Universität Berlin »Der Mensch als bio-psycho-soziale Einheit«). Diese Gruppen orientierten sich an A. Schaff, L. Seve, L.P. Bujewa, A.N. Leontjew, B.G. Ananjew, I.S. Kon oder an der Kritischen Psychologie mit K. Holzkamp oder U. Osterkamp (vgl. z.B. Pretzschner/Rasch 1975).

Unbeachtet blieb die Diskussion, die in den Erziehungswissenschaften Anfang der 70er Jahre geführt worden war und z.T. auf dieselben Quellen verwies.

Parallel dazu hatte sich auch die Erziehungswissenschaft der Herausbildung der Individualität zugewandt. Diese Diskussion gebrauchte zwar nicht durchgehend den Terminus »Individualität«, aber folgte der Intention, den *einzelnen* Schüler in seiner Entwicklung zu fördern. Als Synonyme könnten angesehen werden: »Zuwendung zum einzelnen Schüler«, »Entwicklung jedes Schülers entsprechend seinen Möglichkeiten«, »optimale Entwicklung jedes Schülers«, »jeden Schüler erreichen«, »Entwicklung aller individuellen Fähigkeiten und Begabungen«. Belege dazu finden sich nahezu in jedem schulpolitischen Dokument oder auch fast jeder theoretischen Arbeit. Die Herausbildung dieses Paradigmas könnte man vielleicht durch drei Merkmalen kennzeichnen. Es entwickelte sich neben der philosophischen Diskussion, es ließ grundsätzliche anthropologische oder identitätstheoretische Fragen aus und es wandte sich sofort und unbestritten praktischen Fragen des Unterrichtes, seiner Gestaltung, seiner Organisation und seinen Formen zu. Dabei folgten vor allem die Forschungen zur Differenzierung im Unterricht (Berge, Babing, Drefenstedt, Ihlefeld, König, Leutert, Naumann, Walther u.a.), zur Begabungsforschung (Drebelow, Klein, Mehlhorn/Mehlhorn, Meyer, Steinhöfel), zur optimalen Persönlichkeitsentwicklung (Drefenstedt, Heisig, Kienitz, Neuner) und zu Ursachen sozialer Fehlentwicklung oder des Zurückbleibens (vgl. den Literaturbericht von G. Meyer 1980) einem solchen Paradigma. Diese pädagogische Diskussion hatte eine eigene theoriegeschichtliche Tradition. Nach dem Erscheinen von L. Seve »Der Marxismus und die Theorie der Persönlichkeit« fand unter Erziehungswissenschaftlern eine öffentlich geführte Diskussion zu diesem Buch statt, wobei eine kritische Rezeption dominierte (vgl. dazu die Zeitschrift »Pädagogik«). An L. Seve wurde vor allem kritisiert, daß die Theorie vom Klassenkampf und die Lehre von der Partei zu wenig Beachtung fände und er sich zu wenig von einer besonderen Anthropologie abgrenze. Gegen Althusser und Garaudy argumentierend, wurde gefordert, das Individuum auf das Soziale und das Gesellschaftliche zurückzuführen, was wiederum auf den Widerspruch von Psychologen (Klix, Kossakowski) stieß (vgl. APW-Informationen, 1/73). Parallel dazu löste die II. Konferenz der Pädagogen sozialistischer Länder zum Thema »Die Herausbildung allseitig entwickelter Persönlichkeiten – Aufgabe des Volksbildungswesens in den Ländern des Sozialismus« 1972 eine mehrjährige Diskussion zum Persönlichkeitsbegriff, zum Verhältnis von Erziehung und Entwicklung, zum Begriff der Allseitigkeit, den Phasen der Persönlichkeitsentwicklung, der Struktur der Persönlichkeit und ihrer Determination aus (vgl. Literaturbericht Hausten 1971, 1974). 1980 mündete diese Diskussion in eine eigene Diskussionsreihe der APW und der AdW: »Probleme der biologischen, psychologischen und sozialen Determination der Persönlichkeitsentwicklung« (Neuner 1986). Auffällig ist, daß der Begriff »Individualität«, obwohl bei Seve dominant, kaum auftrat (vgl. Seve 1972). Vielleicht gibt die zu dieser Zeit übliche Unterscheidung von »Persönlichkeit »und »Individualität« Aufschluß über eine solche Zurückhaltung. Während« Individualität« die Ganzheitlichkeit der Aneignung menschlicher Wesenskräfte durch das Individuum und die darin sich äußernde Einmaligkeit und Unverwechselbarkeit ausdrückte, faßte der Persönlichkeitsbegriff vor allem die Aneignung der sozialen Wesenskräfte, die gleichsam als Kern der Individualität wirken (vgl. Neuner 1973). Gerade darauf kam es aber in jener Phase des sich entwickelnden Sozialismus an. Nur vereinzelt finden sich (Klimpel, Ihlefeld, Flach) deshalb Aufsätze, die direkt das Thema Individualität in den Mittelpunkt stellen. Eine Ausnahme bildet die Diskussion unter Erziehungshistorikern, die eine umfangreiche Rezeption der Individualitätsauffassungen von der Antike bis zur Aufklärung leisteten (vgl. Irmscher 1976) und unter Psychologen, die aus ihren verschiedenen Richtungen heraus (z.B. der differentiellen Lernpsychologie (Clauß, Matthes) oder der Persönlichkeitspsychologie (Kossakowski, Schmidt) oder den Arbeiten des Institutes für Hygiene im Kindes – und Jugendalter zur individuellen Belastungsfähigkeit (Ockel, Niebsch) mit dem Paradigma produktiv umgingen (vgl. Literaturbericht Rutenberg 1977).

Erkenntnisfortschritt oder Apologetik?

Der folgende Versuch, diese Diskussion der achtziger Jahre in wenigen Thesen zusammenzufassen, enthält die Gefahr einer zweifachen Verstrickung: Zum einen wird die mangelnde Souveränität im Umgang mit dem eigenen Denken dazu führen, mehr Erkenntnisfortschritt in die damalige Diskussion zu transformieren und als wissenschaftliches Allgemeingut auszugeben, was nur in einzelnen wissenschaftlichen Zirkeln diskutiert wurde.Zum anderen entsteht eine gewisse Versuchung, ad hoc die damalige Diskussion als ein Teil der Diskussion der europäischen Moderne zu interpretieren, ohne diese ausreichend zu kennen. Viele wissenschaftliche Themen des Paradigmas bleiben dabei unberührt, wie z.B. *das Verhältnis von Individualität und Identität oder Souveränität, Individualität und Herrschaftsverhältnisse oder Individualität und Zeit.*

1. Vor allem von entwicklungstheoretisch orientierten Philosophen und Kulturwissenschaftlern (Bauer, Dölling, Hörz, Mühlberg, Wessel) wurde in der Individualitätsdiskussion die Einheit von Biotischem, Psychischem und Sozialem im menschlichen Individuum betont. Es war auch eigene Erkenntnis, daß Individualitätsentwicklung nicht Summation, sondern Kooperation von angelegtem Entwicklungsniveau und der aktiven Aneignung der jeweils spezifischen sozialen Verhältnisse durch das Kind ist (3). Eine solche Kooperation bringe – so die Vorstellung – in jeder Phase der Ontogenese spezifische Entwicklungswidersprüche hervor, die auch spezifische Formen der pädagogischen Einflußnahme ermöglichen . Insbesondere in der Diskussion zur Entwicklung des Kindes im Kindergarten (Scholz 1989; Zimmer 1989) und im jüngeren Schulalter wurde darauf verwiesen, daß Entwicklungsmöglichkeiten weder beschleunigt noch verschenkt werden sollten, diese aber sich im Kind unterschiedlich und differenziert herausbilden (4). Es ist vielleicht einer langjährigen antibiologistischen Wissenschaftradition geschuldet oder vielleicht der Furcht, in einen Pawlow-Mitschurinschen Physiologismus zu verfallen, daß bis in die jüngste Vergangenheit der DDR Fragen des Körperlichen, des Umgangs mit eigener Körperlichkeit, der Aneignung des eigenen Körpers als Teil ganzheitlicher Individualitätsentwicklung im pädagogischen Denken wenig Beachtung fanden (vgl. Heisig 1986).

Das schließt nicht aus, daß in anderen Wissenschaftsdisziplinen (vgl. H. Steinhöfel im vorliegenden Band) gerade eine Beschränkung ontogentischer Reflektionen auf das Körperliche beklagt wird. Der wohl weitgehendste Versuch, die Ganzheitlichkeit der Individualität zu fassen, findet sich im Projekt »Der Mensch als biopsychosoziale Einheit« an der Humboldt-Universität unter Leitung von K.F. Wessel. Dessen Ergebnisse wurde in der 2. Hälfte der 80er Jahre zwar auch von Pädagogen häufig zitiert, fanden aber kaum produktive Verarbeitung.

2. Es war eine wohl allgemein anerkannte Erkenntnis der Erziehungswissenschaften, daß die Individualität eine durch das Individuum *angeeignete Qualität* ist, und das Individuum nicht als Individualität geboren wird, sondern es sich diese erwirbt und ihrer auch verlustig gehen kann (5). Damit stand die marxistische Individualitätsdiskussion in einer Denktradition, welche die Herausbildung menschlicher Individualität ausschließlich als Werk ihrer selbst, ihrer *Selbsterzeugung* sah. Wichtigste Sphäre – ganz in der Denkweise von Hegel und Marx – der Herausbildung der Individualität war folgerichtig die *menschliche Arbeit*, weil nur in der Arbeit der Mensch sich vergegenständlichen und in der Vergegenständlichung seine eigenen Wesenskräfte spiegeln kann. In der Konfrontation mit einem unbestechlichen Richter – dem Produkt oder der empirisch wahrnehmbaren Veränderung – kann das Individuum ermessen, was es vermag, und sich so selbst erkennen und verändern. Erziehungswissenschaftliches Denken hatte eine solche Vorstellung als leitendes Paradigma aufgenommen und bis zum Curriculum instrumentaliert, wobei viele Erziehungswissenschaftler einen Arbeitsbegriff nutzten, der auch die geistige Arbeit einschloß (u.a. Frankiewicz, Steinhöfel).

In dieser Betonung der Arbeit – meist der beruflichen – lag zugleich die Grenze der damaligen Individualitätsdiskussion. Die Marxschen Vorstellungen zu den drei historischen Stufen der Individualitätsentwicklung verwiesen auf die verschiedenen Formen der gegenständlichen und personalen Abhängigkeiten in der Geschichte der menschlichen Arbeit, die zugleich eine Geschichte menschlicher *Individualitätsformen* sei. Aber es war auch die eigene Überzeugung, daß, wenn die soziale Entfremdung aufgehoben ist, der Mensch sich vor allem in der Arbeit – auch in einer unentwickelten – vergegenständlichen und selbst bestätigen kann. Es war wie ein Fetisch, daß befreite Arbeit Individualität erzeuge, Sinn stifte, Sozialität hervorbringe und so den einzelnen zu sich finden lasse (6). Dem Waren- und Geldfetisch stand der Fetisch Arbeit gegenüber. Erziehung zu, in und durch (produktive) Arbeit war die pädagogische und für Erziehung aus meiner Sicht unverzichtbare Transformation dieses Gedanken. Zumindestens zwei Fragen blieben aber dabei offen: War es wirklich schon befreite Arbeit? Kann unter den Bedingungen der Arbeitsteilung und einer massenhaft verbreiteten einfachen Arbeit sich das Individuum in der beruflichen Arbeit überhaupt vergegenständlichen? Nun bin ich heute weit entfernt davon, den Wert beruflicher Arbeit für die Individualitätsentwicklung gering zu schätzen, gerade das Fehlen einer solchen macht den Verlust umso deutlicher. Aber offensichtlich unterlag hier die marxistische Diskussion dem Einfluß der protestantischen Arbeitsethik, welche die gottgefällige Vermehrung des gesellschaftlichen Reichtums durch Arbeit als Kern menschlicher Selbstentfaltung zu bestimmen versuchte. Es scheint mir so, als ob vor allem Marxsche Vorstellungen zur zukünftigen Gesellschaft – aus einem antibürgerlichen Kontext hervorgegangen – selbst wieder bürgerliche Merkmale tragen. Im Alltagsbewußtsein verband sich diese Vorstellung zudem noch mit dem Bedürfnis, durch die berufliche Arbeit gleichsam eine Tages – und Lebensordnung zu erhalten, was mit einer deutlichen Trennung von Arbeitszeit und Freizeit und einer Abwertung der Freizeit verbunden war. Erziehungswissenschaft folgte der Marxschen Prioritätensetzung und suchte Individualitätsentwicklung nicht vorrangig in der Befähigung zur ganzheitlichen Lebensäußerung in allen Lebenssphären und während aller Lebensphasen, sondern in der Vorbereitung auf berufliche Arbeit durch die Wahrnehmung einer Schülerrolle. Der Paradigmenwechsel vollzog sich u.a. auch deshalb nur inkonsequent, weil das Paradigma selbst nicht zu Ende gedacht war und auch bei Marx in der Vorstellung einer unbegrenzten Allseitigkeit oder uneingeschränkten Subjektivität illusionär blieb. Der Autor steht an dieser Stelle vor einem Dilemma. Hat er doch noch vor geraumer Zeit (7) gerade betont, daß die Individualitsentwicklung primär nicht in der Freizeit erfolgen könnte, um jetzt auf den außerhalb der Arbeit liegenden Raum menschlicher Individualitätsentwicklung zu verweisen. Geschrieben wurden die damaligen Aussagen in einer Zeit, als sich bei vielen Individuen Entfremdungstendenzen in der beruflichen Arbeit zeigten, die private Initiative die in der Arbeit übertraf, der Rückzug in die selbstgesuchten Nischen begann oder sich verstärkte. Es war sicher eine Anmaßung, aber es entsprach meinem Verständnis als Wissenschaftler, zu mahnen und zu warnen, und so entstanden Präferenzen und damit auch Einseitigkeiten. Das waren Einseitigkeiten, die in Kenntnis der Vielfalt entstanden, im Unterschied zu solchen, die aus mangelnder Kenntnis geschrieben wurden.

3. Der Kern des Individualitätsparadigmas – und gegenwärtig vielleicht auch das Hauptfeld kritischer Reflexion – war spätestens mit Stiehlers »Individualität im Sozialimus« (1974) die Vorstellung, daß die Entfaltung der Individualität an die Entfaltung deren *Subjektivität* gebunden ist. Individuelle Subjektivität und Individualität waren häufig extensiv gleich gebrauchte Begriffe. In der pädagogischen Literatur und auch in schulpolitischen Schriften findet sich häufig dieser Zusammenhang von Individualität und Subjektposition oder Subjektsein des Schülers (auffälligerweise weniger des Lehrers (8)). DDR-Erziehungswissenschaft sah das Subjekt-Objekt-Verhältnis von Erzieher und Erzogenem m.W. in der Relativität, die dieses Verhältnis notwendig macht und welche direkt auffordert, das Objekt auch als Subjekt zu sehen. Die strenge Trennung von Subjekt (Lehrer) und Objekt (Schüler) wie in anderen Pädagogiken (vgl. Brezinka), war nicht die Position der meisten Erziehungswissenschaftler der DDR. »Subjekt« bzw. »Subjektivität« wurde im Sinne einer dialektischen Denktradition als zunehmende Beherrschung der eigenen Lebensverhältnisse, deren Aneignung als »Zu-Eigen-Machen«, als ein »Über die Dinge-Verfügen-Können« verstanden. »Über-etwas-Verfügen-Können« heißt aber auch, über die *Zwecke und Ziele* des eigenen Tuns zu verfügen (9). Und genau hier setzt die Kritik an, die tief in der Gesellschaftstheorie des Marxismus wurzelt: Auf *gesellschaftlicher* Ebene wird nach den Vorstellungen des Marxismus Subjektivität nur durch das gesellschaftliche Eigentümersein ermöglicht. Das Individuum ist aber nur dann »realer Eigentümer« (im Unterschied zum »juristischen Eigentümer«), wenn es die Ziele des Produzierens bestimmen kann. Wenn aber im realen Sozialismus diese Verfügung in den Händen einer kleinen Personengruppe lag, dann wurde auch die Möglichkeit des Subjektseins und – werdens der anderen Individuen entscheidend eingeschränkt. Der Eigentümer, der nicht über sein Eigentum verfügen kann, ist nur noch Ausführender eines fremden Zwecksetzers, der damit zum Eigentümer wird. Das schließt nicht aus, daß in der Sphäre des Ausführens Initiative, Entscheidungsbereitschaft oder Voraussicht gefragt waren. Für mich bleibt allerdings ein offenes Problem, wie sich dieser gesellschaftliche Eigentümer in einer hochtechnisierten, arbeitsteiligen und verflochtenen Gesellschaft jemals herausbilden kann.

Auch auf der Individualebene ist das Subjektsein erst in dem Moment realisiert, wenn das Individuum über sich selbst und seinen Entwicklungsweg bestimmen kann, im Herderschen Sinne seinen eigenen Weg zu Glück und Vollkommenheit einschlagen kann (das Eigenrecht jeder Individualität). Das schließt das Risiko und sogar das Recht darauf ein, einen Irrweg zu gehen. Dazu gehört, Bildungsweg und Berufslaufbahnen frei wählen zu können, aus einer Laufbahn aussteigen oder neu beginnen (z.B. im Lehrerberuf), Tätigkeitsbereiche und Lebensformen selbst bestimmen oder auch Gemeinschaften sich anschließen zu können. Genau hier lagen die Beschränkungen der Subjektivität des Individuums in der DDR, die sich durch die unterschiedliche Stellung der Individuen in der Verteilung gesellschaftlicher *Macht* noch potenzierten. Die Gesellschaft war geteilt, in die zu Erziehenden und die Erzieher, ungeachtet dessen, daß in den vielen Stufen der Hierarchien die Plätze auch wechseln konnten, bis nur noch wenige übrigblieben, die »keiner Erziehung mehr bedurften«. Wie inkonsequent die These von der Subjektivität des Schülers in der pädagogischen Praxis der DDR genommen wurde, zeigt die Tatsache, daß stets und häufig nur der Erzieher oder Lehrer für das »Produkt« der Erziehung in Anspruch genommen und verantwortlich gemacht wurde. Daran ändert auch nicht, daß in der Literatur vielfach auf die Verantwortung des Schülers/des Kindes für die Entwicklung seiner Individualität hingewiesen wurde (10). Es blieb auch in solchen Auffassungen die Vorstellung erhalten, daß es in erster Linie der Lehrer zu sein hat, der die Verantwortung für die individuelle Entwicklung des Kindes trägt, entsprechende Bedingungen zu organisieren hat, den Entwicklungsprozeß möglichst risikolos und optimal zu führen hat. Dieser Gedanke trägt ein zutiefst humanistisches Anliegen, die kindliche Entwicklung zu schützen und für dessen geistiges und körperliches Wohlsein zu sorgen. Aber er verkehrt sich in sein Gegenteil, wenn die ständige Für – und Vorsorge zu einer gelernten Hilflosigkeit führt.

In irgendeiner Weise blieb die Anwendung der Marxschen Theorie in einer bürgerlichen Denkweise befangen. Vergessend, daß diese Theorie eine Theorie der Emanzipation des Menschen um des Menschen willen ist, wurde auch das Paradigma der Individualität im Sinne einer Herrschaftsvorstellung gebraucht, daß das Individuum im Sinne seines Glücks »hinaufgehoben«, »bekehrt«, »geschützt«, »überzeugt« werden müsse.

Ich unterliege nicht der Illusion, daß die bürgerliche Gesellschaft ein solches Recht auf Subjektivität ermöglichen könnte. Die anonymen Zwänge eines Marktes, die nicht beeinflußbaren Gesetze einer Geldzirkulation oder auch die perfektionierte Verwaltung der Lebensbereiche lassen ebenfalls keine uneingeschränkte Subjektivität zu. Die wachsende Komplexität (die neue Unüberschaubarkeit) und Kontingenz am Ende dieses Jahrhunderts oder die Ohnmacht der Individuen gegenüber der flächendeckenden Manipulation der Medien lassen die mit der Individualisierungsdiskussion verbundene Option von Selbstbestimmung und Autonomie des Individuums selbst als Ideologie und Individualität als »zufälliges Individuum« erscheinen. Und doch bietet die bürgerliche Gesellschaft dem Individuum vorerst den Schein, daß es sich diesen Zwängen *freiwillig* unterstellt und die Möglichkeit hat, über sich selbst, gegebenenfalls auch gegen sich zu entscheiden.

In diesem Zusammenhang entsteht ein Erklärungsbedarf, warum die Thesen von der optimalen Entwicklung jedes Kindes und der Lehrpläne als Pläne der Persönlichkeitsentwicklung so wenig problematisiert wurden. Ich kenne nicht die Gedankengänge meiner Kollegen, ich selbst fand die These eines Optimums – im Unterschied zum Maximum – durchaus vertretbar, gestattete sie doch nicht nur ein Optimum in bezug auf Entwicklungszeit oder Entwicklungsangebot (-aufgabe), sondern vor allem den Bezug zum Kinde selbst. In einer solchen Vorstellung lag auch begründet, daß jedes Kind seine und nur ihm zukommende Entwicklungsmöglichkeit hat, die weder austauschbar noch normierbar ist. Zugleich war in einer solchen These auch enthalten, daß der Lehrer durch eine immer gründlichere Kenntnis der Entwicklungsmöglichkeiten des Kindes und seiner biographischen und psychischen Regelhaftigkeiten auch die geeigneten Instrumentarien finden könne, um das Kind auf einen optimalen Weg zu einem vorgegeben Ziel zu bringen, was das Kind von der Mitbestimmung an seinen Entwicklungszielen ausschloß. Etwas Ähnliches trifft auch auf die zweite Aussage zu. Lehrpläne als Pläne der Persönlichkeitsentwicklung zu sehen, schien gegenüber einer Auffassung, in der Lehrpläne nur als Stoff- und Stoffstrukturpläne gesehen wurden, einen Erkenntnisfortschritt darzustellen. Wurde es damit doch möglich, die Entwicklungsbedingungen jeder Stufe (z.B. sensitive Phasen) angemessener widerzuspiegeln und entsprechende Arbeitsfelder, Tätigkeiten oder Entwicklungsaufgaben zu formulieren.

Einer solchen Vorstellung entsprach die theoretische Auffassung, daß Lehrpläne vor allem Prozeßpläne seien, welche die Vorstellungen der Lehrer bei ihrer Prozeßplanung unterstützen, vielleicht sogar vorwegnehmen und so letztlich deren Spielräume vergrößern sollten. Dem entsprachen auch andere wissenschaftliche Überlegungen, die auf eine »stille« – sicher nur zögerliche und inkonsequente – Reform in der zweiten Hälfte der 80er Jahre verweisen und sich gegen die starre Lehrplanbindung des Lehrers richteten (vgl. z.B. die die Differenzierung der Bildungsinhalte nach grundlegenden, ergänzenden und unterstützenden Inhalten oder die stärkere Betonung der Aneignungsweisen als stofflichen Inhalt, die »Befreiung« des Lehrers von starren Zeitvorgaben, die Einführung des fakultativen Unterrichtes).

Es ist die »Arglist« der Dialektik, daß die These von den Lehrplänen als Pläne der Persönlichkeitsentwicklung eine weitere Perfektionierung und Normierung der Erziehung unterstützte, die allgemeinverbindlich Entwicklungsziele für jedes Kind festschrieb und sich so letztlich gegen dessen Individualitätsentwicklung richtete.

Es könnte beim Leser die Frage entstehen, warum ein solcher Zusammenhang zwischen eingeschränkter Individualität und gehemmter Subjektivität und die daraus erwachsenden widersprüchlichen Konsequenzen nicht eher gesehen wurden, zumal andere, in kritischer Distanz zur Gesellschaft Stehende, solche Konsequenzen sehr wohl formuliert hatten. Diese letzte Bemerkung enthält vielleicht schon die Antwort: Die persönliche Bindung an eine Gesellschaftsvorstellung und deren historischer Perspektive richtet Wahrnehmungen und verdrängt Widersprüchliches und läßt Gegebenheiten anders bewerten. Zum anderen könnte es auch eine innerwissenschaftliche Erklärung geben, die der Stringenz des Paradigmas folgt. Das Individualitätsparadigma betont, daß Individualität *nicht nur* etwas Innerliches, Inneres ist, sondern auch in der *Entäußerung* (der Tätigkeit, der Aktivität, der Interaktion) wirkt (13). Damit ist von vornherein Individualität auf die jeweilige Praxis orientiert, an der teilzunehmen das Individuum wie in jeder Gesellschaft gezwungen ist.

Das Paradigma grenzt sich aber auch von Individualitätsauffassungen ab, die Individualität vor allem als Originalität sehen und das Besondere, das Einzelne, das Unterscheidende, die Differenz in den Mittelpunkt stellen. Viele Erziehungswissenschaftler der DDR verstanden unter Individualitätsentwicklung die Aneignung menschlichen Wesens als das eines *Allgemeinen* (13). Individualität war einzelnes Allgemeines oder, um ein Wortspiel zu treiben, allgemeines Einzelnes. Der einzelne – so die Auffassung – entwickelt sich in dem Maße zur Individualität, wie er zum gesellschaftlichen Fortschritt – im Sinn Humboldts zur Darstellung des Menschheitsideals – beiträgt. Er trägt dazu bei, indem er sich zur Individualität entwickelt, was letztlich die Auffassung stützt, daß jedes Individuum nicht nur das Recht zur Entwicklung seiner Individualität hat, sondern auch die Pflicht. Erst in einem solchen Zusammenhang wird verständlich, warum Humboldt davon spricht, Zweck des Weltalls sei die Bildung der Individualität. Es bleibt m.E. unverzichtbarer Inhalt jeder Erziehungsvorstellung, daß Erziehung auch auf die Aneignung gesellschaftlichen Wesens, allgemeiner Normen und Werte und gemeinschaftlich erworbener Erfahrungen gerichtet ist. Aber diese Vorstellung von der Entwicklung der Individualität als Aneignung eines allgemeinmenschlichen Wesens reduzierte sich in der Diskussion. Das allgemein Menschliche verkürzte sich auf das soziale Wesen – was noch nachvollziehbar ist – und dieses soziale Wesen auf das Klassenwesen. Mit der so reduzierten Vorstellung war das Maß an erworbener Individualität dadurch bestimmbar, wie sich das Individuum das Klassenwesen seiner Zeit (als Parteinahme für und gegen) aneignete, womit die Subjektivität eine Gerichtetheit, Ab- oder Eingrenzung erfuhr. In späteren Arbeiten fand diese Auffassung vom Klassenindividuum eine Aufhebung in der Vorstellung von den Wertorientierungen als Kern jeder Individualität, womit der Anschluß an die Identitätsdiskussion gesucht wurde (11).

4. Das Paradigma der Individualität war von Beginn an mit dem Mißverständnis belastet, eine Entgegensetzung zu Kollektivität und Kollektiverziehung darzustellen und Individualismus und Egoismus zu befördern. Vor allem Wissenschaftler, die sich der Kollektiverziehung verpflichtet fühlten, wandten besorgt ein, daß es doch gerade die Kollektivität und deren prosozialer Inhalt sei, welche die sozialistische Lebens- und Denkweise auszeichne, und der Mensch im

Marxschen Sinne ein gesellschaftliches Wesen und das Kollektiv sein entscheidender Entwicklungsraum sei (vgl. die 6. Tagung der APW »Zur Theorie und Praxis der Kollektiverziehung« 1978).

Die damaligen Einwände waren insofern berechtigt, als das Individualitätsparadigma sich tatsächlich gegen eine bestimmte Vorstellung von Kollektivität und Kollektiverziehung wandte. In dieser wurde Kollektivität als die Fähigkeit und Bereitschaft verstanden, sich den Interessen des Kollektivs unterzuordnen (vgl. die verschiedenen Formulierungen der Statute der SED und der Kinder- und Jugendorganisation), und der persönliche Einsatz für das Kollektiv als das Kriterium eigener Reife und Vollkommmenheit angesehen .Das Kollektiv setzte die Normen, die der einzelne zu erreichen und an denen er sich zu messen hatte. Es übernahm auch die Verantwortung, daß er sie erreichte und stellte sich der Kritik, wenn das einzelne Mitglied versagte, von diesen Normen abwich oder sie verletzte. Die Normen trugen einen außenbestimmten
»Durchschnittscharakter«, bei dem auch der Vorauseilende abwich und deshalb zurückgeholt und der Zurückbleibende herangeholt werden mußte. Das Kollektiv schöpfte dabei die Normen weniger aus sich selbst heraus, sondern fungierte als Mittler gesellschaftlicher Forderungen, es übersetzte diese auf die Situation des betreffenden Kollektivs und definierte in den verschiedenartigen Plänen und Programmen Ziele, Schwerpunkte, Schlüsselfragen immer aus der Sicht einer effektiven Transformation. Das Kollektiv wurde so zu dem entscheidenden *Mittler zwischen Gesellschaft und Individiuum*, in ihm eignete sich das Individuum das Gesellschaftliche an und in ihm äußerte es sich gegenüber der Gesellschaft.Neben dem Kollektiv – und es war vor allem das Arbeits-, Lernkollektiv oder/und das politische Kollektiv der Kinder- und Jugendorganisation gemeint – war wenig Platz für eine andere Wechselbeziehung zwischen Individuum und Gesellschaft. Eine solche geriet häufig in den Verdacht, neben und außerhalb des Kollektivs zu stehen und damit Fehlentwicklungen zu begünstigen. Das Kollektiv stellte so – ganz im Sinne des hierarchischen Systems der Gesellschaft – ein gegenüber dem aparten Gesellschaftssubjekt nachgeordnetes Subjekt dar, das gegenüber dem Individuum Orientierung, Formierung und auch Kontrolle ausübte. Das Kollektiv trat in dieser Auffassung als Erziehungssubjekt auf, das wiederum durch den Bezug zum übergeordneten Subjekt legitimiert war und Unfehlbarkeit verkörperte.

In der wissenschaftlichen Diskussion wurden und werden m.E. ungerechtfertigt die beiden Paradigmen häufig mit der Entgegensetzung der Auffassungen von A.S. Makarenko und W.A. Suchomlinski verbunden. Abgesehen davon, daß beide unter völlig verschiedenen gesellschaftlichen Bedingungen ihre Auffassungen formulierten, in ganz anderen historischen Kontexten ihre Arbeit leisteten und insbesondere Makarenko eine nachträgliche Interpretation erfuhr, so war es gerade Makarenko, der die Kollektiventwicklung als Mittel der Individualitätsentwicklung faßte und das Kollektiv wiederum in der Vielfalt seiner Individualitäten suchte. Suchomlinski wiederum betonte immer wieder den Wert der kindlichen Gemeinschaft.

Im Unterschied zu den bisherigen Auffassungen formulierte das Individualitätsparadigma, daß es Ziel und Inhalt jedes Kollektivs sein müsse, die Entwicklung der Individualität jedes einzelnen Mitglieds zu fördern und jedes Kollektiv eigentlich daran gemessen werden müsse, welchen Reichtum an Individualitäten es hervorbringt (12). Eine solche These war durchaus folgerichtig, weil gerade in der Wechselbeziehung der verschiedenen und verschiedenartigen Individualitäten wesentliche Entwicklungspotenzen für das Kollektiv liegen.

Das Individuum sollte sich durchaus auch gegen das Kollektiv stellen können, weil das Kollektiv auch zurückbleiben und sich irren könne. Gerade die letzte These vermittelt einen Einblick in die Vielschichtigkeit des Denkens in dieser Zeit. In dieser Formulierung könnte sie heute als mutige Entgegensetzung zu geltenden Doktrinen interpretiert werden, wie überhaupt nachträgliche Interpretationen ohne den zeitlichen Kontext zu berücksichtigen, eigenartige Kapriolen schlagen können. Tatsächlich mutige Sätze – was heißt schon Mut in der Wissenschaft – können als sichtbare Zeichen der Anpassung und des vorauseilenden Gehorsams interpretiert werden und gesellschaftskonforme als Widerständigkeit. In diesem Fall war es einfach die Erkenntnis, daß man sich in vielen Kollektiven, auch der Schüler, mit der gelernten Verantwortungslosigkeit abgefunden hatte, seine Bequemlichkeit und Ruhe haben wollte und jede An- oder auch Herausforderung – gerechtfertigt oder auch nicht – zurückwies. Viele Gruppen hatten sich aus der Verantwortung selbst entlassen, und gegen eine solche Haltung richtete sich die Formulierung »vom Mut sich gegen das Kollektiv zu stellen«. Das Paradigma beinhaltete auch die Überlegung, daß jedes Individuum den Entwicklungsraum mehrere Kollektive brauche und sich das Individuum Gesellschaftlichkeit sehr wohl auch außerhalb der Kollektive und ohne deren Vermittlung aneignen könne, und selbst wenn es allein sei, als gesellschaftliches Wesen wirke. Eine solche Auffassung von Individualität setzt Kollektivität als individuelle Eigenschaft und den Reichtum kollektiver Beziehungen als Entwicklungsraum menschlicher Individualität regelrecht voraus.

Das eigentliche Problem zu dieser Zeit bestand jedoch nicht darin, daß die Individualitätsauffassung alte dogmatische Auffassungen von Kollektiv und Kollektivität verdrängen hätte wollen, sondern daß die Wirklichkeit sich in vielen Bereichen von den Vorstellungen eines solidarischen, gesellschaftlich verantwortlichen Individuums gelöst hatte oder eine Invididualität hervorgebracht hatte, die sich gegen das System selbst richtete. In beiden Fällen hatte der Abschied von der freien Individualität begonnen. Es bleibt die Hoffnung, daß der einzelne, indem er die gegenwärtige Gesellschaft verändert, sie wiedergewinnen kann.

Anmerkungen

1 Im fortlaufenden Text des Beitrages sind keine Bezüge zu eigenen Veröffentlichungen hergestellt. Die hier genannten Auffassungen in der Individualitätsdiskussion finden sich in einer Auswahl wissenschaftlicher Beiträge im Literaturverzeichnis. Die Zahlen im Text ((1) bis (12)) verweisen repräsentativ auf einzelne Beiträge. Das erklärt auch die mir sonst ungewohnte und selbst hier peinliche Überrepräsentation eigener Schriften.
2 Die Literaturangaben zu Marxtexten erfolgen – wenn nicht ausdrücklich anders vermerkt – nach der Ausgabe Marx/Engels/Werke (im weiteren MEW).

Literatur

Dölling, I.: Naturwesen – Individuum. Berlin 1979
Dölling, I.(Hrsg.): Formen der Individualität.Mitteilungen aus der kulturwissenschaftlichen Forschung. Berlin 1982
Drefenstedt, E.: Individuelle Besonderheiten – individuelle Förderung. Berlin 1984
ders.: Zu Grundproblemen des Verhältnisses von Einheitlichkeit und Differenzierung bei der weiteren inhaltlichen Ausgestaltung der Oberschule. In: Pädagogische Forschung 18(1977)2
Fischer, B.-R./Schmidt, N.: Das zweifache Scheitern der DDR-Schule. In: Aus Politik und Zeitgeschichte. Das Parlament. 37–38, 1991
Hausten, H.J.: Literaturbericht: Zur Theorie und Entwicklung sozialistischer Persönlichkeiten im Kindes – und Jugendalter. (1971)
Heisig, St.: Individualität als biopsychosoziale Einheit. In: Theorie der Praxis der Körperkultur. 35(1986)5
Ihlefeld, U.: Die Individualität der Persönlichkeit und der pädagogische Prozeß. In: Pädagogik H.7/1975
Informationen des Präsidiums der APW. Berlin (Hausdruck)
Irmscher, I. (Hrsg.): Das Ideal der allseitig entwickelten Persönlichkeit. Berlin 1976
Kienitz, W.: Die Förderung von Begabungen und die optimale Entwicklung der Anlagen und Fähigkeiten jedes einzelnen unter den Bedingungen gleicher Bildungsmöglichkeiten und hoher Bildung für alle. In: Pädagogische Forschung. 29(1988) 4
Kirchhöfer, D.: Kommunistische Erziehung und Individualitätsentwicklung. In: Pädagogik. 43 (1988)7–8.
ders.: Fragen der Theorieentwicklung in der Pädagogik. Beiträge zur Pädagogik. Berlin 1988
ders.: Zum Wirken von Widersprüchen in der Individualitätsentwicklung unter den Bedingungen des entwickelten Sozialismus. In: Wissenschaftliche Zeitschrift. FSU. Jena. Ges. u. Sprachwiss. R. 31 (1982) 6.
ders.: Die Verantwortung des Individuums für die Entwicklung seiner Individualtät. In: 25 Jahre sozialistische Lehrerbildung in Zwickau. (Festschrift). Zwickau 1984
ders.: Revolutionäre Persönlichkeit und individuelle Subjektivität. In: WZ. PH Zwickau. 2/84
ders.: Die Aufhebung des geteilten Individuums. Erkenntnisse und Fragen der sowjetischen Persönlichkeitstheorie. In: Wissenschaftliche Beiträge. Zwickau. 1985
ders.: Vergesellschaftung und Individualitätsentwicklung. In: WZ. PH. Zwickau. 21 (1985) 2

ders.: Zur Individualitätsentwicklung im Unterricht. In: Erfahrungen und Erkenntnisse der pädagogischen Praxis. Berlin. 1987

ders.: Der Zeitfaktor in der Individualitätsentwicklung. In: DZfPh. 35 (1987) 3

ders.: Die Herausbildung der Individualität des Vorschulkindes. In: Neue Erziehung im Kindergarten. 41. (1988) 9

ders.: Zum Verhältnis von Individualität und Kollektivität in der kommunistischen Erziehung. In: Pädagogik. 41 (1986) 5

ders.: Zum dialektischen Verständnis der Individualitätsentwicklung in der kommunistischen Erziehung. In: Jahrbuch der APW. Berlin 1988

Leithold, K.: Individualität und Kollektivität aus philosophisch-ethischer Sicht. In: Pädagogische Forschung. 31/1990)2

Meyer, G.: Probleme der biologischen, psychologischen und sozialen Determinanten der Persönlichkeitsentwicklung. In: Pädagogische Forschung. 21(1980)2

Neuner, G.: Das Persönlichkeitsproblem und die Pädagogik. In: DZfPh 21(1973)10

ders.: (Hrsg.) Leistungsreserve Schöpfertum. Berlin 1986

Pretzschner, H./Rasch, J.: Methdologische Probleme der Erforschung konkreter Persönlichkeiten. In: Pädagogische Forschung. 16(1975)4

Rutenberg, D.: Aktivität und Individualität – ein Grundproblem der äußeren Differenzierung. In: Pädagogische Forschung 18(1977)2

Séve, L.P.: Marxismus und Theorie der Persönlichkeit. Berlin 1972

Wessel, K.-F.: Struktur und Prozeß ontogenetischer Entwicklung des Menschen. In: Biopsychosoziale Einheit Mensch. WiZ – HU. Berlin. 7 – 1987

ders.: Der Mensch als biopsychosoziale Einheit. In: DZfPh. Berlin. 2 – 1988

Werner Salzwedel

Versuch zu einer Allgemeinen Pädagogik in der DDR

Einleitung

Als anfangs der siebziger Jahre an der Humboldt-Universität zu Berlin ein Lehrstuhl für Allgemeine Pädagogik eingerichtet wurde, ging unser Bestreben dahin, Allgemeine Pädagogik als selbständige Teildisziplin einer modernen Erziehungswissenschaft entwickeln zu helfen. Die pädagogische Wissenschaft in der DDR bildete nicht nur immer neue differentielle Pädagogiken bzw. pädagogische Forschungsrichtungen heraus, sie entwickelte sich zudem in drei staatlich institutionalisierten Hauptrichtungen mit bestimmten Tendenzen der Eigenentwicklung, Bestrebungen der theoretischen Abhebung voneinander eingeschlossen: der Schulpädagogik im Rahmen des Ministeriums für Volksbildung und der Akademie der Pädagogischen Wissenschaften, der Berufspädagogik im Rahmen des Staatssekretariats für Berufsbildung und des Zentralinstituts für Berufsbildung sowie der Hochschulpäpagogik im Rahmen des Ministeriums für Hoch- und Fachschulwesen und des Instituts für Hochschulbildung.

Unser Bemühen, unter diesen Bedingungen an einer Allgemeinen Pädagogik zu arbeiten, verfolgte zunächst das Ziel, der sich abzeichnenden Ausweitung des pädagogischen Wirkungsfeldes in der Gesellschaft über die traditionellen Erziehungsräume von Schule und Familie hinaus durch einen synthetischen Theorieentwurf, der möglichst alle Erziehungsphänomene in der Gesellschaft abgreift, zu entsprechen. Damit sollte zugleich dem Verhältnis von Allgemeinem, Besonderem und Einzelnem im Theoriebildungsprozeß einer Wissenschaft gedient, d.h. einer ungerechtfertigten begrifflichen und konzeptionellen Zersplitterung in der Pädagogik entgegengewirkt werden.

Ein solcher Versuch ließ sich an einer Universität, wo es eine unmittelbare Einbindung in eine wissenschaftliche Führungsinstitution (wie die Akademie der Pädagogischen Wissenschaften oder das Zentralinstitut für Berufsbildung) nicht gab, am ehesten realisieren. Wohl war damit verbunden, daß ein staatlich sanktioniertes Praxisfeld als Grundlage empirischer oder praktischer Erprobungen nicht zur Verfügung stand; dies schien uns indessen kein unmittelbarer Mangel, als es uns im Kern darum gehen sollte, pädagogisch-wissenschaftliche Arbeiten auf der abstrakttheoretischen Ebene durchzuführen.

In diesem Sinne haben wir die wissenschaftlich-theoretische Position bezogen, daß die Teildisziplin Allgemeine Pädagogik die systembildende und integrative Funktion innerhalb eines Ensembles pädogogischer Teildisziplinen zu erfüllen habe und im Vergleich zu anderen Bestrebungen auf diesem Gebiet in der DDR, eine Neukonstituierung der Allgemeinen Pädagogik zu betreiben (vgl. Hofmann 1979, Stierand 1980, Neumann 1988), ihre wesentliche Aufgabe darin bestehe, das theoretische System der Pädagogik zu bearbeiten (Salzwedel 1978).

Unter theoretischem System haben wir das den wissenschaftlichen Erkenntnisstand in seiner Ganzheit ausmachende wissenschaftliche (theoretische und empirische) Wissen – verdichtet als eine Abbildung der fundamentalen Strukturen des Pädagogischen – verstanden. Eine solche Verallgemeinerung beruht schon immer auf bestimmten wissenschaftstheoretischen und objekttheoretischen Prinzipien und Positionen; sie ist historischer Natur, als in ihr der historisch sich entwickelnde Kernbestand an Wissen mit seiner sich ebenfalls historisch entwickelnden Begründungs- und Darstellungssystematik eingegangen ist. Insofern konnte es sich für uns nicht darum handeln, eine additive Systematisierung von wenn auch neu angehäuften und noch nicht verarbeiteten pädagogisch relevanten Erkenntnissen zu betreiben. Eine solche Vorgehensweise schien durchaus möglich und hätte einer in der UdSSR und DDR verbreiteten Praxis entsprochen. Sie kam namentlich in solchen Darstellungen des pädagogischen Wissensstands zum Ausdruck, in denen nach der Erörterung grundlegender Kategorien eines pädagogischen Wissensgebäudes nacheinander der gängige Erkenntnisstand der Erziehungstheorie, der Didaktik und der einzelnen Methodiken dargelegt wurde (vgl. Pädagogik 1984). Am theoretischen System der Pädagogik zu arbeiten, schließt immer die Aufgabe seiner Vervollkommnung bzw. Verbesserung ein. Insofern ergaben sich für uns konkret historische Bezüge. Die von uns ins Auge gefaßte Weiterbildung des theoretischen Systems zielte hauptsächlich gegen bestimmte Einseitigkeiten und Erstarrung anzugehen, wie sie sich unserer Meinung nach im allgemeinen pädagogischen Denkschema in der DDR sich entwickelt hatten. Die Analyse der Theorieentwicklungssituation, in die die DDR-Pädagogik gestellt war, kann hier nicht im einzelnen vorgenommen werden. Nur soviel sei angeführt.

Wurde die Entwicklung im pädagogischen Bereich nach 1945 in der DDR durchaus dadurch geprägt, offensichtlich geschichtlich überholte pädagogische Strukturen zu überwinden und eine den Zeitanforderungen angepaßte niveauvolle Volksbildung zu verwirklichen, so bleibt aber zu konstatieren, daß bei allen strukturellen Fortschritten gegenüber vorangegangenen Entwicklungen in Deutschland (Beseitigung des Bildungsprivilegs, Allseitigkeit in der Persönlichkeitsentwicklung, Polytechnisierung der Bildung) letztlich die staatlich abhängige pädagogische Arbeit ideologisch überformt und parteipolitischen Zielsetzungen untergeordnet wurde. Folgte die DDR-Pädagogik in der historischen Entwicklungslinie ohnehin einer Richtung, die als Führungspädagogik bezeichnet werden kann, so wurde diese Entwicklung ins Extrem geführt. Es fand eine ständige Ideologisierung der Erziehung auf einen von der Parteiführung der SED inhaltlich ausgerichteten Marxismus-Leninismus statt, wie sie sich namentlich in den Beschlüssen der Parteitage der SED und den Pädagogischen Kongressen des Ministeriums für Volksbildung dokumentierte (Honecker 1986).

Dieser parteipolitisch fixierte Kurs von der systematischen und schnellen Herausbildung massenhaften sozialistischen Bewußtseins durch Erziehung entwickelte sich in einer eigenartigen Widersprüchlichkeit – wurde einerseits die stärker werdende Diskrepanz zwischen Realität und Idealität sehr wohl empfunden und artikuliert; so blieb aber doch der Zug zur Überschätzung des pädagogisch Machbaren vorherrschend.

Diese Widersprüchlichkeit kennzeichnete nicht nur die pädagogische Praxis, wo neben doktrinärer Erziehungsarbeit durchaus humanistisch geprägte Erziehungsarbeit möglich war. Sie äußerte sich auch im wissenschaftlichen Bereich der Pädagogik. So war es sehr wohl möglich, daß Theoriekonzepte entwickelt und vertreten wurden, die auf eine Veränderung des politisch oder theoretisch Sanktionierten hinausliefen, ohne die gegebenen staatlichen oder weltanschaulichen Grundlagen aufheben zu wollen.

Aus diesem Problemfeld heraus ist unsere grundlegende Ausgangsthese für eine Neukonstituierung einer Allgemeinen Pädagogik in der DDR zu verstehen. Wir gingen davon aus, daß dem bildungs- und schulpädagogischen Kurs ständiger ideologischer Überformung der Erziehung eine bestimmte Konzeptionalisierung des Pädagogischen entsprach und dies sich letztlich im theoretischen System der Pädagogik widerspiegelt. Eine Weiterentwicklung des theoretischen Systems, wie es in der DDR galt, mußte folglich seine Korrektur einschließen.

Es war bei alledem nicht unser Anliegen, die marxistischen Grundlagen der DDR-Pädagogik anzuzweifeln oder aufheben zu wollen oder strukturelle Veränderungen im Bildungssystem der DDR anzustreben; unser Bemühen beschränkte sich auf eine Erneuerung von Grundpositionen im theoretischen System der Pädagogik, um so auf eine qualitative Verbesserung der Erziehung in dem Sinne hinzuwirken, daß ein um sich greifender Schematismus in der Erziehung, ideologische Verengung im pädagogischen Denken und Handeln sowie nicht zuletzt Niveausenkung im pädagogisch-wissenschaftlichen Arbeiten zurückgedrängt und überwunden werden.

Waren also Ansatzpunkte der eigenen Problemanalyse auf die konkret historischen Umstände in der DDR bezogen, so läßt sich aber die daraus resultierende wissenschaftliche Fragestellung in größere historische Zusammenhänge pädagogischer Theorieentwicklung einordnen. Offensichtlich deuteten Praxis-

und Theorieentwicklungen in der DDR nur in spezifischer Weise auf Grenzen einer pädagogischen Denklinie, die von dem Gedanken der (illusionären) Formbarkeit des Menschen im Sinne eines perfektionistisch Machbaren geprägt ist. Wenn auch aus heutiger Sicht zeitbezogen und zudem versuchsweise, ging es um einen theoretischen Ansatz, der zwar nicht in der historischen Linie einer Pädagogik des Wachsenlassens den Boden bereiten sollte, der aber alternativ zum vorherrschenden Denkgebäude einer (verabsolutierten) Führungspädagogik gedacht war. So ist verständlich, daß wir von vornherein das in der marxistisch-leninistischen pädagogischen Literatur stark favorisierte Konzept von der pädagogischen Menschenformung abgelehnt und uns von allen pädagogischen Einwirkungsmodellen distanziert haben, die dirigistisch auslegbare Führungslehren und -praktiken ermöglichen.

Kristallisationspunkt aller zu bedenkenden Fragen wurde die Auffassung über die Rolle des subjektiven Faktors im Erziehungsprozeß. Es konnte nicht genügen, das Problem gleichsam deklarativ zu lösen, d.h. durch Attributierungen zu bekunden, daß es um eine aktive Rolle des Subjekts im Erziehungsprozeß ginge. Es konnte die pädagogische Aufgabe nicht darin bestehen, das Subjekt mit Hilfe neueren Wissens über den Menschen und seiner Entwicklung besser zu kennen und zu erkennen, um es dann in einem als Herrschaftsverhältnis verstandenen Erziehungsprozeß umso besser dirigieren zu können; vielmehr hatte sich u. E. die Pädagogik zu fragen, wie es wissenschaftlich zu erklären und zu begründen ist, wie das Subjekt im pädagogischen Geschehen seine Selbstverwirklichung realisieren kann, was heißen soll, wie es sich als Individuum in diesem intentional determinierten Prozeß sowohl einbringen als auch auf entwickelter Stufe reproduzieren kann. Eine solche fundamentale Fragestellung legte nahe, auf der Ebene allgemeinpädagogischen Denkens den Gedanken des Paradigmenwechsels aufzugreifen, d. h. bei der Prüfung gängiger Grundtheoreme der Pädagogik anzusetzen und nach alternativen Theorieansätzen zu suchen (Salzwedel 1978, 1984).

Auf drei Problemkreise soll in diesem Beitrag der Rückschau eingegangen werden.

1. Die Gegenstandsfrage

Seit alters her galt im allgemeinen die Auffassung, daß der Gegenstand wissenschaftlicher pädagogischer Reflexion die Vorbereitung der Heranwachsenden auf das Leben sei. Wenn auch J. A. Komensky den Menschen in seiner lebenslangen Entwicklung in seine pädagogische Theoriebildung einbezogen hatte, so verfestigte sich aber in der von der schulpädagogischen Denkrichtung hauptsächlich geprägten pädagogischen Wissenschaftsentwicklung die Position, Gegenstand der Pädagogik sei das Kind bzw. die herauswachsende Generation.

Auch in der DDR-Pädagogik galt diese Auffassung, wobei die Schule als zentrale Erziehungsinstitution angesehen wurde und andere Erziehungskräfte wie Familie und Kinder- und Jugendorganisation als ihre Verbündeten eingestuft wurden. Eine solche gegenstandstheoretische Auffassung kam dem schulpolitischen Anspruch von der Rolle der Schule in der ideologischen Bewußtseinsbildung des Volkes entgegen. So nimmt es nicht wunder, wenn Versuche, den Gegenstand der Pädagogik »auszuweiten« – das Erziehungsphänomen als gesellschaftlich verursacht und strukturiert zu sehen, die verschiedenen Erziehungskräfte und -bereiche in ihrer Eigenständigkeit anzuerkennen – auf mit den verschiedensten Argumenten begründete Widerstände stießen. Der politisch wichtigste Einwand bestand immer darin, daß so die führende Rolle der Partei auf die Schule eingeschränkt würde, die Pädagogik sich über die Politik stelle.

Dem Beharren auf der traditionellen Gegenstandsauffassung kamen zwei Umstände entgegen.

Einen großen und bestimmenden Einfluß auf das pädagogische Denken in der DDR übte die Akademie der Pädagogischen Wissenschaften aus. Da sie sich schwerpunktmäßig und auftragsgemäß mit der Schule befaßte, war naheliegend, daß eine schulpädagogische Sicht ständig aufs Neue verfestigt wurde. Dem kam dann entgegen, daß bei der hohen Konzentration und Spezialisierung der pädagogischen Wissenschaftler auf den Unterricht und die zahlreichen Unterrichtsfächer die Mehrzahl der pädagogischen Wissenschaftler sozusagen vom Arbeitsgebiet her einer »engeren« Gegenstandsauffassung zuneigte.

Nur vereinzelt wurden Vorstöße unternommen, angesichts der realen Veränderungen in der Erziehungspraxis – man denke nur daran wie Weiterbildung, Freizeitverhalten, Mediennutzung eine pädagogische Relevanz erhielten – die herrschende Sicht auf den pädagogischen Gegenstand zu korrigieren. Am konsequentesten hat K.-F. Wessel diese Problematik artikuliert und sich sehr prononciert gegen die einseitige Meinungsbildung in dieser Frage gewandt, wie sie von der Akademie der Pädagogischen Wissenschaften der DDR betrieben wurde (Wessel 1973).

Bei aller Bedeutung, die der Schule und dem unterrichtenden Lehrer für die Entwicklung der heranwachsenden Generation in einer konkreten Gesellschaft auch zukommt, indessen kann in diesem Objektbereich keine hinreichende Basis mehr für die Erarbeitung eines allgemeinen pädagogischen Theorieansatzes gesehen werden. Die Pädagogik mit ihren Disziplinen handelt schon längst nicht mehr nur von der Erziehung der Heranwachsenden, sie befaßt sich längst mit der Erziehung des Menschen in allen Altersstufen und Lebensbereichen, wobei es gesellschaftlich bedingte Schwerpunktbildungen gibt, wie sich dies seit geraumer Zeit an der Entwicklung einer Sozialpädagogik zeigt.

Aus unserer Sicht kam es für eine Allgemeine Pädagogik in dieser Situation im Bereich der gegenstandstheoretischen Problematik einer Wissenschaft darauf an, eine Reihe methodologisch-konzeptioneller Fragen zu klären.

Wir rechneten zunächst die Bestimmung der Basis- oder Grundkategorie der Pädagogik, d.h. des pädagogischen Theoriegebäudes dazu. Nach unserer Auffassung schien es geraten, den Terminus Erziehung als diese Basiskategorie zu setzen. Vorzüge und Konsequenzen, aber auch damit eingegangene Probleme können hier nicht erörtert werden.

Sodann mußte bedacht werden, wann und wie sich Erziehung als spezifischer Handlungszusammenhang überhaupt konstituiert, was den Unterschied und den Zusammenhang z.B. von sozialem Handeln, psychischen Prozessen und Erziehung ausmacht und welche Konsequenzen sich aus solchen gegenstandstheoretischen Klärungen für den Theorieansatz ergaben.

Erziehung kann theoretisch-konzeptionell nicht einfach als Anhängsel oder Zugabe zu Prozessen der Evolution, Gesellschaftsentwicklung oder Individualentwicklung betrachtet werden; Reifung, Persönlichkeitsentwicklung einerseits wie auch gesellschaftliche und soziale Entwicklungen anderseits sind nicht ohne Erziehung des Menschen möglich wie auch die Erziehung nicht außerhalb dieser Probleme stattfindet. Solche Positionsklärungen haben schon ihre Bedeutung, wenn ein arteigener pädagogischer Theorieansatz entwickelt werden soll.

Für die DDR-Pädagogik – nicht nur für sie allerdings – war es verbreitete wissenschaftliche Praxis, für ihren Theorieansatz Paradigmen anderer Wissenschaften, insbesondere der Psychologie oder Philosophie zu setzen. So sehr natürlich Theoreme der Gesellschafts- und Kulturentwicklung oder der Evolution und Individualentwicklung für den pädagogischen Theorieansatz zu verarbeiten sind, es kann aber nicht zu einem pädagogischen Theorieansatz führen, wenn kurzerhand z.B. Gesellschafts- oder Persöhnlichkeitsmodelle zu pädagogischen Grundtheoremen erhoben werden.

Im Ergebnis unserer Betrachtungen sind wir zu folgender begrifflichen Fassung, was Gegenstand der Pädagogik als Wissenschaft ist, gekommen. Wir betrachten als den Gegenstand der Pädagogik die Erziehung als Anteil an der Entwicklung des Menschen (und darüber vermittelt an der Entwicklung der Gesellschaft) wobei die gegenstandsspezifische Präzisierung darin zu sehen ist, die Erziehung in ihrer Determiniertheit als *gestaltbaren und zu gestaltenden Prozeß*
– in seinen natürlichen und gesellschaftlichen Voraussetzungen, seinen pädagogischen Zwecksetzungen, seinen Ergebnissen,
– in seinen Inhalten, Strukturen und Formen
– sowie seinen Gesetzmäßigkeiten, Prinzipien und Strategien aufzudecken.

2. Die Paradigmenfrage

In den Mittelpunkt unseres Bestrebens, grundlagentheoretische Probleme unter der angegebenen Zielstellung zu klären, drängte sich die Frage, wie die in vielerlei Hinsicht gewandelte Tatsache Erziehung auf eine adäquate allgemeine theoretische Modellauffassung – auf ein für die Theorieentfaltung erforderliches Grundmodell – gebracht werden kann. In dieser Fragestellung bündelten sich für uns die entscheidenden theoretischen und praktischen Aspekte pädagogischer Theoriearbeit in der DDR.

Dabei konzentrierten wir uns nicht schwerpunktmäßig auf eine Analyse der historischen Auseinandersetzungen zwischen anthropologischen und gesellschatstheoretischen Theorieansätzen in der Pädagogik sowie zwischen den verschiedenen wissenschaftlichen Betrachtungsweisen wie Hermeneutik und kritischen Rationalismus und den darauf basierenden Schulenbildungen in der Pädagogik. Unser Interesse richtete sich mehr auf die Frage, wie über die genannten Problemstellungen hinaus das Pädagogische theoretisch-strukturell begriffen werden kann, und welche Rolle gerade diese Frage in der aktuellen Theoriesituation in der DDR spielte.

Galt es einerseits erstarrten Grundauffassungen vom Pädagogischen, die zwar den politischen Intentionen von der Herausbildung des neuen Menschen zu entsprechen schienen, ob ihrer realen Untauglichkeit zu entsagen, so mußte andererseits gegen die weitverbreitete Vorliebe angegangen werden, komplexe und komplizierte pädagogische Zusammenhänge mit Hilfe theoretischer Verkürzungen zu simplifizieren. Das pädagogische Denken in der offiziell geförderten und geforderten DDR-Pädagogik war weitgehend von der Lehre von der Menschenformung geprägt, von der Auffassung einer Formung des Menschen durch Außeneinwirkung, auf seine Entwicklung (vgl. Kalinin 1951). Die pädagogisch-strukturelle Aufarbeitung erfolgte in der Weise, daß Erziehung als Einwirkung auf den anderen hauptsächlich durch Übermittlung von Wissen und/oder durch Sanktionierung von Verhalten vor sich geht. Ihre besondere ideologische Untermauerung erhielt eine solche Denkweise in der DDR dadurch, als Lenins Lehre vom Hineintragen der (sozialistischen) Theorie in die Massen als allgemeiner politischer Begründungszusammenhang angesehen wurde.

Als sich mit Beginn der 80er Jahre der Wettbewerb zwischen den Gesellschaftssystemen insbesondere auf seine ökonomischen Konsequenzen zuspitzte, mußte auch die Pädagogik darauf reagieren. Offensichtlich mußte auch der Sozialismus individuelles Schöpfertum und Selbständigkeit der Menschen zumindest auf technisch-naturwissenschaftlichem Gebiet fördern. Die sogen. persönlichkeitstheoretische Wende ist als pädagogische Antwort zu sehen (Neuner 1991), und eine Abwendung vom Formungskonzept ist unverkennbar. Eine stärkere Respektierung des zu Erziehenden als Subjekt und Individuum wird immer stärker als Forderung erhoben. Allerdings bleibt festzustellen, daß sich auf der allgemeinpädagogischen Betrachtungsebene, was Erziehung ist und vor allem wie sie sich strukturiert, nichts änderte. So blieb oder verschärfte sich der Widerspruch im theoretischen Ansatz über das Pädagogische: einerseits sollte Individualität immer mehr gefördert werden, andererseits sollte dies durch Einwirkung zieleffektiver erreicht werden.

Für uns ergab sich folglich die Notwendigkeit, was in der pädagogischen Literatur in der DDR überhaupt nicht üblich war, ausführlicher sich mit dem Problem der Ausgangsabstraktion im Theoriebildungsprozeß zu befassen.

Beim Ausgangsabstraktum – Ausgangsabstraktum für die Gewinnung des geistig Konkreten – handelt es sich um die theoretische Abbildung eines gegebenen Sachverhaltes in seinem Fundamentalzusammenhang. Es ist die Verallgemeinerung aller Eigenschaften, Zusammenhänge und Prozesse auf das allgemein Wesentliche des betreffenden Sachverhaltes. Die Ausgangsabstraktion ist also eine Abbildung des Sachverhaltes in seinen allgemeinen Strukturen und Funktionsweisen. Sie ist allgemein und abstrakt, d.h. abstrahiert von allen konkreten Bedingungen und Besonderheiten. Gerade in dieser Allgemeinheit liegt ihre theoriebildende Funktion. Man kann sagen, daß sie keimhaft die wesentlichen Erkenntnisse enthält, die im weiteren Gang der wissenschaftlichen Arbeit zur entfalteten Theorie entwickelt werden.

Da u.W. eine systematische Aufarbeitung darüber, welcher Art Ausgangsabstraktionen im historischen Theoriebildungsprozeß wirksam waren und wie sich in solchen Ausgangsabstraktionen der Paradigmenwechsel in der Pädagogik vollzogen hat, nicht geleistet worden ist, schien es uns gerechtfertigt, unser Anliegen in einer stark vereinfachten Gegenüberstellung von tradiertem und weiterentwickeltem Grundmodell der Pädagogik zum Ausdruck zu bringen. Alle diese Überlagerungen trugen noch hypothetischen Charakter.

Das tradierte Grundmodell, wie es u.E. für die pädagogische Arbeit in der DDR galt, haben wir am Beispiel des »pädagogischen Dreiecks« zu exemplizieren versucht. Das erzieherische Geschehen wird hier in seinen Grundkomponenten auf die beteiligten Personen, auf den *Erzieher* und den *Zögling*, und auf das *Bildungsgut* zurückgeführt. Bekannt geworden ist dieses Grundmodell als *didaktisches bzw. pädagogisches Dreieck* (s. S. 128). Eine solche pädagogische Grundmodellauffassung läßt Interpretationen in verschiedenen Richtungen zu.

Als Kerngedanken kann man herausheben, daß der Erzieher als Mittler zwischen zu Erziehenden und Bildungsgut fungiert. Ihm kann die zentrale Rolle im Erziehungsprozeß zugemessen werden. Aus dieser Denkrichtung sind die pädagogischen Führungslehren und -konzepte entwickelt worden, die Erziehung als Tätigkeit des Erziehers verstehen. Daß eine solche Deutung der in der DDR praktizierten Schulpolitik entgegenkam, liegt auf der Hand.

Das Pädagogische Dreieck

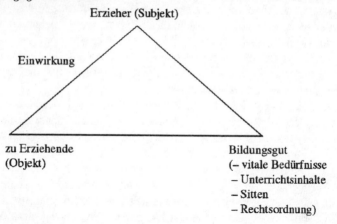

Es muß aber auch auf die erkenntnistheoretisch wichtigen Konsequenzen hingewiesen werden, die sich aus der Einwirkungs- und Übermittlungsabstraktion ergeben. Es liegt ein Denken im Sinne einer einfachen Subjekt-Objekt-Beziehung vor. Ein (individueller) Erzieher wirkt linear – kausal (durch Forderungen oder durch Übermittlung) auf den Zögling ein, der als Objekt dieser Einwirkung verstanden wird. Wenn nun durch zahlreiche Attribuierungen dieser Einwirkungsschematismus sozusagen gemildert werden sollte; an der theoretischen Modellauffassung ändert sich dadurch letztlich nichts.

Selbst die von der marxistischen Pädagogik in das Zentrum theoretischen wie praktischen Denkens und Handelns gestellte Kollektiverziehung hob das Einwirkungsmodell nicht auf. Im Gegenteil; die absolute Stellung des Erziehers im Erziehungsgeschehen wurde nicht aufgehoben; indem nun Erzieher und Kollektiv auf dem einzelnen einwirken, wird der Zug des Dirigierens in der Pädagogik noch verstärkt.

Fragt man noch nach der gesellschaftlichen Relevanz einer solchen Abstraktion, so kann man sagen, daß in diesem Modell gleichsam ein Herrschaftsverhältnis zum Ausdruck kommt, die Erziehungsstruktur als Analogie zur Gesellschafts- und Sozialstruktur erscheint.

Wir entwickelten demgegenüber als Ausgangsabstraktion für die Konstruktion des theoretischen Systems der Pädagogik die alternativ gedachte Modellvorstellung vom »Erzieherischen Aneignungsverhältnis« (Salzwedel 1984).

Den Verhältnisgedanken für die Klärung pädagogischer Grundfragen anzuwenden ist nicht neu (Kron 1971). Allerdings scheint uns, daß dieser Verhältnisgedanke doch immer auf ein zweiseitiges Schema zurückbezogen wird und die Komplexität des Pädagogischen bereits im Denkansatz nicht gefaßt wird. Also ging unser Bestreben dahin, das Verhältniskonzept methodologisch so anzulegen, daß das Pädagogische in seiner Komplexität besser erfaßt werden kann.

Wir ließen uns von folgender Überlegung leiten. In einem allgemeinen Sinne steht ein *soziales* Verhältnis, mit dem wir es bei der Erziehung zu tun haben, für die gesellschaftstheoretische Auffassung, daß menschliches Leben, menschliche Tätigkeit und Entwicklung nicht anders als in bestimmten dinglichen und sozialen Beziehungen sich vollziehen und folglich auch nicht anders gedacht werden können. Auf unseren spezifischen Problemfall bezogen, hielten wir es für fruchtbar, mit Hilfe des Verhältniskonzeptes die Auffassung von der kategorialen Grundstruktur des Pädagogischen in anderer Weise als im allgemeinen üblich zu begründen und damit eine andere Sicht auf die theoretischen Zusammenhänge zu eröffnen.

Zwei Aspekte sind hervorzuheben.

a) Statt der in der skizzierten tradierten Denkweise üblichen Annahme, daß Erziehung dem Wesen nach Übertragung bzw. Sanktionierung ist, gingen wir davon aus, daß Erziehung zuallererst *Aneignung* von etwas ist. Damit erfährt die Kategorie Aneignung eine zentrale Stellung in unserem theoretischen System. Zur Erklärung kann hier nur angeführt werden, daß es sich um die im dialektischen Materialismus enthaltene Kategorie von der Aneignung und Vergegenständlichung menschlicher Wesenskräfte handelt, die übergreifend benennt und erklärt, daß der Mensch erst durch Aneignung und Vergegenständlichung der in materiellen und geistigen Objekten objektivierten menschlichen Tätigkeiten sein menschliches Wesen erwerben kann. Aneignung ist also nicht als nebenrangige psychologische Kategorie gebraucht, die spezielle geistige Prozesse erfaßt; Aneignung meint hier Menschenentwicklung als subjektive Transformation von Objektivem in Wissens-, Tätigkeits- und Handlungssysteme des Menschen. Sie vollzieht sich in mehreren Aneignungsweisen: auf der praktischen Aneignungsweise aufbauend, werden die geistige, die emotionale und die wertende Aneignungsweise, die in Wechselwirkung stehen, unterschieden.

Der pädagogische Vorgang bezieht sich also nicht nur auf rationale Prozesse.

b) Aneignung als pädagogischer Vorgang spezifiziert sich nun dadurch, daß Aneignung in einer spezifischen intentionalen Wechselwirkung der Subjekte erfolgt.

In der schematischen Veranschaulichung der Strukturelemente des erzieherischen Aneignungsverhältnisses können wir zwei Dimensionen voneinander abheben. Wir haben *einmal* die individuelle Aneignungstätigkeit (in der oben angegebenen Bestimmung). Sie kann auf die Elemente Subjekte, Gegenstand und Mittel gegründet werden. Erziehung hat es immer mit der Aneignung von etwas zu tun. Es ist dieser Aneignungsgegenstand in der Literatur je nach vertretener Konzeption anders gesehen und bestimmt worden, als Kultur- oder Bildungsgut, als Lehr- oder Unterrichtsstoff, als didaktisch kanonisierter Inhalt oder als sozial determinierter Inhalt. Auf jeden Fall unterstellen wir einen Gegenstandsbegriff im weiten Sinne. Gleiches gilt für die Mittelauffassung. Mittel sind immer erforderlich, soll die Aneignung gelingen, wobei die Skala weit reicht, etwa von der pädagogisch intendierten Situation bis zum Lernmittel, dem Buch oder Computer.

Zum *anderen* haben wir die intentionale Wechselwirkung. Hier wird besonders abgehoben, daß wir es im pädagogischen Aneignungsvorgang (wenn wir hier von der Selbsterziehung als einer Sonderform des Pädagogischen absehen) mit mehreren Subjektivitätsformen zu tun haben, die in ihrer Verschiedenheit aus der allgemeinen Zwecksetzung des Pädagogischen, individuelle Aneignung zu unterstützen, eine funktionale Einheit bilden. Dadurch wird unterstrichen, daß ein pädagogischer Vorgang nicht als Einwirkung von außen (als Dirigismus) geregelt wird, daß es sich hier um einen Vorgang der Gestaltung des Pädagogischen durch alle beteiligten Subjekte handelt, also um Gestaltung im Sinne der Selbstverwirklichung des Pädagogischen. Pädagogische Effekte sind auch immer solche, die sich aus dem Beteiligtsein an der Gestaltung ergeben.

Erzieherisches Aneignungsverhältnis

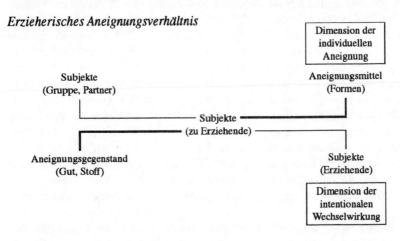

3. Die Prozeßfrage

Letztlich hat die Pädagogik darauf zu antworten, wie Erziehung, also Erziehungsprozesse zu gestalten sind. In der DDR-Pädagogik ist diese Problematik unter der Sicht des pädagogischen Prozesses behandelt worden. Prozeß meint hier nicht Methode oder methodischen Weg als einen Aspekt der Theorie der

Erziehung; der pädagogische Prozeß ist gleichsam eine ganzheitliche Abbildung der Erziehung unter dem Prozeßaspekt.

Im letzten Jahrzehnt hat die DDR-Pädagogik der Prozeßproblematik eine immer größere Bedeutung beigemessen und sie geradezu ins Zentrum pädagogisch-theoretischen und pädagogisch-praktischen Denkens und Wirkens gerückt. Diese Fragestellung ist wohl darum so bevorzugt thematisiert worden, weil man glaubte, hier einen zentralen Zugriff zur Verbesserung und Intensivierung der Erziehungsarbeit in allen Bereichen und Formen zu haben. Mit der Sicht auf die Erziehung als Prozeß kam zwangsläufig die Dimension des praktischen pädagogischen Handelns stärker in die wissenschaftliche Bearbeitung.

Die DDR-Pädagogik reagierte mit dieser Zuwendung zum Prozeßproblem wohl auf die politischen Forderungen in der DDR, zu wirklichen Fortschritten in der gewünschten sozialistischen Bewußtseinsbildung zu kommen. Aber diese Zuwendung zum Prozeßproblem deutet noch auf einen anderen Zusammenhang hin. In einer Zeit des globalen und technologischen Wandels begegnet die Pädagogik mit der Diskussion und Bearbeitung komplexer Problemstellungen, wie sie die Prozeßthematik eine darstellt, dem Trend in der Wissenschaft, durch komplexe Lösungsversuche auf die komplizierter werdenden Entwicklungsprozesse im Leben der Menschen zu antworten. Es dürfte unbestritten sein, daß mit der Ausarbeitung verbesserter pädagogischer Prozeßkonzeptionen einerseits viele Teil- und Folgeprobleme erzieherischen Handelns mitgelöst werden wie anderseits Teillösungen erst nach Klärung der Gesamtzusammenhänge sinnvoll angegangen werden können.

Die übergreifende Bedeutung der pädagogischen Prozeßlehre bzw. von Prozeßkonzeptionen spiegelt sich darin wider, ob Erziehung als Stoffübermittlung verstanden wird, ob die Erziehung zur Allseitigkeit durch eine Art Ausführungspädagogik erreicht werden soll, ob die ethische Dimension der Erziehung in einem technologischen Algorithmus untergeht, ob die Vielfalt, die Individualitätsentwicklung erfordert, pädagogisch in den Blick genommen wird, ob gesellschaftliche Intensivierungsfaktoren pädagogisch zur Wirkung gebracht werden sollen etc.

Unser Interesse richtete sich darauf, einen Zugang zur differenzierteren Abbildung des pädagogischen Prozesses zu entwickeln, der in Konsequenz unseres gedanklichen Ausgangspunktes autoritäre Führungslehren ausschließen sollte. In wissenschaftstheoretischer Hinsicht nutzten wir die in der einschlägigen marxistischen Literatur so bezeichnete Methode des Aufstiegs vom Abstrakten zum geistig Konkretem (vgl. Salzwedel 1984, 159ff.). Demzufolge stellen die Aussagen zum pädagogischen Prozeß eine bestimmte Konkretion des im Grundmodell Angelegten dar, was unter Beachtung sowohl erkenntnistheoretischer als auch gegenstandstheoretischer Voraussetzungen zu lösen war.

Ein wesentliches Moment unseres Vorgehens ist dadurch gekennzeichnet, daß wir den Entwicklungsgedanken, wie er in der Entwicklungskonzeption von Hörz und Wessel entwickelt war (Hörz/Wessel 1983), in den Mittelpunkt unserer prozeßtheoretischen Begründungen rückten.

Wird die pädagogische Frage in bezug auf die Entwicklung des Menschen darin gesehen, wie dieser Entwicklungsprozeß zu gestalten ist, dann muß der pädagogische Prozeß selbst als Entwicklungsprozeß, als Entwicklungsphänomen erkannt werden. Die konzeptionell-theoretische Konsequenz der Betrachtung liegt dann darin, daß der pädagogische Prozeß nicht ein von außen dirigierter Persönlichkeitsentwicklungsprozeß ist, in dem die zu Erziehenden Objekte und die Erziehenden (samt der politischen oder staalichen Vorgesetzten) Subjekte sind. Unsere Auffassung tendierte dahin, den pädagogischen Prozeß als einen Vorgang zu verstehen, der unter Beachtung seiner Determination sich in seiner Entwicklung aus sich selbst, d.h. seinen inneren und äußeren Widersprüchen erklärt. Unter dem Gesichtspunkt der Prozeßgestaltung wurde angestrebt, die Spezifik als eines pädagogisch determinierten Entwicklungsprozesses zu erfassen. Gestaltung meint im allgemeinen Sinne hier, einem Prozeß eine solche Gestalt zu geben, daß er seinen Zweck und seine Funktion erfüllen kann. Dies setzt die Aktivität der Prozeßsubjekte voraus. Daß in diesem Zusammenhang solche Probleme wie das Verhältnis von Sein und Sollen, von Erkenntnis und Handeln zu erörtern waren, kann nur erwähnt werden (vgl. Protz 1984).

Einen wichtigen Bestandteil in einer pädagogischen Prozeßkonzeption stellen die Erkenntnisse über die Struktur des Prozesses dar. Die Schwierigkeiten einer allgemeinpädagogischen Betrachtung ergaben sich für uns zunächst daraus, daß üblicherweise pädagogische Prozeßmodelle nach dem didaktischen Muster von geführten Lernabläufen unter institutionalisierten Rahmenbedingungen konzipiert sind und nicht die aus allgemeinpädagogischer Sicht notwendige Erfassung aller inneren und äußeren Bedingungen sichern. Unsere Auffassung zur Struktur des pädagogischen Prozesses zeichnete sich dadurch aus, daß im Strukturbild sowohl als auch äußere Elemente aufzunehmen und diese wiederum als Bedingungen und Faktoren zu bestimmen bzw. anzusetzen sind. Die Unterscheidung zwischen Bedingungen und Faktoren ist relativ. Als Bedingung wird verstanden, was vorhanden sein muß, damit etwas bewirkt werden kann, während als Faktor gilt, was Handlungen oder deren Unterlassung bewirkt. Eine solche Strukturerfassung soll helfen, Wirkzusammenhänge deutlich zu machen und erfassen zu können, die für die Gestaltung des Prozesses von Bedeutung sind. Wir geben unsere Auffassung in der folgenden Abbildung summarisch wider.

Was für die Strukturabbildung gilt, trifft dann besonders auch für pädagogische Prozeßablaufmodelle zu; sie sind in der Regel didaktisch begründet. Erziehungsfelder – wie erzieherische Vorgänge in Sozialisationsprozessen, in der Freizeittätigkeit, im Gruppenleben, in Massenaktionen, in der Medien- oder

Bedingungs-Faktorenstruktur des pädagogischen Prozesses

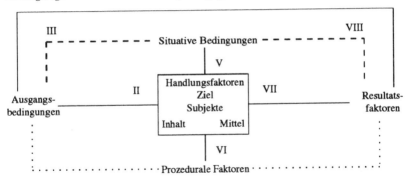

Kunstrezeption u.v.a.m – sind in der theoretischen Abbildung nicht erfaßt. Dabei ist insbesondere zu berücksichtigen, daß die didaktisch begründeten Ablaufmodelle in hohem Maße ein linear gedachtes Voranschreiten von Zustand zu Zustand, von Lernstufe zu Lernstufe nahelegen, ohne den dialektischen Fortgang von Fortschritt, Stagnation und Regression in der Persönlichkeitsentwicklung differenzierter auszuweisen. Uns schien es geraten, als Vorstufe für eine differenziertere Abbildung von typischen Prozeßabläufen allgemeinpädagogisch typische Situationen zu markieren. Dazu rechneten wir: die institutionalisierte Erziehungssituation (z.B. Unterricht, Schule), Erziehungssituation in nichtpädagogischen Institutionen (z.B. Jugendverbänden), Erziehungssituation der Rehabilitation (z.B. Sonderschulen), sozialintegrative Erziehungssituation (z.B. Straßensozialstation) und die Selbsterziehungssituation. In prozeßtheoretischer Hinsicht sehen wir in der Situation die Ausgangsqualität des Prozesses als eines Entwicklungsprozesses. Prozeßgestaltung kann als Situationsgestaltung verstanden werden. Weitergehende Erkenntnisse, auch als Verallgemeinerung teildisziplinärer Befunde, stehen allerdings aus.

Abschließend möchten wir nur noch anfügen, daß unsere Arbeit an allgemeinpädagogischen Problemstellungen nicht die Breite pädagogischer Theoriearbeit erfaßt hat. Zu verweisen wäre nur beispielhaft auf Arbeiten, historische determinerte Erziehungssituationen in ihrer allgemeinen Handlungsgültigkeit aufzudecken, allgemeine Erziehungstheorien und allgemeine pädagogische Erziehungsgrundsätze oder Prinzipien zu entwickeln (vgl. Lassahn 1977, Benner 1987, Hofmann 1989).

Literatur

Benner, D.: Allgemeine Pädagogik. Weinheim und München, 1987
Hofmann, F.: Allgemeine Pädagogik-Werden und Wesen. In: Wissenschaftliche Zeitschrift der Universität Halle- Wittenberg Heft 3/1979
Hofmann, F.: Studien zur Geschichte der bürgerlichen Didaktik. Berlin 1989
Honecker, M.: Zur Bildungspolitik und Pädagogik in der Deutschen Demokratischen Republik. Berlin 1986
Hörz, H./Wessel, K.-F.: Philosophische Entwicklungstheorie. Berlin 1983
Kalinin, M.J.: Über kommunistische Erziehung. Berlin 1951
Kron, F.W.: Theorie des erzieherischen Verhältnisses. Bad Heilbrunn 1971
Lasshan, R.: Grundriß einer Allgemeinen Pädagogik. Heidelberg 1977
Meumann, E.: Grundlinien der Entwicklung der Allgemeinen Pädagogik und der Tätigkeit des Wissenschaftlichen Rates. In: Beiträge zur Allgemeinen Pädagogik. APW der DDR. Heft 1/1988
Neuner, G.: Pädagogische Wissenschaften in der DDR. Ein Rückblick auf Positionen und Restriktionen. In: Die deutsche Schule. Heft 3/1991
Pädagogik: Gemeinschaftsarbeit von Mitgliedern und Mitarbeitern der APW der UdSSR und der DDR. 4. A. Berlin 1983
Protz, S.: Handlungsorientiertheit pädagogischer Theorie und gesetzmäßige Zusammenhänge erzieherischen Handelns. In: Wissenschaftliche Zeitschrift der Humboldt-Universität zu Berlin. Ges.-wiss. Reihe Heft 6/1984
Salzwedel, W.: Gegenstand der Pädagogik und Allgemeinen Pädagogik. – Fragen pädagogischer Theoriebildung in allgemeinpädogogischer Sicht. In: Wissenschaftliche Zeitschrift der Humboldt-Universität zu Berlin. Gesellschafts- und sprachwissenschaftliche Reihe XXVII (1978) 3
Salzwedel, W.: Allgemeinpädagogische Grundlagen pädagogischer Theoriebildung. In: Mannschatz, E./Salzwedel, W.: Pädagogische Theoriebildung und Erziehungspraxis. Berlin 1984
Stierand, G.: Zu einigen aktuellen Problemen der disziplinären Entwicklung der Allgemeinen Pädagogik. In: Pädagogische Forschung 21 (1980), 2 (a)
Wessel, K.-F.: Pädagogik in Philosophie und Praxis. Berlin 1975

Harald Zimmer

Zur Persönlichkeitsentwicklung durch Aneignung wissenschaftlicher Erkenntnisse im berufstheoretischen Unterricht der Berufsausbildung

I. Die Rahmenbedingungen des Konzeptes
II. Die Darstellung des Konzeptes
III. Ein Beispiel zur Anwendung des Konzeptes

Zu I. Die Rahmenbedingungen des Konzeptes

1. Die Darstellung eines Konzeptes zur Persönlichkeitsentwicklung durch die Aneignung wissenschaftlicher Erkenntnisse im berufstheoretischen Unterricht ist als Beitrag zum Thema »Spuren der DDR-Pädagogik« gedacht.

Spuren sind von der Beschaffenheit des zurückgelegten Weges und den Umständen abhängig, unter denen der Weg zurückgelegt wurde. Deshalb ist es nicht vermeidbar, auf Behinderungen hinzuweisen. Eine sogenannte Aufarbeitung der Vergangenheit können solche Hinweise allerdings nicht ersetzen, wohl aber Stellen markieren, an denen es notwendig ist, denn:

»Das Vergangene abgetan sein lassen, die Zukunft der Vorsehung anheimstellen – beides heißt den eigentlichen Sinn der Gegenwart nicht verstehen, die überhaupt nur soweit als Realität gelten kann, als sie durch Treue des Gedächtnisses das Vergangene zu bewahren, durch Bewußtsein der Verantwortung die Zukunft in sich einzubeziehen versteht« (Schnitzler 1987, 46).

2. Die Spurensuche, die Spurensicherung und die Spurendeutung ist eng mit terminologischen Problemen verbunden. Die Gegenwart wirft ein anderes Licht auf die Vergangenheit und befreit damit von der damals gebotenen Rücksichtnahme auf den Kommunikations-Usus. Es war üblich, zur Begründung auf zentral vorgefertigte Standortformulierungen zurückzugreifen. Diese hatten ihren Ursprung in den sogenannten Dokumenten von Partei und Regierung. Auf diese Weise funktionierte die als Wissenschaft bemäntelte Indoktrination von Ideologie. Pädagogischer Erkenntnisfortschritt mußte oft durch terminologische Vorkehrungen ideologiekonforme Positionen glaubhaft machen, um dem Verdacht zu entgehen, nicht den »Standpunkt der Arbeiterklasse« zu beziehen. Der sub-

stantielle Erkenntnisfortschritt ist dadurch mehr oder weniger verschüttet worden und muß nun nachträglich freigelegt werden. (Das bedeutet keine Rechtfertigung unseres Fehlverhaltens und des unterlassenen offenen Widerstandes und schon gar nicht kann daraus eine Minderung der moralischen Schuldigkeit abgeleitet werden. Der Mut reichte nur zum Häretiker nicht bis zum Dissidenten.) Man kann den hier erwähnten Umstand der erzwungenen ideologischen Verbrämung aber auch nicht übergehen bzw. als nicht gegeben betrachten, weil es die Sacharbeit erschwert. Man muß u.U. den Verdacht der subjektiven Rechtfertigung der Sache wegen in Kauf nehmen.

3. Die offizielle »Berufsbildungspolitik von Partei und Regierung« in der DDR der sechziger Jahre und in der Folgezeit ging von der Forderung aus, daß die Berufsausbildung den Lehrling zu befähigen habe, am Ende seiner Lehrzeit »die volle Facharbeiternorm zu erreichen«. Dieser utilitaristischer Ansatz stand im schroffen Gegensatz zum offiziell deklarierten allgemeinen Bildungsziel der »allseitig entwickelten sozialistischen Persönlichkeit«.

In der Berufspädagogik mußte das zwangsläufig zu Verklemmungen und Verkrampfungen führen, die als Grundlage für die Ausbildung von Berufsschullehrern technischer Richtungen an einer Universität völlig ungeeignet waren (1975 haben wir uns dazu zum erstenmal öffentlich geäußert).

Die offizielle Proklamation der allseitig entwickelten sozialistischen Persönlichkeit als allgemeines Bildungsziel erlaubte, eigene Positionen an vertretbaren Werten eines wünschbaren Gesellschaftszustandes festzumachen. So konnte eine Kritik an den bestehenden Verhältnissen »verpackt« werden. Real existierender Sozialismus war ohnehin eine Begriffsbildung, die den Verrat an den kommunistischen Ideen der Gesellschaftsveränderung bemänteln sollte, es war eine Ausrede für die politische Realität vor dem proklamierten kommunistischen Ideal. Durch diese Kritik, die nicht unentdeckt blieb, wurde das Ausbildungsziel »volle Facharbeiternorm« in seiner Verabsolutierung unterlaufen. Die eigenen Positionen gruppierten sich um den Kerngedanken, die Aneignung wissenschaftlicher Erkenntnisse nicht nur in den Dienst der Qualifizierung zu stellen, sondern der Aneignung wissenschaftlicher Erkenntnisse einen Beitrag zur Persönlichkeitsentwicklung der Lehrlinge abzugewinnen. Dieses Problem ist auch heute noch nicht annähernd gelöst. Heutzutage wird es mit Formulierungen wie »Das Verhältnis von beruflicher und allgemeiner Bildung« oder »Berufliche Qualifikation und Allgemeinbildung« thematisiert und berührt auch das Problem der sogenannten Schlüsselqualifikationen.

4. Für die Entfaltung einer Konzeption der Persönlichkeitsentwicklung in und durch berufliche Bildung war die Wissenschaftsdoktrin des ZK der SED, besonders stur von Günter Mittag vertreten, eine drastische Behinderung. Ihr Inhalt bestand im Wesentlichen darin, daß Wissenschaft in erster Linie und hauptsäch-

lich Produktivkraft sei. Der wirtschaftliche Niedergang in der DDR hat in den letzten Jahren zu einer Verhärtung dieser Positionen geführt. Es wurde aus Gründen der ökonomischen Bedrängung als Ablenkung von den dringenden Problemen der »Lösung der Hauptaufgabe« verfemt und unter ideologische Ächtung gestellt, wenn die Aufmerksamkeit auf andere Kräfte, die in der Wissenschaft stecken, gelenkt würde. Als solche Kräfte wären zu nennen: die Humankraft, die Sozialkraft und die Kulturkraft.

Bei der *praktischen* Gestaltung der Berufsbildungspolitik wollte man nicht wahr haben,
– daß Bildung auch Bedürfnis der Menschen ist ohne ausschließlich an ökonomische Verwertung zu denken,
– daß Wissenschaft durch Wissen-Schaffen und beim WissenSchaffen zwischenmenschliche Beziehungen begründet, die der Sozialisation dienen und auf die Gesellschaftsstruktur einen entscheidenden Effekt ausüben, den man nicht nur durch Zusicherung von Privilegien für Schichten in der Gesellschaft entsprechen kann und
– daß Wissenschaft auch Wertorientierung hervorbringt, die durch ihre Traditionswürdigkeit zum Kulturgut der Gesellschaft gehören.

Als wesentliche Erkenntnis schien und scheint mir die Tatsache zu sein:

Nur durch die harmonische, aufeinander abgestimmte Zusammenwirkung aller vier Kräfte kann auch ein Maximaleffekt der einzelnen Kraft erwartet werden. Durch Beschneidung der Human-, Sozial- und Kulturkräfte der Wissenschaft wird sie letztlich ihr Maxim an Produktivkraft nicht entfalten können.

Diesen Überlegungen, die an philosophische Erkenntnisse auch von DDR-Philosophen anknüpfen (siehe auch Hörz, H.: Wissenschaft als Prozeß, Berlin 1988), folgt die Konzeption, Persönlichkeitsentwicklung bei der Aneignung wissenschaftlicher Erkenntnisse im berufstheoretischen Unterricht zu betreiben. Damit sollte auch ein Beitrag zur Durchlässigkeit des Bildungssystems geleistet werden. Das gilt meines Erachtens auch heute noch, um in der Sekundarstufe des Bildungssystems Zugangsvoraussetzungen für den tertiären Bereich zu schaffen.

Zu II. Die Darstellung des Konzeptes

1. Ausgangspunkt für dieses berufspädagogische Konzept ist das Problem der allgemeinen Persönlichkeitsentwicklung durch Qualifizierung. Durch diese Problemorientierung ist auch der Begriffsapparat des Konzeptes bestimmt. Durch seine Tauglichkeit für die Lösung dieses Problems soll die Berechtigung des Konzeptes begründet werden. Unter anderem heißt das auch, daß dieses Konzept keine neue Didaktik des beruflichen Lehrens und Lernens als wissen-

schaftliche Disziplin begründen will, sondern daß in einer solchen Didaktik ein Theorieangebot neben anderen Angeboten zur Beantwortung der speziellen Fragen der Persönlichkeitsentwicklung gemacht wird.

2. Die Grundstruktur dieses problemspezifischen theoretischen Ansatzes ist in der Unterscheidung von:
– Aneignungsgegenständen
– Aneignungsweise
– Persönlichkeitseigenschaften
– dispositionelle Funktionen der Persönlichkeitseigenschaften bei Leistung und Verhalten
– Leistung und Verhalten innerhalb und außerhalb vom Beruf zum Ausdruck gebracht.

Im Rahmen dieser Grundstruktur sollen »Dinge«, ihre Eigenschaften und Beziehungen begrifflich unterscheidbar und faßbar gemacht werden, die als Komponenten der Persönlichkeitsentwicklung maßgeblich Beachtung finden müssen.

Der grundständige Bezug dieses Konzeptes zur Aneignung eines Berufes schließt in der zugrunde gelegten Berufsauffassung eine Öffnung von beruflicher Qualifikation zur Bildung in sich ein.

Beruf und demzufolge berufliche Handlungskompetenz schließt nach unserer Auffassung in dominierender Weise die sozialen Faktoren ein. Aus diesem Grunde definieren wir: Beruf ist eine soziale Fixierung von Produktivkraft in Form von Verhältnissen, unter denen arbeitsteilig produziert wird. Seine Herausbildung geschieht durch Merkmale der Disziplinarität in Tätigkeitssystemen der Herstellung von materiellen und ideellen Gegenständen mit nützlichen Gebrauchseigenschaften und der Verrichtung von Dienstleistungen.

Der Lebensnerv beruflich organisierter Erwerbstätigkeit ist der Grad an Tüchtigkeit im Tätigkeitssystem der gegebenenfalls eine gesellschaftliche Akzeptanz und damit eine Zuständigkeit in der Gesellschaft begründet, die eben jene Berufsstruktur im Beschäftigungssystem hervorbringt. Die Merkmale der Disziplinarität machen das deutlich. Disziplinarität zeigt sich in:
– spezifischer Zielstellung in Tätigkeitssystemen
– spezifischen Methoden
– Vorhandensein einer Mindestmenge typischer Tätigkeitsresultate
– Sozialeffekt für die Ausübung einer Tätigkeit
– Notwendigkeit des explizit angelegten Befähigungserwerbs
– Laufbahnkriterien für den Übergang zu höheren Statusrängen in der Qualifikation
– gesellschaftlich akzeptierte bzw. sanktionierte Institutionalisierung eines solchen Tätigkeitssystems (in Anlehnung an Guntau/Laitko 1987).

3. Die Aneignungsgegenstände (siehe 0 in der Übersicht Seite 140) sind im Betrachtungsfeld von Unterricht ideelle Gegenstände, die außerhalb des Lernsubjektes als gesellschaftliche Erfahrung und Erkenntnis existieren. Die Grundidee des Konzeptes besteht darin, die Aneignungsweise dieser Gegenstände so zu »organisieren«, daß ihre Struktur und natürliche Funktion als »regierende Momente« so einzubringen sind, daß Persönlichkeitseigenschaften entwickelt werden, die im weitesten Sinne Dispositionen für Leistung und Verhalten im Beruf wie im Leben sonst sind.

Forderungen, Gebote, Normen usw. sind Formen von Bewußtseinsinhalten, in denen sie eine imperative Funktion erfüllen. Regeln, Methoden, Prinzipien, Strategien usw. sind Formen von Bewußtseinsinhalten, in denen sie eine regulative Funktion erfüllen.

Begriffe, Aussagen, Fragen, Hypothesen, Theorien sind Formen von Bewußtseinsinhalten, in denen sie eine deskriptive Funktion erfüllen.

Auf Seite 140 ist eine Übersicht dargestellt, in der auch die anderen strukturbildenden Begriffe des Denkmodells angeführt sind. Im Abschnitt III wird als Beispiel die Aneignung von Begriffen für den Erwerb fachsprachlicher Kompetenz und sein Beitrag zur Herausbildung von allgemeiner intellektueller Kompetenz knapp dargestellt.

4. Als elementare Persönlichkeitseigenschaften (siehe 2 in der Übersicht Seite 140) bezeichnen wir z.B. Kenntnisse, Fähigkeiten, Fertigkeiten, Gewohnheiten, Einstellungen, Überzeugungen und Haltungen. Dabei sind wir uns der Unzulänglichkeiten und Gefahren voll bewußt, die mit einer derartigen Segmentierung der Persönlichkeit verbunden sind. Deshalb müssen hier integrierende Überlegungen grundsätzlicher Art angestellt werden:

a) In welchen Dimensionen die Ausprägungen von Persönlichkeitseigenschaften für die Leistungs- und Verhaltensdispositionen von Bedeutung sind,
b) wie diese Ausprägungen feststellbar sind und
c) in welchem harmonischen Zusammenschluß sie die Dispositionsfunktionen erfüllen?

Es muß dabei davon ausgegangen werden, daß keine linearen Kausalzusammenhänge bestehen. Es kann aber auch nicht angenommen werden, daß keine Präferenzen existieren und man nichts gezielt bewirken könnte, wenn man will oder soll, falls man darf. Wie z.B. aus Begriffen oder Aussagen Kenntnisse werden, die als Erkenntnisse des Lernenden entstehen und in Form von Einsichten als rationale Komponenten überzeugungsstiftend sind, ist eine berufspädagogische relevante Fragestellung. Ihre Beantwortung ermöglicht allgemeine Aneignungsweisen, die z.B. erworbenes Wissen zum Gewissen in der beruflichen Handlung werden lassen. Ansätze mit sogenannter ganzheitlicher systemischer

Strukturbildende Begriffe eines Denkmodells von den Komponenten der Persönlichkeitsentwicklung bei der Aneignung von gesellschaftlicher Erfahrung und Erkenntnis zur Entwicklung von Leistungs- und Verhaltensdispositionen

0 Aneignungs- gegenstände	1 Aneignungs- weise	2 Persönlichkeits- eigenschaften	3 Dispositions- funktion	4 Aneignungs- ziel	5 beobachtbare Seiten
Forderungen Gebote Normen Verbote ... Regeln Methoden Algorithmen Strategien Prinzipien Begriffe Aussagen Fragen Theorien	Geführte Aneignungs- handlungen des Subjekts	Bedürfnisse Interessen Haltungen Einstellungen Überzeugungen Gewohnheiten Fähigkeiten Fertigkeiten Kenntnisse	Gewissen — Gewißheit — Können Wissen — Wollen Neugier Wißbegier	berufliche Handlungs- kompetenz	Verhalten Leistung
ideelle Gegen- stände, die außerhalb des Lernsubjekts als gesellschaftliche Erfahrung und Erkenntnis existieren		Zielbereiche, innerhalb derer bestimmte Ausprägungen als Leistungs- und Verhaltens- dispositionen angestrebt werden		Anforderungen an den Facharbeiter als Erfordernis für das Ausführen beruflicher Handlungen	

Betrachtungsweise sind ohne die innere Differenzierung nicht genügend praktikabel, aber als ergänzende Überlegungen durchaus sinnvoll.

5. Die Dispositionsfunktion (siehe 3 in der Übersicht Seite 140) der Persönlichkeitseigenschaften für die Handlungskompetenz im Beruf und im Leben sind untereinander ebenso verquickt wie die Persönlichkeitseigenschaften selbst. Ihre Herausbildung wird nicht durch deterministische Aneignungsweisen bewirkt. Hierbei kommt es viel mehr darauf an, als Pädagoge einen adäquaten Führungsstil zu entwickeln und die Gedanken und Anstrengungen der Lernenden in diese Verflechtungen zu führen. Otto Willmann schreibt schon 1894 den inhaltsschweren Satz, der uns diesbezüglich als Leitidee gelten kann und unser pädagogisches Handeln beseelen sollte: »Lebendiges Wissen und durchgeistiges Können sind Erscheinungen gebildeten Wesens, aber die Erscheinung bleibt bloßer Schein, wenn sich jene nicht mit geläutertem Wollen zusammenfinden. Kenntnisse und Einsichten werden wertvolles und wertergebendes Element der Persönlichkeit erst, wenn sie sich zu Überzeugung und Gesinnung verdichten.« (Willmann, O., 1894, S. 51)

6. Drei als Beispiel ausgewählte, für Beruf und das Leben sonst sehr bedeutsame Komponenten von Leistung und Verhalten, die über das bloße qualifiziert sein für eine berufliche Handlung hinausgehen, sind mit Bezug in einschlägigen Dispositionsfunktionen in der Übersicht dargestellt.

Initiativverhalten, Verantwortungsbewußtsein, Innovationsbestreben sind in die Nähe von sogenannten Schlüsselqualifikationen zu bringen. Im Kontext von Schlüsselqualifikationen greifen sie zu kurz. Erst als Grundbefähigung mit der Tendenz zur Kompetenz werden sie in den richtigen Rahmen gestellt, in dem sie auch für Identitätsfindung des mündigen Staatsbürgers und seine Lebensplanung alle Potenzen entfalten können. Hier sehen wir den Zusammenhang von beruflicher Qualifikation und allgemeiner Bildung und meinen, daß in der Berufsausbildung die berufliche Qualifikation als Vehikel allgemeiner Bildung zu fungieren hat. Die Durchlaßfähigkeit des Bildungssystems und die Zertifikation der erreichten Ergebnisse sowie ihre Anerkennung als Übergangsberechtigung im Stufenmodell des Bildungssystems wird ohne ein oben angedeutetes inhaltliches Generalkonzept immer wieder Streitobjekt zwischen den unterschiedlichen Interessengruppen bleiben.

7. Zur Relativierung der Hauptforderung nach Erreichen der vollen Facharbeiternorm im Kontext der Lösung der Hauptaufgabe im realen Sozialismus mußte entsprechend der politischen Situation auf unterschiedliche Begründungsstrategien zurückgegriffen werden.

Die folgenden Zitate waren dabei Gegenstand der geistigen Durchdringung im Sinne Willmanns, um den Studenten die »Philosophie« zu vermitteln, der sie bei der Entfaltung des Wissens zur Verflechtung der Dispositionsfunktionen im pädagogischen Handeln folgen sollen. Auf erlernbare Handlungsfolgen mit technologischem Zuschnitt kann das natürlich nicht reduziert werden.

8. Initiativverhalten ist in engen Zusammenhang von Wissen, Können und Wollen zu bringen. Hans Mendau schrieb im Eulenspiegel, was später, im Juni '89 als Großplakat im U-Bahnhof Alexanderplatz in Berlin dem Fahrgaststrom unübersehbar präsentiert wurde:

Also: Wenn ich nur darf, wenn ich soll, aber nie kann,
wenn ich will,
dann mag ich auch nicht, wenn ich muß.
Wenn ich aber darf, wenn ich will, dann mag ich
auch, wenn ich soll,
und kann auch, wenn ich muß.

Denn schließlich:
Die können sollen müssen auch wollen dürfen (Mendau 1989).

9. Verantwortungsbewußtsein wird zu einem wesentlichen Teil von Überzeugungen getragen, die in ihren rationalen Komponenten von Einsichten geprägt sind. Die objektive Wahrheit ist durch subjektive Gewißheit zu interiorisieren. Die Auseinandersetzung mit den folgenden beiden Zitaten sollte eine pädagogische Handlungsphilosophie vermitteln.

»Das Bewußtsein eines inneren Gerichtshofes im Menschen (»vor denen sich seine Gedanken einander verklagen oder entschuldigen«) ist das Gewissen. Jeder Mensch hat Gewissen und findet sich durch einen inneren Richter bedroht und überhaupt im ... Respekt gehalten, und diese über die Gesinnung in ihm wachende Gewalt ist nicht etwas, was er sich selbst (willkürlich) macht, sondern es ist seinem Wesen einverleibt. Es folgt ihm wie ein Schatten, wenn er zu entfliehen gedenkt. Er kann sich zwar durch Lüste und Zerstreuung betäuben oder in Schlaf bringen, aber nicht vermeiden dann und wann zu sich selbst kommen oder zu erwachen, wo er alsbald die furchtbare Stimme desselben vernimmt. Er kann es in seiner äußersten Verworfenheit allenfalls dahin bringen, sich daran nicht mehr zu kehren, aber sie zu hören, kann er doch nicht vermeiden« (Kant 1914, 438).

Zur Durchsetzung der zwar öffentlich und offiziell proklamierten aber nicht gelebten und nicht praktizierten Philosophie wurde Karl Marx als Kronzeuge in

den Zeugenstand für die Begründung der einschlägigen pädagogischen Handlungsmaxime gerufen. Er hatte in jungen Jahren geschrieben:
»Wir haben die feste Überzeugung, daß nicht der praktische Versuch, sondern die theoretische Ausführung der kommunistischen Ideen die eigentliche Gefahr bildet, denn auf praktische Versuche, und seien es Versuche in Masse, kann man durch Kanonen antworten, sobald sie gefährlich werden,
aber Ideen, die unsere Intelligenz besiegt
die unsere Gesinnung erobert
an die der Verstand unser
Gewissen geschmiedet hat,
das sind Ketten, denen man sich nicht entreißt, ohne sein Herz zu zerreißen, das sind Dämonen, welche der Mensch nur besiegen kann, indem er sich ihnen unterwirft« (Marx 1842).

10. Innovationsbestreben und Kreativität gehörten zu den auch damals schon offiziell verkündeten Zielen der Berufsausbildung. Diese Ziele ernsthaft und konsequent zu verfolgen, bedeutete aber, sich der Fesseln zu entledigen, in die man Innovationsbestreben und Kreativität geschlagen wissen wollte. Vor dem Hintergrund starrer, verkrusteter und doktrinärer Ideologie mußte sich mit dem folgenden Zitat von Gerhard Branstner auseinandergesetzt werden, um als künftiger Pädagoge sich individuell eine Philosophie der pädagogischen Intentionen und des pädagogischen Handelns anzueignen, die vor humanistischer Wertung Bestand hat.

»Die objektive Möglichkeit ist das Maß der Wirklichkeit.« »Nun sind jedoch Wirklichkeit und Möglichkeit in ständiger Veränderung begriffen. Jede neue Wirklichkeit produziert neue Möglichkeiten, und jede neue Möglichkeit postuliert eine neue Wirklichkeit. So erneuert sich der Widerspruch ständig: Wirklichkeit und Möglichkeit stehen unaufhörlich in einem dialektischen, mithin gespannten Verhältnis zu einander.

Was aber, wenn die Wirklichkeit in keinem Verhältnis zu ihren Möglichkeiten steht, wenn das Verhältnis beider zu einem Mißverhältnis wird? Da muß halt die Wirklichkeit um des Möglichen willen unmöglich gemacht werden.«

»Was kann da eine theoretische Erkenntnis ausrichten?«

»Alles! Das Erkennen der objektiven Möglichkeit ist ein theoretischer Vorgang, sie selbst aber (die objektive Möglichkeit) ist ein politisches Argument, und das unbestechlichste dazu. Vor diesem Argument kann keine Wirklichkeit bestehen, selbst die beste nicht, wenn sie auch nur im geringsten unter ihren Möglichkeiten ist.

Und welche ist das nicht?

Wir bilden uns viel auf unseren Wirklichkeitssinn ein. Was wir nötig haben, ist der Möglichkeitssinn. Er ist von beiden der edlere. Ohne ihn wird der Wirklichkeitssinn zum Starrsinn, denn er ist in sich konservativ. Erst als im Möglichkeitssinn aufgehobener erhält er seinen wirklichen Sinn. Also müssen wir unseren Möglichkeitssinn ausbilden, ihn auf alle bedenkliche Weise befördern und pflegen.«

»Dann erst erlebt das schöpferische und zugleich kritische Denken eine niegeahnte Blüte. Die Wirklichkeit wird ohne Unterlaß auf ihre Möglichkeiten geprüft. Und wo sie darunter bleibt wird sie aufgehoben. Das erfordert und befördert Verstand und Phantasie, Mut und Redlichkeit« (Branstner 1977).

Zu III. Darstellung der Anwendung des Konzeptes in Form der Skizze einer Methodik der Arbeit an und mit Begriffen

1. Unter einer Methodik verstehen wir ein komplexes Denk- und Handlungsregulativ, das zur Optimierung des Weges und auf dem Weg zum Ziel benutzbar ist. Dieses Regulativ ist in sich strukturiert aus Elementen verschiedener Funktionen wie orientierende, anleitende und überführende Funktionen. In unserem Falle handelt es sich um eine pädagogische Methodik für den berufsbildenden theoretischen Unterricht *ohne* die Beschränkung auf den Unterricht in einem speziellen Fach eines bestimmten Berufsfeldes.

2. Wie in Abschnitt II, Punkt 4 angekündigt, soll nun auf die Methodik der Arbeit an und mit Begriffen zur Entwicklung fachsprachlicher und allgemeiner intellektueller Kompetenz etwas näher eingegangen werden, ohne allerdings auch nur annäherungsweise eine geschlossene Darstellung erreichen zu können. Wir müssen uns auf die Darstellung einiger orientierender und anleitender Elemente beschränken, deren Verarbeitung durch den angehenden Lehrer die einschlägige pädagogische Handlungskompetenz begründet. Die anleitenden Elemente können nicht rezeptartig gegeben werden und überführende Elemente schon gar nicht als Algorithmen.

Die orientierende und anleitenden Elemente sollen im Prinzip kenntlich machen, welchen Einfluß Struktur und Funktion der Begriffe auf die methodischen Grundstrukturen haben (vgl. Zimmer 1985).

2.1 Der Bezug einer Methodik auf die Arbeit an und mit Begriffen ist infolge der Bedeutsamkeit der Begriffe für die geistige Tätigkeit gerechtfertigt. Mit Begriffen bilden wir Aussagen, stellen Fragen, formulieren Vermutungen, konstruieren Theorien, geben Hinweise, beschreiben Methoden, fassen Algorithmen und Prinzipien, halten Normen, Gebote, Verbote und Aufforderung fest, kurzum: Begriffe sind im ursprünglichen Sinne des Wortes Grundlage der geistigen Tätigkeit des Menschen.

2.2 Die natürliche Funktion der Begriffe in der geistigen Tätigkeit des Menschen ist kurz und prägnant mit Werkzeugfunktion benannt.
»Wenn die Begriffe nicht stimmen, stimmen die Worte nicht, kommen die Werke nicht zustande. Darum sorge man dafür, daß in den Worten alles in Ordnung ist« (Lao Tse um 300 v.u.Z.).
Begriffe sind demnach Werkzeuge und dienen der Erkenntnis und der Verständigung.

2.3 In der fundamentalen geistigen Tätigkeit des Klassifizierens der Umwelt sind sie die sprachliche Fassung der Merkmalkomplexe an den Klassifikationsknotenpunkten. Damit sind Begriffe, in der Einheit von Zeichen und Bedeutung, nur im Zweckbezug zu verstehen.

2.4 Da Begriffe als zeichengebundene Merkmalkomplexe aktualgenetisch nicht an reale Objekte gebunden sind, sondern aus Merkmalen zusammengefügt werden können, die niemals zuvor zusammen wahrgenommen wurden, dienen sie auch dem »Entwurf« der Welt. So kommt es, daß Begriffe gebildet werden, unter die kein »Ding« fällt; so entsteht die Zahl Null. Diese Position ist für das Verständnis der Begrifflichkeit besonders wichtig, da damit der Zugang zur Kreativität der Lernenden offen gehalten wird (siehe das Wechselverhältnis von Möglichkeit und Wirklichkeit im Zitat von Branstner).

2.5 Begriffe werden nicht auf Wahrheit, sondern auf ihre Tauglichkeit beim Klassifizieren und »Entwerfen« der Welt geprüft. Das ist das zentrale Moment bei der Begründung von Begriffen und bei der Motivierung ihrer Bildung und Einführung. Für die Behandlung der tragenden Begriffe eines Wissensgebietes ist das für das Begriffslernen unumgänglich, wenn nicht auf Einsichten verzichtet werden soll oder kann.

2.6 Der intrumentale Charakter der Begriffe begründet auch ihre jeweilige Spezifik, die am Ort ihrer Bildung und dem verfolgten Zweck »festgemacht« werden kann. Deshalb sind Begriffe zwischen den verschiedenen »Erkenntnisgewerken« respektive Wissenschaftsdisziplinen auch nicht beliebig austauschbar. Für das Verständnis von Fachsprache im weitesten Sinne des Wortes und für die Herausbildung fachsprachlicher Kompetenz ist dieser Umstand ausschlaggebend.
Damit ist die begriffliche Eigenständigkeit in verschiedenen Disziplinen gerechtfertigt. (Anmerkung: Das trifft übrigens auch auf die Eigenständigkeit der pädagogischen Terminologie zu. Die Zwangsanleihe in der Philosophie führte, oft unerkannt, zur ideologischen Bevormundung der Pädagogik. Durch Forderung nach Eigenständigkeit der pädagogischen Terminologie war man dem Verdacht ausgesetzt, sich aus der ideologischen Vormundschaft durch die herr-

schende Parteiideologie zu befreien.) Begriffliche Unterschiedlichkeit in »Erkenntnisgewerken« ist deshalb nicht als vermeidbares Übel zu beklagen, sondern als Mittel der Steigerung der geistigen Effizienz begründet.

2.7 Das Niveau der Begrifflichkeit im Kopf des Lernenden kann als ein Gradmesser für berufliche Kompetenz gelten. Das souveräne Beherrschen der berufsbezogenen Fachsprachen (ohne den Eindruck des Klapperns mit leeren Worthülsen zu erwecken) gilt als Statussymbol des Fachmannes im einschlägigen Beruf.

Die Berufsehre eines Lernenden entwickelt sich auch mit der Einstellung zu seinen Werkzeugen. Neben den Handwerkzeugen (einschließlich Geräte, Maschinen und Anlagen) sind darin auch seine Denkwerkzeuge eingeschlossen.

Die sorgsame Pflege der Fachsprache ist auch eine Sozialisationskraft in der Beruflichkeit. Die Mitarbeit in einschlägigen Fachverbänden kann dafür als Beispiel gelten.

2.8 Zu den anleitenden Elementen in der Methodik der Arbeit an und mit Begriffen gehören die Varianten der Einführung von Fachbegriffen.

Es lassen sich Varianten der gedanklichen Linienführung unterscheiden und daran ableitende Hinweise knüpfen.

Vom Wort zum Begriff oder vom Begriff zum Wort sind z.B. zwei grundsätzliche Varianten. Wird z.B. in der zweiten Variante der Merkmalkomplex des Begriffes an der Tauglichkeit für die Erfassung von logischen Subjekten und logischen Prädikaten festgemacht, so begründet das die Zweckmäßigkeit der Begriffsbildung für die Sachverhaltserfassung durch Aussagenbildung. Gesetzesaussagen und Hypothesenbildung sind z.B. zwei Folgeprobleme in Abhängigkeit tauglicher Begriffsbildungen. Mit dieser methodischen Grundstruktur wird ein entscheidender Beitrag zur Entwicklung intellektueller Kompetenz geleistet. Wenn aber in der eben erwähnten zweiten Variante der Merkmalkomplex des Begriffs am Unterscheidungsbedürfnis für Klassen von Gegenständen festgemacht und sprachlich unterschiedlich fixiert wird, so begründet das die Zweckmäßigkeit der Begriffsbildung für die Kommunikation (siehe dazu auch Zimmer 1983; Zimmer/Hortsch 1983; Fischer/Zimmer 1989).

2.9 Zu den anleitenden Elementen in dieser Methodik gehören auch die Unterscheidungen der Begriffe unter dem Aspekt

1. der Entstehungsweise   in: Erfahrungsbegriffe und wissenschaftliche Begriffe
2. des Leistungstypus   in: Abbildungsbegriffe und Verknüpfungsbegriffe
3. der Stellenzahl   in: Eigenschaftsbegriffe und Beziehungsbegriffe
4. der Anzahl seiner Elemente in: Nullbegriffe, Einzelbegriffe und Allgemeinbegriffe

5. der semantischen Bezugsebene	in: objektsprachliche Begriffe und metasprachliche Begriffe
6. der Abstraktionsstufen	in: konkrete Begriffe und abstrakte Begriffe
7. des Differenzierungsvermögens	in: Kategorialbegriffe und Intensivitätsbegriffe
8. des Bezuges	in: korrelative und nicht korrelative Begriffe,

um daran spezifische Hinweise für die Einführung und Benutzung der Begriffe festzumachen. Dazu und zu weiteren Elementen einer Methodik der Begriffsarbeit wie Definieren und Klassifizieren sind in »Elemente der Begriffslehre I und II« (als ein theoretischer Leitfaden für die Arbeit an und mit Begriffen im Unterricht) Ausführungen gemacht (vgl. Zimmer 1985).

3. Methodik ist nur eine der Komponenten innerhalb einer Pädagogik des Unterrichtens. Unter einer Pädagogik verstehen wir ein komplexes Handlungsregulativ der Führung der Veränderung der Persönlichkeitseigenschaften als Disposition für Leistung und Verhalten bei der Verrichtung beruflich organisierter qualifizierter Arbeit und als Dispositionen für die Selbstverwirklichung und Selbständigkeit in der Lebensgestaltung, auf der Grundlage von Tätigkeit der Lernenden in Form von Entwicklung durch Erziehung und Bildung (vgl. Zimmer 1988, 54ff.)

Der »Innenausbau« eines solchen komplexen Handlungsregulativs wird in grober Näherung kategorial differenziert mit Ziel, Inhalt, Methode, Bedingung. Die Formulierung »in Form von Entwicklung« verlangt bei der Führung der Veränderung, von der Potentialdifferenz zwischen Bedürfnis und Bedürfnisbefriedigung als Antriebsmoment auszugehen. Die Ontogenese der Persönlichkeitseigenschaften ist als Knotenlinie der inneren Maßverhältnisse zu begreifen und in der Überwindung des Erreichten, die Tendenz der Veränderung anzulegen. Obwohl Methodik als Mittel der Zielerreichung gilt, wird in einer Reflexion über Methodik streng genommen explizit *nicht* die Zielproblematik des betreffenden Unterrichtes im curricularem Kontext der Gesamtausbildung behandelt. Ebenso verhält es sich mit inhaltlichen, organisatorischen oder zeitlichen Komponenten in einer Pädagogik des Unterrichtens. Nennt man die Pädagogik des Unterrichtens Didaktik so handelt es sich bei unserem Vorschlag um eine berufsfeldübergreifende didaktische Unterrichtsmethodik der Arbeit an und mit Begriffen als allgemeine Grundlage zur Entwicklung berufsbezogener fachsprachlicher Kompetenz und zur Entwicklung allgemeiner intellektueller Kompetenz. Diese berufsfeldübergreifende Unterrichtsmethodik gehört deshalb in die allgemeine Didaktik des beruflichen Lehrens und Lernens. In dieser Didaktik sind noch weitere berufsfeldübergreifende Methodiken mit Bezug auf andere Aneignungsgegenstände im Hinblick auf die Entwicklung anderer Persönlichkeitseigenschaften und ihren Dispositionsfunktionen für Handlungs- und Verhaltenskompetenz enthalten. Als konkrete Beispiele seien genannt:

a) Eine berufsfeldübergreifende Methodik der Arbeit an und mit Schlußfolgerungen zur Erzeugung von Einsichten als rationale Komponente von Überzeugungen, welche als Dispositionen für Gewißheit und Gewissen von Bedeutung sind.
b) Eine berufsfeldübergreifende Methodik der Arbeit an und mit technischen Gesetzesaussagen zur Ableitung von technologischen Strategien als Disposition für berufliche Handlungskompetenz (vgl. Bernard in dieser Publikation).

Die innere Ausgestaltung der Didaktik des beruflichen Lehrens und Lernens mit berufsfeldübergreifenden Methodiken zur Aneignung wichtiger Gegenstände schafft praktikable Voraussetzungen für ihre Anwendung im Unterricht spezieller Berufsfelder. Wenn nun noch im wissenschaftlichen Studium die Lehre und Aneignung von mathematischen, natur-, technik-, wirtschafts- und sozialwissenschaftlichen Gegenständen konsequent lehrbezogen erfolgte, wären förderliche Voraussetzungen für die Anwendung dieser Methodiken geschaffen. Die Lehrbezogenheit des Fachstudiums ist ohnehin von großem Vorteil in der Lehrerausbildung, weil dadurch der methodologische Reichtum einer Fachwissenschaft obligatorisch reflektiert werden muß.

Damit ausgerüstet kann der Referendar spezielle Didaktik seines Berufsfeldes oder eines allgemeinbildenden Faches unter Anleitung praktizieren.

4. Zugegebenermaßen ist eine solche Methodik nicht gedacht, um in einer »pädagogischen Fachkunde« einer nicht akademischen Lehrerausbildung installiert zu werden, sondern um in einer Pädagogik des Unterrichtens (als Wissenschaftsdisziplin) der Reflexion des Methodischen zu dienen. Der Student muß in dieser Wissenschaftsdisziplin lernen, sich der Erkenntnisse der Disziplin zu bedienen um Wissen für das praktisch pädagogische Handeln zu gewinnen.

Das unterscheidet dieses wissenschaftliche Studium der Berufspädagogik auf universitärer Ebene von der pädagogischen Fachkunde in einer Fachhochschulausbildung.

Welche Ausbildungsart von Berufsschullehrern, ob nichtakademische mit pädagogischer Fachkunde oder akademisch mit einem Teilstudiengang für pädagogische Wissenschaftsdisziplin, die bessere Art ist, kann aus sachbezogenen Gründen nicht als erwiesen gelten.

Literatur

Branstner, G.: Kantine. Eine Disputation in fünf Paradoxa. Rostock 1977
Guntau/Laitko: Der Ursprung der modernen Wissenschaft. Berlin 1987
Fischer, J./Zimmer, H.: Theoretische Grundlagen für die Arbeit mit Begriffen im Unterricht – Varianten ihrer Einführung und systematischen Erfassung. In: Forschung der sozialistischen Berufsbildung, Berlin 1989, H. 3
Hörz, H.: Wissenschaft als Prozeß. Berlin 1988
Kant, I.: Die Metaphysik der Sitten. In: Kant's gesammelte Schriften. Berlin 1914, Bd. VI, S. 438
Marx, K.: Der Kommunismus und die Augsburger »Allgemeine Zeitung«. In: Rheinische Zeitung, Nr. 289 vom 16. 10. 1842
Schnitzler, A.: Aphorismen und Notate, Leipzig/Weimar 1987
Zimmer, H.: Der Begründungsaspekt beim Definieren und seine Bedeutung für die Vermittlung von Begriffswissen. In: Forschung der sozialistischen Berufsbildung, Berlin 1983, H. 1
Zimmer, H.: Elemente der Logik für die Unterrichtspraxis I und II, Dresden 1985. (Lehrbriefe für das Hochschulfernstudium)
Zimmer, H.: Wissenschaftstheoretische Überlegungen zur Ausgangsabstraktion der pädagogischen Wissenschaften und zu deren disziplinärer Strukturierung. In: Beiträge zur Berufsbildung – Gegenstand, Aufgaben und Tendenzen der Entwicklung der Berufspädagogik, Berlin 1988
Zimmer, H./Grottker, D.: Ideengeschichtliche Betrachtungen zur Verwendung der pädagogisch bedeutsamen Begriffe Wissen, Können, Wollen bzw. Wissen, Gewißheit, Gewissen. In: Forschung der sozialistischen Berufsbildung, Berlin 1988, H. 3
Zimmer, H./Hortsch, H.: Die Unterscheidung von Klassifikations- und Maßbegriffen Konsequenzen für die definitorische Arbeit an Maßbegriffen im Unterricht. In: Forschung der sozialistischen Berufsbildung, Berlin 1983, H. 1
Zimmer, H./Neumerkel, H.: Diskussionsbeitrag zum Problem Unterrichtsmethode. In: Forschung der sozialistischen Berufsbildung, Berlin 1975, H. 3
Zimmer, H./Neumerkel, H.: Theoretische Überlegungen zum Beitrag der Berufspädagogik zur Persönlichkeitsentwicklung der Lehrlinge im theoretischen Unterricht. In: Forschung der sozialistischen Berufsbildung, Berlin 1988, H. 2

Franz Bernard

Der Einfluß von Funktion und Struktur der Aneignungsgegenstände auf die Gestaltung von Aneinungsprozessen

Dargestellt für die Arbeit mit und an technischen Strategien im beruflichen Unterricht

Der Unterrichtsprozeß in der Berufsausbildung wurde von der Berufspädagogik der DDR als ein Prozeß der »*berufspädagogisch intendierten Aneignung*« betrachtet, der sich im wesentlichen durch die Merkmale auszeichnet, daß er auf ein gesellschaftlich determiniertes Ziel (Fähigkeit und Bereitschaft zur Ausübung qualifizierter beruflicher Arbeit) gerichtet ist und systematisch und organisiert erfolgt (Rudolph 1989, 182). Für die »*geführte Aneignung des Berufes*« wurden Lehr- und Lernkonzepte entwickelt, die, losgelöst vom Lernsubjekt, die Ziele, Inhalte und Methoden des Unterrichts in Form von Unterrichtshilfen, methodischen Anleitungen u.a. vorgegeben haben.

Vom Wesen her hatten die Lehrkonzepte den Charakter von Qualifikationsmodellen. Ihre Priorität war auf die zukünftige Verwertung des Gelernten ausgerichtet. Sie wurden den Anforderungen eines Bildungskonzeptes nicht gerecht, nämlich vom konkreten Individuum mit seinen spezifischen Fähigkeiten und Erfahrungen als Basis des Lehrens und Lernens auszugehen. Bildung ist aber nicht *zweckfrei*, sondern hat ihren Zweck in der konkreten Verbindung des Subjekts mit der gesellschaftlichen Wirklichkeit, aber nicht eingeengt auf den beruflichen Arbeitsbereich, sondern sie ist auf die Entfaltung des Subjekts und auf die Erweiterung des Möglichkeitsfeldes für das selbständige Handeln ausgerichtet.

Mit den Aussagen von Zimmer und Neumerkel zur *Differenzierung im Zielbereich pädagogischer Maßnahmen* wurde auf der Basis des Zusammenhanges von Persönlichkeitsformen und Aneignungsgegenständen eine Entwicklungsrichtung ausgelöst, die zu Analysen für ein Aufdecken von Struktur und natürlicher Funktion der Aneignungsgegenstände führte (Zimmer/Neumerkel 1975). Diese Untersuchungen zu den Aneignungsgegenständen eröffnet wesentliche Potenzen für die Entfaltung des Subjekts in der beruflichen Qualifikation. Insbesondere der Unterrichtsmethodiker gewerblichtechnischer Fachrichtungen stand vor der Aufgabe, mittels methodologischer Erkenntnisse der Technikwissenschaften die *Struktur und natürliche Funktion der Aneignungsgegenstände* aufzudecken und methodische Grundstrukturen des Aneignungsprozesses abzuleiten.

Die folgenden Ausführungen konzentrieren sich auf Aussagen zur Entwicklung von Erkenntnissen methodologischer Analysen der Technikwissenschaften und ihrer Umsetzung für berufspädagogische Lösungen. Exemplarisch wird der Einfluß von Struktur und Funktion der technischen Aneignungsgegenstände auf die Gestaltung des Aneignungsprozesses im technischen Unterricht für den Aneignungsgegenstand »*Technische Strategie*« dargestellt.

Die Entwicklung der Unterrichtsmethodik technischer Richtungen auf der Basis methodologischer Analysen

Lohmann hat mit seinem Beitrag »*Die Bedeutung der Methodologie für die Lehre der Technik*« (Lohmann 1957) auf die entscheidende Forschungsrichtung für die Entwicklung von unterrichtsmethodischen Lösungen aufmerksam gemacht. Er wies nach, daß mittels methodologischer Analysen die Grundgesetze und -größen der Technikwissenschaften aufgedeckt werden können und sich von der Struktur der Inhalte und Methoden her zu einem geschlossenen Erkenntnisgebiet ordnen lassen. »*Eine methodologische Analyse ist somit die Untersuchung einer Einzelwissenschaft (oder eines Wissenschaftszweiges) mit dem Ziel des Nachweises von Strukturen als Ordnungsgefüge und des Methodengefüges als Einheit von fachspezifischen Methoden und Verfahren mit allgemeinen Methoden, d.h. mit Methoden eines größeren Gültigkeitsbereiches*« (Lichtenecker 1966, 79).

Die Ergebnisse von methodologischen Analysen in Form von *Gegenstands- und von Erkenntniswegstrukturen* sind eine notwendige Voraussetzung, um mittels des Lehr- und Lernprogramms im Bewußtsein des Schülers Strukturen aufzubauen und auf den Methodenbereich zu orientieren. »*Der Bildungsstoff soll stärker als in der Vergangenheit die Funktion des Bildungsmittels erhalten: das Bildungsziel ist die Befähigung zur Methode. Diese Zielsetzung fordert den strukturierten Bildungsstoff*« (Lichtenecker 1966, 65). Abgeleitet aus methodologischen Analysen einzelner Disziplinen der Technikwissenschaften (Lohmann 1957/58) und zusammenfassend zur Theorie und Praxis der Heuristik in der Ingenieurerziehung (Lohmann 1959/60) konnten auf einer qualitativ neuen Stufe die wesentlichen Voraussetzungen, wie die Strukturträger, das Ordnungsgefüge und die Wege zum Ziel für die Lehre der Technik aufgedeckt werden. Die Ergebnisse von methodologischen Analysen der Technik bildeten die Grundlage für weitere Forschungsergebnisse zur Theorie und Methodologie der Unterrichtsmethodik technischer Richtungen (Drechsel 1985). Die pädagogische Ergiebigkeit von methodologischen Analysen wurde von den Berufspädagogen, die sich mit der Ausbildung von Lehrern für die Lehre der Technik beschäftigten, zur Lösung differenzierter berufspädagogischer Probleme nachgewiesen.

Exemplarisch sei hier nur auf die Lösungsvarianten des *Lehrstoff-Zeit-Problems* hingewiesen.

In den 60er Jahren führte die ständige Erweiterung und Vertiefung von wissenschaftlichen Erkenntnissen und sich kaum ändernden Zeitfonds für die Ausbildung zu einem sich immer mehr verschärfenden Widerspruch, der unter dem terminus technicus *Lehrstoff-Zeit-Problem* in die Geschichte der Berufspädagogik einging. Über die quantitative Seite des Wissenszuwachses, über Ursachen des exponentiellen Zuwachses sowie über Lösungsansätze der Vergangenheit wurde vielfältig berichtet (Lichtenecker/Sperk 1966). An der Fakultät für Berufspädagogik und Kulturwissenschaften der Technischen Universität Dresden wurden Lösungsvarianten für die Lehre der Technik erarbeitet und veröffentlicht (Hering/Lichtenecker 1966). Die Lösungsschwerpunkte beziehen sich im wesentlichen auf die *Stoffbeschränkung*, auf *leistungsfähige Methoden* und auf die *Befähigung zur eigenen Stoffbewältigung*. Ohne konkrete Aussagen zum Inhalt, zu den Bauelementen, zu den Methoden und Verhaltensweisen, zum Ordnungsgefüge und zur Sprachanalyse einer Wissenschaftsdisziplin (Lohmann 1957) in einer bestimmten Periode der Entwicklung der Wissenschaftsdisziplin lassen sich Lösungsvarianten des *Lehrstoff-Zeit-Problems* wissenschaftlich nicht herleiten.

Neue Forschungsergebnisse in der Entwicklung der Wissenschaften führen zu neuen Strukturen und komplizierten Systemen, die sich einerseits durch eine stärkere Differenzierung und andererseits durch Integration der Wissenschaftsdisziplinen auszeichnen. Gelingt es durch methodologische Analysen diese neuen Strukturen aufzudecken und eine verallgemeinerungswürdige Struktur für die theoretischen Aussagen der bisherigen Strukturen aufzustellen, dann führt diese *Umstrukturierung* zu einem geringeren Zuwachs an Grundwissen und zu einem Ausscheiden von überholtem Wissen. Hierauf aufbauend kann die Strukturierung des Wissens nach *Wissensqualitäten* vorgenommen werden. Auch die anderen Lösungsvarianten des *Lehrstoff-Zeit-Problems* basieren auf Erkenntnissen methodologischer Analysen, insbesondere auf Erkenntnissen zu den *Gegenstandsstrukturen* und den damit verbundenen *Methodenstrukturen*. In den 70er Jahren konzentrierten sich die Forschungsarbeiten in den Unterrichtsmethodiken technischer Richtungen auf die dialektischen Beziehungen zwischen den Kategorien Ziel, Inhalt, Methode, Organisation und Bedingungen. Durch die stärkere Zuwendung zu den einzelnen Kategorien konnte eine bessere Aufklärung der *Ziel-Inhalt-Dialektik* auf der Ebene der technischen Fächer und Fächerkombinationen gewonnen werden. Hierbei baute man auf den Ergebnissen methodologischer Analysen auf, denn »*nicht die Einzelsachver-*

halte und -zusammenhänge eines Inhaltsbereiches, die einem relativ hohen moralischen Verschleiß unterliegen, waren Betrachtungsgegenstand der Unterrichtsmethodik, sondern die Ganzheit mit ihren Strukturträgern, ihrem Ordnungsgefüge und die Wege zum Ziel wurden aufgedeckt« (Drechsel 1985).

Als wesentliche theoretische und methodologische Lösungsansätze für die Weiterentwicklung der Unterrichtsmethodik technischer Richtungen wurden die *Marx'sche Aneignungskonzeption* und das *Tätigkeitskonzept* angesehen. Die auf der Basis dieser Konzeptionen entwickelten »*Methoden der Führung des selbständigen Erarbeitens und der Führung kooperativen Lernens und Arbeitens*« änderten nicht das geschlossene System der Unterrichtsmethodik technischer Richtungen und eröffneten auch nicht die Potenzen der Aneignungsgegenstände bei der Gestaltung des Aneignungsprozesses als Mittel der Bildung.

Methodologische Grundstrukturen für die Arbeit an und mit technischen Strategien im beruflichen Unterricht

Folgende Prämissen bilden die Basis für das Ableiten von methodischen Grundstrukturen:
- Die Theorie der Technikwissenschaften hat eine vorrangig *strategische Funktion* zu erfüllen. Zur Erfüllung dieser Funktion sind, »*aufbauend auf den theoretischen und Formalwissenschaften, Systeme optimaler Kennziffern, Operatoren, Direktiven und Strategien zu entwickeln, die der praktischen Realisierung gegebener Zielstellungen entsprechen; sie tragen ebenfalls stark konstruktiven Charakter und erfüllen vornehmlich eine Prädiktionsfunktion*« (Wendt 1976, 29). In den Technikwissenschaften geht es somit nicht nur darum, aus erkannten Gesetzesaussagen Voraussagen über zukünftige Sachverhalte, sondern auch allgemeingültige und spezifische Aufforderungen für ein erfolgreiches Handeln herzuleiten. Strategien als Handlungsanleitungen zur Herstellung und Nutzung der Technik stellen somit einen wesentlichen Inhalt der Technikwissenschaften dar, der sich auf den Objektbereich der zu schaffenden technischen Systeme, Werkstoffe und Technologien bezieht (Banse/Wendt 1986).
- *Technische Strategien* stellen in der beruflichen Ausbildung wesentliche *Aneignungsgegenstände* dar. *Funktion und Struktur dieser Aneignungsgegenstände üben einen Einfluß auf den Aneignungsprozeß und auf die Entfaltung des Subjekts aus.* Die Struktur des Aneignungsgegenstandes, d.h. die Zusammenhänge zwischen dem Subjekt, das sich mit Interesse zur Schaffung technischer Systeme, Werkstoffe und zur Nutzung von Technologien Strategien anzueignen hat, den Beziehungen von Prädiktion einer Gesetzesaussage, Zielsetzung und Wegfestlegung und den Handlungsanweisungen für die Ar-

beit am technischen Objekt deckt mögliche Wege der Aneignung (methodische Grundstrukturen) auf.
- *Technische Strategien* kennzeichnen *Handlungsanleitungen* für die Arbeit am technischen Objekt. Nach Kirchhöfer sind sie der Klasse der Methoden zuzuordnen, deren Aneignung nur in dem Vollzug der Handlungen erfolgt, die durch die anzueignende Methode geleitet werden. »*Aneignung der Methoden und ihre Handhabung durch das aneignende Subjekt fallen in diesem Sinne zusammen*« (Kirchhöfer 1979, 22) Die Aneignung von technischen Strategien schließt somit immer die *Tätigkeiten für das Gebrauchenkönnen dieser Strategien* ein.

Von der Funktion her sind die Strategien als Aneignungsgegenstände im Unterricht technischer Fächer Methoden, die infolge des polydeterminierten Prozesses ihrer Gewinnung durch folgende Determinationsfaktoren gekennzeichnet sind:

- die objektiven Gesetzmäßigkeiten der technischen Objekte oder technologischen Prozesse,
- die gegebenen technischen, ökonomischen und sozialen Voraussetzungen und
- die gesellschaftlichen Zweck- und Zielstellungen.

Folglich ist das Herleiten von Strategien immer an die prädiktive Funktion von Gesetzesaussagen, an die Zielsetzung und Wegfestlegung gebunden. Anhand eines Modells wurden die Zusammenhänge ausführlich erläutert (Bernard 1990) In Analogie zu den begriffslogischen Grundlagen für die systematische Darstellung von Struktuen und Varianten zur Einführung von Begriffen (Fischer/Zimmer 1989) wird versucht, den Zusammenhang zwischen dem Subjekt, der Strategie und dem zu schaffenden Objekt zu finden. Auf diese Weise sollen zweckmäßige Strukturen und Varianten für die Aneignung von technischen Strategien in der beruflichen Ausbildung entwickelt werden. Im Gegensatz zum *semantischen Dreieck der Begriffsbildung* leitet sich aus der Darstellung des Zusammenhangs in der Übersicht Seite 155 ab, daß die Strategie nicht mit der dialektischen Einheit von Gesetzesaussage, Zielsetzung und Wegfestlegung gleichgesetzt werden kann, sondern daß die Strategie Ergebnis des Prozesses des Herleitens aus der genannten Beziehung ist.

Der Gebundenheit der Strategie an diese Beziehung ist es zuzuschreiben, daß sie
- als Ganzes in diesem Zusammenhang zu erarbeiten ist und
- als Handlungsanleitung zwischen den Menschen ausgetauscht und zum erfolgreichen Handeln eingesetzt werden kann.

Zusammenhänge zwischen Subjekt, Strategien, den Beziehungen von Prädiktion, Zielsetzung und Wegfestlegung sowie dem Handlungsbereich

Vom SUBJEKT
mit Interesse zur Schaffung technischer Systeme,
Werkstoffe sowie Nutzung von Technologien

werden

STRATEGIEN als Mittel für die Herstellung von Technik oder zur Nutzung von Technologien genutzt.	Sie leiten sich ab aus der $\longrightarrow$	BEZIEHUNG von Prädiktion, Zielsetzung und Wegfestlegung
sie kennzeichnen		widerspiegeln

Handlungsanweisungen
für die Arbeit am
technischen OBJEKT

Eine Strategie kann auch ohne Kenntnis der Beziehung zwischen Gesetzesaussage, Zielsetzung und Wegfestlegung erfolgreich eingesetzt werden. In vielen Fällen wird zunächst in der berufspraktischen Ausbildung der Lehrling mit Erfolg technische Vorschriften anwenden, ohne den Zusammenhang zwischen Gesetzesaussage, Zielstellung und technischer Vorschrift zu kennen. Durch die Aneignung von fachwissenschaftlichen Gesetzesaussagen werden die Grundlagen für ein Herleiten von Strategien mit dem Ziel geschaffen, die den Lehrling befähigen, diese Strategien für seine Zwecke, konkret für die Lösung beruflicher Aufgaben, bedingungsadäquat und zielangemessen zu gebrauchen.

Die formale Kombination der Verbindung von
– *Strategie (St)*
– Beziehung zwischen Prädiktion, Zielsetzung und Wegfestlegung
  im Sinne einer Strategie (B) und
– Handlungsanweisung für die Arbeit am technischen Objekt (O)
führt zu folgenden Ablaufstrukturen der Aneignung von technischen Vorschriften:

Grundstruktur I	St - - ▶ B - - ▶ O
Grundstruktur II	O - - ▶ St - - ▶ B
Grundstruktur III	B - - ▶ St - - ▶ O
Grundstruktur IV	St - - ▶ St

Grundstruktur I:

Bei dieser Grundstruktur geht man von der Strategie im Sinne einer technischen Prinzipvorschrift oder einer technischen Vorschrift aus. Das bietet sich an, wenn dem Lehrling von der berufspraktischen Ausbildung her diese Handlungsanleitungen bekannt sind. Von der bekannten technischen Vorschrift ausgehend ist der Zusammenhang zwischen dem Ziel, der Gesetzesaussage und der Wegfestlegung in Form der Operationen, wie sie in der technischen Vorschrift enthalten sind, herauszuarbeiten. In den technischen Vorschriften sind explizit die Zielstellung oder/und eine notwendige Bedingungen zur Realisierung des Gesetzeszusammenhanges ausgewiesen. Es gilt, die Gesetzesaussagen zu finden und gemeinsam mit den Lehrlingen die Lösungsvarianten als Wegfestlegung zum Erreichen des Zieles abzuleiten.

Grundstruktur II:

Diese Grundstruktur orientiert auf eine Analyse des Handlungsbereiches, konkret der Handlungsanleitungen für die Arbeit am technischen Objekt, d.h. auf die Analyse von komplexen beruflichen Aufgabenlösungen mit dem Ziel, einzelne technische Vorschriften zu erfassen und einen Zusammenhang zwischen Zielstellungen, Gesetzesaussage und Wegfestlegung herauszuarbeiten. Da bei jeder Lösung komplexer beruflicher Aufgaben eine große Zahl von technischen Vorschriften zu berücksichtigen ist, fällt es sehr schwer, die für die Lösung einer beruflichen Teilaufgabe erforderlichen technischen Vorschriften herauszufinden und diese nach der genannten Struktur zu analysieren. Das Vorgehen nach dieser Grundstruktur ist nur dann zweckmäßig, wenn die generelle Schrittfolge zur Lösung von komplexen beruflichen Aufgaben zu erarbeiten ist und wenn für die aufeinanderfolgenden Teilaufgaben die wesentlichen technischen Vorschriften zusammengestellt werden. Hierbei wird der Lehrer aus Zeitgründen nicht für jede technische Vorschrift die Beziehung zwischen Zielstellung, Gesetzesaussage und Strategie herausarbeiten können. In vielen Fällen ist das auch nicht erforderlich.

Grundstruktur III:

Die folgenden Orientierungen beziehen sich auf die Struktur, die das Herleiten der technischen Vorschriften unmittelbar nach der Erarbeitung der Gesetzesaussage vorsehen. Die Gesetzesaussage läßt in vielen Fällen Zusammenhänge erkennen, die sich auf eine technische oder/und ökonomische Zielsetzung beziehen. Diese Zielstellung ist bewußt hervorzuheben. Aus ihr und den erkannten gesetzmäßigen Beziehungen sind Lösungsvarianten zu entwickeln und miteinander zu vergleichen. Aus der optimalen Variante wird die technische Prinzipvorschrift mit den Möglichkeiten der praktischen Realisierung hergeleitet.

Diese Grundstruktur bildet den »*klassischen*« Weg der Erkenntnisführung im theoretischen Unterricht technischer Fächer. Eine ausführliche Darstellung für ein technologisches Thema wurde veröffentlicht (Bernard 1979).

Grundstruktur IV:

Diese Grundstruktur stellt eine Ergänzung der Grundstruktur III unter dem Aspekt der Änderung der technischen Strategien dar. Hierbei geht es um eine Konkretisierung von abstrakten Handlungszusammenhängen und damit um die Schaffung von solchen Grundlagen für die Herausbildung der Fähigkeit, abstrakte Handlungs- und Bedeutungszusammenhänge auf konkrete Handlungsbedingungen hin zu konkretisieren. Diese Änderung bezieht sich einerseits auf eine Präzisierung von technischen Prinzipvorschriften und andererseits auf eine Aufbereitung von technischen Strategien zur besseren Handhabung bei der Lösung von beruflichen Aufgaben. Die Präzisierung von technischen Prinzipvorschriften erfolgt auf der Basis der konkreten Bedingungen im technischen Objektbereich nach den Kriterien
– der technischen Realisierbarkeit,
– der ökonomischen und ökologischen Vertretbarkeit und
– der sozialen Angemessenheit sowie des sozial Wünschbaren
in der Weise, daß ein System technischer Vorschriften für die Lösung bestimmter Klassen technologischer Aufgabenlösungen aufgestellt werden kann (vgl. Bernard 1979).

Ausgangspunkt der Präzisierung von technischen Strategien sind die technischen Prinzipvorschriften bezogen auf einen relativ allgemeinen und ganzheitlichen Objektbereich, technologischen Prozeß oder eine Klasse von technologischen Verfahren. Die Konkretisierung der Handlungszusammenhänge bezogen auf einen eingegrenzten technologischen Prozeß mit der Festlegung der am Prozeß beteiligten Elemente verlangt diese Präzisierung, damit ein System von technischen Vorschriften für eine bestimmte Klasse von Teilaufgaben komplexer beruflicher Aufgabenstellungen geschaffen wird. Die zweite Variante der Änderung der Strategien bezieht sich auf die Aufbereitung von technischen Strategien zur besseren *Handhabbarkeit* und zum *sicheren und zuverlässigen Gebrauch von Strategien*. Insbesondere beim Bestimmen technologischer Arbeitswerte und beim Auswählen von Werkzeugen, Schneidstoffen, Werkzeugwinkel, Spannmittel u.a. anhand von Übersichten, Tabellenwerten wird dem Lehrling eine Hilfe gegeben, wenn dieses Verfahren des Bestimmens und Auswählens in Form von Algorithmen aufbereitet wird. Für *Erkennungsalgorithmen* gilt folgende Schrittfolge:

1. Bestimmen der Merkmale
2. Ermitteln der logischen Verbindung der Merkmale
3. Bestimmen der Operationen und Alternativen
4. Aufstellen des Algorithmus in Form eines Programmablaufplanes

Diese Schrittfolge hat sich beim Aufstellen von Erkennungsalgorithmen bewährt (Bernard 1973). Sie ist prinzipiell für die Aufbereitung von technischen Strategien anwendbar, die sich durch eine hohe Zahl von Merkmalen und logischen Beziehungen auszeichnet. Das Erarbeiten und Gebrauchen dieser Algorithmen unterstützt die Aneignung wesentlicher *Verfahrenskenntnisse*. Aus diesem Grunde wurde diese Schrittfolge als Unterrichtsmethode zum Erwerb von Verfahrenskenntnissen in die »*Unterrichtsmethodik Maschinenwesen*« aufgenommen (Bührdel 1988)

Gemäß den aufgestellten methodischen Grundstrukturen können die Varianten des methodischen Vorgehens und der Führungsstil des Lehrers präzisiert werden. So wird der erfahrene Lehrer im Einführungsunterricht technischer Themen die technischen Strategien nach der Grundsturktur III in linear zielgerichteter Form vorwiegend im Frontalunterricht herleiten. Beim Übergang zur Grundstruktur IV wird die *direkte* durch eine *indirekte* Steuerung der Lerntätigkeiten ergänzt bzw. ersetzt. Durch vielfältige Formen der Kooperation beim Lernen, insbesondere bei der Diskussion zum Bewerten und Überprüfen der Handhabbarkeit der technischen Vorschriften sowie bei der Auseinandersetzung mit den Erfahrungen der beruflichen Praxis, entwickelt sich die Bereitschaft zum Gebrauchen dieser Vorschriften und mit dem Gebrauchen derselben identifiziert sich der Lehrling mit dem in den Vorschriften enthaltenen *Wollen*. Die Lerntätigkeiten bei den Grundstrukturen I und II liegen auf einer höherstufigen Lernebene mit größeren Bereichen der Unbestimmtheit, in denen dann Subjektivität und Kreativität zur Entfaltung kommen können. Hohe Ansprüche werden hierbei an den Führungsstil des Lehrers und die differenzierten Lerntätigkeiten der Lehrlinge gestellt. Als entscheidendes integratives Lernkonzept wird der *ganzheitlich entworfene Projektunterricht* angesehen.

Mit den hergeleiteten methodischen Grundstrukturen wird ein breites Spektrum von methodischen Varianten zur Arbeit an und mit technischen Strategien im Unterricht technischer Fächer unterbreitet, das neue Zugänge für die Gestaltung des Aneignungsprozesses und für die Entfaltung von Fähigkeiten eröffnet, sich differenzierte Lebens- und Arbeitsbedingungen anzueignen sowie neue für sich und andere zu entdecken und zu gestalten.

Literatur

Banse, G./Wendt, H.: Erkenntnismethoden in den Technikwissenschaften. Eine methodologische Analyse und philosophische Diskussion der Erkenntnisprozesse in den Technikwissenschaften. Berlin 1986, S. 15

Bernard, F.: Methodologische Analysen für die Erarbeitung von Algorithmen zur Lösung technologischer Aufgaben. In: Berufsbildung 27 (1973) 11

Bernard, F.: Der Einfluß der natürlichen Funktion von Gesetzesaussagen auf die Vermittlung von anwendungsbereitem Wissen. In: Berufspädagogische Hefte der TU Dresden 1979, 3

Bernard, F.: Unterrichtsmethodische Lösungen zur Herausbildung der Handlungsfähigkeit. In: Forschung der soz. Berufsbildung 23 (1989) 4

Bernard, F.: Methodische Konzepte für die Arbeit mit technischen Strategien im Unterricht technischer Fächer. In: Forschung zur Berufsbildung 24 (1990) 6

Bührdel, Ch. u.a.: Unterrichtsmethodik Maschinenwesen – Berufstheoretischer Unterricht. Berlin 1988

Drechsel, K. u.a.: Theorie und Methodologie der Wissenschaftsdisziplin Unterrichtsmethodik. Forschung der soz. Berufsbildung 19 (1985) 2

Fischer, J./Zimmer, H.: Theoretische Grundlagen für die Arbeit mit Begriffen im Unterricht – Varianten ihrer Einführung und systematischen Erfassung. In: Forschung der soz. Berufsbildung 23 (1989) 3

Hering, D./Lichtenecker, F.: Lösungsvarianten zum Lehrstoff-Zeit-Problem und ihre Ordnung. Wiss. Zeitschrift der Technischen Universität Dresden 15 (1966) 5

Kirchhöfer, D.: Die differenzierten Funktionen der Methoden und ihr Einfluß auf die Aneignung der Methoden. In: Berufspädagogische Hefte der Technischen Universitäut Dresden. 1979, 3

Lichtenecker, F.: Die pädagogische Ergiebigkeit von methodologischen Analysen für die Ausbildung von Ingenieuren und technischen Lehrern. In: Wiss. Zeitschrift des Pädagogischen Instituts »Dr. Theodor Neubauer« Erfurt 2(1966)1

Lichtenecker, F./Sperk, W.: Zum Lehrstoff-Zeit-Problem. Berlin 1966

Lohmann, H.: Die Bedeutung der Methodologie für die Lehre der Technik. Die Fachschule 4 (1957) 4

Lohmann, H.: Methodologie und Methodik der Grundlagen der Mechanik des starren und elastischen Körpers. Wiss. Zeitschrift der Technischen Hochschule Dresden 7 (1957/58)

Lohmann, H.: Zur Theorie und Praxis der Heuristik in der Ingenieurerziehung. Wiss. Zeitschrift der Technischen Hochschule Dresden Teil I 9 (1959/60) 4, Teil II 9 (1959/60) 5, S. 1281–1321

Rudolph, W.: Zum Wesen des berufspädagogischen Prozesses. In: Forschung der soz. Berufsbildung 23 (1989) 5

Wendt, H.: Natur und Technik – Theorie und Strategie. Berlin 1976

Zimmer, H./Neumerkel, H.: Diskussionsbeitrag zum Problem Unterrichtsmethode. In: Forschung der soz. Berufsbildung 9 (1975)

Wolfgang Steinhöfel

Die Balance im Umgang mit dem Begabtenphänomen

Zur Begabungsforschung an der Technischen Universität Karl-Marx-Stadt/Chemnitz von 1980 bis 1990

» ... *je mehr man seine eigene Begabung ausbildet, merkt man, wie außerordentlich begabt eigentlich die überwiegende Mehrzahl der Menschen ist ...*« (Becher).

Der Sinn dieser Worte bewahrheitete sich auch für mich vor allem in der Begegnung mit vielen Schülern, Studenten, Diplomanden, Aspiranten, Assistenten und Doktoranden beim über zehnjährigen Befassen mit der Begabungsforschung und Begabtenförderung in der DDR und regte mich selbst immer wieder an, Begabte in den Schulen zu fördern. In diesem Beitrag sollen mit Rückblick auf die Arbeit einer didaktisch orientierten Forschungsgruppe an der Technischen Universität Karl-Marx-Stadt/Chemnitz, die sich mit der bildungspolitisch wohl durchaus brisanten Thematik der Begabungsforschung befaßte, und in kritischer Auseinandersetzung mit der gesellschaftlich determinierten Erziehungswissenschaft in der DDR Typisches an Hand stattgehabter erziehungswissenschaftlicher Lern- und Arbeitsprozesse dargestellt und demnach ›Spuren der DDR-Pädagogik‹ auf diesem Gebiet sichtbar gemacht werden.

Die Begabung ist wegen ihres selektiven Status, der Interdependenz zu allen Theorien und Praxisformen der Erziehung und Bildung wie ebenso der Sozialisation und Individuation sowie wegen ihrer ideologisch determinierten Anthropologie ein ewig problembeladenes Phänomen. Die Bearbeitungsweisen, die wissenschaftlichen Reflexionen wie ebenso die erfaßten Befunde, die praktischen Auslegungen und auch die politischen Vereinnahmungen sind höchst ambivalent. Das zieht sich durch verschiedene Gesellschaftssysteme und Zeiten, es ist, wie dies schon Niemeyer verdeutlichte, ›historisches Gepäck‹.

»Daß man namentlich durch allerley künstliche und mit Eifer verfolgte Methoden im Unterricht einzelner Subjecte sehr große Wirkungen hervorbringen, das unmöglich Scheinende möglich machen und in einem Jahr leisten kann, was sonst in Decennien geendet worden, – weiß jeder pädagogische Geschichtskenner ... Aber den ganzen Menschen ergreifen, ihm neben den Kenntnissen und den Kunstfertigkeiten auch Verstand, Urtheil, praktischen Sinn und Charakter geben, wohl gar eine Generation durch solche vorzüglichen Bildungsversuche bessern wollen, das ist eine höhere Aufgabe; und je länger man praktisch erzieht, desto mehr komme man zur Einsicht, wie unvollkommen die

Kunst, wie oft unüberwindlich die Schwierigkeit ist; wie wenig man vermag, wenn nicht unzählige äußere Umstände mitwirken, ...« (Niemeyer 1818, XIIf.).

Niemeyers realistisches Relativieren des Machbaren trifft uns als Zeitzeugen gesellschaftlicher Umbrüche recht unmittelbar.

Meines Wissens wurde und wird trotzdem zu allen Zeiten mit allerdings unterschiedlicher Intensität an der Grundidee festgehalten, die Begabungen des einzelnen Individuums zum Anlaß zu nehmen, über jeweils adäquate Entwicklungsangebote nachzudenken, um entweder mehr den Menschen als solchen, das heißt also der ›Begabtenförderung bzw. -entwicklung‹ oder/und über seine Verzweckung mehr der Gemeinschaft, das heißt also der ›Begabungsförderung‹, zu dienen. In vielen Publikationen allerdings werden die Begriffe Begabtenförderung und Begabungsförderung auch synonym verwandt.

Schon der Naturwissenschaftler und Wissenschaftstheoretiker Ostwald hielt die frühzeitige Entdeckung und gezielte Förderung von Begabten für zwingend notwendig, sah er doch in der Entwicklung wissenschaftlicher Spitzenkräfte eine Existenzfrage jeder modernen Nation (Ostwald 1910), und er begründete bereits um die Jahrhundertwende aus gesellschaftlichen Zweckgründen heraus die Hinwendung zur Begabungsfrage, dies erfolgte also nicht erst in den sechziger/siebziger Jahren des zwanzigsten Jahrhunderts durch die US-Amerikaner nach dem sogenannten ›Sputnikschock‹ oder erst im gesellschaftlich forcierten Wettstreit um das beschleunigte Schrittmaß der wissenschaftlich-technischen Entwicklung. Für die Begabungsforschung und für ihre neue Initialphase nach 1980 in Deutschland könnte möglicherweise eine künftige Geschichtsschreibung zu dem erstaunlichen Ergebnis gelangen, daß Erziehungswissenschaft und Bildungspolitik in beiden deutschen Staaten dahingehend denselben Fehler begangen haben, nämlich bei dem Versuch über sondergeförderte Menschen den jeweils politischen und ökonomischen Interessen zu genügen (vgl. Benner 1990). Bezogen auf die deutsche Begabungsforschung sind meines Erachtens dabei sogar die Motive unwesentlich, ob es nun in der DDR aus dem Begründungszusammenhang des mehr Defizitären in der Gesellschaft und in der BRD stärker aus der Sorge um den Erhalt der Wettbewerbsfähigkeit heraus geschehen sein mag.

Das Begabungsproblem war auf der makrosozialen Ebene immer schon mehr oder weniger belastet durch das Phänomen gesellschaftlicher Vereinnahmung, besonders spürbar aber in den Jahren von 1933 bis 1945 in Deutschland. Schon allein aus der Zugehörigkeit zu einer Gesellschaftsschicht oder einer bestimmten ›Rasse‹ implizierte damals eine höhere Begabung, zumindest jedoch ihre Entwicklungswürdigkeit (›Züchtung der Elite‹). Möglicherweise läßt sich für die DDR hieraus sogar mit erklären, warum in der sowjetischen Besatzungszone nach 1945 wie auch noch danach der Individualismus und die Individuation wenig thematisiert wurden. Dies führte jedoch zu einem anderen Extrem, nämlich mehr oder minder zur Radikalisierung des gesellschaftlichen Wesens im Menschen. Das Kollektiv wurde zu einem wesentlichen gesellschaftlichen und sozialwissenschaftlichen Paradigma instrumentalisiert. Die Folge der Vernachlässigung der genetisch-biotischen und anthropologischen Faktoren blieb nicht aus, und trotz anderslautender apologetischer Erklärungen wurde die psychosoziale Individualität mehr spontan durch pädagogisches Verhalten von Lehrern gefördert.

Das Spannungsfeld von Individuation, Sozialisation und Erziehung zugunsten der Einlösung des Rechts jedes Menschen auf Selbstverwirklichung zu lösen, blieb auch in der DDR eine Utopie der Begabungsforscher.

Wie historische und vergleichende Betrachtungen es belegen, wurden diesbezüglich dabei ja auch anderswo die ›Bälle‹ zwischen den Radikalen, die eine Überhöhung und Vereinseitigung des Menschen als biologisches, geistiges, seelisches oder soziales Wesen meinten, perpetuierlich oft bildungspolitisch intendiert und im Schwierigkeitsgrad des Problems begründet, hin- und hergespielt. Die gesellschaftliche Determination verhinderte meines Erachtens stets eine umfassende Pädagogik vom Kinde aus, von welcher der Mensch in seiner unverwechselbaren Einmaligkeit gesehen und ganzheitlich gefördert wurde. Für die BRD sieht Richter 1991, Bloom folgend, die Chance für die Individuation, die Selbstverwirklichung des Menschen mit dem Wandel »von einem Menschen, der sich um andere kümmert, zu einem Menschen, der weiß, was ihm nützt« (vgl. Richter 1991, 87), enden. Betrachten wir in diesem Sinne die gegenwärtige Situation in Deutschland, dann muß man feststellen, daß der Trend tatsächlich einem mehr extremen Individualismus folgt. Dennoch sind jedoch bisher kaum Auswirkungen auf eine durch die Gesellschaft wahrgenommene Verantwortung für die Begabtenförderung zu erkennen. Zweifelsohne charakterisiert Begabtenförderung also zugleich auch Gesellschaftlichkeit; der Mensch ist immer auch zugleich gesellschaftliches Wesen

– ›Ensemble der konkret-gesellschaftlichen Verhältnisse‹ (vgl. Marx)
– die den Rahmen seines individuellen Handelns bestimmen.

Und selbst »die Wissenschaft« – also auch die Begabtenforschung – ist »nicht in der Lage, ihren praktisch-politischen Ort in letzter Instanz selbst zu bestimmen. Wenn sie sich nicht den praktischen Interessen zur Verfügung stellte, esoterischer Provinzialismus wäre für weite Bereiche der Wissenschaft die unvermeidliche Folge«, meint Lübbe und postuliert: »Die gesamtpolitische Verantwortung für die potentiellen Dienstleistungen der Wissenschaft und ihre praktischen Folgen kann in letzter Instanz nur von den gesamtpolitisch legitimierten Instanzen wahrgenommen werden. Das muß aus denselben Gründen so sein, aus denen sich die Wissenschaft ihre Freiheit nicht durch ihre eigenen Institutionen garantieren kann ...« (Lübbe 1970). Die gesellschaftliche Utopie des Sozialismus trat von ihren persönlichkeitsorientierten Intentionen aus betrachtet für eine freie Entfaltung des Individuums, der ›entwickelten sozialistischen Persönlichkeit‹ ein; in concreto wurde jedoch durch den sozialistischen Staat die Chancengleichheit und die Toleranz gegenüber Andersdenkenden zunehmend politisch konterkariert.

Ende der siebziger Jahre vollzog sich, bezogen auf die Einstellungen, insbesondere unter der DDR-Jugend ein *Wandel der Werte* weg von den Werten der Gemeinschaft und des Kollektivs, in denen keine Bewegungsenergie mehr auszumachen war hin zu solchen, die mehr der Individualität entsprachen. Dem folgend wandten sich zu Beginn der achtziger Jahre Geisteswissenschaftler der DDR wieder stärker dem Begabungsphänomen zu – auch zugleich die damals gesellschaftlich-parteipolitisch artikulierte Option: »Alle Möglichkeiten noch besser auszuschöpfen, um Begabungen und Talente rechtzeitig zu erkennen, zielstrebig zu entwickeln und systematisch zu fördern« (X. Parteitag der SED), nutzend.

Meines Wissens nahmen viele Begabungsforscher, und ich verschweige nicht, daß dies auch mir so ging, ungeachtet der Tatsache der darin enthaltenen Zweck- und Fremdbestimmung, die Hinwendung zum Begabungsproblem, zur Förderung der individuellen Fähigkeiten, bewußt oder auch unbewußt als einen *Paradigmenwechsel* in der Entwicklung des DDR-Bildungssystems und der DDR-Pädagogik auf und an. Dies geschah sicher nicht zuletzt auch deshalb, weil die Erziehungswissenschaftler sich davon echte reformerische Wirkungen auf alle pädagogisch intendierten Prozesse versprachen, deren Mängel sich ja nicht nur durch empirische Erhebungen offenbarten, sondern auch in Praxisreflexionen erkennbar wurden.

»Zumindest in Ansätzen vollzog sich in Erkenntnis mangelnder Effizienz der wissenschaftlichen und ökonomischen Tätigkeit ein Paradigmenwechsel von einer typusbestimmten Persönlichkeitsauffassung zu einer ganzheitlichen Individualitätskonzeption in der Erziehung. Die Verschiedenartigkeit der Individuen wurde nicht mehr nur als Bedingung, sondern als Ziel erzieherischen Bemühens gesehen. Individualitätsentwicklung wurde wiederum in der Einheit von Erzogenwerden und Selbsterziehung aufgefaßt. Das führte zur Akzeptanz der Zeitlichkeit und Komplexität in der Humanontogenese, der Existenz von sensiblen Phasen, Krisen und Erschütterungen in der Individualitätsentwicklung und deren Konsequenzen für Erziehung« (Kirchhöfer/Wessel 1991, 73).

Die ›ganzheitliche Individualitätskonzeption‹ wurde in der DDR zugleich von mehreren akademischen Einrichtungen (Berlin, Chemnitz, Rostock, Leipzig) aufgegriffen, um Begabte sowohl im Sinne ihrer individuellen Verwirklichung als auch im Interesse der Gesellschaft zu erkennen und zu fördern und wohl auch, um sich selbst ein ungehindertes Forschungsfeld zu eröffnen.

Der in Zweckhinwendung zur Individualität mündende Paradigmenwechsel in der DDR war primär Folge der Auswirkungen des weltweiten wissenschaftlich-technischen Fortschritts und der damit einhergehenden ökonomischen Zwänge der Weltwirtschaftssysteme. »Alle Bemühungen um Begabungsförderung bleiben (jedoch) auf der Strecke, wenn die Strukturen des Bildungswesens außer acht bleiben, wenn Begabungsförderung nicht als Anlaß zur Schulreform verstanden wird« (Oswald 1992). Für den Paradigmenwechsel – Anfang der 80er Jahre in der DDR – der sich kontemplativ mit solchen Losungen verband wie »jeden Schüler optimal zu entwickeln«; »jedem Schüler den besten Start ins Leben zu sichern« oder »den Reichtum der Individualität jedes Heranwachsenden voll zu entfalten«, waren die partiellen Lösungen vorbestimmt, weil sowohl die Bildungspolitik als auch die pädagogische Theorie und Praxis mit ihren zu Dogmen entarteten Prinzipien dem methodologischen und praktischen Paradigmenanspruch nicht gewachsen waren. Deshalb konnten sie auch nicht bis zu einer Reform durchtragen. Obwohl es also zur Etablierung von insgesamt 13 Spezialschulen mit hervorragenden Lösungsansätzen zur Hochbegabtenförderung in der DDR kam, und obwohl es mit dem gedachten und 1985 in Hamburg vorgestellten ›Pyramidenmodell‹ eine ›Strategie‹ gab, die darauf abzielte, die Förderung von Begabungen durch ein breites, abgestuftes, immer wieder an die Heranwachsenden herantretendes und gut durchorganisiertes zusätzliches Bildungsangebot zu ermöglichen (vgl. Klein 1985), lief der Prozeß sowohl in der Forschung und in der Erziehungs- und Bildungstheorie als auch in den zentral bestimmten schulpraktischen Umsetzungen bezogen auf den Paradigmenwechsel kontraproduktiv.

»Dieser von Wissenschaft und auch Politik postulierte Paradigmenwechsel blieb insofern illusionär, als eben diese Ganzheitlichkeit für das Individuum angesichts fehlender Konstitution (Kommunikation, Information, Entscheidungsmöglichkeiten gegenüber pluralen Angeboten, Leistungserfüllung) nicht erfahrbar wurde« (Kirchhöfer/Wessel 1991).

Die Forschungsgruppe Didaktik der Technischen Universität Karl-Marx-Stadt folgte methodologisch einem Kerngedanken der Marxschen Lehre vom Menschen, der darin begründet ist, daß die Entwicklung und Veränderung des Menschen nicht aus irgendwelchen allgemeinen, ewigen Ursachen heraus erklärt werden, sondern nur aus dem wirklichen Lebens- und Geschichtsprozeß. So ist auch die Allseitigkeit des Menschen keine abstrakte, ewige Kategorie, sondern historisch determiniert (vgl. Steinhöfel/Lohse 1983). »Die universal entwickelten Individuen, deren gesellschaftliche Verhältnisse als ihre eigenen, gemeinschaftlichen Beziehungen auch ihrer eigenen, gemeinschaftlichen Kontrolle unterworfen sind, sind kein Produkt der Natur, sondern der Geschichte« (Marx 1974). Und als Mittel der Ausbildung und Entwicklung allseitig entwickelter Menschen kennzeichnet Marx eine »Erziehung der Zukunft, welche für alle Kinder über einem gewissen Alter produktive Arbeit im Unterricht und Gymnastik verbinden wird, nicht nur als eine Methode zur Steigerung der gesellschaftlichen Produktion, sondern als die einzige Methode zur Produktion vollseitig entwickelter Menschen« (Marx 1979).

Der Forschungsgegenstand ›Begabtenförderung‹ wird seitens der Forschungsgruppe Didaktik 1986 so begründet:

»Begabte frühzeitig zu erkennen, systematisch zu fördern und gesellschaftlich zweckmäßig einzusetzen ist eine Aufgabe, die gleichermaßen aus unserem humanistischen Konzept wie aus den gesellschaftlichen Notwendigkeiten erwächst. Es entspricht unserem humanistischen Konzept, wenn wir sagen, wir müssen jeden Menschen optimal entwickeln, ihm die Chance zu höchsten Leistungen und voller Persönlichkeitsentfaltung geben; wir müssen jede Begabung, ganz gleich auf welchem Gebiet, fördern und entwickeln, jedem Schüler den bestmöglichen Start ins Leben sichern. Es entspricht den gesellschaftlichen Notwendigkeiten, dabei besonderes Augenmerk auf wissenschaftlich-technische Begabungen zu legen. Die Menschheitsgeschichte beweist, daß die Entwicklung von Begabungen gesellschaftlich bedingt ist. Der Umstand, welche konkreten Begabungen gerade die besten Entwicklungsmöglichkeiten besitzen, hängt von den Bedürfnissen der Epoche und von den Besonderheiten der Aufgaben ab, vor die die Gesellschaft gestellt wird« (Steinhöfel 1986).

Vielleicht werden künftige Sozialwissenschaftler zu dem Ergebnis kommen,

»daß der politische Umbruch in der DDR auf einen Bruch des Konsenses zwischen der Machtelite und den akademischen und wirtschaftlichen Führungsgruppen zurückgeht, und daß die Bildungspolitik dabei eine bedeutsame Rolle gespielt hat. Eine solche Interpretation kann sich auf Konflikte beziehen, die seit Anfang der 80er Jahre offen zutage getreten sind. Charakteristisch für die DDR ist nämlich, daß die Leistungs- und Begabungsdiskussion vor allem von akademischen Eliten gegen das Ministerium für Volksbildung und die Akademie der Pädagogischen Wissenschaften geführt wurde; erstere plädierten auch für mehr Differenzierung, letztere hatten das integrierte, auch intern kaum differenzierte Schulmodell favorisiert« (Schreier 1990).

Die Erziehungswissenschaftler der DDR, die sich der Begabungsforschung widmeten, folgten fast ausschließlich didaktischen Intentionen, das heißt, sie fragten vor allem danach, wie begabte Schüler im und durch Unterricht erkannt, entwickelt und gefördert werden können. Wenngleich das Begabungsproblem ein nahezu globales Problem auch in seinem erziehungswissenschaftlichen Lösungsanspruch ist, bewirkte die doch dogmatische, gesellschaftspolitische Determination in der DDR ein nahezu unbewußtes Zurückweichen der Erziehungswissenschaftler vor genetischen Fragestellungen und eine Hinwendung zu pädagogisch intendierten Prozessen.

Auch die pädagogische Forschung unterlag in der DDR weitestgehend einem zentralen Plandirigismus unter wahrgenommener Führung seitens der APW der DDR. »Der Plan der pädagogischen Forschung für die Jahre 1981 bis 1985« ordnet sich in den ›Zentralen Plan der gesellschaftswissenschaftlichen Forschung‹ ein und ist mit dem Maßnahmeplan zur Entwicklung des Volksbildungswesens abgestimmt ...« heißt es 1981 in der Planbegründung durch den Direktor des Institutes für Didaktik der APW (vgl. Weck 1981, 5).

Kennzeichnend für die zentralen Strukturen der pädagogischen Wissenschaftsplanung und -umsetzung in der DDR war das mehr oder weniger additive Aneinanderreihen pädagogischer Untersuchungen. Speziell bezogen auf die Didaktik wurden in der Akademie der Pädagogischen Wissenschaften (APW) nach längeren Disputen im dortigen Rat für Didaktik Fragen der Begabtenförderung schließlich Mitte der achtziger Jahre dem Themenkomplex »Unterrichtsdifferenzierung« zugeordnet. Durch diesen zugewiesenen, die Begabtenforschung einengenden Platz wurden damals durchtragende gängige didaktischen Prinzipien nicht angetastet. Zum gleichen Zeitpunkt wurde an der APW auch auf Drängen vieler Wissenschaftler aus den Universitäten und Hochschulen der DDR zu einem Konzept für eine höhere Flexibilität der Einheitsschule durch mehr wahlobligatorischen und fakultativen Unterricht diskutiert. Meines Erachtens enthielt dieses Konzept beachtenwerte Reformgedanken, sie blieben jedoch ungenutzt und wurden ebenso bildungspolitisch verworfen wie ein methodologisch sehr anspruchsvoller Entwurf zur Begabtenförderung in der Schule, der – welch eine Antinomie – aus Anlaß des IX. Pädagogischen Kongresses von einer interdisziplinären Leitgruppe Begabungsforschung unter Leitung des damaligen Vizepräsidenten an der APW, Prof. Kirchhöfer, ausgearbeitet wurde. Auch der Autor dieses Beitrages gehörte damals der Arbeitsgruppe an.

Diese Ambivalenz des Umganges mit dem Begabungsphänomen erscheint nur erklärbar, wenn man von dem immer vorhandenen Beharrungsvermögen des Alten und Konservativen absieht, aus der Furcht vor nicht vorherbestimmbaren Implikationen aus einem völlig reformierten Konzept, dieses war Anspruch vieler DDR-Pädagogen und es verlangte:

- Nach einer freien Entfaltung jeder Schülerindividualität bis hinein in die hohen Schulen, unabhängig von einem bestimmten weltanschaulichen oder gar sozialen Bonus;
- nach einer nicht nur sozialen Bestimmtheit des Menschen durch ein Kollektiv bzw. die gesamte Gesellschaft, sondern auch nach seiner biologischen und vor allem psychischen und geistigen Bestimmtheit;
- nach einer sinnvollen Balance zwischen einem sozial vermittelten Einheitsideal und einem selbstbestimmbaren Persönlichkeitsanspruch;
- nach einer ›Entwicklungspädagogik‹, in der der Schüler in seiner Selbstbestimmung geachtet und ausdrücklich gewollt wird, was eine Zurücknahme der hypertrophierten ›Führungspädagogik‹ erforderte;
- nach einem völlig anderen Konzept des Unterrichts (angefangen vom Lehrer-Schüler-Verhältnis, der Rolle des Kindes, der Jugendlichen, Kreativität, Öffnung der Schule und des Unterrichts etc.), in welchem nicht vordergründig Unterrichtshilfen durch den Lehrer normativ umgesetzt werden.

Begabungsforschung an der Technischen Hochschule (TH)
bzw. seit 1986 Technischen Universität (TU) Karl-Marx-Stadt /Chemnitz

Zu den gegebenen Prämissen

Die Erziehungswissenschaftler an der Technischen Hochschule Karl-Marx-Stadt wandten sich bereits 1980 im Selbstanspruch und auch unter Einfluß des Paradigmenwechsels der Begabungsforschung, insbesondere der wissenschaftlich-technischen Begabung, zu. Unter meiner Leitung konstituierte sich zur Förderung und Entwicklung von mathematischen, physikalischen und technischen Begabungen im Unterricht und in der »Produktiven Arbeit der Schüler« eine Forschungsgruppe (vgl. Steinhöfel 1981, 7). Diese Forschungsausrichtung erfolgte nach gründlicher Reflexion der dafür gegebenen Bedingungen an der Technischen Hochschule.

»Die Forschungsgruppe Didaktik an der Sektion Erziehungswissenschaften hat(te) sich diesem Anliegen seit Beginn des neuen Fünfjahrplanes zugewandt, weil der polytechnische Charakter der Technischen Hochschule, die ansässigen Lehrerfachrichtungen – Mathematik, Physik und Polytechnik –, der stark technisch orientierte territoriale Umkreis und die bisher bearbeiteten gesellschaftswissenschaftlichen Forschungsthemen uns besonders bedingungsgünstig erschienen« (Fritsch u.a. 1981, 571).

Als weitere Prämisse erwies sich die bis etwa 1980 vor allem durch fachdidaktische Intentionen und Reflexionen zu typischen Unterrichts- bzw. Erkenntnissituationen im mathematisch-naturwissenschaftlichen Fachunterricht geprägte Profilierung der Erziehungswissenschaft an der TH Karl-Marx-Stadt (vgl. Steinhöfel 1976; Göbel 1978). Mit der Angliederung des Pädagogischen Instituts Karl-Marx-Stadt 1965 an die Technische Hochschule, welche zuvor nur berufspädagogische Ausbildung pflegte, hatte sich die Erziehungswissenschaft universitär etabliert. Eine für die Forschung unverzichtbare interdisziplinäre Kommunikation und wissenschaftliche Zusammenarbeit von Erziehungswissenschaftlern mit Fachdidaktikern, Technikern, Mathematikern, Psychologen, Soziologen und Ethikern fand sich über die zum Forschungsgegenstand »Aktivierung der Schülertätigkeit im Unterricht« an der TH KarlMarx-Stadt wirkende interdisziplinäre Forschungsgemeinschaft, noch zumal davon ausgegangen werden konnte, daß »die Problematik der Begabungsförderung sehr eng mit der Frage der Aktivität der Schüler zusammenhängt ...« (siehe Lohse/Steinhöfel 1982, 468; vgl. Steinhöfel/Lohse 1980). Für das Befassen mit Begabtenförderung als prädestiniert erwiesen sich zudem das Vorhandensein von Spezialklassen der Abiturstufe für mathematisch-technisch begabte Schüler an der TU Karl-Marx-Stadt, die dann 1985 realisierte Gründungsabsicht für eine Spezialschule mathematisch – naturwissenschaftlich – technischer Richtung in

Karl-Marx-Stadt, die eine starke Verbindungung mit der Universität einging, wie ebenso auch eine langjährig praktizierte schulische und außerschulische Förderung mathematisch begabter Schüler durch wissenschaftliche Mitarbeiter und Studenten der Sektion Mathematik an der TH/TU Karl-Marx-Stadt.

Zu den Intentionen der seit 1981 an der Technischen Hochschule Karl-Marx-Stadt erfolgenden Forschung zur Begabtenförderung

Wissenschaftlich-technischer Fortschritt und Paradigmenwechsel begründen als folgerichtig das Hinwenden der Erziehungswissenschaftler und insbesondere der Didaktiker zur Begabung, oder besser dem ›Begaben‹ von Schülern. Als Zielstellung für unser Forschungsvorhaben galt zunächst eine theoretisch zu legitimierende und praktisch zu erprobende begabtenorientierte Optimierung des Unterrichtsprozesses, die im Verlauf der wissenschaftlichen Arbeit ab 1986 zu der erweiterten Zielabsicht führte, Förderstrategien für begabte Schüler zu entwickeln, ohne dabei jedoch dadurch Begabungsfragen separieren zu wollen, sondern vielmehr deren integrativen Anspruch und Stellenwert im ganzheitlichen pädagogischen Prozeß in allen Bildungsfeldern zu unterstreichen. »Es wurde davon ausgegangen, daß die didaktisch orientierte Begabtentheorie einen operativen Verwendungszweck für die Schulpraxis haben muß. Sie hat deshalb nicht in erster Linie nach den Bedingungen zu fragen, die zum momentanen Stand der Begabung geführt haben, sondern sie erfaßt die aktuellen Begabungseigenschaften und sucht nach Möglichkeiten, wie diese im Unterricht zu stabilisieren und weiterzuentwickeln sind« (Steinhöfel/Lohse 1983).

Diese Intentionen fanden im Verlangen praktisch tätiger Pädagogen nach sachadäquatem Erklärungs- und Interventionswissen zusätzliche Legitimation. Das umso mehr, da die Unterrichtspraxis seinerzeit wesentliche Mängel hinsichtlich individualitätsorientierter Gestaltungsqualitäten aufwies, für deren Beseitigung zudem auch die tradierten erziehungswissenschaftlichen Konzepte nicht ausreichten (vgl. Mescheder/Steinhöfel 1989, 5). Demgemäß waren die Untersuchungen in den ersten Jahren vor allem »auf die Qualifizierung des Unterrichtsprozesses ausgerichtet. Dabei fand die Haupthypothese, die Babanski seinen Untersuchungen zur Überwindung des Leistungsversagens bei Schülern voranstellte und die wir auf unsere Zwecksetzung transponierten, besondere Beachtung: Die Begabung von Schülern läßt sich nur dann stabilisieren bzw. fördern, wenn man ein System von Maßnahmen zur Optimierung des Unterrichtsprozesses anwendet, vor allem erstens in den pädagogischen Prozeß die Praxis des systematischen Diagnostizierens der realen Lernmöglichkeit der Schüler einführt und zweitens die Bildungs- und Erziehungseinwirkungen zielgerichtet steuert sowie an jeden einzelnen im Verlauf der Diagnostik festgestellten Typ von Schülern mit herausragenden Leistungen differenziert herangeht« (Steinhöfel 1989, 7f.; vgl. Babanski 1979).

In einigen nachfolgenden und parallel verlaufenden Untersuchungen anderer akademischer Einrichtungen der DDR läßt sich der von diesen legitimierbaren Intentionen getragene *Chemnitzer Forschungsansatz* wiedererkennen. Der Ansatz band das Erkennen und Fördern von Begabten an die Lösung einer Optimierungsaufgabe, deren Optimalitätskriterien bestimmt sind durch die Entwicklung des Begabten im Verhältnis zu seinen Voraussetzungen, seinem Selbstanspruch nach Selbstvervollkommnung, nach Selbstverwirklichung, der Gestaltung der für seine Entwicklung günstigsten Bedingungen und Anforderungen in der Ontogenese und durch das Engagement und die Meisterschaft der Förderer bei der individualitätsintendierten Ausschöpfung der realen Entwicklungsmöglichkeiten, zurück (vgl. Steinhöfel/Mescheder 1992, 47; Steinhöfel 1982).

Die so angelegte Forschung auf der Grundlage einer wissenschaftlich fundierten pädagogischen Prozeßgestaltung »basiert auf einem Grundparadigma mit den Fixpunkten Anforderung/Tätigkeit/Persönlichkeit(-sentwicklung) und den diesen ›Superzeichen‹ hinterlegten Gesetzen, Theorien und Prinzipien, sie orientiert auf die Ganzheitlichkeit der Persönlichkeit und ihres Entwicklungsprozesses in dialektischer Einheit mit dem komplexen Herangehen an den pädagogischen Prozeß, und versteht alle von ihr ausgehenden Aktivitäten zur Begabungsförderung als ein immanentes und integratives Moment der auf optimale Entwicklung der ganzheitlichen Persönlichkeit ausgerichteten komplexen pädagogisch intendierten Prozesse« (Mescheder/Steinhöfel 1988, 64). Betont wird, daß »wir unter pädagogischer Sicht das Individuum dann als Persönlichkeit kennzeichnen, wenn es sich seiner selbst als Persönlichkeit bewußt wird, wenn es einen Standpunkt seiner Wirksamkeit als Subjekt, als Gestalter seiner Beziehungen verwirklicht« (Steinhöfel/Lohse 1983).

Bis 1985 war es Forschungsaufgabe, Begabtenförderung im Umkreis ihrer entwicklungspsychologischen, lern- und denkpsychologischen, psychodiagnostischen, anthropologischen, didaktischen, fachlichen und fachdidaktischen Problemkonstellationen sowie in ihrem triadischen Zuschnitt auf Anforderungen, Tätigkeit und Persönlichkeit zu untersuchen. Dabei war uns bewußt, daß eine Lösbarkeit sich permanent entwickelt und, wie auch alle laufenden Untersuchungen auf diesem Gebiet es bestätigen, niemals abgeschlossen ist (vgl. Studie 1986).

Vielleicht ist es zu einfach, heute nur mit dem gesellschaftlichen Eingebundensein unserer Tätigkeit als Erziehungswissenschaftler überhaupt und unseren theoretischen wie praktischen Untersuchungen im besonderen erklären zu wollen, warum wir eventuell doch manchmal für die Begabtenforschung entscheidende humanistische Maxime mehr kontemplativ vertraten und sie von ihrem eigentlichen anthropologischen Inhalt befreiten. Ohne Zweifel bestand auch bei uns eine gewisse Anpassung an bildungspolitische Grundpositionen und eine zumindest zunächst selbst auferlegte Disziplin, das real existierende sozialistische Bildungssystem, das tradierte Unterrichtskonzept, das Lehrplanwerk als materialisierten Ausdruck sozialistischer Allgemeinbildung sowie die anzustrebende allseitig gebildete und sozialistisch erzogene Persönlichkeit als invariant vorauszusetzen. Erst in dem die Forschungen begleitenden Lernprozeß wurde uns mehr und mehr bewußt, wie sehr de facto erziehungswissenschaftliche Forschungen in der DDR

- von einer verkürzten Auffassung des Bildungsbegriffs ausgingen, was unter anderem heißt, der mehr auf die Produktivkraft Mensch gerichtete Blick verwehrte teilweise jene Sicht auf den Menschen, »in der der Mensch sich in seinem Menschsein selbst zu bestimmen hat, in welcher das Menschsein gleichzeitig als Aufgabe begriffen werden muß« (Heitger 1988);
- Chancengleichheit wollten und wohl auch proklamierten, so bezogen auf die ›Zerschlagung des Bildungsprivilegs der herrschenden Klasse‹ – nach 1945, aber ihre Einlösung oft nicht kritisch genug hinterfragten;
- Erziehungs-, Allgemeinbildungs-, Unterrichtskonzepte favorisierten, die den tatsächlichen Verhältnissen und Erfordernissen der Zeit nicht voll entsprachen und die junge Generation nicht immer dort abholten, wo sie tatsächlich stand;
- die Universalität des Menschen, so u.a. bezogen auf die Achtung unterschiedlicher weltanschaulicher Bindungen, veräußerten und die Anerkennung seiner Einmaligkeit an Prämissen zurückbanden.

Unsere Arbeiten zur Erschließung pädagogischer Bedingungskomplexe für eine optimale Entwicklung begabter Kinder und Jugendlicher in der DDR ließen uns den Widerspruch zwischen den gewonnenen theoretischen Einsichten, den Erfordernissen und Bedürfnissen der Praxis sowie dem gesellschaftlich artikulierten Anspruch an eine schulbezogene Begabtenförderung auf der einen Seite und den durch Dirigismus, Dogmatismus und Konservatismus sowie die durch eine permanente Bevormundung seitens staatlicher Instanzen stark eingeschränkten Handlungsspielräume auf der anderen Seite empfinden. Einer wirksamen Förderpraxis, wie sie als ›Reformanspruch‹ von engagierten Pädagogen, Eltern und Erziehungswissenschaftlern auch offen angestrebt wurde, stand eine starre und unflexible Einschulungspraxis, eingeschränkte didaktische Gestaltungsmöglichkeiten des Unterrichts zum Beispiel durch festgeschriebene ›Unterrichtshilfen‹, Förderung begabter Schüler fast ausschließlich unter Nutzung von Möglichkeiten der Binnendifferenzierung, ein zu einem Dogma erhobener und überfrachteter Lehrplan, der keine Freiräume für Projektarbeit, freies Lernen, offenen Unterricht u.a.m. öffnete, eine zentralistisch bevormundende Bewertungs- und Beurteilungspraxis, die durch ihre Instrumentalisierung keinen Spielraum für das Sichtbarmachen herausragender kreativer Leistungen beließ sowie unelastische Organisationsstrukturen (fehlende bzw. nicht zugelassene Enrichmentprogramme, Extralehrpläne, etc.) gegenüber (vgl. Steinhöfel/Reichold/Mescheder 1991).

Zu einigen Resultaten der Begabungsforschung an der Technischen Universität Karl-Marx-Stadt/Chemnitz

Obgleich die Teilergebnisse unserer Forschung sich nach einem integrativen Baukastenprinzip zusammenfügen lassen, dies auch konzeptionell gesehen, um den einzelnen Mitgliedern der Forschungsgruppe jeweils ihren spezifischen Neigungen und Zwecken entsprechende Eigenständigkeit zu ermöglichen, war die methodologische Herangehensweise dem durchgängig einheitlichen Prinzip der Optimierung von Lehr- und Lernprozessen unterworfen. Unter Optimierung ist dabei nicht nur etwa die Effektivitätssteigerung durch die Wahl effektiver Unterrichtsmethoden zu verstehen, sondern eine jeweilige themenadäquate optimale Vervollkommnung des Unterrichtsprozesses, insbesondere des Unterrichtsinhaltes, der Wege zur Einführung neuer Unterrichtsformen sowie eine rationelle Organisierung der Lern- und Erkenntnistätigkeit und vor allem die optimale Verwirklichung des individuellen Begabens befähigter Schülerpersönlichkeiten auch in Beachtung ihrer Selbstkonzepte.

Unserer Forschungskonzeption folgend, war vor allem ein theoretischer wie praktischer Ansatz zur anforderungsintendierten, tätigkeitsorientierten und individualitätsbezogenen Erschließung des Phänomens wissenschaftlich-technischer Begabungen im didaktischen Wirkungsfeld von Unterricht zu finden (vgl. Steinhöfel u.a. 1989; vgl. Steinhöfel 1981). Auf der 26. Tagung des Wissenschaftlichen Rates für Didaktik am 18.11.1982, die zum Zwecke der Verteidigung der Forschungskonzeption in Karl-Marx-Stadt stattfand, wurde dementsprechend zum Forschungsgegenstand konstatiert, daß »die Förderung eines begabten Schülers immer die Ausprägung wesentlicher Persönlichkeitsqualitäten, ... gediegener Allgemeinbildung und ein hohes Entwicklungsniveau individueller Besonderheiten einschließt. Um das Werden und die Entwicklung des begabten Schülers im sozialen, psychischen und pädagogischen Kontext erfassen zu können, sind« – so schlossen wir damals – »alle auf die Entwicklung wirkenden Bedingungen und ihre Wechselwirkungen zu beachten, zu nutzen und zu gestalten. Ein Unterricht, der das Erkennen und Fördern begabter Schüler ermöglichen soll, muß von hoher Qualität sein. Insbesondere soll(te) das ein tätigkeitsorientierter und schülergerechter Unterricht sein, der differenzierte Forderungen an Wissen, Können und Wollen der Schüler stellt, deren aktive, bewußte, selbständige und schöpferische Erfüllung sie in die ›Zone der nächsten Entwicklung‹ gelangen läßt ... Wir streb(t)en keine selektive ›Sonderstrategie‹ für das Erkennen und Fördern von Begabten im Unterricht an, sondern stets eine ›Gesamtstrategie‹ des Unterrichts, in die gewissermaßen die hier anstehenden Sonderprobleme zu integrieren waren« (Steinhöfel 1982).

Unsere Untersuchungen verlangten zunehmend auch eine ganzheitliche fächerübergreifende Sichtweise. Wir reflektierten zu den Forschungsergebnissen:

– »In welcher Weise begünstigen die konkret-historisch gegebenen gesellschaftlichen Verhältnisse (eingeschlossen die sozialen Verhältnisse und Beziehungen) die Ausprägung und Förderung von Begabungen? Welche Verfahren sind geeignet zum ganzheitlichen Studium der ›begabten Schülerpersönlichkeit‹? Dabei wurde nach Koroljow angenommen, daß die soziale Unterstruktur der Persönlichkeit nicht die bloße Summe von Eigenschaften ist, sondern ein ziemlich kompliziertes Gebilde darstellt, das zumindest das System der sozialen Gruppen, das System der sozialen Tätigkeit und das System der geistigen Welt umfaßt (vgl. Koroljow 1975).

Wir reflektierten weiter:

– »Wie kann die bestehende Dialektik zwischen den natürlich und gesellschaftlich bedingten Wesenskräften des Menschen zum Zwecke einer optimalen Begabungserkennung und -förderung im Unterricht pädagogisch aufgelöst werden?
– Wie kann das Einflußfeld auf das Werden der Persönlichkeit, welches morphologische, biochemische, physiologische, psychische und soziale Veränderungen umfaßt, gegenstandsbezogen aufgeklärt werden, und welche Grundtätigkeiten üben in welcher Entwicklungsetappe den größten Einfluß auf seine Entwicklung aus?
– Wie ist unter konkret historischer Sichtweise das Verhältnis von allseitiger und ›spezieller‹ Entwicklung der Persönlichkeit produktiv zu erklären?« (Steinhöfel/Lohse 1983, 135f.).

Zunehmend fanden in komplexer Verflechtung der Tätigkeitsbezug (inclusive der lern- und handlungstheoretische), der Objektbezug, der Subjektbezug sowie der Bedingungsbezug Beachtung (vgl. Steinhöfel 1982).

Der Forschungsstrategie (s. Abbildung 1, S. 173) folgend, versuchte die Forschungsgruppe, sich weitere Kenntnisse über das Bedingungsgefüge und den Selbstanspruch, unter dem Begabte sich entwickelten und entwickeln, zu verschaffen, um daraus das mögliche und notwendige ›Optimum‹ ihrer Weiterentwicklung zu ermitteln.

Zu den vielleicht bemerkenswerten Ergebnissen der Chemnitzer Forschungsgruppe zähle ich die unsere Forschungen begleitenden *praxisanalyti-*

Abb. 1 Vorgehensweise im Fünfjahrplanzeitraum 1981–85

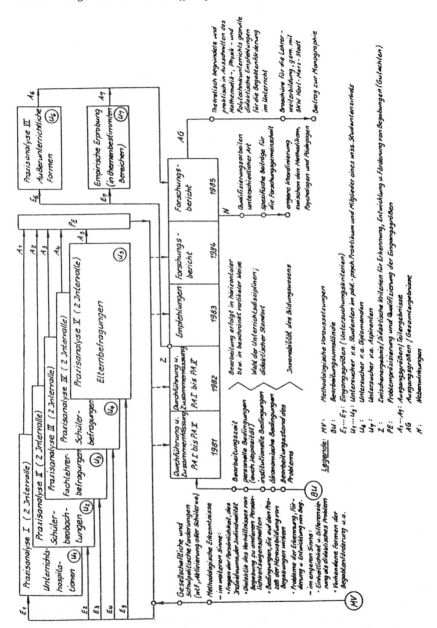

schen Erhebungen zur Gewinnung von Erklärungswissen und Stützung von Interventionswissen (vgl. Steinhöfel u.a. 1982, 1983, 1987, 1988). Dies vor allem auch deshalb, weil sowohl das Methodenarsenal (s. Abbildung 2, S. 175) als auch die inhaltlichen Untersuchungskriterien zurückgebunden waren an ein hypothetisch gefaßtes Bedingungsgefüge der individuellen ganzheitlichen Entwicklung (s. Abbildung 3, S. 176) und zu den Intentionen paßfähige Ziele angestrebt wurden, die sowohl theoretisch als auch praktisch hochrelevant erschienen.

Als Detailzielstellungen unserer Analysen 1981/1982 seien unter anderem genannt:

– Die empirische Untermauerung der theoretisch reflektierten Bedingungskomplexe, die für die Herausbildung und Entwicklung begabter Schüler eine besondere Relevanz besitzen;
– das Feststellen wesentlicher Merkmale, an denen sich im Urteil der Lehrer, Betreuer und Eltern begabte Schüler erkennen lassen;
– das Gewinnen von Einsichten in die ›Persönlichkeitsstruktur‹ begabter Schüler, insbesondere die Ermittlung ihrer Interessen und besonderen Neigungen, ihre Rolle im Unterricht einschließlich in der ›Produktiven Arbeit‹, ihre Stellung im Schülerkollektiv u.a.;
– die Ermittlung des Standes der Arbeit mit begabten Schülern in der Schulpraxis und
– das Aufdecken von ›Reserven‹, insbesondere innerhalb des pädagogischen Bedingungskomplexes, um daraus Erkenntnisse über deren mögliche Beeinflussung zu gewinnen und didaktisch orientierte Hinweise abheben zu können (vgl. Steinhöfel u.a. 1983).

Dazu einige wenige Ergebnisse:

– Etwa 70 Prozent der mathematisch, physikalisch und/oder technisch begabten Schüler waren den Fachlehrern der Oberstufe schon länger als begabt bekannt. Jeweils etwa 40 Prozent davon waren in den Klassen 1 bis 4 beziehungsweise 5 und 6 durch ihre Sonderleistungsfähigkeit aufgefallen. Die Fachlehrer waren zu 8 Prozent der Auffassung, daß die jeweilige Begabung nur auf ein bestimmtes Fach zutrifft; von 54 Prozent der Fachlehrer wurde das Begabtsein auf andere naturwissenschaftliche Fächer, von ca 6 Prozent auf andere technische Fächer und von ca 21 Prozent auch auf Fächer über mathematische, naturwissenschaftliche und technische Bereiche hinaus für zutreffend betrachtet.
– Ca 90 Prozent der Eltern war das Begabtsein ihrer Kinder zum Zeitpunkt des mit ihnen geführten Interviews bekannt. Sie wurden sowohl durch die guten schulischen Leistungen (34, 5 Prozent), aber auch durch die besonderen Interessen ihrer Kinder (24, 8 Prozent) sowie durch die Vorliebe ihrer Kinder für Knobeleien und Basteleien in der Freizeit (20, 4 Prozent) auf deren Begabtsein aufmerksam. Die Mehrzahl der Eltern unterstützten und förderten auch selbst die Begabungen ihrer Kinder. Da höhere Bildung bei den Eltern mit einer Leistungsförderung der Kinder korreliert, kann bezogen auf die Begabten gewissermaßen doch eine soziale Auslese angenommen werden.
– Die analytischen Erhebungen berücksichtigten als Ausdruck der besonderen Begabung von Schülern meist nicht nur die in den Zensuren widergespiegelten schulischen Leistungen, sondern vordergründig solche Äußerungsformen wie das Ent-

Abb. 2 *Praxisanalysen zur Erkennung und Förderung math., phys. und/oder techn. beg. Schüler – 2 Intervalle jeweils im März 1981 u. 1982*

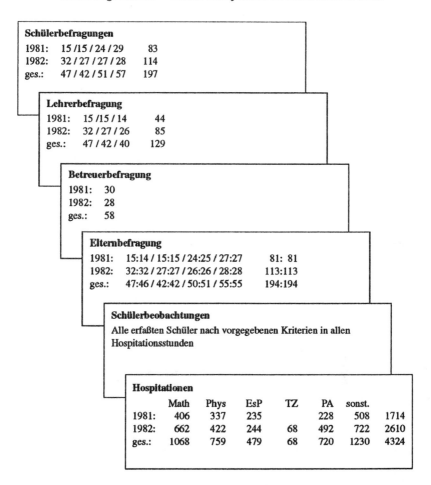

wickeln eigener, origineller Ideen beim Problem- und Aufgabenlösen, den Grad der Bewältigung besonders hoher Anforderungen sowie die speziellen Interessen der Schüler.
- Es konnte konstatiert werden, daß begabte Schüler sich im Unterricht durch eine auffallend hohe Aktivität und Leistungsbereitschaft besonders dann auszeichnen, wenn Aufgaben und Probleme mit einem hohen Anforderungsniveau gestellt sind oder aus dem Unterrichtsgeschehen besondere Forderungen an ihre Kenntnisse, ihre Fähigkeiten sowie ihre Fertigkeiten als auch ihr schöpferisches Denken erhoben wurden. Unterforderungen hingegen führten bei begabten Schülern rasch zum Erlahmen von Aktivität und Leistungsbereitschaft.

Abb. 3 Bedingungskomplexe für die Entwicklung besonderer Leistungen (Begabungen) bei Schülern

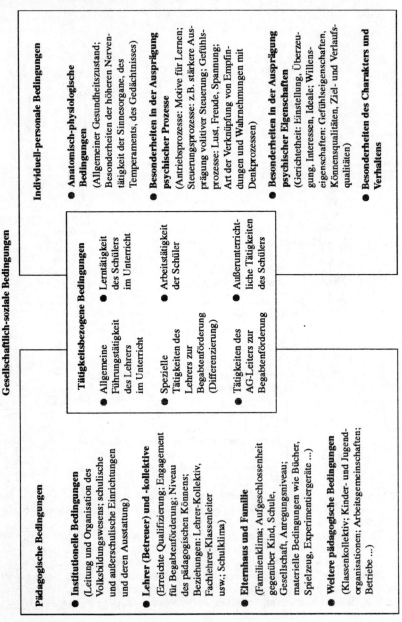

- Das Leistungsvermögen der begabten Schüler wurde im beobachteten Unterricht an DDR-Schulen nicht genügend ausgeschöpft. Bei mehr als 80 Prozent der beobachteten begabten Schüler wurden erhebliche ›Leerlaufzeiten‹ im Unterricht festgestellt. Dieser Fakt verwies uns besonders auf die Notwendigkeit pädagogisch wirkungsvoller gezielter Fördermaßnahmen im Fachunterricht.
- Aktivitäts- und begabungsfördernde Unterrichtsmethoden und Organisationsformen fanden, so mußten wir feststellen, eine zu geringe Beachtung. In nahezu 90 Prozent aller hospitierten Unterrichtsstunden wurde ausschließlich Frontalunterricht bzw. Einzellernen festgestellt.
- Infolge recht umfangreicher Stoffpläne war der Stellenwert, den die individuelle Begabtenförderung bei den Lehrern einnahm, sehr unterschiedlich und manchmal ungenügend ausgebildet (vgl. auch Abbildung 4, S. 177, und Abbildung 5, S. 178).

Bis 1985 bestimmten empirische Untersuchungen, einschließlich mit 55 Technikwissenschaftlern geführte Interviews, Teststudien zur Ermittlung des ›Erkenntnisstrebens‹ (FES) und des ›Strebens nach selbständiger Tätigkeit‹ (SST) bei 2326 Schülern sowie biographische Statuserhebungen, d.h. Selbstkonzepte

Abb. 4 Äußerungsformen des Begabtseins im Lehrer-, Schüler- und Elternurteil

Äußerungsformen des Begabtseins (Skw 1 = sehr wichtig ... 7 = unwichtig)				
Lehrerurteil	Mittlerer Skalenwert		Rangplatz	
	1981	1982	1981	1982
Allgemeines Leistungsniveau	2,44	3,27	4	6
Besondere Aktivitäten im Fach	2,27	2,39	3	3
Bewältigung hoher Anforderungen	2,00	1,69	2	2
Entwicklung eigener origineller Ideen beim Aufgabenlösen	1,63	1,60	1	1
Spezielle Interessen des Schülers	3,07	2,90	5	4
Sonderleistungen bei Olympiaden u.a.	3,23	3,00	6	5
Teilnahme an speziellen Formen der außerunterrichtlichen Tätigkeit	3,77	3,56	7	7

Schülerurteil	Rangfolge der Antworthäufigkeit	**Elternurteil**
Lernen fällt leicht	1	Gute Leistungen
Besondere Interessen	2	Besondere Interessen
Konzentriertes Arbeiten	3	Knobelt gern
Besonderer Fleiß	4	Lernen fällt leicht

Abb. 5   Zusammenhang von subjektiv erlebtem Gefordertsein und Leerlaufzeiten im Untericht

Leerlaufzeiten im Unterricht (Einschätzung durch Hospitant)

		kaum	selten	manchm.	vielfach	sehr häufig	Σ	%
Grad des Gefordertseins (Schülermeinung)	immer	9					9	4,52
	meistens	2	21	32	24	5	84	42,21
	manchmal		3	55	17	6	81	40,70
	selten	1		1	15	2	19	9,55
	kaum			1	1	4	6	3,02
	Σ	12	24	89	57	17	199	
	%	6,03	12,06	44,72	28,64	8,55		100

von Spezialschulschülern (vgl. Ernst/Schneider 1991; Melde 1985) als auch theoretische Reflektionen dazu wesentlich unsere Arbeit. Als ein synthetisches Ergebnis, das gewissermaßen an den Konstituenten des Unterrichts orientiert wurde (s. Abbildung 6, S. 179), entstanden theoretisch begründete und praktisch in Ausschnitten des Mathematik-, Physik- und Polytechnikunterrichts erprobte und von Fachlehrern begutachtete didaktische Empfehlungen für das Erkennen und Fördern von wissenschaftlich-technisch begabten Schülern im Unterricht.

Sie erwuchsen

- aus theoretischen Reflektionen zu phänomenologischen, methodologischen und einzelwissenschaftlichen Fragen des Begabungsphänomens, basierend auf empirischen Bestandanalysen;
- aus daraus impliziertem Erklärungswissen zum Begabungsbegriff, zu den Prozessen des Erkennnens und Förderns und zur dialektischen Auflösung der Triade Anforderungen, Tätigkeit und Persönlichkeit;
- aus Detailuntersuchungen bezogen auf die jeweilige Begabungsrichtung, d.h. mathematische, technische oder physikalische Begabung (s. Mescheder 1986; Kämpfe 1986; Mühlhausen 1986; Lange 1985) und nicht zuletzt
- aus der empirischen Verifizierung der praktischen Umsetzbarkeit der von 300 Fachlehrern begutachteten ›Didaktischen Empfehlungen‹ selbst sowie einem in 3 Varianten durchgeführten Unterrichtsversuch in 27 Klassen.

Als direktes Ergebnis von Begabungsförderung konnten bei sich wiederholender Analyse in der Erprobungsphase der *Didaktischen Empfehlungen* wesentliche Verbesserungen, bezogen auf begabungsfördernde Differenzierungsmaßnahmen in den hospitierten Unterrichtsstunden, nachgewiesen werden. Die Empfehlungen fanden explizit oder implizit Eingang in und auch Praxiswirk-

Abb 6   Grobübersicht zur Struktur der didaktischen Empfehlungen

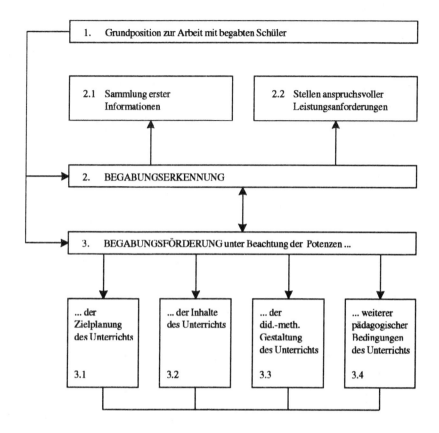

samkeit durch das »Informations- und Orientierungsmaterial zur Begabungsförderung auf wissenschaftlich-technischem Gebiet im einheitlichen sozialistischen Bildungssystem« (Autorenkollektiv 1983), den Ratschlag für Lehrer »Entwicklung wissenschaftlich-technischer Begabungen im Unterricht und in der Produktiven Arbeit« (Reichold/Steinhöfel 1987) und durch das Buch »Leistungsreserve Schöpfertum«, Abschnitt ›Wie kann und muß der Unterricht zum schöpferischen Denken und Handeln beitragen?‹ (Drefenstedt/Lechner/Steinhöfel, 1. Auflage 1986; 2. Auflage 1987).

Wesentlicher Inhalt der Empfehlungen ist
– die explizite Orientierung von Fachlehrern auf die begabtenintendierte Planung und Gestaltung der Konstituenten des Unterrichts, d.h. die Empfehlun-

gen entfalteten ein plurales Angebot zur zielorientierten, inhaltlichen sowie didaktisch-methodischen Gestaltung des Unterrichts (vgl. Lohse/Steinhöfel 1985, 423ff.);
- die implizite Hinterlegung der Empfehlungen durch Positionen und Strategien, d.h. auf der einen Seite stützten sich die Empfehlungen auf solche Positionen wie Begabtenförderung und ganzheitliche Persönlichkeitsentwicklung, Begabtenförderung und Selbstkonzepte, Begabtenförderung und optimale Unterrichtsgestaltung, und auf der anderen Seite bezogen sie sich permanent auf solche Strategien wie Enrichment und Akzeleration, Arbeiten mit Zusatzaufgaben oder Arbeiten mit differenzierten Anleitungen u.a.m.;
- die dialektische Einheit von Erkennen, Fördern und Entwickeln von Begabungen und Begabten.

In den Jahren 1985 bis 1990 war die Forschungstätigkeit zum Begabungsthema an der Technischen Universität Karl-Marx-Stadt/Chemnitz bestimmt sowohl durch eine Themenerweiterung, insbesondere bezogen auf unterschiedliche Bildungsstufen und außerschulische Bereiche (vgl. Wulst 1990; Pfefferkorn 1990; Sprengel 1987) sowie auf Spezialschulen (vgl. Mescheder/Pitsch 1989) als auch durch Arbeiten an einer Längsschnittstudie (vgl. Fritsch 1989), vor allem aber durch zielgerichtete Bemühungen um ein verbessertes Theorieverständnis, insbesondere bezogen auf Begriffliches sowie Widersprüchliches wie Individuum versus Kollektiv, Funktionspotenzen sowie Förderstrategien, Selbstkonzepte und Kompetenz (vgl. Mescheder/Steinhöfel 1988a, 1988b; Steinhöfel 1990; Reichold/Steinhöfel 1987, 1989; Steinhöfel/Frömmer 1990). Der qualitativ erweiterte Forschungsansatz begriff Begabtenförderung als eine ganzheitliche fachübergreifende pädagogische und fachwissenschaftliche Aufgabe, die in allen Bildungseinrichtungen, beginnend im Kindergarten, in der Schule, der Universität wie ebenso in Kultur- und Bildungszentren; zugleich in allen Bildungsstufen, dem Vorschulwesen, der Oberschulbildung, der Berufsausbildung sowie der Fach- bzw. Hochschulausbildung; in allen Bildungsfeldern im obligatorischen wie ebenso fakultativen Unterricht und auch in außerunterrichtlichen und außerschulischen Tätigkeitsfeldern, Praktika, Kursen, Lehrgängen, Seminaren wie auch in der Familie und durch alle in diesen Bereichen tätigen Förderer zu lösen ist.

Resümee

Die hier gewählte zweckgebundene monographische Darstellung reflektiert bewußt erziehungswissenschaftliche Ansichten und Vorgehensweisen einer DDR-Forschungsgruppe zu Fragen des Erkennens, Förderns und Entwickelns von begabten Schülern im Unterricht. Die spezifische Sinnhaftigkeit der Forschung lag nicht nur in den projektierten und realisierten – relativ geschlossenen – Konzeptionen, in der praktizierten Vielheit von Methoden sowie der deskriptiven und präskriptiven didaktischen Begabtentheorie, sondern insbesondere auch in der wissenschaftlichen Philosophie einer versuchten ganzheitlichen Herangehensweise sowohl bezogen auf die Schülerpersönlichkeit und die entwicklungsausmachenden Bedingungen als auch auf dem pädagogischen Prozeß und die in ihm im Komplex wirkenden Konstituenten.

Es wurde versucht, die Begabten, bezogen auf ihre auch unstetige Entwicklung, gewissermaßen in ihrer biopsychosozialen Ganzheitlichkeit zu erfassen:

»Die Entwicklung der Persönlichkeit vollzieht sich stets ganzheitlich, also einerseits bezogen auf das Ensemble aller schon vorhandenen Eigenschaften (Kenntnisse, Fähigkeiten, Fertigkeiten, Einstellungen, Überzeugungen etc.), zum anderen auf alle funktionalen Bereiche (intellektuelle Sphäre, Besonderheiten des Wahrnehmens, der Sprache, des Gedächtnisses, der Phantasie, Affekte, auf das Temperament) aber auch unter allen Lebens-, Lern-, Arbeits- und darin eingeschlossen auch pädagogisch unerwünschten Bedingungen sowie in allen Tätigkeitsformen innerhalb und außerhalb des Unterrichts. Dabei entwickelt sich die Persönlichkeit in Verbindung mit den in ihrem Leben entstehenden inneren Widersprüchen, die durch Tätigkeiten gelöst werden und dadurch zur Bildung neuer Eigenschaften und Qualitäten der Persönlichkeit führen können. Den gewissermaßen integrativen Ausdruck findet die ›Ganzheitlichkeit‹ der Persönlichkeit in ihren individuellen Leistungen und ihrem Verhalten« (Lohse/Steinhöfel 1985, 420).

Der pädagogische Prozeß wurde in seiner Einheit als Vermittlungs-, Aneignungs-, Bewährungs- und sozialer Prozeß gesehen und dementsprechend konstatiert (vgl. Steinhöfel 1986).

Es wurde herausgestellt, die Entfaltung der Talente ist sehr wesentlich gesellschaftlich bedingt. »Die Geschichte zeugt davon, daß die Bedingungen Gelegenheit für die Entstehung großer Begabungen bieten; die Natur allein schafft es nicht ...« (Radiscev 1941, 128).

Die Bedürfnisse der Epoche, dem internationalen Konkurrenzdruck auf wissenschaftlich-technischem Gebiet standzuhalten, dies vor allem über ein speziell abgefedertes Leistungsprinzip zu erreichen, und die Besonderheiten der Aufgaben, sich offensiv den Herausforderungen der modernen, wissenschaftlich-technisch geprägten Zivilisation bzw. wissenschaftlich-technischen Revolution zu stellen, führten zu Beginn der achtziger Jahre auffällig parallel in beiden damals bestehenden deutschen Staaten zu einer Belebung der öffentlichen Diskussion über die Begabungsförderung und die Begabtenförderung und dies mit ganz ähnlichen Begründungsstrategien. Davon unbenommen bleibt der unterschiedliche Begründungszusammenhang und die darin begründete Funktion des Bildungswesens. Die Reflexion über die Bildungssysteme und ihre Leistungspotenzen in beiden deutschen Staaten vor diesem Hintergrund waren zumindest in der DDR Stimulator für die Begabtendiskussion und Verursacher des Auseinandertriftens der Meinungen eines Teils der akademischen Elite, die für ein flexibleres Bildungswesen eintrat, von denen des Ministeriums für Volksbildung, welche das ›Einheitsmodell‹ favorisierte.

Das Erfordernis, das Begabtenphänomen im Umfeld von Politik, Wissenschaft und menschlicher Selbstverwirklichung zu lösen, besteht weiterhin. Mögen künftige Generationen nachweisen, ob und inwieweit unsere bescheidenen Forschungsergebnisse zur Begabtenförderung mit beitrugen, sich der globalen Zielstellung zu nähern.

Literatur

Autorenkollektiv: Informations- und Orientierungsmaterial zur Begabungsförderung auf wissenschaftlich-technischem Gebiet im einheitlichen sozialistischen Bildungssystem. APW der DDR, Berlin 1983
Babanski, J.: Untersuchungen zur Überwindung des Leistungsversagens von Schülern. Berlin 1979
Benner, D.: Referat zur 1. Konferenz der DGP zum Thema: Erziehungswissenschaft – Bildungspolitik – Schulreform. In: Pädagogische Forschung, 31 (1990), H. 5/6
Bericht des ZK der SED an den X.Parteitag. Berichterstatter: E. Honecker. Berlin 1981
Drefenstedt, E./Lechner, H./Steinhöfel, W.: Wie kann und muß der Unterricht zum schöpferischen und Denken und Handeln beitragen? In: Leistungsreserve Schöpfertum. Berlin 1986 und 1987
Ernst, K./Schneider, S.: Didaktische Untersuchungen zum pädagogisch intendierten Prozeß der Persönlichkeitsentwicklung begabter Schüler an der Spezialschule mathematisch-naturwissenschaftlich-technischer Richtung Chemnitz. Diplomarbeit an der TUC 1991
Fritsch, G./Lohse, W./Steinhöfel, W.: Zu Problemen der Erkennung und Förderung mathematischer, physikalischer und technischer Begabungen. In: Wiss. Z. der Tech. Hochsch. Karl-Marx-Stadt 23 (1981), H. 5
Fritsch, G.: Besonderheiten der individuellen Entwicklung mathematisch, naturwissenschaftlich und/oder technisch begabter Schüler. Preprint Nr.123, September 1989 an der TU Karl-Marx-Stadt
Göbel, R.: Typische Erkenntnissituationen im Physikunterricht – Invarianten der Unterrichtsgestaltung. In: Physik in der Schule. 16 (1978), H. 5
Heitger, M.: Koinzidenz von Gleichheit und Ungleichheit als Voraussetzung von Schule und Bildung ... In: Elitebildung und Chancengleichheit – Grundfragen der Pädagogik der Gegenwart. Innsbruck – Wien 1988
Kämpfe, W.: Untersuchungen zur Erkennung und Förderung technisch begabter Schüler im ESP-Unterricht der Oberschule. Dissertation an der TH Karl-Marx-Stadt 1986
Kirchhöfer, D./Wessel, K.-F.: Erziehungs- und Bildungsphilosophie in der DDR. In: Erziehung, Bildung, Normativität. Weinheim und München 1991
Klein, H.: Die DDR fördert ihre Hochbegabten. In: Demokratische Erziehung, 11 (1985)
Lange, G.: Die Erkennung und Förderung von Begabungen im naturwissenschaftlichen Unterricht der Oberschule – dargestellt am Fach Physik. Dissertation an der TH Karl-Marx-Stadt 1985

Linke, H.-P./Steinhöfel, W.: Über den Einsatz eines Verfahrens zum Erkennen mathematisch-naturwissenschaftlich-technischer Begabungen. In: Wiss. Z. der TU Karl-Marx-Stadt. 29 (1987), H. 5

Lohse, W./Steinhöfel, W.: Zum Problem der Begabungsförderung als eine Möglichkeit der Aktivierung im Unterricht und ein Erfordernis des wissenschaftlich-technischen Fortschritts. In: Wiss. Z. der Tech.Hochsch. Karl-Marx-Stadt. 24 (1982), H. 4

Lohse, W./Steinhöfel, W.: Praxisanalytische Untersuchungen zur Begabungserkennung und -förderung im Unterricht – ein Beitrag zum Karl-Marx-Jahr. In: Pädagogische Forschung. 24 (1983), H. 3

Lohse, W./Steinhöfel, W.: Schöpfertum und Begabung im Unterricht der allgemeinbildenden polytechnischen Oberschule. In: Wiss. Z. d. Tech. Hochsch. Karl-Marx-Stadt. 27 (1985), H. 3

Lübbe, H.: Wissenschaft und Kulturpolitik. Bericht über den Kongreß der DGfE vom 12.–15. April 1970 in der Kongreßhalle in Berlin. In: Zeitschrift für Pädagogik. 9. Beiheft 1971

Marx, K.: In: Marx-Engels-Werke. Berlin 1957, Bd. 3

Marx, K.: Grundrisse der Kritik der politischen Ökonomie. Berlin 1974

Marx, K.: Das Kapital. Bd. 1. In Marx/Engels Werke Bd. 23. Berlin 1979

Melde, U.: Über individuelle Entwicklungswege von Schülern bis zum Besuch der Spezialschule Karl-Marx-Stadt. Diplomarbeit an der TH Karl-Marx-Stadt 1985

Mescheder, S.: Untersuchungen zum Erkennen und Fördern mathematisch begabter Schüler im Mathematikunterricht. Dissertation an der TH Karl-Marx-Stadt 1986

Mescheder, S./Steinhöfel, W.: Theoretische Positionen zur Struktur und Genese von Funktionspotenzen begabter Schüler. In: Pädagogische Forschung. 29 (1988), H. 1

Mescheder, S./Steinhöfel, W.: Die Schüler zum schöpferischen Denken und Handeln aktivieren – ein Beitrag zur Begabungsförderung. In: Wiss. Z. d. TU Karl-Marx-Stadt. 31 (1989), H. 5

Mescheder, S./Pitsch, S.: Komplexe Förderstrategien – praxisnahe Orientierungen im pädagogischen Prozeß der Persönlichkeitsentwicklung begabter Schüler an Spezialschulen mathematisch-naturwissenschaftlich-technischer Richtung. In: Wissenschaftliche Schriftenreihe der TU Karl-Marx-Stadt 1989, H. 6

Mühlhausen, F.: Untersuchungen zur Erkennung und Förderung technisch begabter Schüler in der Produktiven Arbeit. Dissertation an der TH Karl-Marx-Stadt 1986

Ostwald, W.: Erfinder und Entdecker. Frankfurt am Main 1910

Oswald, F.: Für eine begabungsfreundliche Lernkultur. In: Begabungen entwickeln, erkennen und fördern. Band 43 der Schriftenreihe Theorie und Praxis. Hannover 1992

Pfefferkorn, B.: Erkennen und Fördern von mathematisch begabt vermuteten Kindern des jüngeren Schulalters im Mathematikunterricht. Dissertation an der TU Chemnitz 1990

Reichold, K./Steinhöfel, W.: Entwicklung wissenschaftlich technischer Begabungen im Unterricht und in der Produktiven Arbeit. Berlin 1987

Reichold, K./Steinhöfel, W.: Zu einigen Problemen bei der Weiterführung der pädagogischen Forschung zur Begabungsentwicklung im Unterricht. In: Begabungsforschung – Positionen und Berichte. APW der DDR, Berlin 1987

Richter, H.-E.: Die hohe Kunst der Korruption. München 1991

Schreier, G.: Zur Diskussion zur Begabungsförderung und Elitebildung in beiden deutschen Staaten – ein kritischer Vergleich. In: Stand und Perspektiven der erziehungswissenschaftlichen Forschung in der BRD und in der DDR. Beiträge zum Kolloquium in Bochum im Februar 1990

Slupianek, B.: Aussagen zum Erkennen und Fördern von Begabungen aus der Sicht der Biographien bedeutender Techniker und Naturwissenschaftler. Diplomarbeit an der TH Karl-Marx-Stadt 1983

Sprengel, H.-J.: Der mathematisch begabte Schüler und seine Förderung in der außerunterrichtlichen Tätigkeit in der DDR. Dissertation B an der Pädagogischen Hochschule Potsdam 1987

Steinhöfel, W.: Untersuchungen zur Gestaltung typischer Unterrichtssituationen des Mathematikunterrichts im Hinblick auf die Neuakzentuierung der Methodikausbildung von Mathematikfachlehrern. Dissertation B an der Pädagogischen Hochschule Potsdam 1976

Steinhöfel, W.: In: Ergebnisse der Didaktikforschung 1976 bis 1985, 23. Tagung des Wissenschaftlichen Rates für Didaktik, APW, Institut für Didaktik, Berlin 1981

Steinhöfel, W.: Hauptreferat auf der 26. Tagung des Wissenschaftlichen Rates für Didaktik, zitiert im Bericht darüber von Heimer u.a. In: Pädagogische Forschung. 24 (1983), H. 2

Steinhöfel, W.: Erkennung und Förderung wissenschaftlich-technischer Begabungen als verantwortungsvolle, gesellschaftliche, bildungspolitische und pädagogische Aufgabenstellung. In: Wissenschaftliche Schriftenreihe der TU Karl-Marx-Stadt 1989, H. 6

Steinhöfel, W.: Begabungsförderung in einer erneuerten Schule erfordert ein strategiegestütztes Denken und Handeln der Pädagogen. In: Preprint Nr. 149, TU Karl-Marx-Stadt, 4 (1990)

Steinhöfel, W.: Reflexionen zur Begabungsforschung und Implikationen für Schule und Unterricht. In: Schule und Pädagogik im geteilten Deutschland im Spannungsfeld von Konvergenz und Divergenz. Bochum/Chemnitz 1992

Steinhöfel, W./Frömmer, G.: Förderung technischer Begabungen im Unterricht der allgemeinbildenden Schule. In: Pädagogik, 45 (1990), H.6

Steinhöfel, W./Lohse, W.: Zu Problemen der Aktivierung von Schülern unter besonderer Beachtung des polytechnischen Charakters der sozialistischen Oberschule. In: Wissenschaftliche Schriftenreihe der Tech. Hoch. Karl-Marx-Stadt 1980, H. 9

Steinhöfel, W./Lohse, W.: Zu pädagogisch – methodologischen Problemen der Persönlichkeitsentwicklung. In: Wiss. Z der TH Karl-Marx-Stadt 1983, H. 1

Steinhöfel, W./Lohse, W.: Noch immer oder schon wieder Begabungsförderung – Reflexionen der Begabungsforschung an der Technischen Hochschule Chemnitz. In: Pädagogisches Forum. 1992, H. 1

Steinhöfel, W./Mescheder, S.: A Concept for Promotion of Gifts and Talents: in: European Journal for High Ability: 1991, H. 2

Steinhöfel, W./Mescheder, S.: Begabungsförderung auf der Grundlage einer wissenschaftlich fundierten pädagogischen Prozeßtheorie. In: Begabungen entwickeln, erkennen und fördern. Band 43 der Schriftenreihe Theorie und Praxis, Hannover 1992

Studie der Forschungsgruppe Didaktik an der Sektion Erziehungswissenschaften der TU Karl-Marx-Stadt zum Thema: Erkennung und Förderung naturwissenschaftlicher und technischer Begabungen im Unterricht der allgemeinbilden polytechnischen Oberschule. (Leiter: Steinhöfel, W.). Manuskript datiert 11.12.86

Weck, H.: Ergebnisse der Didaktikforschung 1976 bis 1980 und Forschungsaufgaben im Fünfjahrplan 1981 bis 1985. In: Beiträge auf der 23. Tagung des Wissenschaftlichen Rates für Didaktik, APW der DDR, Berlin 1981

Wulst, C.: Untersuchungen zum Erkennen und Fördern mathematisch begabter Schüler im Mathematikunterricht der Abiturstufe. Dissertation an der TU Chemnitz 1990

Karlheinz Tomaschewsky
Umgestaltung des Unterrichts
Führen der Schülertätigkeiten zum Lösen von Aufgaben
und zur Verinnerlichung von Werten der Moral

*Die Forschungsgemeinschaft »Intensivierung des Unterrichts
in Einheit von Bildung und Erziehung«*

Die Arbeiten der Forschungsgemeinschaft »*Intensivierung des Unterrichts in Einheit von Bildung und Erziehung*« an der Pädagogischen Fakultät der Humboldt-Universität zu Berlin (Leiter: Prof. Dr. habil. Karlheinz Tomaschewsky) gehörten zu den Reformbemühungen in einer der bedeutsamsten Perioden schulpolitischer Veränderungen in der DDR, die 1959 mit dem »Gesetz über die sozialistische Entwicklung des Schulwesens in der DDR« begann und die 1965 mit der Verabschiedung des »Gesetzes über das einheitliche sozialistische Bildungssystem« ihren Höhepunkt erreichte. Der VI. Pädagogische Kongreß im Jahre 1961 hatte alle Lehrer und Erzieher auf die Entwicklung der zehnklassigen allgemeinbildenden polytechnischen Oberschule orientiert und zu vielgestaltigen Initiativen für Qualitätssteigerungen der Bildung und Erziehung in der Schule angeregt. 1963 begann die umfassende Diskussion über die »Grundsätze für die Gestaltung des einheitlichen sozialistischen Bildungssystems« (1), und 1965 wurden auf der Konferenz der Lehrer und pädagogischen Wissenschaftler »die Aufgaben der pädagogischen Wissenschaft bei der Verwirklichung des einheitlichen sozialistischen Bildungssystems in der Periode des umfassenden Aufbaus des Sozialismus« (2) beraten. Die Probleme der Umgestaltung des Unterrichts fanden dabei besondere Beachtung. In seinem Buch »Sozialistische Unterrichtstheorie – Entwicklung in der DDR von 1945 – 1965« (3) hat Edgar Drefenstedt umfassend über die Arbeiten der Didaktiker und Methodiker der DDR während dieser Periode berichtet und dabei auch die Bemühungen unserer Forschungsgemeinschaft eingeordnet. Die »Empfehlungen« des VI. Pädagogischen Kongresses (1961) »Für die Verbesserung des Lernens und der sozialistischen Erziehung an den Oberschulen« (4) hatten auch uns angeregt daran mitzuwirken, im Sinne ihrer programmatischen Positionen den Unterricht umzugestalten, das Lernen der Schüler zu intensivieren, die Entwicklung ihres weltanschaulichen Bewußtseins und moralischen Verhaltens zu fördern und die Weiterbildung der Lehrer zu verbessern. Unsere Wissenschaftlergruppe aus der Abteilung Allgemeine Pädagogik und Schulpädagogik und aus den Abteilungen verschiedener Unterrichtsmethodiken an der Humboldt-Universität strebte auch danach, ihre theoretischen Positionen über effektives Unterrichten in einer sozialistischen Schule durch Forschungen während der praktischen Veränderung des Unterrichts zu präzisieren.

Zum Schuljahr 1961/62 begann unsere Forschungsgemeinschaft ihre Zusammenarbeit mit der Abteilung Volksbildung, dem Kabinett für Weiterbildung und mit den Lehrern in den Schulen des Stadtbezirks Berlin-Weißensee. Vom Schuljahr 1963/64 an umfaßte die Zusammenarbeit dann auch die Abteilung Volksbildung, das Pädagogische Kabinett und die Lehrer in den Schulen des Kreises Meißen. Eine umfassende theoretische Grundlage für unsere Forschungen zur Intensivierung des Unterrichts hatten wir mit dem Lehrbuch »Didaktik« (1956) (5) und mit der »Schulpädagogik – Teil I – Didaktik« (1961 und 1963) (6) erarbeitet. Erste theoretische und praktische Ergebnisse der gemeinsamen Arbeit mit den Schulverantwortlichen, Lehrern und Erziehern in Berlin-Weißensee und Meißen konnten auf den Konferenzen »*Sozialistische Schule – Pädagogische Wissenschaft – Intensivierung des Unterrichts*« (1964) (7) und »*Unterricht als Aufgabenfolge*« (1965) (8) zur Diskussion gestellt werden. Die erste Konferenz analysierte die Vielfalt der Möglichkeiten, den Unterricht nach Inhalt, Organisation, Methoden und Mitteln zu verbessern. Die zweite Konferenz umfaßte speziell die Problembereiche: Lernen als Aufgabenlösen und Aufgabenfolge, Differenzierung des Unterrichts, Vermittlung von Techniken und Methoden des Lernens und geistigen Arbeitens sowie weltanschauliche und moralische Erziehung im Unterricht. Für die Weiterbildung der Lehrer wurde besonders der »Grundlehrgang – Gestaltung des Unterrichts als Aufgabenfolge« angeboten.

In den Jahren 1965 bis 1968 wurde ein Versuch der komplexen Anwendung des auf den beiden Konferenzen vorgestellten theoretischen Konzepts in der Internatsoberschule Seewalde im Kreis Neustrelitz erfolgreich durchgeführt. Der Direktor der Oberschule in Seewalde, Oberstudienrat Brachaus, verallgemeinerte die Ergebnisse dieses Schulerexperiments in seiner Promotionsschrift (9).

1966 begann das Ministerium für Volksbildung mit der Einführung neuer Lehrpläne für alle Unterrichtsfächer. Die auf die neuen Inhalte orientierte Erfüllung der Lehrpläne stand jetzt im Zentrum. Das Ministerium brach darum die Forschungen in Berlin-Weißensee und Meißen ab.

Die anschließende Diskussion über Probleme der Neugestaltung des Unterrichts führte 1967 zu den von Drefenstedt, Kelbert, Klein, Tomaschewsky und Weck gemeinschaftlich erarbeiteten »Thesen zu Grundpositionen des Unterrichts in der sozialistischen Schule«. (10) Auf deren Grundlage begann unsere Forschungsgemeinschaft 1968 weiterführende Untersuchungen in der uns neu zugeordneten Forschungsschule, der polytechnischen Oberschule »Georg

Schumann« in Berlin-Lichtenberg. Bis 1982 arbeiteten wir dort weiterhin zu Fragen des Aufgabenlösens, dann aber verstärkt zur Erziehung im Unterricht speziell zur Verinnerlichung von weltanschaulichen und moralischen Werten. Ergebnisse dieser Untersuchungen wurden von uns 1975 auf der Konferenz »*Prozeß der klassenmäßigen Erziehung*« (11) vorgetragen und dann 1980 und 1985 in umfassenden Forschungsberichten mit dem Titel: »Erziehungswirksame Führung der Schultätigkeiten im Unterricht für die Aneignung von Werten der Weltanschauung und Moral der Arbeiterklasse« (12) referiert.

Nach dem Abschluß der Arbeiten in der »Georg-Schumann-Schule« (1982) (13) haben wir noch im kleineren Rahmen in der »Karl-Liebknecht-Oberschule« (Berlin-Oberschöneweide), Forschungsschule des Instituts für Erziehung der Akademie der Pädagogischen Wissenschaften der DDR, bis 1988 Experimente über die »*Erziehung zur Verantwortung im Unterricht*« (14) durchgeführt.

Probleme der Umgestaltung des Unterrichts

Unsere Vorschläge für die Umgestaltung des Unterrichts waren einerseits begründet durch ein von der Soziologie, der Psychologie und der Pädagogik her vielseitig bestimmtes theoretisches Gesamtbild unterrichtlichen Geschehens und andererseits durch die Ergebnisse langjähriger Paxisanalysen, die beachtliche Qualitätsunterschiede sowohl unter den Lehrern als auch im Verhältnis zum allgemein Erforderlichen bloßgelegt hatten. Unsere Gesamtsicht auf den Unterrichtsprozeß mit seiner Komplexität, Systemhaftigkeit und Dialektik hatten wir in den Büchern »Didaktik« und »Schulpädagogik – Teil I – Didaktik« ausführlich dargelegt. Unterricht in der Schule war für uns der in den Organisationsformen des »Klassen-Fach-Stunden-Systems« unter der Führung des Lehrers laufende Prozeß des Lehrens und Lernens, der Bildung und Erziehung von Persönlichkeiten und Kollektiven der Schüler. Unterricht zielte dabei sowohl auf die Aneignung von fachlichem Wissen und Können und auf die Entwicklung von Fähigkeiten (Bildung im spezifischen Sinne) als auch auf die Verinnerlichung und Entwicklung von Verhaltensqualitäten im Sinne von Wertbewußtsein und moralischen Verhaltensweisen sowie von Charakter und Kollektiveigenschaften (Erziehung im spezifischen Sinne). Anders gedanklich geordnet umschloß für uns der Unterricht als System die Ganzheit pädagogischen Geschehens:

a) die Vermittlung und Aneignung der Unterrichtsgegenstände, Fachstoffe,
b) die Bildung und Erziehung der Schülerpersönlichkeit mit Begabung und Charakter,
c) die Bildung und Erziehung der Schülergruppen zur Kooperation und Gemeinschaft und

d) die Führung der Schülerpersönlichkeiten und Gruppen zur Selbstbildung und Selbsterziehung.

Bei der Sicht auf den Verlauf des Unterrichts erkannten wir die *Dialektik von Tätigkeitsprozessen, von Aneignungs- und Verinnerlichungsprozessen und von Entwicklungsprozessen.*
Der Unterricht verläuft gewissermaßen in drei Geschehens- und Verinnerlichungsebenen mit zeitlich versetzten Effekten. Die erste Ebene ist die kurzzeitig aktualgenetische, die Ebene des konkreten, praktisch-operativen Verlaufs der *Situationsgestaltung und Handlungsregulation* bis hin zu situativen Effekten. Die zweite ist die Ebene der durch *Situations- und Handlungsfolgen* vermittelten Verläufe von Lernprozessen im Sinne von längerzeitlicher *Aneignung und Verinnerlichung*. Die dritte Ebene des Unterrichts ist zu denken als doppelt vermitteltes Führen von Prozessen der Ontogenese der Individuen und Gruppen, als *Ebene der Entwicklung und Habitualisierung von Leistungseigenschaften und Verhaltenseigenschaften*. Aus dieser hier nur knapp skizzierten theoretischen Gesamtsicht auf die Komplexität, den Systemcharakter und die Dialektik des Unterrichts leiteten wir unsere Forschungsansätze ab und bemühten uns dann bei der praktischen Umgestaltung des Unterrichts in allen Teilfragen immer wieder zur konstruktiven Synthese und zur bewußten Gestaltung des Unterrichtsganzen zu gelangen.
Auf der Konferenz der Lehrer und pädagogischen Wissenschaftler (1965) kennzeichnete Tomaschewsky die bei vielen Lehrern vorherrschende Qualität des Unterrichts mit folgenden Merkmalen: Vorrangig wird der Fachstoff vom Lehrer dargeboten. Den Schülern werden die Lerntätigkeiten im einzelnen angewiesen. Sie werden in relativ kleinen Schritten geführt bei nur geringer Selbständigkeit. Der Lehrer orientiert vor allem auf die gedächtnismäßige Aufnahme der Unterrichtsstoffe. Eine Festigung des Wissens und Könnens erfolgt hauptsächlich durch einfaches Wiederholen und Üben und analoges Anwenden. Die Lernhaltung der Schüler ist überwiegend rezeptiv, ihr Denken reproduktiv. Die politisch-moralische und weltanschauliche Bildung und Erziehung verläuft weitgehend spontan. Welche Qualitäten sollte jedoch der Unterricht in einer sozialistischen Schule besitzen? Es kommt darauf an, die Schüler zum weitgehend selbständigen Lernen anzuleiten. Sie müssen sich mehr als bisher ihr Wissen und Können forschend aneignen und dann stärker unter variierten Bedingungen das Erlernte anwenden. Sie sollen Probleme schöpferisch lösen lernen und dabei auch praktische Situationen bewältigen. Dazu gehört natürlich, daß das produktive Denken der Schüler und das konstruktive Gestalten entwickelt werden. Das wiederum verlangt, daß den Schülern Techniken und Methoden des Lernens und Arbeitens vermittelt werden. Es gehört auch heute immer mehr zum moderen Unterricht, daß die Schüler Wissensspeicher und moderne Bil-

dungsmittel benutzen und nicht nur ihr eigenes Gedächtnis einsetzen. Der moderne Unterricht in der sozialistischen Schule verlangt selbstverständlich eine bewußte, geplante Erziehung, die systematische Entwicklung der Normen und Werte der sozialistischen Moral und Weltanschauung, die Entwicklung des Charakters und des Kollektivs der Schüler im umfassenden Sinne. (15)

Schwerpunkte unserer Forschungen

Viele Forschungsgemeinschaften in der DDR durchdachten die verschiedenen Möglichkeiten der Verbesserung des Unterrichts und bestimmten dann jeweils Schwerpunkte für ihre Untersuchungen. Wir wählten unsere Schwerpunkte aus dem Problemfeld des Führens der Schülertätigkeiten durch Situationsgestaltung und Handlungsregulation für die Aneignung von fachlichem Wissen und Können und die Entwicklung von Fähigkeiten des Denkens und des Willens als Leistungseigenschaften. Dabei orientierten wir uns auf die zentrale Funktion des Aufgabenlösens für die Entwicklung des produktiven Lernens und auf die Bedeutung des Gestaltens von Aufgabenfolgen für die längerzeitliche Führung von Aneignungs- und Entwicklungsprozessen. Zugleich vereinten wir die Steigerung der Schülerleistungen mit einer Qualitätserhöhung der politischen, weltanschaulichen und moralischen Erziehung. Im Prozeß der Situationsgestaltung und Handlungsregulation wollten wir die *Erziehungspotenzen* des Unterrichtsstoffes, der Lehrer-Schüler-Beziehungen, der Beziehungen zwischen den Schülern und die Potenzen des Tätigkeitsverlaufs nutzen und im Systemzusammenhang mit der Charaktererziehung, der Kollektiverziehung und der Selbsterziehung die Prozesse der Verinnerlichung politischer, weltanschaulicher und moralischer Werte führen. Mit anderen Forschungsgemeinschaften an der Humboldt-Universität entwickelten wir eine wechselseitig anregende Kooperation. Die pädagogischen Psychologen unter der Leitung von Professor Dr. habil. Gerhard Rosenfeld untersuchten den wert- und motivtheoretischen Charakter der Erziehungsprozesse und den Verlauf des praktischen Erziehungsvorgangs als moralische Situationsbewältigung. (16) Die Forschungsgruppe der naturwissenschaftlichen Unterrichtsmethodiken (Leiter: Prof. Dr. sc. Hans-Joachim Lechner) erforschte Erziehungsfragen des Problemunterrichts. Auch bei den Forschungen zur Einheitlichkeit und Differenzierung des Unterrichts (Leiter: Prof. Dr. habil. Helmut Klein) wurden die Fragen der Erziehung mitgedacht. Erkenntnisse zur Weltanschauung und Moral sowie zur System- und Entwicklungstheorie erarbeiteten die pädagogisch orientierten Philosophen unter der Leitung von Prof. Dr. habil. Karl-Friedrich Wessel.

Wir betrachteten die Befähigung der Schüler zum Aufgabenlösen als den

Kern der Intensivierung und Umgestaltung des Unterrichts. Der VI. Pädagogische Kongreß (1961) hatte empfohlen:

»Der gesamte Unterricht muß so aufgebaut sein, daß die Schüler durch Selbsttätigkeit zur Selbständigkeit erzogen werden. Die Selbständigkeit wird vom Lehrer planmäßig entwickelt werden, wenn die Schüler in allen Unterrichtsfächern Möglichkeiten erhalten, Probleme und Aufgaben, für deren Lösung sie die nötigen Kenntnisse, Fertigkeiten und Fähigkeiten besitzen, zu durchdenken, selbst Lösungswege zu suchen, um so durch die eigene Auseinandersetzung mit Problemen zu sichern und festen Kenntnissen und wirklich erworbenen Einsichten zu gelangen.«

In den »Thesen zu Grundpositionen des Unterrichts in der sozialistischen Schule« (1967) wurde im Zusammenhang mit umfassenden Überlegungen zur Reform des Unterrichts formuliert:

»Das Lernen der Schüler ... ist hauptsächlich und grundsätzlich auf einsichtiges Begreifen, denkendes Erfassen und Verstehen gerichtet« ... »Der Aneignungsprozeß muß weitgehend Aufgabencharakter haben. Die Art der Aufgaben ist dem Ziel und dem jeweiligen Unterrichtsabschnitt entsprechend zu bestimmen. Solche Aufgaben sind nicht nur Mittel der Aneignung. Sie müssen in einer bestimmten Auswahl auch zum Inhalt der Aneignung gemacht werden. Die Schüler müssen lernen, bestimmte Aufgabentypen zu beherrschen und ihr Denken und Verhalten danach zu regulieren. Über die Beherrschung von Aufgabentypen und die dabei auszuführenden Tätigkeiten wird auch Einfluß auf die geistige Entwicklung der Schüler genommen.«

Bei Rubinstein war zu lesen: »Der Verlauf der menschlichen Tätigkeit ist vor allem durch die objektive Logik der Aufgaben bedingt, die der Mensch zu lösen hat; ihre Struktur wird durch die Wechselbeziehung dieser Aufgaben bestimmt.« (17)

Für unseren Begriff der *Lernaufgabe* waren die Gedanken Elkonins bedeutsam »Grundeinheit der Lerntätigkeit ist die Lernaufgabe ... Die Lernaufgabe besteht aus miteinander verbundenen Strukturelementen: dem Lernziel und den Lernhandlungen. Die letzteren umfassen sowohl Lernhandlungen im engeren Sinne des Wortes als auch solche, die der Kontrolle und der Kontrolle und der Einschätzung der eigentlichen Lernhandlung dienen. Bei einer ausgebildeten Lerntätigkeit stehen alle diese Elemente in einem bestimmten Verhältnis zueinander.« (18)

Gegenständliche Tätigkeit – Situationsgestaltung – Handlungsregulation
Aufgabenlösen

Welche psychischen Gesetzmäßigkeiten liegen den Wirkungen des Aufgabenlösens und der Aufgabenfolge zugrunde und erklären deren zentrale Bedeutung für eine Intensivierung des Unterrichts?

Erklärungen und Begründungen für unsere Positionen fanden wir erstens in dem von sowjetischen Psychologen ausgearbeiteten »*Tätigkeitskonzept der psychischen Ontogenese der Persönlichkeit*«, zweitens in den Gedanken zur stimulierenden und steuernden Bedeutung von Situationen beim Tätigsein und drittens in Erkenntnissen über Verlaufsstrukturen menschlichen Handelns beim Lösen von Aufgaben. Aus der Sicht der Neurophysiologie sind für das Verstehen der Gesetzmäßigkeiten der Verlaufsstruktur menschlicher Tätigkeiten die Erkenntnisse Anochins über die »Architektur des Verhaltensaktes« von grundlegender Bedeutung. (19) Im besonderen verarbeiteten wir die Theorien von der »Gegenständlichen Tätigkeit« (Leontjew) (20), von der »Verinnerlichung materieller Handlungen« (Galperin) (21), von den »Arten der Verallgemeinerung« (Dawydow) (22) und von der Habitualisierung psychischer Eigenschaften« (Tschudnowski) (23). In der DDR wurden zu dieser Problematik entscheidende Beiträge von Klix (24), Kossakowski (25), und Lompscher geleistet (26).

Die marxistische Philosophie sagt, daß der Mensch, indem er gesellschaftlich tätig die Umwelt verändert, zugleich auch seine eigene Veränderung bewirkt, daß er sich dabei die in den Kulturgütern vergegenständlichten Wesenskräfte vergangener Generationen aneignet und dadurch die Entwicklung seiner Persönlichkeit, wie auch die der Gemeinschaften, in denen er lebt, determiniert. Gegenständliche Tätigkeiten als Prozesse der Wechselwirkung zwischen dem Menschen als Subjekt und dem Gegenstand, dem Objekt, auf den Tätigkeiten gerichtet sind, erzeugen im Verlauf der Auseinandersetzung innerhalb des Subjekts ein Dreifaches: Erstens entsteht ein psychisches Abbild des Gegenstandes (»Wissen«). Zweitens kommt es zu einer Verinnerlichung der Verlaufsstrukturen der auf den Gegenstand einwirkenden und ihn abbildenden Handlungen (»Können«), und drittens gewinnt das Subjekt eine wertende Einstellung gegenüber der Bedeutung des Gegenstandes und der eigenen Handlungen (»Haltung«). Gegenständliche Tätigkeiten erregen im Menschen dynamisierende Widersprüche als Antriebe, bewirken Orientierung und Gerichtetheit und erzeugen ein prospektives Handlungsprogramm. Im Verlauf des Handelns wird fortwährend durch reafferente Prozesse das erreichte Ergebnis mit dem Handlungsprogramm verglichen. Entweder wird das Handlungsprogramm bestätigt, oder es erfolgt eine Korrektur des Programms. Dem Effekt- und Frequenzsgesetz der höheren Nerventätigkeit und dem Gesetz der Einheit von Funktion und Struktur des Zentralnervensystems entsprechend werden die einzelnen Verinnerlichungswirkungen der gegenständlichen Tätigkeiten in der Situations- und Handlungsfolge durch Lern-(Aneignungs-)prozesse mit ihren Lernphasen sowie durch Entwicklungsphasen im Subjekt aktiv weiterverarbeitet bis hin zu habitualisierten Eigenschaften.

Zu den grundlegenden Mechanismen der Steuerung von Tätigkeiten, die auch von größter Bedeutung für die Bildungs- und Erziehungsarbeit sind, gehören die Gestaltung von Situationen und die Regulation der Handlungen darin. Für die *Situationstheorie* sind besonders die Gedanken des polnischen Psychologen Tadeusz Tomaszewski bedeutungsvoll. (27) Er führte aus: Soziologisch und psychologisch allgemein gesehen, kann eine Situation gekennzeichnet werden als ein im Verlauf des menschlichen Tätigseins zeitlich begrenztes und mit deutlichem Anfang und Ende existierendes System von materialen und sozialen Bedingungen, zwischen denen wechselseitige dynamische Abhängigkeiten bestehen. Man kann »Lebenssituationen«, die fortlaufend und relativ spontan entstehen, unterscheiden von »Aufgabensituationen«, die durch verschiedenartige Aufforderungen bewußt gestaltet werden. Die eine Situation bestimmenden materialen Bedingungen, Raum und Zeit, Inhalte, Werte, sozialen Beziehungen, Handlungsweisen und Verhaltensregeln enthalten Möglichkeiten (Potenzen), bestimmte Sachziele zu erreichen und Werte zu realisieren. Die durch die jeweilige »Aufforderung« zu einer bestimmten Struktur gefügten Bedingungen der Situation stimulieren, richten und organisieren die Handlung für die Bewältigung der Situation bis hin zum Effekt. Pädagogische Situationen als spezifische Aufgabensituationen werden besonders determiniert durch ein »pädagogisches Verhältnis« und durch Aufforderungen mit Bildungs- und Erziehungsintentionen.

Aus dem Gesagten wird deutlich, daß im Verlauf der Tätigkeiten Situationsgesstaltung und Handlungsregulation eine prozessuale Einheit bilden und daß Aufgabenstellungen besonders für pädagogische Situationen und Prozesse eine zentrale konstituierende und steuernde Funktion besitzen. Durch die Aufgabenstellung wird die *Bedingungsstruktur* der Situation geschaffen und gleichzeitig werden die Handlungen für das Aufgabenlösen eingeleitet. Die *Handlungsregulation* durchläuft dann die Hauptetappen:

1. Orientierung, Einstellung, Motivierung; 2. Vorüberlegung, Planung; 3. Realisierung; 4. Kontrolle und Bewertung. (28) Am Ende der Handlungsregulation ist die Aufgabe gelöst und die Situation bewältigt. Im Sinne dieser Überlegungen haben wir bei unseren Forschungen zum aufgabenlösenden Unterricht die »*Aufgabe« als didaktische Kategorie* wie folgt definiert: (29)

Eine »Aufgabe« ist zu verstehen als Aufforderung, ein Ziel als vorweggedachten Effekt, bezogen auf einen bestimmten Inhalt, durch geordnetes Handeln zu erreichen. Aufgaben erscheinen in verschiedenen Aufforderungsformen: als Auftrag, als Denkfrage, als erlebte oder gedachte Situation. Detaillierte

Aufgabenstellungen enthalten Zielangaben, Inhaltsbestimmungen, Hinweise auf Prinzipien, Methoden und Mittel der Lösungshandlungen wie auch Kriterien zur Kontrolle und Bewertung der Ergebnisse. Dabei können die Aufgabenstellungen Lösungen nach bereits bekannten Mustern erfordern, die lediglich auszuführen sind. In diesen Fällen haben wir es mit »Ausführungsaufgaben« zu tun. Die Aufgabenstellungen können aber auch für den Handelnden Probleme aufwerfen. Dann haben wir es mit »Problemaufgaben« zu tun, die mit den bis dahin bekannten Prinzipien, Methoden und Mitteln nicht gelöst werden können und die zu ihrer Lösung dann produktives Denken erfordern.

Um nun Schüler zu ansteigenden Lernerfolgen zu führen, müssen die Aufgaben mit ihren Anforderungen einerseits faßlich gestaltet, andererseits aber auch verbunden sein mit einer Tendenz wachsender Schwierigkeiten in der Aufgabenfolge. Gesteigerte stoffliche Anforderungen, erhöhter Problemgehalt, komplizierte materiale Bedingungen, umfangreiche Vorüberlegungen, verzweigtes Handlungsprogramm, langer Lösungsweg, hoher Selbständigkeitsgrad, zahlreiche Prüfverfahren u.a.m. können solche Schwierigkeiten sein, die in bewußter methodischer Stufung Leistungssteigerungen bewirken.

Zur Einheit und Spezifik von Bildung und Erziehung bei der Situationsgestaltung und Handlungsregulation

Die Einheit von Bildung und Erziehung im Unterricht wirksam zu sichern verlangt, bei der Situationsgestaltung und Handlungsregulation deren spezifische *Erziehungsrelevanz* zu analysieren und ausgewählte *Erziehungspotenzen* bewußt zu nutzen.

»Erziehungspotenzen« sind inhaltlich und prozessual konkret bestimmbare politische, weltanschauliche und moralische Qualitäten der Komponenten von Situationen und Handlungen, die dort gegeben sind, wo *Bedeutungs- und Bindungsbeziehungen* zu Interessen von Klassen, Gruppen und Individuen, wo *Wertbeziehungen und Moralbeziehungen* erkannt, erlebt, bewertet oder gestaltet werden können. (30) *Erziehungsrelevante Situationen* enthalten Erziehungspotenzen in ihren »*Bedingungsbereichen*«, denen bestimmte »*Potenzbereiche*« erzieherischen Einwirkens entsprechen. Der Bedingungsbereich »Inhalt, Aufgabe, Ziel« enthält Erziehungspotenzen des Unterrichtsstoffes, des Inhalts (»Potenzbereich Stoff«). Dem Bedingungsbereich des »pädagogischen Verhältnisses« entsprechen die Erziehungspotenzen der Beziehungen zwischen Lehrer und Schülern (»Potenzbereich Lehrer-Schüler-Verhältnis«). Ein weiterer Bedingungsbereich der Unterrichtssituation wird durch die Kooperation und die Sozialbeziehungen der Schüler mit deren Erziehungspotenzen bestimmt (»Potenzbereich Schüler-Schüler-Beziehungen«). Den prozessualen Bedingungsbereich der Situation konstituieren die Tätigkeiten der Schüler mit ihren Erziehungspotenzen (»Potenzbereich Tätigkeitsverlauf«).

Innerhalb jedes Potenzbereiches haben wir dann noch »Potenzarten« unterschieden, die hier aber unberücksichtigt bleiben können. Zur Erziehungsrelevanz sagten wir definitorisch:

Erziehungsrelevante Situationen besitzen durch ihre »Erziehungspotenzen« günstige Ansatzpunkte für Wertvermittlung, Charaktererziehung, Kollektiverziehung und Selbsterziehung. Sie regen die Schüler zu gesellschaftlich positiver Parteinahme an, zu politischen und weltanschaulichen Wertungen und moralischen Entscheidungen. Sie motivieren zum wertvollen Verhalten und bieten Gelegenheiten für charakterliche und gemeinschaftliche Bewährungen. Unseren Forschungslehrern gaben wir für die erziehungsrelevante Gestaltung der Unterrichtssituationen die folgenden Faustregeln:

– Organisatorische Rahmenbedingungen sichern
– Erziehungspotenzen des Unterrichtsstoffes bestimmen
– Erziehungswirksames Führungsverhältnis schaffen
– Sozialbeziehungen der Schüler durch Regeln moralischen Verhaltens beeinflussen.

Für die Regulation des Handlungsverlaufs der Schüler gaben wir die Hinweise:

– Bei der Aufgabenstellung die Schüler auf Zwecke, Bedeutungen, Werte orientieren und moralisch motivieren
– Zum Erkennen der Wert- und Moralerziehungen führen
– Zum Bedeutungserleben und zur emotionalen Parteinahme anregen
– Zum ideologischen Werten, zur sprachlich-intellektuellen Parteinahme auffordern
– Wenn die Bedingungen gegeben sind, den Schülern Freiräume für moralische Entscheidungen bieten und Willenshandlungen führen
– Das Verhalten der Schüler bewerten und bewerten lassen, Erfolg und Mißerfolg erleben lassen

Vermittlung und Aneignung von Techniken und Methoden des Lernens und geistigen Arbeitens

Die Entwicklung der Selbständigkeit beim Lösen von Aufgaben, besonders von Problemaufgaben, kann nur gefördert werden, wenn die Schüler Techniken und Methoden des Lernens und geistigen Arbeitens erlernen und variantenreich anwenden. Wir haben von Anbeginn das Aufgabenlösen im Unterricht mit der Anwendung von Techniken und Methoden im wechselseitigen Zusammenhag gefördert. Auf der Konferenz »Unterricht als Aufgabenfolge« (1965) trugen

Lehrer der Oberschule in Rippach/Kreis Weißenfels ihr kollektiv erarbeitetes didaktische System der Techniken und Methoden und ihre Erfahrungen bei seiner Einführung vor. (31) Von 1966 bis 1968 erprobten dann die Lehrer der Internatsoberschule in Seewalde Analoges. In den Diplomarbeiten von Kiesling und Teichert wurden die Erkenntnisse verallgemeinert. (32) In der Deutschen Lehrerzeitung Nr. 9/1968 berichtete Klimpel (33) über die Ergebnisse, und er veröffentlichte in der Zeitschrift »Jugend und Technik« eine Sammlung von Karteikarten mit Instruktionen über die einzelnen Techniken und Methoden, verbunden mit Schrittfolgen ihrer Anwendung. die Sammlung umfaßte die folgenden Gruppen:

1. Techniken der Aufnahme von Informationen (Nachschlagen, Herauschreiben, Mitschreiben)
2. Methoden der Aufnahme von Informationen (Beobachten, Befragen, Untersuchen, Experimentieren)
3. Logische Operationen und Methoden des Denkens (Vergleichen, Werten, Schlußfolgern, Definieren, Herleiten, Beweisen, Widerlegen, Übertragen)
4. Methoden der Verarbeitung von Informationen (Analysieren, Synthetisieren, Konstruieren, Modellieren)
5. Methoden und Arten der sprachlichen Darstellung (Beschreiben, Berichten, Erzählen, Referieren, Kommentieren, Niederschreiben)
6. Techniken der Speicherung von Informationen (Anlegen von Loseblattsammlungen und Karteien)
7. Techniken der Nutzung von Hilfsmitteln (Nutzen von Wissensspeichern, Tabellen, Diagrammen, Skizzen, Karten, Meßwerkzeugen)

Den Lehrern der Versuchsschulen war aufgegeben, die fachübergreifenden Techniken und Methoden als didaktisches System in ansteigender Qualität von der ersten Klasse an beginnend bis zur zehnten Klasse mit den Schülern in qualitativen Stufungen zu erarbeiten. Schwierigkeiten der Realisierung an anderen Schulen ergaben sich daraus, daß die Lehrpläne der einzelnen Unterrichtsfächer keine fachübergreifenden Hinweise auf diese Bildungsaufgabe enthielten, und für den Prozeß der Vermittlung und Aneignung der Techniken und Methoden wegen der Hauptorientierung auf die Folgerichtigkeit der Fachstoffe den Lehrern keine didaktischen Freiräume verblieben. Darüber hinaus war auch eine gesamtschulische Leitung der fachübergreifenden Bildungsprozesse durch den Direktor erforderlich. Doch für diese Aufgabe waren die Direktoren weder beauftragt noch qualifiziert. So ließen die nicht geringen Hemmnisse bald die Initiative der interessierten Lehrer und Direktoren erlahmen. Das Vorherrschen der fachmethodischen Ausbildung gegenüber der allgemeinen Didaktik behinderte das Erreichen der fachübergreifenden Bildungsfortschritte.

Prozesse der Aneignung und Verinnerlichung – Unterricht als Aufgabenfolge

Unterrichtliche Lernprozesse umfassen über die operativ-praktische Ebene der Lerntätigkeiten hinaus auch die Ebene des Lernens als längerfristige Prozesse der Aneignung und Verinnerlichung. Die Führung dieser Prozesse umfaßt das Durchlaufen von Lernphasen, angefangen mit der Vorbereitung und Einstimmung, übergehend zu Erstvermittlung, der dann die Vertiefung und Festigung sowie die Anwendung folgen. Am Ende steht die Kontrolle und Bewertung des Erfolgs. Ein »vollständiger« Lernprozeß, der alle Lernphasen umfaßt, verläuft erfolgssicherer als ein Lernen, bei dem etwa das vertiefende Durchdenken oder die Anwendung zu knapp bemessen sind oder gar fehlen. Einzelne Situationen und Lernhandlungen mit dem Lösen vereinzelter Aufgaben können nur zu Kurzzeiteffekten in einer der Lernphasen führen. Ein vollständiger Lernprozeß als Aneignung und Verinnerlichung über alle Lernphasen hin kann hingegen durch eine Situations- und Handlungsfolge, durch eine Aufgabenfolge, zu anhaltenden Wirkungen geführt werden.

Für die Lehrer kam es nun darauf an, Kriterien für eine didaktische Linienführung bei der methodischen Ordnung der Aufgaben in einer Folge zu gewinnen. Bei unserem Bemühen beispielsweise im Prozeß der Wissensvermittlung die Schüler klare Begriffe aneignen zu lassen, konzipierten wir die folgende Linienführung:

Begriffe müssen als allgemeine synthetische Gedanken über Gruppen von Dingen aufgrund invarianter Merkmale über ihre *Intension* (Menge der gemeinsam kennzeichnenden Merkmale) und über ihre *Extension* (Menge der zum Begriff gehörenden Dinge) bis zur Bestimmungssynthese bedacht werden. Die *Aneignungslinie* umfaßt dabei im Nacheinander einerseits die intensionalen Merkmale und andererseits die Reihe der zur Extension gehörenden Dinge. Die Konstruktion einer Aufgabenfolge kann für die Begriffsaneignung dieses Nacheinander der Merkmale und Dinge zugrundelegen. Für die geistige Verarbeitung der Intension und Extension bis zum Begriff hatte Klimpel (34) als spezifische Stufenfolge des Denkens konzipiert und erprobt:

1. Einfache Zuordnung des Terminus zum Ding
2. Präzisierung der Intension und Extension
3. Synthese zu einer begrifflichen Bestimmung
4. Anwendung des Begriffs in Urteilen und Schlußfolgerungen

Für die Linienführung von Aufgabenfolgen war auch die Lehre Galperins (35) von den Etappen der »Verinnerlichung materieller Handlungen« bedeutsam.

Die Etappen sind:

Erste Etappe: Materiell oder materialisierte Handlung
Zweite Etappe: Sprachhandlung – laut und innerlich
Dritte Etappe: Denkhandlung

Die so konzipierten Aufgabenfolgen für die Begriffsaneignung führten im Experimentalunterricht zu guten Ergebnissen.

Qualitätssteigerungen des Unterrichts durch die Gestaltung von Aufgabenfolgen wurden auch bei längerzeitlichen Prozessen der Entwicklung von Fähigkeiten erreicht. Hofmann (36) konnte durch das Angebot von Aufgaben mit ansteigenden Schwierigkeiten im Mathematikunterricht eine Verbesserung der mathematischen Denkfähigkeiten signifikant nachweisen. Schütze (37) konzipierte Aufgabenfolgen mit steigenden Anforderungen an Zeitdauer und Kompliziertheit der Lösungsprozesse und förderte damit die Entwicklung der Beharrlichkeit als Willenseigenschaft. Analoges konnte Kieckbusch (38) für die Entwicklung der Organisiertheit im Handeln der Schüler erreichen.

Insgesamt erhöhte die bewußte Orientierung der Lehrer auf die skizzierte Linienführung bei der Gestaltung von Aufgabenfolgen die organisatorisch – methodische Qualität und die Effektivität der Unterrichtsführung. Über das bloße gedächtnismäßige Anreichern von Stoffmengen und das Beherrschen einfacher Fertigkeiten hinaus gelangten die Schüler bis zur Entwicklung von Fähigkeiten als wirklichen Bildungsergebnissen.

Vermittlung und Verinnerlichung moralischer Werte

Unsere Erkenntnisse über die Führung längerfristiger Bildungsprozesse konnten wir auch für die Verbesserung der Erziehung nutzen, speziell für die Vermittlung von Wertwissen und für die Verinnerlichung von Werten der sozialistischen Weltanschauung und Moral wie: Verantwortung, Hilfsbereitschaft, Rücksichtnahme, sozialistische Arbeit, Heimatliebe, proletarischer Internationalismus u. a. Dabei mußten wir zusätzlich eine Antwort auf die Frage finden, wie im Rahmen der Komplexität des Unterrichts der »besonderen Logik der Erziehungsarbeit« (Makarenko) gefolgt werden kann.

Für die Prozesse der Vermittlung und Verinnerlichung moralischer Werte war von vornherein klar, daß es sich dabei nicht um bloßes Lehren und Lernen handelt, sondern auch und vor allem um spezifische Vorgänge des *Erlebens, Wertens, Entscheidens und Handelns* zur Realisierung von Werten im Leben von Gemeinschaften.

Innerhalb dieses erzieherischen Geschehens besitzen Moralbegriffe eine wesentliche Funktion. Rational gesehen konstituiert sich auch das Moralbewußtsein des Menschen als ein Gefüge von Wertbegriffen, das im Wechselverhältnis mit Werturteilen die Wirklichkeit der gesellschaftlichen Beziehungen und Verhaltensweisen widerspiegelt und determiniert. Moralbegriffe normieren, werten, motivieren und regulieren das gesellschaftlich bedeutsame Handeln aufgrund freier und verantwortungsbewußter Entscheidungen in ambivalenten Situationen. Wir wollten nun den Lehrern Anregungen geben, wie sie im Unterricht in Einheit von Bildung und Erziehung Moralbegriffe vermitteln können, um damit dann auch die wirkliche Verinnerlichung von Werten der Moral und die Entwicklung des Moralbewußtseins der Schüler insgesamt zu fördern.

Werte der Moral als Inhalte und Ziele der Erziehung wurden von uns wie folgt definiert:

Im Sinne der marxistischen Philosophie sind Werte – moralische Werte eingeschlossen – zu verstehen als Dinge, Prozesse, Beziehungen und Verhaltensweisen – kurz Objekte – mit bestimmten Eigenschaften, die im Verlaufe der gesellschaftlichen Praxis für die Befriedigung der Bedürfnisse und Interessen von Subjekten (Klassen, Gruppen, Individuen) besondere Bedeutung gewinnen und zu denen dann die Subjekte Orientierungs-, Strebungs- und Bindungsbeziehungen herstellen. Zwischen Objekten und Subjekten entwickelt sich ein wechselseitig auf einander bezogenes »Wertverhältnis«.

Die Objekte kommen in den Zustand des »Wertseins«, und die Subjekte erleben und charakterisieren die Objekte durch ihre Wertungen als für sich wertvoll, nützlich, gut oder schön. Die Subjekte bringen dadurch ihre »Wertorientierung« zum Ausdruck und offenbaren dabei ihre Einstellungen, Gefühle und Motive als eine innere Bindung an die Wertobjekte.

Der Unterricht muß auch einen Beitrag leisten, bei den Schülern diesen *Subjektzustand der Wertbeziehung, Wertorientierung und Wertbindung* als eine aktive Haltung zur Realisierung und Verteidigung der Werte zu schaffen. Bei unseren Untersuchungen vermittelten wir moralische Werte inhaltlich konkret als *»Moralbeziehungen«* und *»Verhaltensweisen«* mit ihren Merkmalen und Varianten. Moralbeziehungen und die sie praktisch ralisierenden Verhaltensweisen sind zu erkennen als mehrstellige Verhältnisse zwischen erstens Sachverhalten, zweitens Klassen, Gruppen und Individuen mit deren Bedürfnissen und Interessen, drittens gesellschaftlichen Prinzipien, Normen und Regeln als Bewertungsmaßstäben und viertens handelnden Subjekten, die in Alternativsituationen werten und entscheiden. Die Analyse und das Verstehen des mehrstelligen Verhältnisses einer Moralbeziehung wurde für Lehrer und Schüler durch die Beantwortung folgender Fragen möglich:

1. Welcher Sachverhalt im gesellschaftlichen Leben ist gegeben? (»Was ist?«)
2. Für welche Subjekte und für welche Interessen ist der Sachverhalt bedeutungsvoll? (»Für wen? Wofür?«)

3. Nach welchen moralischen Maßstäben sollte man werten, entscheiden und handeln? (»Was ist moralisch gut?«)
4. Wie wurde gewertet, entschieden und gehandelt? (»Wie wirklich verhalten?«)

Die Verallgemeinerung von so durchdachten Moralbeziehungen mit ihren Merkmalen und Varianten führt zuerst zu Moralbegriffen mit ihrer Intension und Extension in der Qualität von allgemeinem *Wertwissen*. Die Entwicklung des *Wertbewußtseins*, d. h. die Prozesse der Wertverinnerlichung erfordern darüber hinaus die Entstehung persönlicher Bedeutungs- und Bindungsbeziehungen, die Schaffung eines Zustandes der emotionalen wie auch rationalen Identifikation und parteinehmenden Haltung sowie die Entwicklung wertrealisierender Motive und Willensqualitäten im Verhalten. Die Gestaltung von Aufgabenfolgen im Dienste so verstandener Wertverinnerlichungsprozesse verlangt eine mehrfach gegliederte und verflochtene Linienführung, bei der

a) die Vermittlung und Aneignung von Sach- und Wertwissen,
b) die Vermittlung und Aneignung von Handlungsverläufen moralischer Verhaltensweisen und
c) die Verinnerlichung moralischer Einstellungen und Haltungen in wechselseitiger Abhängigkeit und gegenseitiger Förderung verlaufen.

Jede Aufgabenlösung mit ihrer Situationsgestaltung und Handlungsregulation leistet dafür einen Kurzbeitrag. Die Nutzung der Erziehungspotenzen schafft das Fundament. Die Wirkungen der genutzten Erziehungspotenzen werden dann in den Verinnerlichungsprozessen weiterverarbeitet. In der folgenden Übersicht seien schlagwortartig die orientierenden Hinweise für die Lehrer zur Linienführung in der Aufgabenfolge angegeben.

Linie der Vermittlung des Sach- und Wertwissens
– Vermittlung und Aneignung der Intension und Extension der Sach- und Wertbegriffe
– Führen zu Normen- und Wertwissen
– Durchdenken eines Gefüges von Sachurteilen und Werturteilen mit moralischen Schlußfolgerungen
– Durchlaufen der didaktischen Phasen eines vollständigen Lernprozesses

Linie der Vermittlung und Aneignung von Handlungsabläufen und Verhaltensweisen
– Durchlaufen der Phasen motorischen Lernens für die Aneignung von Fertigkeiten

- Durchlaufen der Phasen der »Verinnerlichung materieller Handlungen« (Galperin)
- Erlernen der Muster von moralischen Verhaltensweisen

Linie der Verinnerlichung der moralischen Haltung
- Vielgestaltige moralische Orientierungen und Motivierungen
- Führen zu moralischen Wertungen, Entscheidungen und von Willenshandlungen zur Überwindung äußerer und innerer Widerstände
- Verbindung von persönlichen Erfahrungen und erzieherischen Belehrungen
- Wert-Unwert-Konfrontationen, Auseinandersetzung mit Zweifeln, Vorurteilen und Irrtümern
- Einheit von Überzeugungen und Gewöhnen
- Durchlaufen spezifischer Phasen der Wertverinnerlichung mit besonderer Beachtung der Belastung und Bewährung der Moralbeziehungen und Verhaltensweisen (39)

An dieser Stelle sei angemerkt, daß die Konzipierung und Realisierung dieser Linienführung den Lehrern in mehrfacher Hinsicht Schwierigkeiten bereitete.

Begriffe und Werte der Moral waren in den Lehrplänen und anderen Unterrichtsmaterialien als Ziele und Inhalte der Erziehung nicht aufgeführt. Verständnisschwierigkeiten ergaben sich für die Lehrer aus der Tatsache, daß während ihrer Ausbildung keine Veranstaltungen in Logik und Ethik vorgesehen waren und das Studium der Erziehungstheorie nur wenige Stunden umfaßte. Unsere Bemühungen um eine Weiterbildung im Prozeß der Arbeit stießen auch auf viele Hemmnisse. Ungeachtet dessen führte der persönliche Einsatz und die Erfahrung unserer Forschungslehrer zu beachtenswerten Ergebnissen.

Erkenntnisse aus Untersuchungen über den Prozeßverlauf der Vermittlung und Verinnerlichung von ästhetischen Werten im Unterricht hat Dammschneider in ihrer Promotionsschrift (Dr. sc.) dargelegt. (40)

Einige Ergebnissen unserer Forschungen

In einer großen Zahl wissenschaftlicher Manuskripte ist über die theoretischen Ergebnisse unserer Forschungen berichtet worden. Innerhalb des Problemfeldes der Steigerung der Schülerleistungen im aufgabenlösenden Unterricht wurden beispielsweise 12 Doktordissertationen und 31 Diplomarbeiten verteidigt. Der Theoriegewinn im Komplex der weltanschaulichen und moralischen Erziehung ist in zwei umfassenden Forschungsberichten 1980 und 1985 dargestellt worden. Darin wurden die Ergebnisse von 47 Doktordissertationsschriften und 112 Diplomarbeiten verallgemeinert. Über 200 Beiträge wurden in Büchern,

Broschüren und Zeitschriften veröffentlicht beziehungsweise als Maschinenmanuskript vorgelegt. Aufgrund verschiedenartiger Umstände war es jedoch nicht möglich, diese Erkenntnisse einem größeren Kreis von Lehrern für die Diskussion und die Überführung in die Praxis zugänglich zu machen.

Innerhalb unseres persönlichen Forschungsbereichs haben wir bei der Unterrichtsführung der Lehrer und bei der Bildung und Erziehung der Schüler folgende praktische Ergebnisse erreicht:

Eine höhere Qualität der Unterrichtsführung zeigte sich bei den Forschungslehrern vor allem in der Umorientierung ihres pädagogischen Denkens vom Unterrichtsstoff auf die Aktivitäten der Schüler. Der Prozeßverlauf des Lernens und Arbeitens mit seinen Bedingungs- und Tätigkeitsstrukturen rückte in das Zentrum. Die tiefergehende Bildung und Erziehung der Persönlichkeiten und der Gemeinschaften der Schüler wurde zum Hauptziel, und die Vermittlung des Unterrichtsstoffes, das Einlernen von Wissen und Können wurden ihrer Bedeutung entsprechend eingeordnet. Für die Aufgabenstellungen, für die Situationsgestaltung und die Handlungsregulation wurden die Tätigkeitsziele und Aneignungsziele präziser bestimmt. (41) Der Unterrichtsstoff wurde in Menge, Anordnung und Schwierigkeitsgrad für die Schüler faßlicher gestaltet. Mögliche Lernschwierigkeiten konnten besser vorhergesehen und die Kontrollen treffsicherer angesetzt werden. Es verstärkte sich die lernpsychologische Sicht auf den Unterrichtsprozeß. Bei der Gestaltung von Aufgabenfolgen bemühten sich die Lehrer um »vollständige Lernprozesse«, d. h. sie achteten besonders auf die Phasen des vertiefenden Durchdenkens und auf das Anwenden des Erlernten (42) unter veränderten Bedingungen. Die Aneignung der Techniken und Methoden des Lernens und Arbeitens wurde als eigener Lernbereich vorbedacht und realisiert. Auch bei der weltanschaulichen und moralischen Erziehung stieg die Qualität der Unterrichtsführung. Sorgfältig wurden die Erziehungspotenzen des Unterrichts analysiert und bewußt methodisch genutzt. Die Lehrer gestalteten die Einheit von Erkennen, Erleben, Werten und Gestalten, ließen Moralbeziehungen und Werturteile begründen. (43) Die Erziehung der Gefühle, Motive, Willens- und Charaktereigenschaften wie auch der sittlichen Qualitäten der Schülergemeinschaft wurden bei der Konzipierung der Aufgabenfolgen mitbedacht. (44)

Die Schüler lernten zielorientiert und verfahrensbewußt mit ansteigender Selbständigkeit. Die durch die Aufgabenstellungen besonders abgeforderten Vorbesinnungen für die Lösungswege ließen in ihrem Bewußtsein prospektive interne Handlungsprogramme und damit bessere Möglichkeiten der Selbstkontrolle und Selbstregulation entstehen. Oftmalige Erfolgserlebnisse stärkten Leistungszuversicht, Motiviertheit und Initiative. Schüler mit vordem schwächeren Leistungen lernten beim Aufgabenlösen geordneter, sicherer und erfogreicher. Eine Differenzierung der Aufgaben förderte leistungsstarke Schüler durch mehr Problemlösen. Insgesamt besaßen die Experimentalklassen dann aber auch ein signifikant besseres Wissen und Können gegenüber Vergleichsklassen, bei denen der Unterricht hauptsächlich auf den Unterrichtsstoff orientiert war. Die Schüler der Experimantalklassen zeigten vor allem eine Qualitätssteigerung bei der Entwicklung der Beobachtungsfähigkeit, bei Denkfähigkeiten, wie auch bei der Organisiertheit und Beharrlichkeit in Willenshandlungen.

Bei der Analyse von spezifischen Erziehungsergebnissen waren wir uns der diagnostischen Problematik bewußt. Wir erfuhren die Schwierigkeiten wissenschaftlichen Nachweisens. Es ließen sich aber trotzdem einige Tendenzen deutlich erkennen.

Bei den Versuchsschülern stieg in Einheit mit dem Sach- und Verfahrenswissen das weltanschauliche und moralische Wert- und Normenwissen merklich an. Sie wurden fähig, aus dem Unterrichtsstoff und aus selbsterlebten Situationen Bedeutungs-, Moral- und Wertbeziehungen herauszuheben. Sie benutzten angemessene ethische Termini in steigender Zahl. Die intensionalen Merkmale der Wertbegriffe gewannen an Exaktheit. In den Werturteilen äußerte sich eine positive Einstellung gegenüber gesellschaftlichen Interessen. Mit treffenden Argumenten wurden die Werturteile begründet. In den Werturteilen verstärkte sich die »Bekenntniskomponente« als Ausdruck der persönlichen Identifikation und Parteinahme. Während des Unterrichts aber auch außerhalb der Schule in der Familie und in der Öffentlichkeit verbesserte sich das moralische Verhalten. Kollektivität und Disziplin festigten sich.

Zu den Ergebnissen unserer Forschung gehörten auch noch umfangreiche Erfahrungen bei der Qualifizierung der Lehrer im Prozeß der Arbeit, besonders bezogen auf das gemeinsame Vorgehen aller Lehrer einer Schule unter der Leitung des Direktors. Darüber hat Gisela Barth (45) in ihrer Promotionsschrift informiert. Hier kann nicht weiter darauf eingegangen werden.

Zu Problemen unserer Arbeit

Der Verlauf und die Wirksamkeit unserer Forschungen wurden im Zuge der Zeit durch eine Reihe unterschiedlicher Probleme ernstlich belastet. Die Jahre 1961– 1965 waren in der DDR durch einen regen Gedankenaustausch der Didaktiker und Unterrichtsmethodiker, Erziehungstheoretiker und Psychologen zu den Fragen der Intensivierung und Umgestaltung des Unterrichts gekennzeichnet. 1963 erschien als grundlegende Überarbeitung der »Didaktik« von 1956 das Buch »Schulpädagogik Teil I – Didaktik«, erarbeitet von einem Autorenkollektiv unter der Leitung von Helmut Klein und Karlheinz Tomaschewsky.

Zu diesem Buch wurde in enger Beziehung zu der dynamischen schulpolitischen Entwicklung in der DDR vom Ministerium für Volksbildung eine umfassende Auseinandersetzung eingeleitet, die eine Reihe von Schwächen kritisierte. Unsere Forschungsgemeinschaft wertete die Ergebnisse dieser Diskussion auf den Konferenzen »Intensivierung des Unterrichts« (1964) und »Unterricht als Aufgabenfolge« (1965) aus. Besonders die Verhandlungen der zweiten Konferenz über das Aufgabenlösen im Unterricht, über die Vermittlung von Techniken und Methoden des Lernens und geistigen Arbeitens und über die weltanschauliche und moralische Erziehung im Unterricht fanden mit ihren praxisnahen Beiträgen nicht nur bei Lehrern der Schulen im Stadtbezirk Berlin-Weißensee und im Kreise Meißen lebhafte Zustimmung, sondern auch in anderen Kreisen der Republik. Der auf der Konferenz vorgestellte »Grundlehrgang – Unterricht als Aufgabenfolge« wurde mehrfach nachgedruckt.

Nach der Verabschiedung des Gesetzes über das einheitliche sozialistische Bildungssystem (1965) begann dann die Periode der Einführung neuer Lehrpläne. Jetzt wurden alle Lehrer zentral darauf orientiert, die in den Lehrplänen angelegte Systematik der Fachstoffe für die Gestaltung der Unterrichtsprozesse zu befolgen. Die Führung des Unterrichts als Prozeß des Aufgabenlösens und als Aufgabenfolge wurde von leitenden Funktionären als Widerspruch dazu und als Hemmnis bei der Erfüllung der Lehrpläne beurteilt. Als Konsequenz wurde ministeriell angewiesen, die Untersuchungen in Berlin-Weißensee und im Kreise Meißen abzubrechen. Die nachfolgende Diskussion über »Grundpositionen des Unterrichts in der sozialistischen Schule« führte 1967 zur Veröffentlichung der bereits genannten »Thesen«. In ihnen wurde einerseits der »Aufgabencharakter des Unterrichts« bekräftigt, zugleich wiesen sie aber auch Übersteigerungen im Sinne eines »Unterrichts als Aufgabenfolge« zurück. In der Zeit danach waren für uns Veröffentlichungen zum aufgabenlösenden Unterricht nicht mehr möglich. Für die Lehrerweiterbildung wurde von Schulfunktionären angeraten, Schriften unserer Forschungsgemeinschaft, beispielsweise auch die »Schulpädagogik ...« nicht mehr zum Studium zu empfehlen.

Weiterführende Untersuchungen zum Aufgabenlösen im Unterricht kamen 1968 nicht mehr in den zentralen Forschungsplan des DPZI. Unsere Forschungsgemeinschaft erhielt aber zur Fortsetzung von Teiluntersuchungen die Polytechnische Oberschule »Georg Schumann« in Berlin-Lichtenberg als Forschungsschule zugewiesen. Hier entwickelte sich dann von 1968–1982 eine neue fruchtbare Zusammenarbeit. Wir begannen unser Programm der Umgestaltung des Unterrichts in Einheit von Bildung und Erziehung zu verwirklichen. Mit Hilfe eines Gefüges von mehrjährigen Kursen zur Qualifizierung des gesamten Lehrerkollegiums der Schule wollten wir ein Beispiel modernen Unterrichtens schaffen. Doch bald entstanden neue Konflikte. Die Kurse an unserer Forschungsschule gerieten in Widerspruch zu Kursen, die jetzt das Ministerium für Volksbildung für die fachorientierte Lehrerweiterbildung einrichtete. Die Lehrer wurden schulübergreifend in Fachkommissionen zusammengefaßt und auf fachmethodische Probleme der Lehrplanerfüllung orientiert. Wir konnten unsere Kurse an der Schule nicht mehr wie geplant weiterführen. Unser Kurs über die Erziehung im Unterricht konnte beispielsweise nur noch als »Zyklus« mit den Lehrern durchgearbeitet werden. 1975 berichteten wir auf der Konferenz »Prozeß der klassenmäßigen Erziehung« über theoretische und praktische Ergebnisse aus den Jahren 1970–1975.

Gemeinsam mit einer großen Zahl von Unterrichtsmethodikern und pädagogisch orientierten Philosophen strebten wir 1977 danach, unter der Leitung eines repräsentativen Herausgebergremiums, einen Sammelband für die weltanschauliche und moralische Erziehung im Unterricht aller Schulfächer zu erarbeiten. Erneut entstand ein Konflikt. Die Akademie der Pädagogischen Wissenschaften war wieder dabei, neue Lehrpläne zu konzipieren und darin die Probleme der Erziehung auf eigene Weise zu behandeln. In einer Unterredung mit Philosophen aus dem Herausgebergremium empfahl nun der stellvertretende Minister für Volksbildung, diesen Sammelband nicht zu schreiben, sondern ausgewählte philosophische und keine pädagogischen Beiträge zu leisten.

Das bedeutete das Ende des Projekts. In der Folgezeit löste sich unsere Forschungsgemeinschaft an der Humboldt-Universität auf. Wir legten 1980 als umfassenden Forschungsbericht den Sammelband »Erziehungswirksame Führung der Schülertätigkeiten im Unterricht für die Aneignung von Werten der Weltanschauung und Moral der Arbeiterklasse« vor, dem 1982 der »Abschlußbericht über die Untersuchungen an der Georg-Schumann-Schule« und 1985 ein »Forschungsbericht« folgten. (46) Die Ergebnisse unserer Arbeiten fanden in den Veröffentlichungen der APW und in pädagogischen Zeitschriften keine Beachtung. Sie wurden auch nicht in andere Formen der öffentlichen Diskussion einbezogen. Das lag zum Teil an unseren Ansichten, daß es für die sozialistische Erziehung auch im Unterricht notwendig ist, den Schülern Freiräume für selbständige Werturteile und Entscheidungen und auch Möglichkeiten für ideologische Auseinandersetzungen zu gewähren, denn nur durch die Bewährung in konflikthaltigen Situationen entwickelt sich die Festigkeit parteilicher Haltungen. Durch die in den Schulen vorherrschenden Methoden der ideologischen Indoktrination konnte das nicht gelingen. Mitgliedern unserer Forschungsgemeinschaft sind in den 80er Jahren nur wenige Veröffentlichungen gelungen. Wir arbeiteten aber trotzdem an den »Problemmaterialien« zur Vorbereitung des IX. Pädagogischen Kongresses mit, um auf die Notwendigkeit von Veränderungen hinzuweisen.

Daß dieser Kongreß dann die Diskussion der ernsten Probleme vermied, war schwer enttäuschend und gewiß unter anderem eine der geistig-kulturellen Ursachen für die Entwicklung hin zur »Wende«.

Literatur

1. Grundsätze für die Gestaltung des einheitlichen sozialistischen Bildungssystems (Entwurf). Berlin: Staatsverlag der Deutschen Demokratischen Republik, 1964
2. Die Aufgaben der pädagogischen Wissenschaft bei der Verwirklichung des einheitlichen sozialistischen Bildungssystems in der Periode des umfassenden Aufbaus des Sozialismus. Berlin: Staatsverlag der Deutschen Demokratischen Republik, 1965
3. Drefenstedt, Edgar: Sozialistische Unterrichtstheorie – Entwicklung in der DDR von 1945–1965. Berlin: Volk und Wissen, 1977. 360 S.
4. Empfehlungen des VI. Pädagogischen Kongresses. In: Quellen zur Geschichte der Erziehung. Berlin: Volk und Wissen, 1968, S. 518
5. Didaktik: Unter besonderer Berücksichtigung des Unterrichts in den Klassen 1–4 der deutschen demokratischen Schule /Red.-Kollegium H. Klein; K. Patzwall; H. Schönfisch; K. Tomaschewsky. Anhang: Schulleitung, Schulverwaltung. Berlin: Volk und Wissen, 1956. 2. Aufl. 1958, 511 S./3. Aufl. 1959. 511 S.
6. Schulpädagogik – Teil I – Didaktik /Leiter des Autorenkollektivs: Helmut Klein; Karlheinz Tomaschewsky. Berlin: Volk und Wissen, 1963. 620 S.
7. Konferenz: Sozialistische Schule – Pädagogische Wissenschaft – Intensivierung des Unterrichts. In: Wiss. Ztsch. d. Humb. Univ., ges. wiss. und sprachw. R. Jg. XIII (1964)6 S. 731–772 Konferenzbericht. In: Pädagogik, Berlin 19(1964)7, S. 643–647
8. Unterricht als Aufgabenfolge /Red.-Kommission: P. Klimpel; A. Somer ; K. Tomaschewsky. Berlin: Humboldt-Universität, 1965. 304 S. (Wiss. Z. der Humboldt-Universität, Sonderband. Format A5)
9. Brachaus, Georg: Probleme der Leitungstätigkeit des Direktors bei der Intensivierung des Unterrichts durch die pädagogisch-methodische Qualifizierung des Lehrerkollektivs. 1969. 228 S. Berlin, Humboldt-Universität, Sektion Pädagogik, Diss. A
10. Drefenstedt, E.; Kelbert, H.; Klein, H.; Tomaschewsky.; Weck, H.: Thesen zu Grundpositionen des Unterrichts in der sozialistischen Schule. In: Pädagogische Forschung. Berlin (1967) H. 2/3. S. 69 und 74
11. Prozeß der klassenmäßigen Erziehung im Unterricht /Karlheinz Tomaschewsky (Kollektivleiter). In: Wiss. Z. Humboldt-Universität gesellsch.- u. sprachwiss.R. Berlin 24(1975)1. S. 5–110
12. Erziehungswirksame Führung der Schülertätigkeiten im Unterricht für die Aneignung von Werten der Weltanschauung und Moral der Arbeiterklasse: Monographie der Forschungsergebnisse /K. Tomaschewsky, Leiter des Kollektivs; Humboldt-Universität, Sektion Pädagogik, Bereich Erziehungstheorie. – Berlin, Dez. 1980. 620 S. (3 Bde)
    Tomaschewsky, K.: Prozeß der ideologischen Erziehung – Wertvermittlung – Situationsgestaltung – Tätigkeitsführung – Fortschrittsbericht 85. Berlin: Humboldt-Universität, Sektion Pädagogik, 61 S., Maschinenmanuskript
13. Abschlußbericht über die Arbeiten in der Georg-Schumann-Oberschule Berlin-Lichtenberg, Forschungsschule der Humboldt-Universität zu Berlin: 1967–1982/ Humboldt-Universität, Manuskriptf. Akad. d. Pädag. Wiss. d. DDR, Maschinenmanuskript
14. Schmidt, Norbert: Über den Prozeß der Erziehung zur Verantwortung im Unterricht. 1988. Berlin, Humboldt-Universität, Sektion Pädagogik, Diss. A /Richter, Christian: Methodische Probleme der Modellierung von Prozesen der Erziehung. 1990. 154 S. Berlin, Humboldt-Universität, Sektion Pädagogik, Diss. A

15 Zur Umgestaltung des Unterrichts: Gedanken aus der Sicht der Allgemeinen Didaktik. In: Pädagogik. Berlin 20(1965)7. S. 632-636
16 Rosenfeld, Gerhard: Wert- und motivtheoretische Konzeption des Erziehungsvorganges. In: Probleme und Ergebnisse der Psychologie. Berlin (1969)30, S. 47-69/Rosenfeld, Gerhard: Das Tätigkeitskonzept im Bereich der Moralentwicklung. In: Das Tätigkeitskonzept in der Pädagogischen Psychologie, Theoretische Voraussetzungen, Entwicklungsstand, Probleme – Konferenzbericht. Berlin, 1985. S. 40-54 (Fortschrittsberichte und Studien Akademie der Pädagogischen Wissenschaften)
17 Rubinstein, S. L.: Grundlagen der allgemeinen Psychologie. Berlin: Volk und Wissen, 1958. S. 694
18 Elkonin, zitiert bei Malgewa, K.P.: Die Selbstkontrolle in der Lernarbeit jüngerer Schulkinder. In: Probleme der Lerntheorie. Berlin: Volk und Wissen, 1966. S. 190
19 Anochin, P. K.: Das funktionelle System als Grundlage der physiologischen Architektur des Verhaltensaktes. Jena: Gustav Fischer Verlag, 1967
20 Leontjew, A.: Tätigkeit – Bewußtsein – Persönlichkeit. Berlin: Volk und Wissen, 1970
21 Galperin, P.: Zur Grundfragen der Psychologie. Berlin: Volk und Wissen, 1980
22 Dawydow, W.: Arten der Verallgemeinerung im Unterricht. Berlin: Volk und Wissen, 1977
23 Tschdnowski, W. E.: Die Stabilität der Persönlichkeit als Ergebnis der Aneignung gesellschaftlicher Moralnormen. In: »Pädagogik«, Psychologische Beiträge zur Persönlichkeitsentwicklung in der sozialistischen Gesellschaft. Berlin: Volk und Wissen, 1976. Beiheft 1
24 Klix, F.: Information und Verhalten. Berlin: Dt. Verlag der Wissenschaften, 1971
25 Kossakowski, A.: Handlungspsychologische Aspekte der Persönlich keitsentwicklung. Berlin: Volk und Wissen, 1980
26 Lompscher, J. (Leiter): Verlaufsqualitäten der geistigen Tätigkeit. Berlin: Volk und Wissen, 1976
27 Tomaszewski, Tadeusz: Struktur, Funktion und Steuerungsmechanismen menschlicher Tätigkeit. In: Zur Psychologie der Tätigkeit – Positionen und Ergebnisse polnischer Psychologen. Berlin: Dt. Verlag der Wissenschaften, 1981. S. 11-33
28 Kossakowski, A.: Handlungspsychologische Aspekte der Persönlichkeitsentwicklung. Berlin: Volk und Wissen, 1980. S. 67-80
29 Tomaschewsky, Karlheinz: Die Aufgabe als didaktische Kategorie. In: Pädagogik. Berlin 25(1970)7. S. 626-636
30 Tomaschewsky, Karlheinz: Ansätze für die Lösung der Forschungsaufgabe: »Genauere Bestimmung der erzieherischen Potenzen des Unterrichtsstoffes«: Diskussionsbeitrag auf der 3. Plenartagung der APW am 4./5.10.1976 in Ludwigsfelde. In: Pädag. Forsch. Berlin 18(1977)1. S. 57-64
31 Wesemann, Dieter: Über die Leitungstätigkeit des Direktors bei der Erarbeitung und Einführung eines Systems von Techniken und Methoden der geistigen Arbeit an der Oberschule Rippach. In: Unterricht als Aufgabenfolge. S. 193-199
32 Kiesling, Elfride: Über die Vermittlung von Techniken des geistigen Arbeitens und deren Anwendung beim Lösen von Lernaufgaben in der Unterstufe. In: Unterricht als Aufgabenfolge. S. 185-191/Teichert, Gerolf: Über die Notwendigkeit der Ausarbeitung eines Systems von Techniken und Methoden des geistigen Arbeitens für die Gestaltung des Unterrichts als Prozeß des Lösens von Aufgaben. In: Unterricht als Aufgabenfolge. S. 176-184
33 Klimpel, Paul: Lernen die Schüler das selbständige Lernen? Gedanken zu den Me-

thoden und Techniken des Lernens und der geistigen Arbeit. In: Dt. Lehrerzeitung. Berlin 15(1968)9. S. 6/Klimpel, Paul: Methoden und Techniken des Lernens und der geistigen Arbeit. (Kartensammlung) Beilage der Zeitschrift »Jugend und Technik« o. J.

34 Klimpel, Paul: Die Vermittlung und Aneignung von Moralbegriffen und die Führung des moralischen Wertens im Unterricht der Unterstufe – ein Beitrag zur staatsbürgerlichen Erziehung der Schuljugend in der DDR. 1969 Berlin, Humboldt-Universität, Dissertation Dr. sc.

35 Galperin, P.J.: Die geistige Handlung als Grundlage für die Bildung von Gedanken und Vorstellungen. In: Probleme der Lerntheorie. Berlin: Volk und Wissen, 1966, S. 33–48

36 Hofmann, Johannes: Möglichkeiten der Förderung und Entwicklung der allgemeinen intellektuellen Begabung in einem als Prozeß des Lösens von Lernaufgaben gestalteten Unterricht. 1967. 239 S. Berlin, Humboldt-Universität, Sektion Pädagogik, Diss. A

37 Schütze, Renate: Die Wirkungen des unterrichtlichen Lernens, gestaltet als Aufgabenlösen, auf die Entwicklung des Willens der Schüler, besonders auf die Entwicklung der Beharrlichkeit. 1970. Dresden, Pädag. Hochschule, Diss. A

38 Kieckbusch, Werner: Über die Ausbildung von Organisiertheit und Planmäßigkeit in Lernen bei Schülern der Unterstufe durch die Gestaltung des Unterrichts als Prozeß des Aufgabenlösens. 1971. 317 S. Berlin, Humboldt-Universität, Sektion Pädag., Diss. A

39 Tomaschewsky, Karlheinz: Probleme der Vermittlung von Moralbegriffen. In: Dt. Z. Philos. Berlin 21(1973)10. S. 1233–1247/Tomaschewsky, Karlheinz: Zum Verlauf von Prozessen der ideologischen Erziehung. In: Informationsmaterial zu Fragen der Entwicklung der Pädagogik an Universitäten. Hrsg. vom Arbeitskreis Pädagogik des Ministeriums für Hoch- und Fachschulwesen. Berlin, 1988. S. 70–79

40 Dammschneider, Christa: Erziehungstheoretische Untersuchungen zum Prozeß der Vermittlung und Aneignung ästhetischer Werte im Unterricht der sozialistischen Schule. 1986. Berlin, Humboldt-Universität, Diss. Dr. sc.

41 Ferchland, Gerhard: Zur präzisen Bestimmung der Erziehungsziele des Unterrichts durch den Lehrer und zu ihrer Funktion bei der Führung des Prozesses der kommunistischen Erziehung im Unterricht. 1977. 167 S. Berlin, Humboldt-Universität, Sektion Pädagogik, Diss. A

42 Huth, Wolfgang: Über die Verbesserung des Anwendens im Unterricht durch Aufgabenlösen – dargestellt am Anwenden grammatischen Wissens und Könnens im 5. Schuljahr in den Disziplinen »Grammatik« sowie »Mündlicher und schriftlicher Ausdruck«. 1973. 310 S. Berlin, Humboldt-Universität, Sektion Pädagogik, Diss. A

43 Militzer, Herbert: Ideologisches Werten im Prozeß der klassenmäßigen Erziehung im gesellschaftswissenschaftlichen Fachunterricht der Oberstufe der sozialistischen Oberschule in der DDR. 1977. 188 S. Berlin, Humboldt-Universität, Sektion Pädagogik, Diss. A

44 Berg, Karl-Heinz: Über die Entwicklung von Lernmotiven bei Schülern der Unterstufe in einem als Aufgabenlösen gestalteten Unterricht. 1971. 421 S. Berlin, Humboldt-Universität, Sektion Pädagogik, Diss. A

45 Barth, Gisela: Zur systematischen Weiterbildung der Lehrer im Prozeß der Arbeit für die Gestaltung eines kommunistisch erziehenden Unterrichts unter der Leitung des Direktors der allgemeinbildenden polytechnischen Oberschule. 1979. 150 S. Berlin, Humboldt-Universität, Sektion Pädagogik, Diss. A

46 Erziehungswirksame Führung der Schülertätigkeiten im Unterricht für die Aneignung von Werten der Weltanschauung und Moral der Arbeiterklasse: Monographie der Forschungsergebnisse /K. Tomaschewsky, Leiter des Kollektivs; Humboldt-Universität, Sektion Pädagogik, Bereich Erziehungstheorie. Berlin, Dez. 1980. 620 S. (3 Bde), Maschinenmanuskript

47 Tomaschewsky, Karlheinz: Prozeß der ideologischen Erziehung – Wertvermittlung – Situationsgestaltung – Tätigkeitsführung. Fortschrittsbericht 85. Berlin: Humboldt-Universität, Sektion Pädagogik, 61 S., Maschinenmanuskript /Abschlußbericht über die Arbeiten in der Georg-Schumann-Oberschule Berlin-Lichtenberg, Forschungsschule der Humboldt-Universität zu Berlin: 1967, 1982/Humboldt-Universität, Manuskriptf. Akad. d. Päd. Wiss. d. DDR

Edgar Rausch

Unterrichtliche Kommunikation und Kooperation

Didaktische Forschung an der Pädagogischen Hochschule Leipzig
mit paradigmatischem Anspruch

Zu jenen Forschungsvorhaben, von denen die Didaktik-Diskussion in der ehemaligen DDR mitbestimmt wurde, sind sicherlich die seit Ende der siebziger Jahre an der Leipziger Pädagogischen Hochschule durchgeführten Untersuchungen zu unterrichtlichen Kommunikation und Kooperation zu zählen. Immerhin können die beteiligten Hochschullehrer, wissenschaftlichen Mitarbeiter, Aspiranten und Studenten darauf verweisen, daß allein in der Zeit von 1983 bis 1987 100 Publikationen, 30 Dissertationen und eine beachtliche Anzahl von Diplomarbeiten vorgelegt wurden (Kommunikation im Unterricht 1988). Öffentlich ausgeschriebene Konferenzen, die im Zweijahresrhythmus 1984, 1986 und 1988 stattfanden und deren Ergebnisse in mehreren Konferenzbänden publiziert wurden, waren Anziehungspunkte für in- und ausländische Teilnehmer aus Wissenschaft und Praxis und fanden jeweils eine gute Resonanz. Auch die jährlich durchgeführten Sessionen eines Ständigen Seminars gaben vor allem Nachwuchswissenschaftlern und Studenten jeweils über den Leipziger Raum hinaus Gelegenheit, Arbeitsergebnisse vorzustellen und kritisch zu erörtern.

Hier sind allerdings die mehr äußeren Belege für Aktivitäten und Arbeitsergebnisse genannt. Wichtiger ist es, eine *Bilanz inhaltlicher Art* zu ziehen: Welches waren die Beweggründe für diese Forschungsthematik und welche Intentionen lagen ihr zugrunde? Inwieweit war sie geeignet, zu der in der 80er Jahren dringend notwendig gewordenen Diskussion um die Veränderung und inhaltliche Weiterentwicklung des damaligen unterrichtlichen Konzepts, insbesondere des didaktisch-methodischen Denkens und Handelns beizutragen, und gingen schließlich von den Untersuchungen Impulse aus, die an *neue paradigmatische Ansätze* heranführten?

Leipzig hat in der Unterrichtsforschung reiche Traditionen. Es war aber nicht nur die Besinnung darauf, die uns veranlaßte, diese Thematik, die für die damalige hiesige Forschungslandschaft ein völliges Novum darstellte, aufzugreifen. Die Ursachen ergaben sich ganz unmittelbar und aktuell aus der Unterrichtssituation in der damaligen DDR und nicht zuletzt aus Einsichten, die aus einer sachlichen Analyse internationaler Entwicklungen in den Unterrichtswissenschaften zu ziehen waren.

Orientierung am internationalen Standard

Die Versuche, die DDR auch wissenschaftlich abzuschotten, sind bekannt, aber selbst unter diesen Bedingungen war unübersehbar, was sich in der Wissenschaftsentwicklung anderer Länder vollzog. Der Kommunikationsbegriff, auch solche Kategorien wie Interaktion, Kooperation, didaktische Sprachgestaltung, kommunikative Kompetenz u.a. hatten sich in den Unterrichtswissenschaften fest etabliert. Sie waren zum selbstverständlichen Bestandteil und Repertoire unterrichtlichen Denkens geworden. So mußte man bei sachlicher Beurteilung die hierzulande immer noch vorhandenen Vorbehalte und Abstinenzen gegenüber der Kommunikationsproblematik als ausgesprochen anachronistisch ansehen und sie in der öffentlichen Diskussion auch so bezeichnen. Jeder, der ein weiteres Zurückbleiben der eigenen Positionen verhindern wollte, trat dafür ein, das bekannte Permanenzaxiom der anderenorts reich entfalteten Kommunikationswissenschaft, von der »Nichtmöglichkeit, nicht zu kommunizieren« (Watzlawick) für die unterrichtswissenschaftliche Forschung konsequenter, als das bislang geschah, aufzugreifen.

Es ging auch bei uns um die Einsicht, daß jeglicher Unterricht, ganz gleich unter welchen gesellschaftlichen Vorzeichen er verläuft, nur dann funktionieren kann, wenn er als ein kompaktes, hochkomprimiertes und in sich vielgestaltiges Kommunikationsereignis aufgefaßt, wissenschaftlich untersucht und praktisch gestaltet wird.

Veränderte Lern- und Kommunikationssituation

Ebenso machten sich veränderte Befindlichkeiten bei Lehrern und Schülern in der Unterrichtspraxis bemerkbar. In der Folge der brisanten politischen Entwicklung und sich ständig zuspitzender Widersprüche im DDR-Alltag sahen sich Lehrer und Schüler in der tagtäglichen Unterrichtsarbeit in eine neue Situation versetzt, trat bei den Schülern eine deutliche Anspruchs- und Erwartungsveränderung ein. Vor allem die Schüler mittlerer und höherer Klassen gingen zunehmend mit der Erwartung in den Unterricht, daß sie nicht mehr nur als Lernende und schon gar nicht als schlichte Stoffkonsumenten behandelt werden. Sie wollten vielmehr, daß man sie auch *als Kommunikationspartner akzeptiert*. Manche Schüler waren in diesem Anspruch geradezu rigoros. Sie drängten danach, ihre ganz persönlichen Erlebnisse und Erfahrungen einzubringen, und zwar ohne Tabus. Sie wollten mit ihren Lehrern und Mitschülern über alles, was sie auf dem Herzen hatten, sprechen und auch solche Meinungen äußern, die von dem, was als offizielle Linie galt, abwichen.

Die meisten Lehrer stellten sich in pädagogischer Verantwortung auf diese

Herausforderungen ein, allerdings erkannten sie zugleich, welche erheblichen Defizite gerade im Hinblick auf dieses nach vorne drängende pädagogische Problem in ihren bisherigen eigenen Kenntnissen und Einsichten bestanden. Sie verspürten die Notwendigkeit, dazuzulernen, manches sogar völlig neu zu sehen, weil sich bisherige Auffassungen als nicht mehr brauchbar erwiesen. So ergaben sich auch aus der Sicht des Pädagogen »vor Ort« starke Beweggründe, den pädagogischen Wert und Sinngehalt des gesamten kommunikativen Geschehens, das sich in der Schulklasse vollzieht, und nicht zuletzt ihres eigenen kommunikativen Verhaltens tiefer auszuloten. Das Erfreuliche war, daß mit dieser Einsicht eine ganze Anzahl von erfahrenen Lehrern zu wertvollen Verbündeten der mit den Kommunikationsfragen befaßten Forschung geworden ist.

Notwendige Veränderungen in den kategorialen und paradigmatischen Ansätzen

Den Entwicklungentendenzen, die sich in der Unterrichtswirklichkeit und Unterrichtswissenschaft abzeichneten, stand das offizielle, von der Zentrale (Ministerium für Volksbildung und Leitung der Akademie der Pädagogischen Wissenschaften) favorisierte, *Lehrplankonzept* gegenüber, das von oben nach unten auf allen verfügbaren Kanälen »durchgestellt« und permanent bei Lehrern und auch bei der Wissenschaft angemahnt wurde. Es forderte, um nur einige Punkte zu nennen, Lehrplantreue und -disziplin, bezogen vor allem auf die vorgegebenen Ziele und das disziplinierte Abarbeiten der zentral geplanten Stoffe; Zuverlässigkeit und Sicherheit in der Vermittlung von Fakten, von denen die Lehrpläne zudem sichtlich überfrachtet waren; »Vollständigkeit« des Aneignungsprozesses und nicht zuletzt die Umsetzung der im Lehrplan sowie in zusätzlichen Erläuterungen und »Hilfen« formulierten methodischen Hinweise.

Dieses Konzept war, trotz mancher anderslautender Beteuerungen, in seinem Kern ein Kognitionskonzept, es war »erkenntnislastig« und in seiner negativsten Form ein Konzept der mehr oder weniger unvermittelten Weitergabe von Stoff und des pädagogisch linearen Einwirkens auf den Schüler. Es folgte in der Hauptsache dem paradigmatischen Ansatz der »Ziel-Stoff-Methode-Relation«.

Es gereicht nicht wenigen Lehrern zu Ehre, diese zentralistisch-doktrinäre Vorgabe nicht kritiklos aufgenommen zu haben. Sie haben in ihrer Praxis einen Unterricht gestaltet, der in seinem Zuschnitt mehr als bloße »Lehrplanrealisierung« darstellte.

Auch von den Unterrichtswissenschaften – und dort eingeordnet von der Kommunikationsforschung – wurden solche konzeptionellen Positionen und Gestaltungskonzepte ausgearbeitet, diskutiert und publiziert, die paradigmatisch in erheblichem Maße von einer »Didaktik vom Lehrplan aus« abwichen, höhere Ansprüche stellten und tragfähigere Kategorien in das Zentrum didaktischen Denkens rückten. Sie konnten und können auch heute noch in gewissem Maße als kritische Gegenentwürfe, zumindest als kritische Reflexion dirigistischer Vorgaben verstanden werden.[1].

Im folgenden soll auf einige der von der Leipziger Kommunikationsforschung gesetzten Akzente eingegangen werden.

Bewußtmachen des sozial-kommunikativen Charakters des Unterrichts

Aus ihrem ureigensten Anliegen heraus war und ist der auf Kommunikation intendierten Didaktik die Möglichkeit gegeben, einem überzogenen Stoffdenken entgegenzuwirken und didaktisches Denken und Handeln stärker auf die Dialektik der kognitiven und sozialen Komponenten und Wesenszüge des Unterrichts zu orientieren. Diese andersgerichtete Orientierung ergibt sich bereits aus dem didaktischen Wesensverständnis von unterrichtlicher Kommunikation, insbesondere aus ihrer interfunktionalen, also nicht nur auf den Stoff beschränkten, Ausrichtung und Dimensionierung.

Wie wurde und wird von uns die *Interfunktionalität* unterrichtlicher Kommunikation interpretiert und welche didaktischen Handlungskonsequenzen sind mit dieser Interpretation verbunden?

Kommunikation verläuft, didaktisch gesehen, unter zwei hauptsächlichen Bezugspunkten: sie ist einerseits *interpersonal* (intersubjektiv) und andererseits *sachbezogen* orientiert; sie hat eine soziale und eine sachlich-gegenständliche Funktion. Keine dieser Seiten kann von der jeweils anderen gelöst werden, sie stehen in einem Interdependenzverhältnis zueinander.

Als didaktische Kategorie ist Kommunikation auf die personalen Faktoren des Unterrichts ausgerichtet, und sie betont dessen soziale Seiten und Merkmale, anders gesagt, die in ihm wirkenden Subjekt-Subjekt-Verhältnisse, -Beziehungen und -Vorgänge. Jede tiefergreifende Analyse weist aus, daß diese Subjekt-Subjekt-Vorgänge sowohl für das soziale als auch für das geistige Unterrichtsgeschehen von existentieller Bedeutung sind, weil jeglicher unterrichtliche Vorgang das Herstellen interpersonal-kommunikativer Kontakte, das persönliche In-Beziehung-Treten, das wechselseitige Verstehen und das Vorhandensein einer möglichst kooperativen Atmosphäre sowohl voraussetzt als auch ständig aufs neue konstituiert und produziert. Bei unterrichtlichen Lehren-Lernen-Vorgängen handelt es sich nicht nur um Sachbezüge, sondern um spezifische soziale Beziehungen, genauer noch, um »... Beziehungen in einer auf Bildung intendierten sozialen Interaktion« (Klingberg 1982, 45).

Gerade in den 80er Jahren haben sich solche ausdrücklichen Hinweise auf das soziale Wesen des Unterrichts sowohl theoretisch als auch praktisch als bedeutsam erwiesen.

Bei Befragungen brachten Schüler zum Ausdruck, daß sie ihr persönliches Eingestelltsein zur Schule und zum Unterricht zwar zu einem Teil aus der Einsicht in die Notwendigkeit des Lernens beziehen, letztlich aber die sozialen Faktoren und Beziehungen höher bewerten als die Lerntätigkeit selbst. Schüler 10. Klassen gaben an, daß sie den persönlichen Sinn der Schule stärker in der Begegnung und Kommunikation mit Gleichaltrigen sehen und erst in zweiter Linie als Stätte angestrengten Lernens (Hunneshagen 1988, 99).

Solche Analyseergebnisse beziehen sich auch auf den Zusammenhang von Lerneffektivität und der von der Kommunikation als pädagogisch bedeutsam herausgestellten und zugleich wesentlich beeinflußten Lernatmosphäre. Lehrer, die auf der Grundlage des Lehrplanes arbeiteten und mit entsprechender Vorbereitung in den Unterricht hineingingen, mußten oft frustriert zur Kenntnis nehmen, daß eine noch so ausgeklügelte stoffliche und methodische Vorbereitung nicht ausreicht. Solche Kommunikationsfaktoren und -qualitäten wie »Atmosphäre«, »Umgang miteinander«, »Sozialität« haben sich nicht selten als Effizienzbedingungen höheren Stellenwertes erwiesen (vgl. u.a. Hoppe 1990).

Durch empirische Ermittlungen wurde nachgewiesen: In der interpersonalen Kommunikation gestörte Beziehungen haben meist negative Auswirkungen, positive hingegen fördern die Einstellung zum Lernen. Ein gutes Verhältnis und der entsprechende kommunikative Umgang miteinander bauen dem Lehrer, der gemeinsamen Lerntätigkeit und damit auch dem Stoff goldene Brücken.

Das paradigmatisch Bemerkenswerte besteht darin, daß sich aus Gründen, die im sozial-kommunikativen Bereich liegen, das herkömmliche Funktionsbild vom Unterricht als bloßer Institution des Lernens verändert. Unterricht hat diesem Ansatz folgend mehr zu sein: *Er ist Ort des Lernens und der Kommunikation.*

Kommunikation, kommunikative Kompetenz und Subjektposition

Auch die Subjekt- und Individualitätsproblematik hatte sich in den 80er Jahren als eine der Schlüsselfragen der Unterrichtsentwicklung herausgestellt. Es ging u.a. darum, jene tradierten Muster didaktischen Denkens und Handelns zu überwinden, die von dem seit der Abkehr vom reformpädagogischen Gedankengut in der DDR-Zentrale favorisierten und zugleich tabuisierten Paradigma vom »Führen und Geführtwerden« und damit von einer Überhöhung der Führungsrolle des Lehrers ausgehen. Dieses Paradigma führte, aufs ganze gesehen, zu einem stark lehrerzentrierten Unterricht, zum Stil des aufklärerischen Hineintragens von Stoff, bei dem dem Lehrer die Rolle des Übermittlers, nicht aber eines pädagogischen Vermittlers zwischen dem Schüler und dem Stoff, zugewiesen wurde,

L. Klingberg stellte die Forderung, »... die Subjektposition zu einem erstrangigen Ausgangspunkt aller didaktischen Bemühungen zu machen« (Klingberg 1987, 6). Er war es auch, dem es mit seiner vielbeachteten Schrift zur »*Dialektik von Lehrer- und Schülertätigkeit*« in überzeugender Weise gelungen ist, das damit verbundene Problemfeld relativ geschlossen und über die damalige offizielle Sicht weit hinausführend, aufzuarbeiten (Klingberg 1987, 1991).

Die Leipziger Kommunikationsforschung machte es wiederum zu ihrem Anliegen, die Diskussion und entsprechende schulpraktische Bemühungen zu diesen, die Pädagogen stark bewegenden Fragen, mit zu initiieren und dabei spezifische Akzente zu setzen.

In *paradigmatischer Hinsicht* bestand der Ansatz darin, unterrichtliches Geschehen nicht einseitig von objektiven Erfordernissen aus zu erklären, etwa von den gesellschaftlich gesetzten Deduktionen, Zielen und Mustern, sondern vom Grundverständnis her das handelnde Subjekt, den *Aspekt der Individualität* des Schülers, in gleicher Weise zu berücksichtigen.

Kommunikation war und ist für uns eine Komponente, ein Moment, der realen Unterrichtsverläufe, sie war und ist aber zugleich ein Moment der individuellen Persönlichkeit, seiner individuellen Tätigkeit selbst.

Entsprechend wurde in Ausgangsthesen unserer Untersuchungen auf die in dieser Hinsicht der Kommunikation wesenseigenen Potenzen verwiesen.

Ist es doch gerade die Unterrichtskommunikation, die zu jenen Tätigkeitskomponenten und Eigenschaften gehört, durch die Subjektfähigkeit des Schülers sowohl gefordert als auch gefördert wird. In der kommunikativen Tätigkeit, in jeder den Schüler einbeziehenden und fordernden kommunikativen Situation, kann und muß er sich als Subjekt und unverwechselbare Individualität betätigen und beweisen. Eine gut gestaltete Kommunikation erschließt Räume für sprachlich-geistiges Handeln, für interaktionalen Verkehr, für zwischenmenschlichen Umgang, die für eine reiche Persönlichkeitsentfaltung von erheblichem Gewicht sind.

Zugleich waren wir, gemeinsam mit anderen Unterrichtswissenschaftlern, nachdrücklich darauf bedacht, den Begriff »Subjektposition«, der inzwischen nahezu inflationär verwendet wurde, nicht zu einem bloßen Modewort, zu einer modischen Worthülse, verkommen zu lassen. Negative Erfahrungen dieser Art gab es bekanntlich im Zusammenhang mit früher durchlaufenen Kampagnen zur »optimalen Persönlichkeitsentwicklung« und zur »Aktivierung aller Schüler«. Es ging vielmehr darum, das Begriffliche zur Subjektposition substantiell ausreichend aufzufüllen und solchen Verbrämungen und Oberflächlichkeiten vorzubeugen, die den Blick und die Wege zu den dringend erwarteten und notwendigen Konsequenzen verbauten.

Die ganze Diskussion konnte nur dann ihren Sinn erfüllen, wenn sie die Wege öffnete, die zu einer Verbesserung der gesamten *Stilistik des Unterrichts* führten und einem neuen Verständnis von der Position des Schülers und der Rolle des Lehrers die Bahn brachen.

Wir wandten uns dagegen, ›Subjektposition‹ nur als kognitive Aktivität oder als lediglich »ein wenig Mehr« an aktivem Lernen bei der Abarbeitung von Stoff zu betrachten und die wichtigen personalen und interpersonalen Dimensionen, die neue Qualität in den Subjekt-Subjekt-Beziehungen im unterrichtlichen kommunikativen Handeln unterzubewerten. Soll der Schüler zum Subjekt seiner Lerntätigkeit werden, bedarf er kommunikativer Kompetenz. Die wiederum kann er sich nur durch entsprechendes kommunikatives Handeln in entsprechend gestalteten Kommunikationssituationen erwerben.

In Übereinstimmung mit Positionen, die aus psychologischer und philosophischer Sicht erarbeitet wurden, legten wir Wert darauf, daß die *ethische Dimension* ausreichend ins Kalkül gezogen wurde (vgl. u.a. Hickethier 1989).

Subjektposition bedeutet kein bloßes Zugeständnis, keinen Gnadenakt gegenüber dem Schüler. Sie betrifft die personale Würde des Menschen, seine Mündigkeit und die Anerkennung geistiger und kommunikativer Ansprüche.

Ganz besonders mußte allen an der Demokratisierung und Humanisierung des Unterrichts[2] interessierten Pädagogen daran gelegen sein, nicht in erster Linie die Übereinstimmung subjektiver Positionen mit dem gesellschafts-politisch Proklamierten als Maßstab von Subjektverwirklichung anzusetzen. Es ging vielmehr um die Fähigkeit des Subjekts, sich über seine Verhältnisse, seine persönliche Identität und seine Beziehungen zur Umwelt in zunehmender Mündigkeit und bei verantwortbarer Selbstbestimmung klarzu- werden. Aussagen, die im Konnex kommunikationstheoretischer Überlegungen auf der Konferenz 1988 dazu öffentlich vorgetragen und anschließend (noch vor der »Wende«) publiziert wurden, sollen die von uns dazu vertretenen Auffassungen und die für die Praxis angestrebten Denkrichtungen näher beleuchten: »Kommunikation gibt dem Schüler (auch dem Lehrer!) eine Fülle individueller Realisierungsmöglichkeiten, vor allem durch Entäußerung dessen, was er persönlich denkt, fühlt und meint. Das mündlich oder schriftlich eingebrachte Wort, auch das Gestische, das Mimische sind unersetzbare Ausdrucksformen von Eigenem, vom geistigen, moralischen, weltanschaulichen Standort des Subjekts, von persönlicher Position und dem mitunter komplizierten Vorgang des »Zu-sich-selber-Findens« (Rausch 1989, 26).

Im Zeichen der Defizite, die es hinsichtlich der *Kultur des Dialogs* gab, und als Ermutigung zu offenem Meinungsstreit wurde auf folgendes verwiesen: »Kommunikation baut auf Widerspruch auf. Sie verläuft kooperativ, dabei nicht immer glatt und in aufgesetzter oder sogar vom Lehrer erzwungener Übereinstimmung. Sie wird im Widerstreit von Meinungen, Argumenten und Standpunkten oft auch kontrovers sein. Meinungsstreit ist in der unterrichtlichen Kommunikation ein unverzichtbares Element der Wahrheitsfindung« (Zur Gestaltung, 45ff.; vgl. auch Feige/Pauli 1989).

Diese theoretisch-programmatischen Aussagen wurden durch praktische Erfahrungen der mit der Forschungsgemeinschaft verbundenen Lehrer begleitet.

In verschiedenen Forschungsveranstaltungen und in Publikationen konnten Lehrer zu Wort kommen, deren Unterrichtsstil schon zu DDR-Zeiten durch die Fähigkeit geprägt war, in Übergängen zu denken und zu kommunizieren, die Dinge in ihrer Offenheit und Widersprüchlichkeit zu sehen, und die zugleich über die sprachlich-kommunikativen Ausdrucksmittel verfügten, mit ihren Schülern im Diskurs zu arbeiten (Positionen 1987).

Kommunikation und Vermittlung – Vom »Durchnehmen« von Stoff zu einer Didaktik der Vermittlung

Zu den Begriffen ›Vermittlung, Vermitteltsein, Mittler, Mittel‹ war Mitte der 80er Jahre eine lebhafte Diskussion in Gang gekommen (vgl. Vogel 1987; Richter 1988 u.a.). Sie betraf in ihrem Kernanliegen auch das pädagogisch-didaktische Verständnis von Vermittlung im Unterricht, und berührte in einer fundamentalen Weise die Intention der Kommunikationsforschung, *gegen mechanistische Prozeßauffassungen* Front zu machen. Im Umfeld der im November 1988 in Leipzig durchgeführten Konferenz »Gestaltung der unterrichtlichen Kommunikation – theoretische und praktische Aspekte« spielten deshalb auch Erörterungen um die didaktische Kategorie Vermittlung und deren Bedeutung für das Kommunikationsgeschehen eine entsprechende Rolle (vgl. Fischer/Wermes 1988; Hickethier 1989; Rausch 1990).

Im prinzipiellen und bezogen auf die didaktische Kommunikation im besonderen ging es um grundlegende Prämissen, von denen hier nur auf einige eingegangen werden kann.

Vermittlung ist nicht lineare Einwirkung, sondern Wechselwirkung.

Ein Verhältnis des Vermitteltseins zu erreichen, bedeutet, daß verschiedene, für einen Prozeß bedeutsame Faktoren, resp. Komponenten/Seiten korrelative Beziehungen zueinander eingehen. In der dabei entstehenden Wechselwirkung besitzen sie ihre jeweils eigene Bestimmung, und sie sind zugleich bestrebt, diese gegenüber der anderen Seite zu behaupten und gegebenenfalls auch durchzusetzen.

Im Unterricht sind es zunächst seine Hauptkomponenten, zwischen denen Vermittlungsverhältnisse bestehen. Es handelt sich dabei auf allgemeiner Ebene um Beziehungen/Verhältnisse

- zwischen dem Lehren und dem Lernen (wobei darunter mehr als die traditionelle Relation von Führung und Selbsttätigkeit zu verstehen ist);
- zwischen der Subjektposition des Lehrers und der Subjektposition der Schüler, (auch hier muß ausreichend weit gegriffen werden, sie bauen sowohl auf die Kompetenz des Lehrers als auch die des Schülers auf, natürlich bei verschiedener Aufgabenverteilung);
- zwischen der Individualität und der Gemeinschaftlichkeit/Kollektivität im gemeinsamen Handeln innerhalb des »kooperativen Subjekts« einer Schulklasse als Lerngruppe, als Erkenntnisgewinnungsgruppe.

Bei unseren theoriegerichteten Arbeiten und bei den praktischen Untersuchungen konnte davon ausgegangen werden, daß bei Vermittlungsvorgängen, die sich auf den hier genannten Ebenen und den mit ihnen verbundenen bzw. abgeleiteten didaktischen Ebenen vollziehen, der Kommunikation eine *basiskategoriale* und damit geradezu existentielle Bedeutung zukommt.

Wir beziehen dies als erstes auf den Vermittlungssachverhalt, daß Lehr-Lern-Vorgänge wesentlich mehr beanspruchen, als lediglich Stoff zu übertragen.

Stoffliche Lerngegenstände können nicht schlichtweg direkt und damit unvermittelt in das Bewußtsein der Schüler eingegeben werden. Stoffvermittlung im hier gemeinten Sinne verlangt vielmehr, Vorgänge, Verhältnisse und Situationen eines dialektischen, auf einem Minimum an Wechselwirkung beruhenden Vermitteltseins, herbeizuführen.

Das setzt u.a. voraus, daß der Lehrende Unterrichtsstoff nicht im einfachen Angebotsverfahren vor die Schüler hinstellt, nicht als totes, sondern als pädagogisches Material, das sowohl mit dem Blick auf die Sache als auch mit Blick auf die Schüler aufzubereiten ist. Es geht um Revitalisierung des Stoffes und darum, ihn in einer möglichst vitalen kommunikativen Art und Weise zum Schüler *hin* zu vermitteln, mit dem Lerngegenstand entsprechend kommunikativ auf den Schüler zuzugehen.

Zugleich ist dieser Vorgang, in eben dialektischer Sicht, auf eine ›Her‹vermittlung im Verhältnis Schüler: Stoff angewiesen. Der Schüler sollte zu einer persönlichen Position zum Stoff geleitet werden und aus dieser Position heraus, um im Bilde zu bleiben, Schritte zum Stoff *hin* vollziehen. Ohne ein ausreichendes Maß dieses persönlichen Annäherns an den Stoff sind in echter Weise vermittelte Aneignungsvorgänge nicht denkbar. Will der Schüler Sinn für den jeweiligen Stoff gewinnen, muß er sich mit ihm auf geistige und *kommunikative* Art und Weise auseinandersetzen.

Hickethier spricht von Vorgängen des »Pendelns« und hält ein »... primär sprachlich und kommunikativ vermitteltes ›Pendeln‹ für eine entscheidende ›Technik‹ innerhalb des unterrichtlichen Wechselwirkungsgeschehens, die das

Sinnverstehen nicht verhindert, ... sondern gerade hilft, es zu gewährleisten« (Hickethier 1989, 38).

»Kommunikation im Unterricht ist das Mittel, die Vermittlung eines pulsierenden, sich im Ausschlag ›aufschaukelnden‹ Pendels zwischen der Exteriorisation durch Umwandlung von Gedanken in Sprache und der Interiorisation durch Umwandlung von Sprache in Gedanken zu erreichen (Hickethier 1989, 36).

Vermittlung wird zur Aneignung, wenn ein zunächst relativ fremder Gegenstand aus seiner materiell-gegenständlichen Gestalt/Form in eine für den Schüler ideelle Gestalt/Form hinübergeführt wird. Er wird dem bereits vorhandenem Eigenen hinzugegeben, aber auch Eigenes wird in der Kommunikation in Form von Erfahrungen, Meinungen, Wertungen in das Verständnis des Gegenstandes mit eingebracht. *Aneignen* heißt überhaupt, Fremdes Schritt für Schritt in Vorgängen der Subjekt-Objekt- und der Subjekt-Subjekt-Kommunikation zu etwas Eigenem, Persönlichem werden zu lassen.

Für die kommunikativ orientierte Didaktik kommt als weiterer *paradigmatischer Aspekt* hinzu, daß sich Vermittlung und Aneignung in einer »*Erkenntnisgewinnungsgemeinschaft*« vollziehen. Zum vollen Verständnis didaktischer Vermittlungsprozesse gehört deshalb die Einsicht, daß sie unter Bedingungen der Dialektik von *Individualität und Gemeinschaftlichkeit/Kollektivität* verlaufen, daß sie sich als individuelle Tätigkeit bei reichhaltiger und vital pulsierender sozialer Wechselwirkung vollziehen. Lehrer und Schüler sind im Unterricht als individuelle Persönlichkeiten in der Lerngemeinschaft einer Schulklasse, in einem sozialen Organismus also, zusammengeführt und tätig. Noch genauer: In richtig verstandenem Sinne treten sie nicht nur als einzelne Subjekte in Aktion, das Subjekt des Unterrichts ist zugleich ein kooperatives/kollektives.[3]

In verschiedenen Analysen, die in dieser Hinsicht vorgenommen wurden, (wir sind im anderen Zusammenhang schon darauf eingegangen) stellte sich sehr deutlich heraus, welche hohe Wertigkeit der Kommunikation für das soziale Vermitteltsein des Einzelnen im kooperativen Subjekt zukommt. In der Kommunikation in der Klassengruppe erfährt der Schüler geistig-intellektuelle Einsichten und Werte, und er erlebt und erfährt zugleich seinen eigenen Wert als Individuum, als Persönlichkeit innerhalb gemeinschaftlicher Tätigkeit und zwischenmenschlicher Beziehungen; er erlebt und erfährt soziale Werte, er erlernt soziales Verhalten. Von diesem Erleben eigener Identität, auch persönlicher Stärken und Schwächen, die zur Anerkennung oder auch zur Nichtakzeptanz führen, vom Bewußtwerden vorhandener oder noch anzustrebender Sach- und Sozialkompetenz können wichtige Anstöße für die Arbeit an der eigenen Person ausgehen.

Diese von der Kommunikationsforschung angestellten Überlegungen und Untersuchungen zur kommunikativen Vermittlung von Individualität und Gemeinschaft haben schließlich zu einer weitaus differenzierteren Einsicht in das individuelle und soziale Geschehen in Klassengruppen geführt, als das beim üblichen Ansatz von der »Kollektivität des Unterrichts« der Fall sein konnte.

Unter diesen, soeben erörterten Aspekten läßt sich für uns folgende bilanzierende Einsicht formulieren:

Der Unterricht kann nicht schlechthin vom Lehrer gegeben oder abgehalten werden, er ist vielmehr vom Lehrer und von den Schülern in einem komplizierten Vermittlungsverhältnis innerhalb eines sozialen Organismus gemeinsam zu gestalten. Vermittlungsprozesse beruhen in der einen oder anderen Weise, direkt oder indirekt, auf dem Vorhandensein von Kommunikation, sie werden durch Kommunikation getragen. Noch mehr: *Kommunikation tritt als der hauptsächliche Mittler didaktischen Geschehens in Erscheinung.* Ihr kommt somit die Bedeutung einer *Basiskomponente jeglicher Vermittlungstätigkeit* zu. Didaktische Vermittlungsverfahren sind zugleich Verfahren der didaktischen Kommunikation.

Neue Formen didaktischer Interaktion

Kommunikation enthält bekanntlich per definitionem Elemente der Interaktion, und aus diesem programmatisch-paradigmatischem Sachverhalt waren durch die Kommunikationsforschung auch hinreichende Konsequenzen für den Einsatz didaktischer Interaktionsformen zu ziehen. Verschiedene didaktisch-methodische Konzepte wurden erarbeitet und in empirischen Untersuchungen erprobt. So konnten in der Zusammenarbeit mit innovationsbereiten LehrerInnen interessante und auch anderenorts bewährte interaktionale Kommunikationsformen praktiziert werden. Es handelt sich um entwickelte Gesprächsformen heuristischer und hermeneutischer Art, die wirklich ihren Namen als Unterrichtsgespräch verdienten (vgl. Kante 1985; Polz 1983; von Hoven 1986; Wallis 1981), um Unterrichtsdiskussionen, Kreisgespräche, Podiumsdiskussionen (Trinkmann 1984), und nicht zuletzt um verschiedene Formen der Gruppen- und Partnerarbeit (Krone 1985).

Allerdings stießen und stoßen wohl auch heute noch Bemühungen zu verstärktem interaktionalem Handeln auf bestimmte tradierte Auffassungen und Gegebenheiten und dabei auch auf erhebliche Grenzen. Der Unterricht erweist sich in mancherlei Hinsicht als eine künstliche Form sozialer Kommunikation. Er hat sich bestimmte Muster kommunikativer Tätigkeit und des Verhaltens geschaffen, auch *bestimmte Rituale*. Sie wurden und werden von Lehrergeneration zu Lehrergeneration überliefert und erweisen sich auch in der Gegenwart – wie Analysen ausweisen, nicht nur in den neuen Bundesländern – als sehr beständig (vgl. Meyer 1987, 60ff.).

Eines der hier einzuordnenden Phänomene ist die *Sitzordnung*, mit der jeweils besondere räumliche Voraussetzungen für das Kommunizieren geschaffen werden (pult- und lehrerzentriert oder schülerzentriert), die in ihrer Auswirkung von manchem Lehrer nach wie vor unterschätzt werden.

Ein anderes, sich hartnäckig haltendes Kommunikationsritual ist das des Fragens durch den Lehrer, des Aufrufens eines Schülers, des Drannehmens usw. Mehrfache Erhebungen haben das Ergebnis erbracht, daß der Anteil solcher *Frage-Antwort-Ketten* bei manchen Lehrern bei 60–80% liegen, wobei sie viel zu häufig auch dort praktiziert werden, wo sie eigentlich nicht am Platze sind.

Zur kommunikativen Wirklichkeit des Unterrichts gehört auch die asymmetrische Struktur des Sprachgeschehens mit hohen Redeanteilen des Lehrers und unverhältnismäßig niedrigen Anteilen an Schülerrede.

Unsere Untersuchungen haben in kritischer Sicht nachgewiesen, daß solche Rituale, wenn sie in Erstarrung geraten, das Beste am Unterricht, den Dialog, die interaktionale Begegnung des Lehrers mit seinen Schülern und die Schüler-Schüler-Kommunikation blockieren (vgl. Hemme/Saar 1983; Polz 1983). Hier Veränderungen zu erreichen, war eines der Ziele unserer Untersuchungen, und dürfte auf lange Sicht Aufgabe einer auf Kommunikationskultur intendierten Didaktik bleiben.

Diese Aufgabe betrifft zugleich die Lehrerbildung. Folgerichtig wurden in den letzten Jahren an unserer Hochschule in der Didaktikausbildung in verstärktem Maße Ausbildungsinhalte und -formen eingesetzt, mit deren Hilfe versucht wurde, die zukünftigen Lehrer zu effizientem Sprach- und Interaktionsverhalten zu befähigen (vgl. Weil 1991).

Breit gefächertes Kommunikationsverständnis

Die Leipziger Kommunikationsauffassung ist dadurch gekennzeichnet, daß sie Kommunikation als Basisvorgang, Mittel bzw. Vermittler aller unterrichtlichen Prozesse auffaßt und dabei verschiedene Prozeßfaktoren in den Blick nimmt,

- die sprachlich-geistigen Tätigkeiten, den Einsatz verbaler und nichtverbaler Kommunikationsmittel, die Anwendung spezifischer Kommunikationsverfahren bzw. didaktischer Kommunikations- und Kooperationsformen (sprachlich-geistiger Aspekt);
- den interaktionalen Austausch und die Koordination von Erfahrungen, Gedanken, Meinungen, auch von Kenntnissen zum Zwecke der unterrichtlichen Kooperation (interaktionaler Aspekt);
- die psycho-soziale Perzeption bzw. die interpersonale Wahrnehmung und die damit verbundenen zwischenmenschlichen Beziehungen, das gegenseitige

Verstehen und den Umgang miteinander (zwischenmenschlicher, psychosozialer Aspekt).

Abgeleitet von dieser Sicht wäre noch auf manchen Forschungsbereich einzugehen. So gab es das Bemühen, der Sprache des Unterrichts Aufmerksamkeit zu widmen, Beiträge zur Theorie der Unterrichtssprache zu leisten, einen vertieften Einblick in die Unterrichtssprache als mehrsprachliches Gebilde zu gewinnen (Fach-, Verständigungs-, Alltags-, gehobene Sprache, Metasprache, Körpersprache etc.) und durch entsprechende schulpraktische Untersuchungsprojekte Kommunikationsfähigkeit und Sprachkultur sowohl bei den Schülern als auch bei den Lehrern zu fördern (vgl. Brekle/Heidrich 1989; Kohn 1990; Rausch 1986, 1988).

In der Mehrzahl unserer Untersuchungen wurden die personalen bzw. interpersonalen Faktoren, der direkte persönliche Kontakt und Verkehr akzentuiert. Natürlich hat sich die Gesamtstruktur unterrichtlicher Kommunikation durch die Einbeziehung neuer technischer Medien und die damit entstehenden technisch-medial gestützten Kommunikationsprozesse verändert. Daraus resultierenden neuen didaktischen Fragen, hat sich ab 1989 eine Reihe junger Kollegen mit hoher Intensität zugewandt (vgl. Fischer 1990; Aust/Grunau 1991).

Was wird bleiben? Alle an den Forschungsunternehmen, an der Ausgestaltung von Konferenzen und Kolloquia, an Publikationen und dem regen geistigen Leben der Forschungsgruppen Beteiligten, bewegt diese Frage. Eine schlüssige und endgültige Antwort kann jetzt noch nicht formuliert werden, zumal nicht an dieser Stelle. Hinzu kommt, daß der Autor dieses Beitrags zu den in hohem Maße in die Kommunikationsforschung »Involtierten« gehört und deshalb u.U. nicht die nötige Distanz und subjektive Befindlichkeit besitzt, um mit einer ausreichend objektivierten Sicht aufwarten zu können. Er ist jedoch (etwas trotzig vielleicht) der Meinung, daß die Hochschullehrer, Mitarbeiter und StudentenInnen der Pädagogischen Hochschule in Leipzig darum bemüht waren, in einem komplizierten gesellschaftlichen Umfeld *normalwissenschaftliche* Arbeit zu leisten, deren Ergebnisse nicht einfach zu den Akten gelegt werden sollten.[4]

Bleiben wird auf alle Fälle unser Überzeugtsein, ein interessantes und zugleich wichtiges Forschungsgebiet gewählt zu haben, das mit seinen innovativen Fragestellungen auch in der schwierigen Übergangszeit zu einer demokratisch erneuerten Schule nach wie vor von hoher Aktualität sein wird. Es besteht die Hoffnung, daß die Grundideen weiterleben werden und sich gerade in einer demokratisierten Schule in hohem Maße verwirklichen lassen.

Die im September 1991 an unserer Hochschule gemeinsam mit der Internationalen Gesellschaft für Gruppenarbeit in der Erziehung e.V. und der Pädagogischen Hochschule Heidelberg durchgeführte Pädagogische Tagung »Lernen in Gruppen – Lernen in Freiheit, Kommunikative und kooperative Lernorganisation in Schulen und Hochschulen« bestärkt uns zudem in der Zuversicht, daß die von uns in den vergangenen Jahren bearbeitete Forschungsthematik »anschlußfähig« ist und ohne Verständigungsschwierigkeiten in die gesamtdeutsche didaktische Diskussion und Landschaft eingebracht werden kann.[5]

Anmerkungen

1 In einer von H. Weck verfaßten Rückschau auf bildungspolitische Führungsmaßnahmen zur Beeinträchtigung bis Verhinderung nichtgenehmer Forschungsprojekte heißt es: »... Befürchtungen, daß der Einfluß von Wissenschaftlern auf die Unterrichtspraxis die ›politische Führungslinie‹ modifizieren könnte ... führte zu der paradoxen Erscheinung, daß Forschungsergebnissen und Innovationsempfehlungen der Wissenschaft (die nicht ins eigene Denk- und Führungsschema paßten – nicht zum sogenannten ›Bewährten‹ gehörten) durch die zentrale schulpolitische Führung umso mehr Mißtrauen entgegengebracht wurde, je besser sie bei Praktikern ankamen. Zu den zentralen bildungspolitischen Führungsmechanismen, mit denen ... die entsprechenden Wissenschaftler diszipliniert werden sollten, gehörten u.a. Infragestellen oder Herausdiskutieren beabsichtigter Forschungsrichtungen in langwierigen Planverteidigungen, z.B. zur unterrichtlichen Kooperation und Kommunikation ...
2 Die Begriffe »Demokratisierung-Humanisierung« der Schule und des Unterrichts waren den DDR-Pädagogen seit dem Einsetzen von Glasnost und Perestroika als Bestandteil eines demokratischen Sozialismus geläufig. Der 1988 in der damaligen UdSSR stattfindende Allunionskongreß der Lehrer stand unter diesem Motto.
3 Das damit Gemeinte hat Lothar Klingberg in einer differenzierten Analyse auf der Konferenz im November 1988 erörtert, und zwar unter der Überschrift »Präliminarien zu: Unterricht und Kollektiv – Zur Frage des »kollektiven Subjekts« des Unterrichts« vgl. Zur Gestaltung unterrichtlicher Kommunikation ... Teil I, Leipzig 1989, 66–79.
4 Der gleiche Anspruch, um normalwissenschaftliche Arbeit in einem komplizierten Umfeld bemüht gewesen zu sein, kann zu Recht auch von den Historikern der Pädagogik erhoben werden, die sich an der Pädagogischen Hochschule Leipzig um die Thematisierung und Erforschung des reformpädagogischen Erbes Verdienste erworben haben (vgl. Uhlig, Christa in dieser Publikation).
5 Vgl. auch die Beiträge des Autors in: Beiträge zur Geschichte der Pädagogischen Hochschule Leipzig – WZ der PH Leipzig, 1992 und Kommunikation und Kooperation im Unterricht: Erfahrungen aus Ost und West. Hrsg. von: H. Hesse, Hohengehren 1992, 44–50.

Literatur

Aust, S. /Grunau, H.: Man bekommt durch Medien ›ne Menge mit. – In: Wort heute. Berlin 2(1991)4, S. 2–4
Brekle, W./Heidrich, Th.: Zur Nutzung der Leitfachfunktion des Muttersprachunterrichts bei der Entwicklung sprachlich-kommunikativen Verhaltens. In: Pädagogische Forschung. Berlin 30(1989)3, S. 42–50

Feige, W./Pauli, B.: Aneignungsweise und Kommunikationsweise im gesellschaftswissenschaftlichen Unterricht. In: Zur Gestaltung unterrichtlicher Kommunikation – theoretische und praktische Aspekte. Konferenz des Interdisziplinären Zentrums Unterrichtsforschung vom 9./10. November 1988. Protokollband, Teil I. Pädagogische Hochschule Leipzig (Hrsg.). Leipzig 1989

Fischer, A.: Zu Ansätzen für eine veränderte Prozeßkonzeption des Unterrichts – traditionelle Unterrichtsgestaltung und Medienalltag der Schüler. In: Pädagogik und Schulalltag. Berlin 45 (1990) 12, S. 964–971

Fischer, A./Wermes, P.: Betrachtungen zum Problem der Vermittlung. In: Dtsch. Zeitschr. f. Philos. Berlin 36 (1988) 10, S. 925–926

Hemme, J./Saar, H.: Untersuchungen zum Wesen der unterrichtlichen Kooperation, insbesondere in Problembearbeitungs- und Übungsprozessen. Diss. B. Leipzig, Pädagogische Hochschule 1983

Hickethier, R.: Kommunikation – das entscheidende Vermittlungsgeschehen im Unterricht. In: Pädagogische Forschung. Berlin 30 (1989) 3, S. 33–42

Hoppe, R.: Entwicklung der Sozialbeziehungen im Klassenkollektiv. Berlin 1990

Hunneshagen, K.H./Leutert/Schulz, H.: Forschungsbericht. APW (Hrsg.) Berlin 1988

Kante, W.: Didaktische Untersuchungen zum kooperativ angereicherten Unterrichtsgespräch, das sich am Problemlösungsprozeß orientiert. Diss. A. Leipzig, Pädagogische Hochschule 1985

Klingberg, L.: Unterrichtsprozeß und didaktische Fragestellung. Berlin 1982

Klingberg, L.: Überlegungen zur Dialektik von Lehrer- und Schülertätigkeit. In: Potsdamer Forsch., Reihe C, Heft 74. Potsdam 1987

Klingberg, L.: Lehrende und Lernende im Unterricht. Berlin 1991

Kohn, W.: Soziale Kontakte ohne Worte. In: Pädagogik. Berlin 45 (1990) 3, S. 218–222

Kommunikation im Unterricht, Auswahlbibliographie 1983–1987. Schriftenreihe des Interdisziplinären Zentrums Unterrichtsforschung. Pädagogische Hochschule Leipzig (Hrsg.). Leipzig 1988

Krone, M.: Didaktische Untersuchungen zur Gestaltung einer kooperativ-kommunikativ angereicherten Gruppenarbeit und ihren Möglichkeiten zur sprachlich-geistigen Aktivierung aller, insbesondere der sprachlich zurückhaltenden Schüler. Diss. A. Leipzig, Pädagogische Hochschule 1985

Meyer, H.: Unterrichtsmethoden – Teil II. Frankfurt/M. 1987

Polz, M.: Didaktische Untersuchungen zum kooperationsfördernden Sprachverhalten des Lehrers im Unterrichtsgespräch. Diss. A.. Leipzig, Pädagogische Hochschule 1983

Positionen und Erfahrungen zum Einsatz und zur Gestaltung von Unterrichtsdiskussionen. Autorenkollektiv unter Leitung von E. Rausch. Bezirkskabinett für Unterricht und Weiterbildung (Hrsg.). Leipzig 1987

Rausch, E.: Sprache im Unterricht. Berlin 1986, Köln 1988

Rausch, E.: Die didaktische Kategorie »Vermittlung« im Blickfeld dialektischer Betrachtungsweisen. In: Wiss. Zeitschrift d. Päd. Hochsch. Leipzig. Leipzig I/1990

Rausch, E.: Kommunikation als Problem didaktischer Theoriebildung. In: Pädagogische Forschung. Berlin 30 (1989) 3, S. 21–33

Richter, G.: Bemerkungen zur Kategorie der Vermittlung. In: Dtsch. Zeitschr. f. Philos. Berlin 26 (1988) 7, S. 641–644

Trinkmann, B.: Didaktische Untersuchungen zur Unterrichtsdiskussion unter dem Aspekt der Führung durch den Lehrer. Diss. A. Leipzig, Pädagogische Hochschule 1984 von Hoven, G.: Untersuchungen zu Funktionen der sprachlichen Äußerung des Lehrers bei der Führung von Unterrichtsgesprächen, insbesondere unter didaktisch-kommunikativem Aspekt. Diss. A. Leipzig, Pädagogische Hochschule 1986

Vogel, B.: Zum allgemeinen Charakter des Begriffs Vermittlung. In: Dtsch. Zeitschr. f. Philos. Berlin 35 (1987) 6, S. 536–554

Wallis, E.: Didaktische Möglichkeiten der kooperativen Schülertätigkeiten unter dem Aspekt der gegenseitigen Bereicherung. Diss. A. Leipzig, Pädagogische Hochschule 1981

Weil, F.: Lehrtraining zum Abbau überzogener sprachlicher Asymmetrien. In: Unser Konzept: Lernen in Gruppen: Begründungen, Forschungen, Praxishilfen. Hrsg. von Ernst Meyer und Rainer Winkel. Hohengehren 1991, S. 224–235

Zur Gestaltung unterrichtlicher Kommunikation – theoretische und praktische Aspekte. Konferenz des Interdisziplinären Zentrums Unterrichtsforschung vom 9./10. November 1988. Protokollband, Teil 1 und 2. Pädagogische Hochschule Leipzig (Hrsg.). Leipzig 1989

Klaus-Peter Becker
Rehabilitationspädagogik an der Humboldt-Universität zu Berlin

Vorbemerkung

Der Titel des Buches hat bei mir Assoziationen zu einem Kindheitserlebnis wachgerufen. Wir überquerten auf dem Erzgebirgskamm mit Skiern eine weite kahle Pläne. Einer ging in den Spuren des anderen, um dem eisigen Wind möglichst wenig Widerstand zu bieten. Es war ein kräftezehrender Marsch in die Dämmerung. Am schützenden Waldessaum angelangt, blickten wir auf den zurückgelegten Weg. Wie staunten wir angesichts der Abweichungen von der Geraden, die direkt zum Ziel dieser Etappe geführt hätte. Bevor wir uns erklären konnten, sahen wir sprachlos zu, wie der Flugschnee die Spuren unserer Mühsal im Handumdrehen bis zur Unkenntlichkeit verwehte.

Die Assoziation läßt mich nicht los. Sie vermischt sich vielmehr mit dem Gedanken, daß 45 Jahre Nachkriegsentwicklung in Deutschland, 41 davon in der DDR, und die Ereignisse nach 1989, dem Jahr der gesellschaftlichen Wende, symbolhafte Ähnlichkeiten haben. Die Vision von einer humanistischen und sozial gerechten Gesellschaft, die ich wie viele Überlebende und aus sowjetischer Gefangenschaft Heimkehrende nach dem II. Weltkrieg hatten, erwies sich entgegen unserer Hoffnung und unserem Streben im Sozialismusverständnis der DDR als Sackgasse. Führwahr, wir scheuten keine Mühsal. Der »Westwind« blies dabei streckenweise beißend ins Gesicht. Um so mehr rückten wir zusammen, geduckt, um dem Wind besser zu trotzen, strengten wir uns in unserem wissenschaftlichen Bemühen besonders an und erreichten achtbare und z.T. auch außerhalb des Landes geachtete Leistungen. Dieses »widerstehende Ducken« hat es leider bei vielen von uns im Gegenzug möglich gemacht, trotz mehr oder weniger konsequent vorgebrachter Kritik Verständnis für politische Entscheidungen »von Partei und Regierung« aufzubringen, die längst vor 1989 keine Akzeptanz mehr hätten finden dürfen, unsere Vision diskreditierten. Doch was ist schon wieder aus den Konsequenzen der »Runden Tische« geworden? Ist es uns gelungen, die Wiedervereinigung Deutschlands auch als eine Chance für eine beiderseits kritische Bilanz und produktive Lösung längst überfälliger Probleme zu nutzen oder wurde sie vertan?

Ist es nicht eine Art spurenverwehender Flugschnee, wenn mit Siegermentalität via Massenmedien vielfach versucht wird, wissenschaftliche Leistungen, die in der DDR erzielt worden sind, pauschal abzuwerten, wenn jede Art von Identifikation mit positiven Merkmalen der DDR zunichte gemacht werden soll, wenn Zerrbilder von der Vergangenheit entstehen?

Gründe für den Artikel

Wer sollte auf dem Gebiet der Wissenschaft, wenn nicht die Wissenschaftler selbst, der Objektivität Geltung verschaffen? Sie müssen ihr Gesicht wahren, indem sie für ihre Leistungen und Fehler einstehen. Es ist ihre Pflicht, zumindest durch eine deskriptive Dokumentation ihrer Arbeit einen Beitrag zur Wissenschaftsgeschichte zu leisten. Dies erscheint umso notwendiger, als es bei aller Würdigung neugewonnener Erkenntnisse und Einstellungen Wissenschaftler geben soll, die aus was für Zwängen oder Motiven immer, Vergangenes allzu leichtfertig und wendig verdrängen. Mindestens diese Beweggründe leiten mich, um die Entwicklung der Wissenschaftsdisziplin Rehabilitationspädagogik an der Humboldt-Universität zu Berlin im folgenden aspekthaft darzustellen.

Die meisten Gründe sind derart allgegenwärtig in unserem Alltag, daß es dafür keiner weiteren Belege bedarf. Zweifel, ja sogar der Gedanke der Vermessenheit könnte beim Leser angesichts der Behauptung aufkommen, Erkenntnisse der Rehabilitationspädagogik seien auch außerhalb der DDR beachtet worden. Dafür muß der Nachweis angetreten werden. Ich verweise absichtlich auf zwei Quellen, die in der jüngeren Literatur der alten Bundesländer zu finden sind. Die systematische Aufarbeitung unserer Fachgeschichte müßte meines Erachtens ohnehin in beiden deutschen Nachkriegsstaaten gemeinsam, d. h. unter Beachtung ihrer gegenseitigen Abhängigkeit vorgenommen werden. Allerdings tut dafür voraussichtlich noch etwas zeitliche Distanz not.

Reflektion der Rehabilitationspädagogik außerhalb der DDR

Bleidick schreibt 1990 in den Materialien zur Lage der Nation mit Bezug auf einen »Vergleich von Bildung und Erziehung in der Bundesrepublik Deutschland und in der Deutschen Demokratischen Republik« in Kapitel IV.2 »Behinderte im Bildungswesen«: »In der DDR ist der Versuch einer Neuordnung der sonderpädagogischen Praxisfelder weiter gediehen als in der Bundesrepublik. Rehabilitative Bewegungserziehung, rehabilitative Sinneserziehung, Denkerziehung, Spracherziehung und Gefühlserziehung werden didaktisch als schädigungsübergreifende Kategorien gefaßt (Rehabilitationspädagogik 1984,

244ff.). Ein solches Konzept kann auf die organisatorische Trennung nach Fachrichtungen der Behindertenpädagogik, etwa in als lernbehindert, verhaltensgestört und sprachgeschädigt bezeichnete Schüler, zugunsten einer ganzheitlich verstandenen Aufgabe verzichten. Förderungsbedürftigkeit ist eine funktionsbezogene, nicht mehr institutionsbezogene Kategorie (Speck 1988, 112). Mit dieser Neudefinition der pädagogischen Aufgabe werden schulpolitische Auseinandersetzungen um den richtigen Lernort für die Förderung behinderter Kinder und Jugendlicher – hier Sonderschule, da allgemeine Schule – auf eine höhere Ebene sozialpolitischer Verantwortung gehoben.« (Bleidick 1990, 579)

Obwohl Bleidick seinerseits Speck zugunsten der Rehabilitationspädagogik zitiert und sich in dessen Buch System Heilpädagogik weitere Belege finden ließen, verschließt sich Speck selbst solchen Gedankengängen. Er widmet der Rehabilitationspädagogik in seinem Buch zwar einen eigenen Abschnitt, begnügt sich darin jedoch eher mit plakativen Feststellungen als eine wissenschaftlich begründete Diskussion zu führen. Unter Bezug auf meine Definition, daß die Rehabilitationspädagogik die Wissenschaft von der sozialistischen Bildung und Erziehung physisch-psychisch Geschädigter unter dem Apsekt der Rehabilitation sei und eine enge Beziehung zwischen dem Marxismus-Leninismus und der methodologischen Basis besteht, schlußfolgert Speck z.B.: »Damit ist Nichtanhängern dieser Ideologie ein Zugang zu dieser ›Wissenschaft‹ verschlossen.« (Speck 1987, 43) Diese Selbstbeschränkung von Speck muß offensichtlich auf einen subjektiven Vorbehalt zurückzuführen sein, denn in dem gleichen Buch findet er wenigstens einen gedanklichen Zugang zu der marxistisch-materialistischen Behindertenpädagogik, die von Jantzen und Feuser vertreten wird, und der Speck »eine gewisse Affinität zur ›kritischen Pädagogik‹ «(S. 95) zuschreibt.

Sozialistische Rehabilitationspädagogik?

Speck's Vorbehalt gegen »sozialistisch« hat nach dem Zusammenbruch der sozialistischen Gesellschaft in der DDR eine neue Dimension erlangt. Die oberflächliche Gleichsetzung der gesellschaftlichen Praxis in der DDR mit dem Sozialismus in toto schlechthin, wie sie gegenwärtig von vielen Politikern und Massenmedien vorgenommen wird, verlangt, wissenschaftlich gesehen, eine differenzierte Betrachtung und Positionsbestimmung. Mit Rücksicht auf das Thema dieses Artikels bedarf es dazu natürlich einer Beschränkung auf das Gebiet der Rehabilitation/Rehabilitationspädagogik. Wenn es dazu einer politischen Legitimation bedürfte, böte sie die Ansprache der Vizepräsidentin des Deutschen Bundestages, Renate Schmidt, zur Eröffnung der Generalversammlung von Rehabilitation International im September 1991 in Berlin. Sie sagte sinngemäß, daß man denjenigen Hochachtung zollen müsse, die als Bürger der DDR die verbalen, ethisch und sozialpolitisch durchaus hehren Vorsätze von Partei und Regierung der DDR ernst genommen und ihre ganze Kraft zu deren Verwirklichung trotz mannigfacher Schwierigkeiten eingesetzt hätten.

Um was für Vorsätze hat es sich beispielsweise gehandelt? Die Aussagen über den Sinn des Sozialismus, die auf dem VIII. Parteitag der SED im Jahre 1971 gemacht wurden, lauteten u.a.: »Alles zu tun für das Wohl des Menschen, für das Glück des Volkes, für die Interessen der Arbeiterklasse und aller Werktätigen« (Honnecker 1971, 5). Mit Bezug auf Menschen mit physisch-psychischen Schädigungen/Behinderungen korrespondierte diese Aussage mit Artikel 25, Abs. 5, der Verfassung der Deutschen Demokratischen Republik von 1968 wie in der Fassung von 1974. Darin heißt es: »Für Kinder und Erwachsene mit psychischen und physischen Schädigungen bestehen Sonderschul- und -ausbildungseinrichtungen.«

Zur damaligen Zeit haben wir diese ausdrückliche Erwähnung der Menschen mit Schädigungen in der Verfassung durchaus als Vorzug empfunden und nicht daran gedacht, daß diese Formulierung insgeheim auch als Rechtfertigung für irgendwie geartete Ausgrenzungen dienen könnte. Schon im Jahre 1947 setzte sich der Präsident der damaligen Deutschen Zentralverwaltung für Volksbildung, Paul Wandel, vehement für die Rechte der Kinder und Jugendlichen mit physisch-psychischen Schädigungen ein. Auf dem damals in Leipzig stattgefundenen Pädagogischen Kongreß trat er Meinungen entgegen, die besagten, daß man angesichts der riesigen Trümmer, die der II. Weltkrieg hinterlassen hatte und der entsprechend immensen Aufgaben, die der Wieder- und Neuaufbau stellten, die Sicherung der Bildung für Kinder und Jugendliche mit physisch-psychischen Schädigungen noch zurückstellen solle. Er sagte wörtlich zugunsten einer Entschließung des Rechts auf Bildung dieser Kinder und Jugendlichen: »Diese Erwägungen bestehen darin, daß wir uns nachdrücklich von der nazistischen Mißachtung dieser so schwer vom Schicksal Betroffenen abwenden müssen. Die Meisterung gerade dieser Aufgabe erschien uns insofern auch als ein Beweis für die Aufrichtigkeit und Realität unseres neuen Humanismus« (Wandel 1948, 16/17)

Die erwähnte Entschließung wurde zum Wegbereiter der ersten Verordnung über die Beschulung und Erziehung von Kindern und Jugendlichen mit wesentlichen physischen oder psychischen Mängeln vom 5. Oktober 1951. In der Präambel hieß es: »Die Hebung des Niveaus im gesamten Schul- und Bildungswesen durch beständige Leistungssteigerung in der deutschen demokratischen Schule erfordert auch die Erziehung der Kinder und Jugendlichen mit wesentlichen physischen oder psychischen Mängeln zu gesellschaftstüchtigen Menschen, die sich als leistungsfähige Glieder in die Gemeinschaft und ihre Arbeit einordnen« (S. 15).

Sander hat im Jahre 1969 einen Vergleich der Entwicklung der Sonderschulen im geteilten Deutschland gezogen. In seinem Vergleich geht er in dem folgenden Zitat auf zwei Aspekte ein, die in den voraufgegangenen Texten bereits genannt worden sind und die der weiteren Erörterung im Zusammenhang mit der Fragestellung nach der sozialistischen Rehabilitationspädagogik bedürfen. Er schrieb: »In westdeutschen wie in mitteldeutschen Texten wird die Betreuung des behinderten Jugendlichen als humanitäre Aufgabe dargestellt; das Motiv der Wiedergutmachung einer aus der Zeit des Nationalsozialismus herrührenden Schuld findet sich dagegen nur in westdeutschen Äußerungen. Auch das Motiv des humanitären Handelns zeigt unterschiedliche Ausprägungen: In Westdeutschland fühlen sich Einzelpersonen und nichtstaatliche Gruppen neben dem Staatsganzen zur Hilfeleistung aus Gründen der Menschlichkeit verpflichtet; in der DDR ruht die Privatinitiative weitgehend, aber der Staatsapparat wendet sich intensiv der behinderten Jugend zu. Der »meist nur karitative Charakter« der Bemühungen um das sonderschulbedürftige Kind in Westdeutschland schließt keineswegs eine angemessene Leistungsförderung des Schülers aus, wie auf mitteldeutscher Seite vermutet wird (57); auch die westdeutsche Sonderschule ist unter dem Druck der wirtschaftlichen Verhältnisse auf Leistungsförderung ihrer Schüler bedacht (58); aber die Betonung des Leistungsmoments geht nicht soweit wie im mitteldeutschen Sonderschulwesen. Neben der politischen Erziehung – die im westdeutschen Sonderschulwesen keine nennenswerte Rolle spielt – ist die Erziehung zur Leistung, zur gesellschaftlich-nützlichen Tätigkeit das Hauptziel der mitteldeutschen Bemühungen um die entwicklungsgestörte Jugend. Es entsteht der Anschein, daß die Betonung der Leistungsfähigkeit der behinderten Jugendlichen in der DDR dazu dient, dessen gesellschaftlichen Existenz zu rechtfertigen« (Sander 1969, 23).

Setzt man das Zitat von Wandel mit Sanders in Beziehung, dann erübrigt sich, auf Sanders Feststellung hinsichtlich der Wiedergutmachung näher einzugehen. Offensichtlich hat Sanders in dieser Hinsicht nicht ausreichend recherchiert. Bedeutung erlangen demgegenüber seine Aussagen zur Humanität und zur gesellschaftlichnützlichen Tätigkeit wie Leistungsfähigkeit.

Bereits in dem Zitat von Wandel war von unserem neuen Humanismus die Rede. Später wird dazu auch sozialistischer Humanismus gesagt. Der ihm innewohnende Tätigkeits- und Leistungsaspekt ist jedoch nicht mit einem Feigenblatt für die Existenzberechtigung der Menschen mit Schädigungen zu vergleichen, wie man es aus Sanders o. g. Zitat entnehmen muß. Zum Verständnis des Wesens des sozialistischen Humanismus bedarf vielmehr der Erkenntnis von Engels, 1962, daß die Arbeit die entscheidende Konstituierende des Menschen bei seiner Evolution aus dem Tierreich war. Die Quellen für die Persönlichkeitsentwicklung eines Individuums sind in diesem Verständnis die tätige Auseinandersetzung mit seiner Umwelt in verschiedenen Formen. Möglichkeiten für die Heranwachsenden frei von sozialen Schranken zu schaffen, auch gesellschaftlich nützlich tätig zu sein und einen Beruf ausüben zu können, gehen weit über eine utilitaristische Zweckbestimmung hinaus. Diese Aussage korrespondiert mit der Vision einer »Assoziation, worin die freie Entwicklung eines jeden die Bedingung für die freie Entwicklung aller ist« (Marx 1949, 35).

Für Marx ist die Arbeit eine ökonomische Kategorie, auch als Stoffwechselprozeß des Menschen mit der Natur bezeichnet. Dabei vermittelt die Tätigkeit zwischen Subjekt und Objekt. Marx faßt in den »Thesen über Feuerbach« (1953) die menschliche Tätigkeit selbst als gegenständliche Tätigkeit. Er schreibt: »Das Zusammenfallen des Änderns der Umstände und der menschlichen Tätigkeit kann nur als umwälzende Praxis gefaßt und rationell verstanden werden« (Marx 1953, 377). Für Menschen mit einer physisch-psychischen Schädigung spielt in diesem Zusammenhang der Wert der Arbeit primär eine persönlichkeitskonstituierende und auch eine rehabilitative Rolle.

Marx lenkt mit einem weiteren Hinweis auf den Wert der Arbeitskraft Mensch unseren Blick auf ein wichtiges humanistisches Problem. Ihm zufolge wirkt auch in der sozialistischen Gesellschaft noch der gleiche Maßstab, an dem die Arbeit gemessen wird, fort und damit ein Recht der Ungleichheit. Denn, so Marx: »Der eine ist aber physisch oder geistig dem andern überlegen, liefert also in derselben Zeit mehr Arbeit oder kann während mehr Zeit arbeiten;..« (Marx 1953, 16). Folgt man diesem Gedankengang, dann erweist sich ein von Natur aus benachteiligter Mensch im Arbeitsprozeß wiederum benachteiligt, ohne diese doppelte Benachteiligung selbst verschuldet zu haben. Die Schlußfolgerung, die wir gezogen hatten, beruhte auf der Überzeugung, daß die soziale Benachteiligung unter sozialistischen Gesellschaftsverhältnissen relativ schnell und umfassend beseitigt werden können müßte, ohne auf Maßnahmen zur Beseitigung der natürlichen Benachteiligung zu verzichten. Viele Gesetze auf dem Gebiet der Rehabilitation haben unsere Erwartungen erfüllt, ohne im Nachhinein zu verkennen, daß die staatliche Obhut, wie sie von der Regierung verstanden und später praktiziert worden ist, zu einer Art »Overprotection« im Sinne einer partiellen Entmündigung von bestimmten Gruppen behinderter Menschen und deren Interessenvertretern geführt hat.

Ziel und Weg eines solchen Vorgehens wurden in Übereinstimmung mit internationalen Entwicklungstrends als Rehabilitation bezeichnet und bereits 1961 wie folgt definiert: »Rehabilitation ist die zweckgerichtete Tätigkeit eines Kollektivs in medizinischer, pädagogischer, sozialer und ökonomischer Hinsicht zur Erhaltung, Wiederherstellung und Pflege der Fähigkeiten des geschädigten Menschen, aktiv am gesellschaftlichen Leben teilzunehmen.« (Definition des Rundtischgespräches beim internationalen Lehrgang über Rehabilitation 1961 in Berlin.)

Unter Berufung auf diese Positionen haben wir unser Handeln als Ausdruck des sozialistischen Humanismus angesehen und die Sonderschulpädagogik der Nachkriegsjahre in dieser Richtung entwickelt.

Von der Sonderschulpädagogik zur Sonderpädagogik

Die Rehabilitationspädagogik ist aus der Sonderpädagogik und diese wieder aus der Sonderschulpädagogik hervorgegangen. Der bereits erwähnte Pädagogische Kongreß in Leipzig, das konsequente Auftreten von Wandel zugunsten der Kinder und Jugendlichen mit physisch-psychischen Schädigungen und ein entsprechender Beschluß bildeten das Fundament für den Aufbau akademischer Ausbildungsstätten für Sonderschullehrer. Wörtlich heißt es unter 5. in dem Beschluß: »In einem besonderen Antrag wurde die Einrichtung von Forschungsstellen an den Sonderschulinstituten im Interesse einer wissenschaftlichen Fundierung der Sonderschulpädagogik gefordert«. (Entschließung auf dem Pädagogischen Kongreß, S. 22). Dahlmann, mit Staubesand und Prautzsch einer der Initiatoren einer einheitlichen, erstmals keine Sparte der Sonderschullehrer diskriminierenden akademischen Ausbildung, beurteilte damals den wissenschaftlichen Entwicklungsstand außerordentlich kritisch: »Die wissenschaftliche Seite ist bei uns bis 1947 nur sporadisch entwickelt worden« (Dahlmann 1947, 22/23).

Um so höher ist die schnelle Realisierung des Beschlusses durch die Initiatoren zu werten. Bereits im Jahre 1947 nahm an der neugegründeten Pädagogischen Fakultät der Humboldt-Universität zu Berlin eine Abteilung für Sonderschulwesen ihre Arbeit auf, 1949 von einer ähnlichen Abteilung an der Martin-Luther-Universität zu Halle/Wittenberg gefolgt. Der Unterschied beider Institutionen bestand darin, daß in Berlin die Ausbildung von Sonderschullehrern aller Sparten und in Halle nur für Hilfsschullehrer erfolgten. Damit wurde ein beispielhafter Schritt getan, der mit Sicherheit auf die Entwicklung des Fachgebietes in ganz Deutschland ausgestrahlt hat, aber bezeichnenderweise in der westdeutschen Fachliteratur keine nennenswerte Erwähnung, geschweige denn Würdigung erfahren hat.

Dahlmann, dem ersten Leiter dieser Abteilung, die 1951 zum Institut für Sonderschulwesen aufrückte, ist es zu danken, daß er von Anfang an das Prinzip der Einheit von Lehre und Forschung in die Ausbildung einführte und damit einem grundlegenden Leitgedanken der Humboldt'schen Universitätskonzeption folgte. Von Humboldt schrieb seinerzeit: »*Es ist eine Eigentümlichkeit der höheren wissenschaftlichen Anstalten, daß sie die Wissenschaft immer als ein noch nicht ganz aufgelöstes Problem behandeln und daher immer im Forschen bleiben*« (v. Humboldt 1964, 256). Dahlmann's Orientierungspunkt für die lehrgebundene Forschung war die Befriedigung aktueller Praxisbedürfnisse, sein methodologischer Ansatz individuumsbezogen, empirisch ausgerichtet. Der organisatorische Aufbau des Studiums zur Erlangung der Lehrbefähigung für eine oder zwei Arten von Sonderschulen als Zusatzstudium mit dementsprechend mehr oder weniger praxiserfahrenen Studenten erwies sich als ausgesprochen förderlich für produktive Studien- und Forschungsergebnisse.

Die Ausbeute der lehrgebundenen Forschung reichte von der Ermittlung sonderschulbedürftiger Kinder, der Beschreibung ihrer Phänomenologie bis zu didaktisch-methodischen Aussagen. Unter diesen Bedingungen bewarb sich der Lehrkörper des Instituts für Sonderschulwesen um die Ausrichtung einer wissenschaftlichen Konferenz im Rahmen der Feierlichkeiten zum 150sten Jahrestag der Gründung der Humboldt-Universität. Im Jahre 1961 fand unter Beteiligung von mehr als 700 Schulpraktikern die I. Wissenschaftliche Konferenz des Instituts für Sonderschulwesen mit einem anspruchsvollen Programm statt. Es lohnt sich, heute daran zu erinnern, daß diese Konferenz bereits zu einem Zeitpunkt stattfand, zu dem die meisten universitären Ausbildungsstätten für Sonderschullehrer in Deutschland noch in den Geburtswehen lagen oder noch nicht einmal an ihre Gründung zu denken war.

Die Ausagen auf der Konferenz waren einerseits von der damals vorherrschenden Strategie geprägt, die Sonderschulen analog den Schädigungsarten differenziert auf- und auszubauen sowie ihre Leistungsfähigkeit zu erhöhen. Bis in diese Zeit reichen bereits die Wurzeln für die heute heiß umstrittene Entwicklung der Förderpädagogik sowie der Fördertagesstätten. Es fand die Binnendifferenzierung der Hilfsschulen nach A-, B- und C-Klassen statt. Der Besuch dieser Klassen war in jedem Fall an den Erwerb der Kulturtechniken Lesen, Schreiben und Rechnen gebunden. Es mehrten sich neuerdings Kinder, die auch unter den Bedingungen der C-Klassen diesen Anspruch nicht erfüllen konnten. Auf der Konferenz spiegelte sich diese Situation insofern wider, als die Abteilung Schwachsinnigen-Pädagogik, so lautete damals die offizielle Bezeichnung, ihre Veranstaltung in das Bezirkskrankenhaus für Neurologie und Psychiatrie Brandenburg-Görden verlegte und dort gemeinsam mit Ärzten die Methode der von Barczi in Ungarn praktizierten unterrichtslosen Erziehung von schwerschwachsinnigen Kindern erörterte (Wissenschaftliche Konferenz ... 1961, 119).

Andererseits deuteten sich auf der I. Konferenz weitere wissenschaftlich fundierte Bestrebungen an, den Rahmen der Sonderschule zu sprengen. Dazu zählten die Themen, die sich mit der Früherkennung und Früherziehung von Kindern mit Schädigungen befaßten sowie mit der beruflichen Eingliederung von geschädigten Jugendlichen. Diese Bestrebungen sind nicht verwunderlich, wenn man bedenkt, daß seit 1953 am Institut Jahreskurse zur Zusatzausbildung von Kindergärtnerinnen eingerichtet worden waren und 1958 für ausgewählte Kindergärtnerinnen im Sonderschulwesen die Möglichkeit eröffnet wurde, analog zu den Sonderschullehrern in einem zweijährigen Zusatzstudium eine

Hochschulqualifikation für die Erziehung von geschädigten Kindern zu erwerben.

Die Resonanz auf diese Konferenz sowie das gestiegene wissenschaftliche Potential des Instituts für Sonderschulwesen waren so groß, daß bereits im Jahre 1963 die II. Wissenschaftliche Konferenz stattfinden konnte. Sie setzte die 1961 sichtbar gewordene Entwicklung fort. Allerdings stimulierten die in den zurückliegenden 8 Jahren angebahnte Kooperation mit wissenschaftlichen Institutionen der sozialistischen Länder ebenso wie der Erfahrungsaustausch mit disziplinären oder interdisziplinären Partnern aus der Mitgliedschaft in der International Society for the Rehabilation of the Disabled (ISRD), der heutigen internationalen Gesellschaft Rehabilitation International, und der Vereinigung der Internationalen Kindergemeinschaften (FICE) nachhaltig, unser Theorieverständnis in der Sonderschulpädagogik zu überprüfen.

Ein äußerer Anstoß forcierte das Vorhaben. Auf Beschluß des Ministerrates der Regierung der DDR bildete sich im März des Jahres 1963 eine »Staatliche Kommission zur Gestaltung des einheitlichen sozialistischen Bildungssystems«. Es war eine der wenigen Kommissionen, die breite Fach- und Bevölkerungskreise in ihre Arbeit einbezog bzw. Gelegenheit zur öffentlichen Meinungsbildung gab. Für die Wissenschaftsentwicklung der Rehabilitationspädagogik erwies sich u. a. eine Erwägung förderlich, die im Gesetzes-Entwurf Gestalt angenommen hatte und von Abusch wie folgt charakterisiert worden war: »Das Neue in unserem einheitlichen sozialistischen Bildungswesen liegt auch darin, daß es das erste in der deutschen Geschichte und Bildungsgeschichte ist, das die Gesamtheit der staatlichen und auch gesellschaftlichen Bildungseinrichtungen und Bestrebungen in ihrer inneren Einheit und Kontinuität erfaßt und konzipiert« (Abusch 1965, 23).

Das im Jahre 1965 verabschiedete Gesetz sanktionierte die im Forschungsvorlauf über die Sonderschulpädagogik hinaus ausgedehnten Aktionsfelder zugunsten physisch-psychisch geschädigter Kinder und Jugendlicher und half, die schulpädagogische Begrenztheit der Theorieentwicklung auf dem Gebiet der Pädagogik zu überwinden. Als äußeres Zeichen dieser Entwicklung bot sich an, statt Sonderschulpädagogik einfach Sonderpädagogik zu sagen. Die Schuladministration wie die Akademie der Pädagogischen Wissenschaften der DDR und verschiedene Wissenschaftler machten sich den Terminus fortan zueigen. In dem Institut für Sonderschulwesen der Humboldt-Universität setzte demgegenüber eine länger währende Diskussion ein, die die Begrifflichkeit des Terminus Sonderpädagogik als Ausdruck eines neuen theoretischen Konzepts in Frage stellte.

Der Terminus Sonderpädagogik bot in mehrfacher Hinsicht Ansatzpunkte für kontroverse Auseinandersetzungen:

Historisch gesehen führte er zurück zu Hanselmann's Begriff der Sondererziehung und dessen Affinität zum Begriff der Heilpädagogik .Gerade im Hinblick auf die Theorieentwicklung war uns der Ersatz von Heil durch Sonder zu formal und darüber hinaus semantisch negativ belastet. Der leidenschaftliche Ankläger von Urhebern und Ausführenden der »Nazimordaktion T 4« zur Tötung sog. lebensunwerten Lebens, F.K. Kaul, hat uns im Anschluß an Gastvorträgen in der Humboldt-Universität nachdrücklich gebeten, einen anderen Namen als Sonderpädagogik zu wählen. Er verwies auf viele Beispiele, aus denen zu erkennen war, daß während der Nazizeit der formale Ausdruck Sonder zur Verschleierung zumindest unlauterer Mittel mißbraucht wurde: Sonderlager, -führer, -behandlung, -kommando usw. Schließlich legten wir uns die Frage vor, ob Sonderpädagogik nicht auch den Gedanken des Ab- und Aussonderns nahelegt? Uns wurde dabei schon klar, wie inkonsequent oder unbedacht wir uns angesichts des routinemäßigen Gebrauchs des Terminus Sonderschule und Sonderschulpädagogik verhalten hatten. Allerdings machten Opponenten geltend, daß Fachtermini von ihrem jeweiligen definitorischen Gebrauch her zu beurteilen sind und ihnen historischer Mißbrauch nicht angelastet werden dürfe.

Unser theoriegeleitetes Streben stieß hinsichtlich des Terminus Sonderpädagogik auf einen weiteren Vorbehalt. In der vorherrschenden Annahme, daß die von uns zu vertretende Disziplin der Pädagogik zuzuordnen sei, versuchten wir, ihre Position im System der Pädagogik zu bestimmen. Wir fanden, daß die Belange der Menschen mit physisch-psychischen Schädigungen ihre Berücksichtigung in allen Disziplinen der Pädagogik finden und ebenfalls eine Eigenständigkeit erlangen müßten, gleich ob sie einem am Lebensalter oder an Bildungsinstitutionen oder an der Wissenschaftslogik orientierten Klassifikationsschema folgen. Wo wir auch hinschauten, jede der bekannten Disziplinen trägt eine semantisch verständliche Bezeichnung – nur die Pädagogik, die sich mit Menschen mit physisch-psychischen Schädigungen befaßt, sollte *Sonder*pädagogik heißen?

Unsere Wahl fiel auf den Begriff der Rehabilitationspädagogik. Pädagogik im Grundwort, Rehabilitation im Bestimmungswort befriedigte unseren Anspruch sowohl an den Standort der Disziplin als auch hinsichtlich ihrer Spezifik, wenn man dem Terminus Rehabilitation die eingangs genannte Definition unterlegt. Unterschwellig waren wir sicher nicht ganz frei von der Überlegung, die sich auf den Erfahrungsaustausch mit Vertretern der tschechoslowakischen Defektologie und der ungarischen Heilpädagogik stützte, ob sich die Rehabilitationspädagogik unter Einbeziehung ihrer Hilfswissenschaften perspektivisch einmal zu einer eigenständigen Disziplin im Sinne einer neuen Hybridwissenschaft entwickelt oder in eine solche als Zweig mit eingeht. Insofern erschien uns der gewählte Terminus zukunftsoffen und wenn man so will programmatisch. Durch das Bestimmungswort Rehabilitation sollte auch eine über die Kooperation mit der Medizin hinausgehende Interdisziplinarität kundgetan werden, ohne die pädagogische Eigenständigkeit zu schmälern oder gar in Frage zu stellen. Mit der Gründung der Sektion Rehabilitationspädagogik und Kommunikationswissenschaft, in die das vormalige Institut für Sonderschulwesen einging, wurde am 1.5.1969 unsere Konzeption an der Humboldt-Universität institutionalisiert.

Eine Randbemerkung

So schwer es auch fällt, muß um der historischen Wahrheit willen an dieser Stelle erwähnt werden, daß sowohl die Gründung der Sektion unter diesem Namen als auch die Entwicklung der Rehabilitationspädagogik in den folgenden Jahren auf Vorbehalte der Schuladministration und von Fachvertretern der Sonderpädagogik stieß, die meistens leider nicht mit den Mitteln des fairen wissenschaftlichen Meinungsstreits ausgetragen wurden. Als ein Beleg soll nur die Vollversammlung der Sektion im Jahre 1972 herangezogen werden, die als IV. Wissenschaftliche Konferenz geplant war und mangels Konformität nicht als solche durchgeführt werden durfte. Als wider Erwarten eine überaus große Anzahl ausländischer Gäste anreiste, stellte man ihnen unmittelbar vor der Eröffnung der »Vollversammlung« von offizieller Seite anheim, lieber an einer aus dem Boden gestampften Fachexkursion in die DDR teilzunehmen. Alle lehnten entrüstet ab ! ...

Dank der Untersützung der Prorektoren und der Hochschulbehörde, dank des internationalen Interesses und der wachsenden Anerkennung und schließlich dank der Beharrlichkeit der Wissenschaftler der Sektion konnte die Entwicklung der Rehabilitationspädagogik um den Preis mancher Zugeständnisse ihren Fortgang nehmen.

Wissenschaftsintegration kontra fortwährende Differenzierung und Spezialisierung

Die individuumszentrierte Sonderschulpädagogik hatte zu einem Anwachsen der Arten von geschädigten Kindern geführt, die vorzugsweise nach biotisch orientierten Merkmalen und den häufig linear davon abgeleiteten Schulschwierigkeiten konstituiert worden waren. Auf diese Weise hatten sich zu den Hör-, den Sehgeschädigten und den Schwachsinnigen die Körperbehinderten und die

Verhaltensgestörten gesellt. Wachsende Ansprüche an die Schulleistungen der Kinder hatten didaktische Differenzierungen zur Folge, die den Schluß nahelegten, innerhalb der Arten von Kindern mit Schädigungen noch weiter zu differenzieren. So z.B. wurden nicht nur die Gehörlosen von den Schwerhörigen sondern auch die Spätertauben unterschieden oder, wie bereits weiter oben schon erwähnt, die Schwachsinnigen nach A-, B-, und C-Klassen und schließlich den, wie man damals sagte, Imbezillen. Diese Entwicklungstendenz hatte unter ihren Prämissen durchaus eine, wenn auch eigene Logik entwickelt. Doch wohin sollte eine solche Entwicklung konsequent weitergedacht führen?

Diese Situation führte zwingend dazu, alte Vorbehalte der schädigungsbezogenen pädagogischen Disziplinen gegenüber einer verallgemeinernden Phänomenologie und entsprechender Schlußfolgerungen aufs Neue aufzugreifen. Die eigenen Erkenntnisse aus der Theorie und Praxis der Sprachheilkunde in bezug auf die verschiedenen Arten von sprachlichen Auffälligkeiten und deren Determinanten führten zur Suche nach invarianten Merkmalen, die allen Menschen mit physisch-psychischen Schädigungen eigen sein könnten. Die Kenntnis der sprachlichen Auffälligkeiten und ihrer Ätiologie sowie Genese und Phänomenologie bewahrte mich davor, nach linearen Abhängigkeiten von biotischen Mängeln zu suchen. Die Hypothese, daß ein Mensch mit einer physisch-psychischen Schädigung ungeachtet ihrer Art in der Regel Auffälligkeiten in seiner Sinneswahrnehmung, Bewegung, seinem Denken/Gedächtnis, seiner Sprache und in seinem Sozialverhalten in einer differenzierten Ausprägung aufweist, konnte durch zahlreiche Untersuchungen nachgewiesen werden. Davon konnten theorie- wie praxisrelevante Disziplinen auf dem Niveau der Rehabilitationspädagogik abgeleitet werden. Dazu zählen die in der Einleitung unter Hinweis auf Bleidick bereits erwähnte Sinnes-, Bewegungs-, Denk-, Sprach- und Verhaltenserziehung, im Hinblick auf ihre Spezifik rehabilitativ genannt.

Biopsychosoziale Einheit Mensch

Die Beziehungen, die zwischen der physisch-psychische Schädigung eines Menschen mit den soeben geschilderten Auffälligkeiten bestehen, können nur aus dem Wechselverhältnis biotischer, sozialer und psychischer Entwicklungskomponenten auf dem Hintergrund der Zeit erklärt werden.

Die Entwicklung eines Menschen vollzieht sich in unserem Verständnis unter der Wirkung biotischer Entwicklungsvoraussetzungen und sozialer Entwicklungsbedingungen. Indem sich das Individuum mit seiner gesellschaftlichen und natürlichen Umwelt tätig auseinandersetzt, eignet es sich einen Ausschnitt der gesellschaftlich akkumulierten Produktivkräfte und der Kultur an. Dieser der Persönlichkeitsentwicklung entsprechende Vorgang kann psychologisch als Lernvorgang interpretiert werden, der seinen Mechanismus im Errichten und Lösen von Widersprüchen hat. Dabei spielt die Psyche keineswegs nur die Rolle einer Resultierenden aus den biotischen und sozialen Faktoren. Sie bildet vielmehr einen Faktor eigener Qualität.

Legt man diese Überlegungen zugrunde, dann ist die Entwicklung die Funktion eines offenen Systems, das von biotischen, sozialen und psychischen Faktoren konstituiert wird. Dabei können die Faktoren ihre Wertigkeit systemimmanent variieren, dh. sowohl stabilisierend als auch destabilisierend wirken. Immer dann, wenn eine individuelle Widerspruchslage nicht ohne fremde Hilfe entwicklungsförderlich gelöst werden kann, tritt nach unserer Meinung eine Konfliktsituation ein, die eine Störung der Systemfunktion signalisiert und von uns als Lernbehinderung interpretiert wird. Gelingt es nicht, die Systemfunktion über den sozialen Faktor zu stabilisieren und die Lernbehinderung aufzuheben, so manifestiert sie sich letztendlich als physisch-psychische Schädigung im Individuum. Je nach Lebensalter und entwicklungspsychologischen Niveau wird unter dem Einfluß einer physisch-psychischen Schädigung die weitere Entwicklung charakteristisch beeinflußt. Der Ausprägungsgrad der Auffälligkeiten kann quantitativ und qualitativ beurteilt werden und läßt damit auch die Bestimmung des Grades der rehabilitationspädagogischen Bedürftigkeit zu.

Der rehabilitationspädagogische Prozeß

Unter Beachtung dieser Erkenntnisse haben wir versucht, die pädagogische Schlußfolgerung derart zu ziehen, daß wir Bildung, Erziehung und Rehabilitation integrativ zu einem einheitlichen Prozeß verschmelzen lassen. Wir sagen auch: Bildung und Erziehung unter dem Aspekt der Rehabilitation. Die Befähigung des Rehabilitanden zur aktiven Teilnahme am gesellschaftlichen Leben haben wir einerseits normativ am sozialistischen Menschenbild orientiert, andererseits die Zielstellung vom allseitig und harmonisch gebildeten Menschen in eine realitätsnahe Aufgabe verwandelt. Sie bestand darin, die aktive Teilnahme am gesellschaftlichen Leben aufzulösen in überschaubare Bestandteile, wie die Ausübung eines Berufs, einer gesellschaftlich nützlichen Tätigkeit; die Teilnahme am politischen Leben im Sinne der Wahrnehmung der Rechte und Pflichten eines Bürgers; die Gestaltung oder Teilnahme am Familienleben, Selbstbedienung; die Mitwirkung oder Anteilnahme an kulturellen Ereignissen unterschiedlichen Anspruchsniveaus.

Den Prozeß selbst haben wir versucht zu modellieren. Im Verständnis der Entwicklung als Möglichkeitsfeld konnten wir m. E. dogmatische Verengungen weitgehend vermeiden. Dessenungeachtet bleibt auf diesem Gebiet noch viel zu tun.

Ausblick

In der Begründung dieses Artikels schrieb ich, daß ich der Dokumentation halber Aspekte der Rehabilitationspädagogik herausgreifen will. Im Wettlauf mit dem verfügbaren Raum muß ich erkennen, daß selbst Aspekte rudimentär im Vergleich zur Komplexität des Abzuhandelnden bleiben müssen. So bleibt die Entscheidung noch zu fällen, ob und wann es an der Zeit wäre, die Geschichte der Rehabilitationspädagogik systematisch und umfassend zu schreiben. Sollte dieser Artikel zur Reaktion gleich welcher Art herausfordern, fiele die Entscheidung sicher leichter. Inzwischen, so hoffe ich, wird sich der Fachbereich Rehabilitationswissenschaft an der Humboldt-Universität der noch unter meiner Mitwirkung aus der Sektion Rehabilitationspädagogik und Kommunikationswissenschaft Ausgang des Jahres 1990 hervorgegangen ist, konsolidieren und seinerseits die Geschichte in der einen oder anderen Richtung fortschreiben.

Literatur

Abusch, A.: Unser Bildungssystem entspricht der nationalen Mission der Deutschen Demokratischen Republik. In: Unser Bildungssystem – wichtiger Schritt auf dem Wege zur gebildeten Nation. Aus der Tätigkeit der Volkskammer und ihrer Ausschüsse. H. 5 (4. Wahlperiode) 1965
Bleidick, U.: IV. 2 Behinderte im Bildungswesen. In: Vergleich von Bildung und Erziehung in der Bundesrepulbik Deutschland und in der Deutschen Demokratischen Republik. Köln 1990
Dahlmann, R.: Die Sonderschulen für Blinde, Taube und Körperbehinderte. In: Die deutsche demokratische Schule im Aufbau. Berlin/Leipzig 1949
Engels, F.: Der Anteil der Arbeit an der Menschwerdung des Affen. Berlin 1962
Entschließung auf dem Pädagogischen Kongreß in Leipzig. In: Berufsbildung, 2 (1948) H. 1.
Honnecker, E.: Bericht an den VIII. Parteitag der SED. Berlin 1971
v. Humboldt, W.: Über die innere und äußere Organisation der höheren wissenschaftlichen Anstalten zu Berlin. In: Flitner, A. und K.Giel (Hrsg.): Wilhelm von Humboldt: Werke in 5 Bänden, vierter Band, Darmstadt und Berlin 1964
Marx, K.: Thesen über Feuerbach. Berlin 1953
Sander, A.: Die Sonderschulen im geteilten Deutschland. Berlin-Charlottenburg 1969
Speck, O.: System Heilpädagogik. München/Basel 1987
Verfassung der Deutschen Demokratischen Republik. Gbl. I, Nr. 8 vom 9. April 1968
Verordnung über die Beschulung und Erziehung von Kindern und Jugendlichen mit wesentlichen physischen oder psychische Mängeln vom 5. Oktober 1951. In: Heilmann, F. u. H. Birnbaum (Hrsg.): Gesetze und Verordnungen für die Schule der Deutschen Demokratischen Republik. Berlin 1955
Wandel, P.: In: Pädagogischer Kongreß Leipzig – September 1947. Berlin/Leipzig 1948
Wissenschaftliche Konferenz des Inisituts für Sonderschulwesen Berlin. In: Die Sonderschule, 6 (1961) H. 2

Hildegard Steinhöfel

Die Frage nach der Chance für die ›Gesundheitserziehung‹ in der Lehrerbildung

Gesundheitserziehung in der Schule – eine immerwährende Utopie?

»Schön ist es, für die Kranken besorgt zu sein, ihrer Gesundheit wegen; viel schöner, für die Gesunden besorgt zu sein, ihres Nichterkrankens wegen« (Hippokrates).

Diesem humanistischen Anliegen entsprachen seit altersher viele Mediziner wie ebenso, bezogen auf das Beachten von Hygiene und Gesundheitserziehung in den Bildungseinrichtungen, auch Pädagogen.

Als Fachärztin für Arbeitshygiene war mein berufliches Tun über zwanzig Jahre stark an der Präventivmedizin orientiert. Dabei war die Gesundheitserziehung in den Betrieben, insbesondere bezogen auf die Lehrlinge, stets besonderes Anliegen. Infolge eigener gesundheitlicher Gegebenheiten nicht mehr einer geregelten beruflichen Tätigkeit nachgehen könnend, wandte ich mich Mitte der achtziger Jahre erneut dem Studium der Gesundheitserziehung an sich und insbesondere ihrer Einbeziehung in die Lehrerbildung zu. Zur Übermittlung meiner Vorstellungen, über die Inhalte und Didaktik der Gesundheitserziehung in den Schulen, an zukünftige Lehrer und zugleich zur Erweiterung eigener Erfahrungen nutzte ich eine sich mir ergebende Möglichkeit an der Technischen Universität Chemnitz. Dieses an sich zunächst so einfach erscheinende Unterfangen eröffnete mir jedoch, bezogen auf die Vergangenheit wie ebenso gegenwärtig, ein von kontroversen Auffassungen geprägtes pädagogisches Wirkungsfeld in der Lehrerbildung und bot auch mir dementsprechende Konfrontationen. Die erfahrenen Widersprüche sind einesteils den damals bestandenen Auffassungen von sozialistischer DDR-Pädagogik zuzuweisen, anderenteils aber auch als historisch über verschiedene Gesellschaftsetappen noch nicht gelöste Problemkonstellationen anzusehen.

- *Es bestanden und bestehen Widersprüche* zwischen den Auffasssungen der Mediziner und den erziehungswissenschaftlichen Auffassungen, wobei bei ersteren die Funktion der Gesundheitserziehung innerhalb der Präventivmedizin, das heißt die Krankheitsverhütung dominiert, und letztere entschei-

dend von dem jeweiligen gesellschaftspolitischen Umfeld und von den konkreten Belangen der Schule geprägt werden.
- *Es bestanden und bestehen Widersprüche*, bezogen auf den zu vermittelnden Inhalt bei Beachtung oder vielmehr Außerachtlassung der Einheit von Physiologischem, Psychologischem und Sozialem. Dominierend waren die in den unterschiedlichen Gesellschaftsetappen jeweils gesellschaftspolitisch ›wünschenswerten‹ anthropologischen Seiten.
- *Es bestanden und bestehen Widersprüche*, die sich aus der jeweiligen gesellschaftlichen Determination von Erziehung und Bildung ergeben.
- *Es bestanden und bestehen Widersprüche* zwischen der zur gesunden Lebensführung erforderlichen Hilfe bei der Individuation und der Rolle des Kollektivs als Erziehungsfaktor sowie der dabei wirksam werdenden Selbst- oder Fremdsteuerung beziehungsweise der dadurch initiierten Initiativ- oder Ausführungsverantwortung.

Historische Reflexionen: Beim Befassen mit Schulgeschichte erkennt man, wie sehr die Kulturpolitiker allzeit versuchten, die Schule zu einem politischen Instrument werden zu lassen und dadurch zugleich verhinderten, daß sie entsprechend ihrer Bestimmung zur wahren Stätte der Menschenbildung wurde. Überlieferte Dokumente verdeutlichen recht gut das Bemühen großer deutscher Humanisten um die Hygiene und Gesundheitssicherung im Kindesalter, aber auch der jeweils wirkende gesellschaftliche Einfluß ist darin unverkennbar.

Die primären historischen Bezüge verweisen auf Bernard Christoph Faust und seinen »Gesundheits-Katechismus zum Gebrauche in den Schulen und beim häuslichen Unterrichte«, auf Jean-Jacques Rousseau, der als den »... einzig nützlichen Zweig der Arzneikunst die Hygiene« ansah (vgl. Quecke 1955, 95) wie ebenso auf Christoph Wilhelm Hufeland, auf Basedow, Ratke, Komensky, Locke wie auch auf GutsMuths. Wertvolle Anregungen zur öffentlichen Beachtung der Schulhygiene sind wohl vor allem Rudolph Virchow, vermittelt durch seine Schrift »Über gewisse die Gesundheit benachteiligende Einflüsse der Schulen« (vgl. Virchow 1869), zu verdanken. Unbestrittenes Verdienst, die Schulgesundheitsbewegung in der ersten Hälfte des neunzehnten Jahrhunderts initiativ befördert zu haben, kommt jedoch Medizinalrat Karl Ignatius Lorinser (1796 bis 1853) und der seinerzeit so verstandenen »Anklage gegen die damalige Schulhygiene« 1836 zu. Lorinser beendet seine praxisnahen pädagogischen gesundheitswissenschaftlichen Darlegungen »Zum Schutze der Gesundheit in den Schulen« mit der Erwartung der Erfüllung seiner Vorstellungen zum Aspekt der Hygiene des pädagogischen Prozesses, denn »... dann wird mit dem Geiste auch der Körper gewinnen, und mit der Gesundheit der Schulen wird es besser werden« (vgl. Kronen/Kronen 1984, 407), einer Auffassung also, die gesundheitsrelevantes Verhalten durch Gesundheitsbildung und »Schulgesundheitspflege« befördern wollte. Schon die historisch verwandte Begriffsvielfalt Hygieneunterricht, Gesundheitspflege, Gesundheitssicherung, Gesundheitserziehung, Gesundheitsbildung, Gesundheitsvorsorge, Gesundheitsberatung, Gesundheitsfürsorge, Gesundheitsförderung und deren definitive Deutung lassen ahnen, wie sehr das öffentliche Bewußtsein, Schule, Schulgestaltung, Lehrerbildung durch die gesellschaftlichen Umstände über Zielstellungen sowie Bildungs- und Erziehungsinhalte determiniert waren. Auch für die Gesundheitserziehung in der Lehrerbildung der DDR lassen sich förderliche sowie einengende gesellschaftspolitische Bezüge nachweisen. Zu erkennen ist jedoch auch, daß der Gesundheitsbildung in den Schulen fächerübergreifend als auch auf Leitfächer orientiert eine nicht unbedeutende Rolle beigemessen wurde.

In der hier zu gebenden Darstellung soll zunächst mit einem *Überblick über Studienpläne und Lehrprogramme für die Ausbildung von Diplomlehrern der allgemeinbildenden polytechnischen Oberschule an Universitäten und Hochschulen der DDR* das Verständnis über das, was laut Plan sein sollte, objektiviert werden. In dem vom Ministerium für Volksbildung und Ministerium für Hoch- und Fachschulwesen gemeinsam verfaßten verbindlichen Studienplan 1975 heißt es: »Die Ausbildung im Fach Pädagogik umfaßt die Lehrgebiete:

- Grundlagen der Pädagogik,
- Geschichte der Erziehung,
- Didaktik,
- Erziehungstheorie und
- Gesundheitserziehung« (vgl. Studienplan 1975, 11).

Gesundheitserziehung fand demnach einen neben vier ›pädagogischen Grundlagenfächern‹ gleichrangigen Platz, und es wurde vorgegeben, daß »die Ausbildung im Lehrgebiet Gesundheitserziehung die Studenten über die inhaltlichen Hauptrichtungen und Schwerpunkte der Gesundheitserziehung, über physiologische und psychohygienische und arbeitshygienische Prinzipien informiert ... und dem künftigen Lehrer, die Hygiene des pädagogischen Prozesses, des schulischen Milieus und der eigenen beruflichen Tätigkeit zu sichern und die Schüler zu einer gesunden Lebensführung zu erziehen« (ebenda, 13) hilft. Das sich aus diesem Studienplan verbindlich ableitende Lehrprogramm sah demnach vor: In einer Semesterwochenstunde soll der Zielstellung entsprochen werden, daß ..., »sich die Studenten Wissen aneignen und Fähigkeiten entwickeln, um

- ihre beruflichen Pflichten unter dem Aspekt der Erziehung der Schüler zur gesunden Lebensführung zu sehen;
- die spezifischen Möglichkeiten der Gesundheitserziehung für die allseitige Bildung und Erziehung der Schüler zu erkennen und zu nutzen;

- die Zusammenarbeit mit der Jugend – und Kinderorganisation, mit Eltern, mit den Jugendärzten und anderen Mitarbeitern des Gesundheitswesens wahrzunehmen;
- Maßnahmen einzuleiten, die der Früherkennung und Verhütung von physiologischen und psychischen Schädigungen dienen«.

Zugleich sollten »... die Studenten befähigt werden, sich ein Bild von den hygienischen Anforderungen des pädagogischen Prozesses und dem hygienischen Zustand einer Schule sowie von Arbeitsplätzen der Lehrer und Schüler zu machen ...« (vgl. Lehrprogramm Pädagogik 1975, 37).

Bezogen auf die Inhalte des Lehrgebietes Gesundheitserziehung werden fünf Komplexe ausgewiesen. In fünf Stunden war der erste Themenkomplex »Ziele, Aufgaben und Inhalte der Gesundheitserziehung in der sozialistischen Schule« zu behandeln. Als Schwerpunkte der Gesundheitserziehung werden dabei aufgeführt:

- Erziehung zur persönlichen Hygiene, Infektionsprophylaxe;
- gesunde Ernährung;
- Erziehung zur Meidung konditionsmindernder Einflüsse (Gefahren von Alkohol-, Nikotin- und Arzneimittelmißbrauch);
- Sexualerziehung und Erziehung zur Sexualhygiene;
- Gestaltung eines gesundheitsfördernden Tagesregimes (aktive und passive Erholung, Körperkultur und Sport);
- Haltungserziehung;
- Unfallprophylaxe, Fürsorge- und Aufsichtspflicht.

Für die folgenden sechs Stunden waren die »Hygiene des pädagogischen Prozesses im Unterricht und in der außerunterrichtlichen Tätigkeit der Schüler«, für eine weitere Stunde die »Hygiene des Lehrerberufs« und für zwei Stunden die »Hygiene der Schulgebäude und anderer schulischen Einrichtungen« und für ebenfalls zwei Stunden die »Zusammenarbeit des Klassenleiters, der Eltern und des Jugendarztes bei der Gesundheitserziehung und gesundheitlichen Überwachung der Schüler« thematische Schwerpunkte.

Ein Vergleich des hier vorgestellten Lehrprogrammes Pädagogik aus dem Jahre 1975 mit dem ebenfalls als verbindlich für alle Hochschulen und Universitäten der DDR bestätigten aus dem Jahre 1982 (vgl. Lehrprogramme Pädagogik 1982) läßt erkennen, daß Gesundheitserziehung in letzterem nicht mehr als ein Lehrgebiet neben anderen pädagogischen Disziplinen ausgewiesen wird.

In einem postgradualen Spezialstudium, das für Fachschulabsolventen zwei und für Hochschulabsolventen ein Jahr umfaßte, wurden an der Pädagogischen Hochschule Halle/Köthen Diplompädagogen im Fach Gesundheitserziehung ausgebildet. Auf eine Darstellung der dort verwandten Fachdidaktik wird in diesem Beitrag nicht eingegangen.

Auf Initiative der Pädagogischen Hochschule Halle kam es in der DDR Anfang der achtziger Jahre zu einer gewissen Verselbständigung des Faches Gesundheitserziehung innerhalb der Lehrerbildung, was allerdings möglicherweise zugleich in anderen Einrichtungen eine Vernachlässigung dieses Faches bewirkte. Trotz Zurücknahme der zentralen Verbindlichkeit gab es meines Wissens jedoch weiterhin, allerdings in Inhalt und Methode in den einzelnen Hochschuleinrichtungen differenziert dargeboten, das Lehrfach Gesundheitserziehung innerhalb der Lehrerbildung an allen Pädagogischen Hochschulen und Universitäten der DDR. »Von den komplexen gesetzmäßigen Zusammenhängen zwischen Gesundheit und Erziehung« sollten seitens der jeweiligen Träger von Gesundheitserziehung »gesundheitspädagogische Grundsätze abgeleitet« werden, die wiederum richtungsweisend für die ›Erziehungsarbeit‹ sein sollten (vgl. Pädagogisches Wörterbuch 1987, 158). Die Ausbildung unterlag jetzt vorwiegend universitätsinternen Studienanleitungen.

Für das Fach Gesundheitserziehung lag den Lehrerstudenten an Hochschulen und Universitäten der DDR das von einem Autorenkollektiv (Karsdorf, G./Reis, K./Schille, H.-J./Sende, J. und Taubert, E.) herausgegebene *Lehrbuch ›Gesundheitserziehung im Schulalter‹* zum Literaturstudium vor. Es handelt sich dabei um eine Neubearbeitung 1985 des bereits 1974 unter dem Titel ›Gesundheitserziehung‹ erschienenen Buches. Ohne Zweifel schloß dieses Buch zumindest die bis dato konstatierbare totale Literaturlücke. In den bis Ende der sechziger, Anfang der siebziger Jahre für Lehrerstudenten greifbaren Studienmaterialien, die sich größtenteils auf sowjetische Quellen stützten, waren die Belange der Gesundheitserziehung bzw. auch der Hygiene von Bildung und Erziehung kaum beachtet; vielmehr wurden die Ziele und Aufgaben der Gesundheitserziehung ausschließlich im Rahmen der körperlichen Bildung und Erziehung erwähnt. Die in diesem Zusammenhang meinerseits nur knapp zu fassende Einschätzung der 1985 neubearbeiteten Ausgabe des Lehrbuches ›Gesundheitserziehung und Schulalltag‹ kann jedoch die benannten Widersprüche, die insgesamt für das Fach Gesundheitserziehung in der Lehrerbildung der DDR bestanden, nur unterstreichen. Der erste Abschnitt des Buches:»Gesundheitserziehung – ein Bestandteil der kommunistischen Erziehung der Schuljugend« betont vordergründig normative gesellschaftspolitische Zielstellungen. Als wesentliche Bereicherung des bis dahin vorhandenen Studienmaterials, auch mit Blick auf viele fachimmanente Details, betrachte ich auch unter Berücksichtigung des heutigen Erkenntnisstandes, bei aller heute bestehenden Diskussionsbedürftigkeit seines Inhalts, den zweiten Abschnitt: »Bedingungen der Gesundheitserziehung im einheitlichen pädagogischen Prozeß« und insbesondere den Unterabschnitt: »Hygiene des pädagogischen Prozesses«. Die im dritten Abschnitt: »Gestaltung des Prozesses der Gesundheitserziehung in den Oberschulen« vermittelte Fachkompetenz zeigt dagegen, bei völliger Außerachtlassung einer ganzheitlichen Gesundheitsauffassung auch Widersprüchliches. Mit dem vierten Abschnitt »Planung und Leitung der Gesundheitserziehung in der Schule« wird die normative Verbindlichkeit der DDR-Schulpolitik unterstrichen: »Sehr wichtig ist es«, so liest man dort, »auf der Grundlage einheitlicher, anerkannter Normen die Eigenverantwortung der Schüler für die Gesunderhaltung und Gesundheitserziehung zu entwickeln« (vgl. Karsdorf u.a. 1985, 207).

Die Darlegungen zu den administrativen Lehrprogrammen zeigen, daß zumindest bis in die siebziger Jahre in der DDR Gesundheitserziehung in relativ breiter »Stoffülle« in die Lehrerbildung einbezogen war; dies blieb nicht ohne Widerstände bei den anderen an der Lehrerbildung beteiligten Fachdisziplinen, insbesondere auch den Fachvertretern. Bildungshistoriker verweisen allzeit darauf, daß die sogenannten ›Überbürdungsdiskussionen‹, das heißt durch die öffentliche Meinung beförderte Diskussionen um eine Überforderung der Schüler in den Schulen, deutlich Einfluß nahmen auf das Wahrnehmen von Gesundheiterziehung und Hygiene in den Bildungseinrichtungen (vgl. Bennack 1984, 468). Ob und inwieweit diese ›Überbürdungsdiskussionen‹ sich dabei insbesondere jeweils in Zeiten krisenhafter gesellschaftlich-ökonomischer Wandlungen vollzogen, wie dies B. Rang so aus ihren Untersuchungen ableitet (vgl. Rang 1981, 224f.), bleibt als Aussage meinerseits in Frage gestellt, könnte jedoch auf die siebziger und achtziger Jahre der DDR bezogen, eine gewisse Unterstützung erfahren. Der immer wiederkehrende Widerstreit zwischen den Vertretern der universitären Fachdisziplinen wirkte auch zu DDR-Zeiten als ein das Fach Gesundheitserziehung in der Lehrerbildung begrenzender Faktor und wenn auch nur in analogem Sinne, wie es bereits Cohn im Ergebnis der Reichsschulkonferenz 1920 reflektiert: »... Verbreiterung hindert die Vertiefung, die wachsende Menge des Stoffes mindert die bildende Kraft des Unterrichts ...« (zitiert nach Apel 1987, 490).

Als zu Beginn der achtziger Jahre mit dem sich zuspitzenden ökonomischen Wettstreit zwischen den Gesellschaftssystemen wissenschaftlich-technische Spitzenleistungen dringend erforderlich schienen, wurde verstärkt der Versuch unternommen, mittels Bildung und Erziehung individuelles Schöpfertum gesellschaftlich zu befördern, und folglich wurde nun auch in der DDR-Schule der individuellen Selbstentfaltung größere Beachtung beigemessen. Die Förderung von Kreativität und Begabung war jedoch wesentlich orientiert auf mathematisch-technische (vgl. Steinhöfel, W. in vorliegender Schrift) sowie auf solche Gebiete, die das Staatsansehen befördern sollten. So könnte auch zu erklären sein, daß im Gegensatz dazu Gesundheitserziehung in den achtziger Jahren in der Lehrerbildung der DDR zugunsten von fachlicher Bildung eher zurückgedrängt als denn stärker hervorgehoben wurde. Die schon immer schwer zu findende Balance zwischen fachlicher und pädagogischer Kompetenz in der Lehrerbildung wurde unter dieser Sinngebung besonders auch von den ›Fachwissenschaftlern‹ erneut zur weiteren Minimierung pädagogischer Ausbildungsbestandteile genutzt.

Ohne Zweifel gab es in der DDR-Pädagogik gesellschaftspolitische und parteipolitische Zwänge, die das Wechselspiel menschlicher Zweckbestimmung und Selbstbestimmung durch manipulierte Bildung und Erziehung reglementierten und Hygieneunterricht bzw. Gesundheitserziehung in festgelegte Grenzen verwiesen. Auch hier ist wohl der immer wiederkehrende Irrtum zu erkennen, den Menschen nach der Maßgabe angeblich wünschenswerter Abnehmerinteressen und wissenschaftlich vermeintlich prognostizierbarer künftiger Lebenspläne zu formen (vgl. Benner 1990, 25).

Nach meinem eigenen Überblick hat die deutsche Schulgeschichte bisher noch kein anhaltend praktiziertes Beispiel der Einbeziehung von Gesundheitserziehung in ihrer Dreidimensionalität, das heißt einer Vernetzung allen Wissens und ihrer anthropologischen Fundamente im weitesten Wortsinn, d.h. auch *der ganzheitlichen Beachtung der physiologischen, psychologischen und sozialen Komponente* bei der Menschwerdung und Persönlichkeitsentwicklung, bzw. auch in vier Sichtweisen des Menschen und der Erziehung nach Flitner, gemeint sind die biologische Betrachtungsart, die geschichtlich-gesellschaftliche, die Erziehung als geistige Entwicklung und die personale Betrachtungsweise (vgl. Flitner 1974, 28ff.), hervorgebracht.

Reflexionen zur deutschen Geschichte: Spätestens mit Beginn des zwanzigsten Jahrhunderts sprachen führende Reformpädagogen immer hörbarer die Notwendigkeit an, die reglementierende ›Drillschule‹ durch einen Lebensraum für Kinder zu ersetzen, in dem zugleich ›Kopf, Herz und Hand‹ Beachtung finden. In der nationalsozialistischen Schul- und Jugendpolitik Deutschlands wurde zielgerichtet »der trainierte, gesunde, (›rassereine‹- H.S.) einsatzfähige Mensch, der dann später seine rassische Verpflichtung im Volk erfüllen sollte ..., und nicht die Gesundheit des einzelnen als seine wesentliche Lebensvoraussetzung angestrebt« (Apel 1984, 506). Dies entsprach, abgesehen von gravierenden psychischen Fehlbildungen, zumindest einer extremen Hypertrophierung von biologistischer Gesundheitsauffassung.

Gesundheitserziehung in der DDR betonte die Erfordernisse für die physische Entwicklung von Kindern und Jugendlichen, d.h. sie war auch stark biologistisch überzogen – zugleich war sie bemüht um eine angepaßte soziale Integration vermittels normativ geprägter allseitiger Bildung. Dies bedeutete auch, daß demhingegen den Heranwachsenden teilweise eine zu geringe Hilfe bei ihrer individuellen Selbstfindung und Selbstentfaltung zuteil wurde. Die gesellschaftspolitisch vereinnahmte Erziehung in der Schule zielte eher auf das gesellschaftliche Wesen im Menschen ab, als denn auf seine vermeintlich auch unbequeme subjektive Individualität.

Völlig unzureichend knüpfte die Wissensvermittlung an die subjektiven Vorstellungen und Selbstbilder der Kinder und Jugendlichen an. »Pädagogisches Ziel« war, die »sozialistischen Wertnormen in Einklang mit den individuellen Wertsystemen zu bringen, um sozialistisches Verhalten, in unserem Fall eine gesunde Lebensführung, zu gewährleisten« (Hentschel 1975, 42–49). Die dabei auf angenommenen Gesetzmäßigkeiten der Motivationsentwicklung beruhende pädagogische Prozeßgestaltung der Gesundheitserziehung führte jedoch auch hier infolge »wachsender Diskrepanz zwischen Realität und Bewußtsein« (vgl. Kirchhöfer/Wessel 1991, 73), nicht zu dem angestrebten gesundheitserzieherischen Effekt. Hinzu kommt die innerhalb der Gesundheitserziehung zu starke Betonung möglicher Folgen gesundheitsschädigender Verhaltensweisen und die dabei fehlende Beachtung dessen, daß durch Angst erzeugte Motive die Herausbildung einer gesunden Lebensweise nur wenig befördern, ja sogar eher das Gegenteil bewirken.

Zum Fach Gesundheitserziehung in der Lehrerbildung an der Technischen Universität Karl-Marx-Stadt Ende der achtziger Jahre

Es war dem Engagement einzelner in der Lehrerbildung Tätiger unterworfen, ob und wie dem Erfordernis der Gesundheitserziehung entsprochen wurde. An der Technischen Universität Karl-Marx-Stadt basierte das Fach Gesundheitserziehung ab 1987 auf grundlegenden Vorlesungen (3 Stunden), die gezollt der Annahme, daß sich ›Gesundheitserziehung von den anderen pädagogischen Disziplinen vor allem durch die Spezifik ihres Inhalts unterscheidet, auf den Erwerb entsprechender Sachkompetenz abzielten‹ (vgl. Steinhöfel 1988, 1). Zudem basierte das Fach Gesundheitserziehung weiter auf literaturgeleitetem Selbststudium sowie auf einer computergestützten Leistungskontrolle, die das erlangte Wissen überprüfen sollte. Das letztere sehe ich eher als einen Kompromiß an als denn eine Förderung gesundheitserzieherischer Ausbildung, weil eine solche hochschuldidaktische Ausbildungsform nicht nur die zum Selbstverständnis notwendige Interaktion von Lehrenden und Lernenden stark ausschließt, sondern zudem für die Herausbildung eines erforderlichen gesundheitserzieherischen Verständnisses bei den künftigen Lehrern ungeeignet ist, da der Erkenntnisfundus über Gesundheit wie ebenso über Individuation und Sozialisation in seiner mehrdimensionalen Verfaßtheit schwerlich in einfacher Skalierung auf den Computer übertragbar ist; was auch realiter bei hier wirksam gewordenen Pädagogen eine etwas mechanistische Denkweise hervorrief. Der relevante Anspruch, bezogen auf den Umgang mit dem Computer, erweiterte den Fachvertretern der Gesundheitserziehung so jedoch ihren ›Spielraum‹. Inhaltlich war die Lehre im Fach Gesundheitserziehung in Karl-Marx-Stadt nach 1987 auf drei Komplexe orientiert:

- Die Gesundheitserziehung im Bildungs- und Erziehungsprozeß und ihre Einordnung in den fachspezifischen Lehrprozeß;
- Die präventiven Möglichkeiten des Lehrers und Belange zur Gesundheitssicherung in der Schule einschließlich einer arbeitsmedizinischen Prävention im Lehrerberuf;
- Sanitärhygienische Belange, Unfallverhütung und Erste Hilfeleistung – sowie Kenntnisvermittlung für den Praktikumseinsatz von Pädagogikstudenten.

Zur didaktisch-methodischen Gestaltung der Erziehung und Ausbildung im Lehrfach Gesundheitserziehung wird im erwähnten für die Hochschulen und Universitäten der DDR administrativen Lehrprogramm 1975 darauf hingewiesen, daß »das Lehrgebiet das Wissen aus den Grundlagen der Pädagogik nutzen ...« soll und durch »... die Lehrveranstaltungen« zugleich »zur Festigung des pädagogisch-psychologischen Wissens und Könnens« beitragen wird. Zudem folgt der Vermerk, daß »die Gesundheitserziehung in angemessener Weise in die Hauptprüfung Pädagogik-Psychologie einbezogen wird«.

Möglicherweise liegt tatsächlich in einer zu starken Einordnung von Gesundheitserziehung in ein pädagogisches Ordnungssystem und die damit verbundene Außerachtlassung der ganzheitlichen pädagogischen Auffassung die Ursache für ihre Defizite, denn sicher nicht nur dieses Lehrfach, aber insbesondere sein Gegenstand, verlangt vor allem eben die *ganzheitliche anthropologische Determination der Erziehung*. Erziehung ist als sozialer Vorgang gegenseitigen Handelns oder symbolischer Interaktionen zwischen Menschen stets auf einen Subjekteinfluß, auf Menschwerdung, Menschbildung gerichtet. Dies schließt immer das physische, psychische und soziale Befinden, den ganzen Menschen also, ein. Auch die bloße medizinische, vor allem naturwissenschaftliche Betrachtungsweise des Arztes vereinseitigt durchaus den Erziehungsprozeß. Flitner sieht das so:

» ... Da sich aber die gesellschaftlichen, geistigen, sittlichen Vorgänge nicht von den körperlichen Wachstums- und Entwicklungsvorgängen abtrennen lassen, so ist die (Kinder-)Pflege ein erzieherisches Phänomen, kein rein medizinisches und erst recht kein abstrakt naturhaftes. Der Arzt ist darum wirklich auch Erzieher, gerade wenn er ein rechter Arzt ist, auf der anderen Seite ist er aber auch dann nicht ›der‹ Erzieher, wenn er das Äußerste leistet, was ihm nach der pädagogischen Seite hin zukommt. Auch eine voll pädagogisierte Medizin vermag nicht die Ganzheit der erzieherischen Erscheinungen zu erfassen. Der pädagogische Arzt bleibt darum immer begrenzt in seiner Mitwirkung. Er kann durch pädagogische Bildung um die anderen Seinsweisen des erziehenden Verhältnisses wissen, und das wird ihm einen großen Nutzen bringen, aber er darf nicht die Situation anderer pädagogischer Verhältnisse einfach in die ärztliche Situation auflö sen ...« (vgl. Flitner 1974, 56).

Gesundheitserziehung wurde jedoch in der allgemeinen öffentlichen Meinung zulange wohl allzeit als vorrangiges Aufgabengebiet der Mediziner gesehen und blieb schon deshalb stark mit den Gesundheitsvorstellungen der naturwissenschaftlichen Schulmedizin verbunden. Vielleicht werden spätere historisch vergleichende sozialwissenschaftliche Einschätzungen einmal bestätigen, daß in beiden Teilen Deutschlands zumindest bis Mitte der siebziger Jahre in der Gesundheitserziehung sowohl die einseitige naturwissenschaftliche Sichtweise des Mediziners auf den Menschen als auch eine solche pädagogisch legitimierte Erziehungskonzeption vorherrschte, die von der Erziehungsbedürftigkeit des Menschen ausging und auf zielgerichtete Erziehung hin zu festgelegten gesundheitsbezogenen Verhaltensweisen aus war. Die Psychosomatik und Psychotherapie fanden erst Mitte der siebziger Jahre zunehmend mehr Eingang in die DDR-Medizin. Die dominierende ›klassische Medizin‹ beförderte bevorzugt die ›körperliche Bildung und Erziehung‹ auch im Rahmen der Gesundheitserziehung der Schuljugend. Der Annahme ›mens sana in corpore sano‹, nämlich hauptsächlich mittels ›Körperkultur – Körpererziehung‹ den Belangen der Gesundheitserziehung in den Schulen entsprechen zu können, folgte auch die DDR-Pädagogik. Zumindest in den sechziger Jahren, aber auch noch später, war diese naturwissenschaftliche Betrachtungsweise, da gesellschaftspolitisch wünschenswert, für die Schulpädagogen der DDR bestimmende Grundlage und ging so, bei Außerachtlassung weiterer anthropologischer Gesichtspunkte, in die Lehrerbildung ein. In einem für die Lehrerbildung der DDR seinerzeit grundlegenden Lehrbuch »Schulpädagogik« heißt es: »Im weiteren Sinne dient die körperliche Bildung und Erziehung der Kräftigung der Gesundheit, der Gewöhnung an eine gesunde Lebensführung und der Vermittlung grundlegender hygienischer Kenntnisse. Das betrifft im einzelnen die gesunde Ernährung, das Meiden von Alkohol und Nikotin, die zweckmäßige Pflege des Körpers, die Abhärtung und den Schutz vor Infektionen. Dazu gehören weiterhin die Hygiene der Kleidung, der Wohnung und der Arbeit. Zur gesunden Lebensführung rechnet auch ein richtiger Rhythmus von Arbeit und Erholung, von Anspannung und Schlaf sowie tägliche körperliche Tätigkeiten und Übungen« (Klein/Tomaschewsky u.a. 1963, 35). Es kann festgestellt werden, daß wohl die Hygiene des pädagogischen Prozesses zu dieser Zeit bereits angesprochen wurde, hingegen die individualpsychosoziale Seite von Gesundheit und Gesundheitserziehung keinerlei Erwähnung fand. Gesundheitsbildung ist wesentlicher Bestandteil der Gesundheitsförderung in der Schule; allein vermag sie jedoch weder die individuelle Kompetenz der Schüler zum gesundheitsrelevanten Handeln noch ihre soziale Kompetenz auszuprägen.

Nach meinem Verständnis kann Gesundheitserziehung nur dann effizient werden, wenn die kognitive Seite zwar vorhanden ist, jedoch zugleich auch die emotionale, motivationale und volitive Seite durch Ausschöpfung der Erfahrungen, die der Lehrende und Lernende bei seiner Enkulturation und Sozialisation gewonnen hat, mit zum Klingen gebracht werden, das heißt, wenn Gesundheitserziehung auf einer ganzheitlichen Anthropologie (vgl. Köck/Ott 1979, 30) aufbaut. Gesundheitserziehung schließt für jeden Lehrer und Erzieher immer auch eigenes gelebtes Leben, eigene Erfahrung ein. Diese Erfahrungen, gepaart sowohl mit einer hohen Sensibilisierung für das Anliegen von Kindern unterschiedlichen Alters als auch zugleich mit in der Lehrerbildung erlangter ausreichender Fachkompetenz, könnten ihn dazu befähigen, den Kindern bei ihrer Auseinandersetzung mit den tatsächlich existierenden Lebensbedingungen Hilfe zu geben und damit die individuelle Selbstentfaltung und zugleich ein gewolltes positives Gesundheitsverhalten befördern. »Kinder benötigen für ihre Entwicklung die Erfahrung der Erwachsenen, sie benötigen produktiven Widerstand, der ihnen eine Aneignung ihrer eigenen Lebenswelt und eigene Orientierungen ermöglicht. Aber sie müssen in diesem Prozeß der Auseinandersetzung die Chance haben, ihren persönlichen Spielraum zu entfalten und nicht ständig in einer überfürsorglichen und unmündigen Situation zu sein« (Hurrelmann 1990, 8).

Ein von mir geschätzter DDR-Pädagoge äußerte mir gegenüber in einer mit ihm geführten Debatte über pädagogische und medizinische Auffassungen zur Gesundheitserziehung in der Schule einmal, daß seiner Auffassung nach *Gesundheitserziehung Prinzip der Lehrertätigkeit* sein müsse, soweit stimme ich voll mit ihm überein, nicht mehr dann jedoch, wenn er weiter meint, daß bereits bei der Ermahnung des Lehrers, bezogen auf ihm auffallende gesundheitsrelevante Fehlverhaltensweisen des einzelnen Schülers, Gesundheitserziehung tagtäglich praktiziert würde. Als Beispiel nannte er die Aufforderung gegenüber dem Schüler, ›er solle gerade sitzen‹. Natürlich ist die Ermahnung auch eine Erziehungsmethode. Innerhalb des Klassenkollektivs angewandt, kann sie jedoch bezogen auf individuelle Verhaltensweisen bei dem einzelnen Schüler gesundheitserzieherisch reaktiv wirksam werden. Die Tatsache, daß psychische Zustände, Ermüdung, Abwehrhaltungen, Disharmonien in der Individuation, körperliche Entwicklungs- und Reifungsprozessse die Haltung beeinflussen können, erfordern ein Beachten der Psyche des Kindes und ein Berücksichtigen der Probleme, welche die Haltungsschwäche verursachen. Bei dem angesprochenen Beispiel könnte dementsprechend eventuell zudem die Aufforderung an die Klasse, ein paar Körperbewegungen bei geöffnetem Fenster auszuüben, dazu führen, die Dystonie der Muskulatur zu beheben und die Leistungsfähigkeit und Lernfreude der Kinder wieder herzustellen. Das heißt, der Lehrer sollte versuchen, den unreflektierten Umgang mit seinen Interaktionspartnern zu vermeiden, sollte sich bemühen, immer auch die augenblickliche individuelle Verfaßtheit des Kindes zu sehen. Gemeint ist auch, daß der Lehrer viel eher durch eine soziale Sensibilisierung sein Ziel erreicht, als denn durch Erziehungsmaßnahmen im klassischen Sinne wie etwa eine Ermahnung oder kognitive Erläuterungen.

Ohne Zweifel unterlag die DDR-Pädagogik – einschließlich die Gesundheitserziehung, sowohl bezogen auf ihren Inhalt als auch ihre didaktisch-methodische Umsetzung, auch mechanistisch verstandenen pädagogischen Einwirkungstheorien. »Als wesensbestimmend für den pädagogischen Prozeß »wurden unter anderem die Planmäßigkeit, Bewußtheit, Organisiertheit der Einwirkungen auf die zu Erziehenden durch die erzieherisch tätigen Kräfte, ... – sein kollektiver Charakter u.a.m.« angesehen (Klein 1976). Das schließt jedoch nicht aus, daß es auch in der DDR-Pädagogik Auffassungen gab, die anderes Denken oder Handeln ermöglicht haben.

Ich stimme Salzwedel zu, der betont, »daß der pädagogische Prozeß durch das Handeln der Subjekte realisiert und erst in der theoretischen Abbildung dieses Handelns die Stufe des geistig-konkreten erreicht werden kann. Insofern ist eine pädagogische Prozeßbetrachtung nicht nur eine Anleitung zur Erkenntnis dieses pädagogischen Prozesses, sie muß letztlich auf eine Anleitung zum Handeln gerichtet sein, in dem sie das Handeln durch Erkenntnis vorgibt« (Salzwedel 1981, 163).

Das Kollektiv als Sach- und Theorieproblem fand, vor allem zurückgeführt auf A.S. Makarenko, verstärkt Eingang in die DDR-Pädagogik. Bereits 1973 wurde gleichzeitig seitens der DDR-Jugendforschung und seitens der Akademie der Pädagogischen Wissenschaften der DDR betont, daß die »enormen bewußtseinsbildenden und verhaltenssteuernden Potenzen der kollektiven Erziehung stärker als bisher für die Gesundheitserziehung genutzt werden müßten« (vgl. Voss 1973, 236). Als »Hauptfeld der gesundheitserzieherischen Arbeit« wurde »nicht der einzelne Jugendliche, sondern das Kollektiv« angesehen ... »In Bezug auf das Gesundheitsverhalten interessiert(e) also nicht so sehr das Gesundheitsverhalten des einzelnen Jugendlichen, als vielmehr das Gesundheitsverhalten bestimmter Gruppen und Schichten der Jugend ...« (ebenda) und es wurde postuliert, »... der einzelne kann zu gesundheitsfördernden Verhaltensweisen wirksamer erzogen werden, wenn sein gesellschaftliches Umfeld dieses Ziel anstrebt«. Es galt demnach, »die Potenzen des Kollektivs als Erziehungsfaktor auf dem Sektor der Gesundheitserziehung besser zu erforschen und zu nutzen« (vgl. Schille, 288f.). Demhingegen reflektiert Salzwedel 1981 zur Frage des Kollektivs als Erziehungsfaktor und schätzt für die Allgemeine Pädagogik ein: »... wie jedoch das Kollektiv in das pädagogische Theoriensystem zu integrieren ist, ist unseres Erachtens so eindeutig noch nicht geklärt ... es besteht immer die Gefahr, daß der Kollektivgedanke durch dieses oder jenes pädagogische Konzept vereinseitigt ausgelegt wird ... Eine allgemeinpädagogische Aufarbeitung der Kollektivproblematik muß sich unseres Erachtens von eingeengter und isolierter Betrachtung freihalten ...« (vgl.Salzwedel 1981, S. 128). Das gilt meines Erachtens auch für gesundheitserzieherische Betrachtungen. Klafki hebt in seiner Kritik an den pädagogischen Auffassungen Makarenkos zur Kollektiverziehung hervor: »... sein pädagogischer Ansatz bleibt aber – hier setzt der Marxist Makarenko dem Pädagogen Makarenko eine definitive Grenze – in einem beschränkten Horizont gebannt: dem des Kollektivs. Verantwortung bleibt Ausführungsverantwortung, wird nicht Initiativverantwortung. In dieser Erziehung ist kein Raum für die strenge kritische Reflexion und für die einsame Besinnung, in denen erst der Gehalt, der Erfahrung in den Begriff gehoben und der einzelne zu ›sich selbst‹ kommen könnte« (Klafki, zitiert 1975 und 1984).

Die favorisierte Kollektiverziehung in der DDR zielte auf ein Handeln in Übereinstimmung mit den Bedingungen, auf Ausführungsregulationen nach anerzogenen, angepaßten normierten Handlungskonzepten hin. Dagegen blieben folgerichtig die antriebsregulierenden Bewußtseinsvorgänge, die die Initiative zum Handeln bei dem einzelnen befördern, zurückgedrängt (vgl. Rubinstein 1962).

Der Kernkonflikt des Jugendalters ergibt sich bei der Suche des einzelnen nach seiner eigenen Identität, der Selbstfindung seiner physischen, psychischen und sozialen Besonderheiten. Dieser Prozeß ist zugleich wesentlich für den zeitlebens bestimmenden Umgang des einzelnen mit sich selbst, mit seinem Körper, seiner Psyche, seiner Person. Gesundheitsverhalten ist immer primär individuelles Verhalten, und individuelles gesundheitsrelevantes Fehlverhalten richtet sich primär gegen die eigene Gesundheit und wird erst in der Folge gesellschaftlich relevant wie ebenso gesundheitsbewußtes Verhalten zuerst immer auch dem einzelnen selbst zugute kommt. Gesundheit und Prävention bleibt demnach individuelles wie ebenso gesellschaftliches Anliegen. Der einflußnehmende Prozeß der Individuation bewirkt meines Erachtens unterschiedliche Wirkungen bei der Erziehung zur gesunden Lebensführung gegenüber der Erziehung zu moralischen bzw. ethischen Werten, wie Kameradschaftlichkeit, Ehrlichkeit u.ä. und verhindert die angestrebte gesundheitserzieherische Wirksamkeit durch favorisierte Kollektiverziehung. Die nach der politischen Wende in der ehemaligen DDR anwachsenden unkonventionellen jugendlichen Handlungsweisen zeigen sich vor allem in devianter, gegen die Mitmenschen gerichteter Gewalttätigkeit und zudem mehr mitmachend als initiierend. Demgegenüber zeigen sich die jugendlichen Handlungsweisen noch weniger bevorzugt in devianter Auseinandersetzung mit dem eigenen Selbst etwa mittels Drogenkonsum. Möglicherweise lassen sich hier nicht nur Zusammenhänge mit den Individuations- und Integrationsprozessen nachweisen, sondern auch Rückschlüsse auf die stattgehabte Erziehung und Sozialisation ziehen.

Wird impliziert, daß die sogenannte *Gruppenpädagogik* nicht nur kognitives Lernen fördert, sondern gleichermaßen bewußt auch dem sozialen Lernen dient, dann möchte ich an dieser Stelle im Intermezzo des ›Für und Wider‹ von kollektiver Erziehung, die Sinnhaftigkeit des Lernens in Gruppen, bezogen auf die Gesundheitsförderung, doch hervorheben. Denn es geht nun einmal nicht vorrangig nur darum, Wissen »ex cathedra« zu vermitteln, sondern vielmehr auch um die Herausbildung und Bewährung des Willens, um emotionale Verarbeitung gesundheitsrelevanter Fragen durch die jungen Menschen. Dazu könnte eine lebendige Gruppenarbeit von Gleichaltrigen, begleitet von einem erfahrenen Lehrer durchaus dienlich sein.

Die gesellschaftliche Umbruchsituation 1989/90 in der früheren DDR verursachte folgerichtig auch gewaltige Veränderungen in der Lehrerbildung an den Universitäten und Hochschulen der neuen Bundesländer. Mein Überblick über die Vermittlung gesundheitserzieherischen Wissens und Vermögens an die künftigen Lehrer in ost- und westdeutschen Universitäten erlaubt es mir, das Erfordernis nach einer Renaissance auf diesem Gebiet für ganz Deutschland einzuklagen.

Meine Suche in westdeutschen Universitäten nach dem Stellenwert, den Gesundheitserziehung in der Lehrerausbildung dort einnimmt, führte zu einem eher enttäuschenden Ergebnis, als zu dem erwünschten »Aha-Effekt«. »Als gesundheitserzieherische Tragödie der Lehrerbildung« bezeichnet Wegmann die Situation 1976 für die Bundesrepublik Deutschland und stellt in kritischer Auseinandersetzung mit der fehlenden ganzheitlichen Gesundheitserziehung fest, ... »daß wohl gelegentlich auch noch störende Ausbildungsunsicherheiten beseitigt werden müssen, wenn sich vor allem die Lehrerschaft plötzlich darauf besinnt, wie ihr schon bei der Ausbildung das Kind in den sogenannten Grundwissenschaften zwar psychologisch als seelisches Wesen, soziologisch als gesellschaftliches Wesen und philosophisch als geistiges Wesen, aber kaum mehr anthropologisch als leibliches Wesen präsentiert wurde;« ... und klagt weiter »... eine heimliche Revolution der Inhalte mit der Blickrichtung auf die wirklich anstehenden Probleme« ein (Wegmann 1976) . Es gibt engagierte professionale Enthusiasten, es gibt vielversprechende Aktivitäten (vgl. Hurrelmann 1988; Homfeldt 1991; Klein/Zepp 1984 u.a.); jedoch die Frage nach der immerwährenden Utopie für das Fach Gesundheitserziehung in der Lehrerbildung bleibt. Und es bleibt die Hoffnung auf eine fächerübergreifende Vernetzung von anthropologischem, gesundheitserzieherischem und entwicklungspsychologischem Wissen in der zukünftigen Lehrerbildung in den deutschen Ländern, die Hoffnung nach einer Gesundheitserziehung – oder besser Gesundheits- und Sozialisationsförderung – auch in der Lehrerbildung, deren ganzheitliche Auffassung sich sowohl in ihrem Inhalt als auch ihrer didaktisch-methodischen Konzeption widerspiegelt.

Literatur

Apel, H.-J.: Hygiene und Gesundheitserziehung von der Weimarer Republik bis zum Ende des Dritten Reiches (1918/19 – 1945). In: 2000 Jahre Gesundheitssicherung. Lahnstein 1984

Bennack, J.: Gesundheit als Aufgabe der Schule im 19. Jahrhundert – unter besonderer Berücksichtigung Preußens und der Rheinlande. In: 2000 Jahre Gesundheitssicherung. Lahnstein 1984

Benner, D.: Referat zum Thema Erziehungswissenschaft – Bildungspolitik – Schulreform. In: Pädagogische Forschung. 31. Jahrg. 1990, H. 5/6

Flitner, W.: Allgemeine Pädagogik. Stuttgart 1974

Hentschel, G.: Theoretische Positionen der Motiventwicklung in der Gesundheitserziehung. In: Konferenzmaterialien – Gesundheitserziehung im einheitlichen sozialistischen Bildungssystem der DDR. Halle 1975

Homfeldt, H.-G.: Erziehung und Gesundheit. Weinheim 1991

Hurrelmann, K.: Familienstreß – Schulstreß – Freizeitstreß. Weinheim und Basel 1990

Hurrelmann, K.: Sozialisation und Gesundheit. Weinheim und München 1988

Karsdorf, G./Reis, K./Schille, H.-J./Sende, J./Taubert, E.: Gesundheiterziehung im Schulalter. Berlin 1985

Kirchhöfer, D./Wessel, K.-F.: Erziehungs- und Bildungsphilosophie in der DDR. In: Erziehung, Bildung, Normativität. Weinheim und München 1991

Klafki, W.: Zitiert in Erziehungstheorie. Berlin 1975 und 1984

Klein, H.: Wesen und Bedeutung der didaktischen Prinzipien und die Notwendigkeit ihrer Weiterentwicklung. In: Didaktische Prinzipien Standpunkte, Diskussionsprobleme, Lösungsvorschläge. Beiträge der Pädagogik, Bd. 5. Berlin 1976

Klein, H./Tomaschewsky, K. u.a.: Schulpädagogik – Teil I. Didaktik. Berlin 1963

Klein, K./Zepp, J.: 2000 Jahre Gesundheitssicherung. Lahnstein 1984

Köck, P./Ott, H.: Wörterbuch für Erziehung und Unterricht. Donauwörth 1989

Kronen, J./Kronen, H.: Lorinser und die Anfänge der Schulhygiene. In: 2000 Jahre Gesundheitssicherung. Lahnstein 1984

Lehrprogramm für die Ausbildung von Diplomlehrern der allgemeinbildenden polytechnischen Oberschule im Fach Pädagogik an Universitäten und Hochschulen der DDR. Berlin 1975

Lehrprogramme für die Ausbildung von Diplomlehrern der allgemeinbildenden polytechnischen Oberschule im Fach Pädagogik an Universitäten und Hochschulen der DDR. Berlin 1982

Pädagogisches Wörterbuch. Berlin 1985

Rousseau, J.J.: Zitiert nach Quecke, K.: Bernhard Christoph Faust (1755–1842) Arzt und Gesundheitserzieher. In: Lebensbilder aus Kurhessen und Waldeck, Bd. V, Marburg 1955

Rubinstein, S. L.: Sein und Bewußtsein. Berlin 1962

Salzwedel, W.: Allgemeine Pädagogik – Teil I. Berlin 1981

Salzwedel, W.: Vervollkommnung der kommunistischen Erziehung und pädagogische Theorieentwicklung. In: Pädagogik, H. 2 1981

Schille, H.-J.: Einige Fragen der Gesundheitserziehung aus pädagogischer Sicht. In: Sozialistische Ideologie und Gesundheitserziehung. Dresden 1973

Steinhöfel, H.: Vorlesungsmanuskript Gesundheitserziehung. Chemnitz 1988

Studienplan für die Ausbildung von Diplomlehrern der allgemeinbildenden polytechnischen Oberschulen an Universitäten und Hochschulen der DDR. Berlin 1975
Virchow, R.: Über gewisse, die Gesundheit benachteiligende Einflüsse der Schule. In: Archiv für pathologische Anatomie und Physiologie, Bd. 46/1869
Voss, P.: Einige Probleme der Gesundheitserziehung aus der Sicht der Jugendforschung. In: Sozialistische Ideologie und Gesundheitserziehung. Dresden 1973
Wegmann, R.: Gesundheitserziehung im Schulalltag. In: Hygiene in der Schule, Ansbach 1976

Zu den AutorInnen und ihren Beiträgen

Im vorliegenden Reader kommen einst namhafte Pädagogen, die in der DDR lebten und wirkten und die mit ihrer erziehungswissenschaftlichen Forschung und Lehre »Spuren« zeichneten, zu Wort.

Diese Etappe deutscher Pädagogik-Geschichte wird sicher in Gegenwart und Zukunft noch vielfältig reflektiert, evaluiert und beschrieben werden. Das besondere an diesem Buch wird bleiben, daß die Autoren mit ausreichender Distanz nach einer Sinnhaftigkeit ihres eigenen Wirkens und dabei nach Gründen für fehlerhafte Ansätze, vor allem aber auch nach Akzenten für Bewahrenswertes suchen.

Franz Hofmann (Jahrgang 1922), Professor für Pädagogik an der Sektion Erziehungswissenschaft der Martin-Luther-Universität Halle, seit 1987 emeritiert.

Sein Beitrag »Pädagogische Wissenschaft – Erkundungen ihrer historischen Dimension« wurde von dem Autor noch vor der historischen Wende fertiggestellt und gibt so – unverändert veröffentlicht – Einblick in die letzte aktive Schaffensphase des Pädagogen in der DDR. Ausgehend von dem Grundgedanken – »Theorie ohne Geschichte ist leer, Geschichte ohne Theorie ist blind« – verdeutlicht der unter den DDR-Pädagogen profilierte Historiker unter schöpferischer Nutzung des Kuhnschen Paradigmenbegriffs den tiefen Sinn und das Erkenntnisfördernde von Geschichte der Erziehung und Pädagogik – für das »Ganze der Pädagogik«.

Paul Mitzenheim (Jahrgang 1930), Professor für Geschichte der Erziehung an der Friedrich-Schiller-Universität Jena, im Vorruhestand seit 01.10.1991.

Er gibt mit seinem Beitrag »Zum Stellenwert der Geschichte der Erziehung in meiner beruflichen Entwicklung: Lehrerstudent – Lehrer – Lehrerbildner in der DDR 1949–1990« Aufschluß über den Werdegang eines Lehrerbildners der Friedrich-Schiller-Universität Jena und wissenschaftlich ausgewiesenen Historikers der Pädagogik der DDR, der sich in seiner beruflichen Tätigkeit über vier Jahrzehnte der Kulturlandschaft und reichen pädagogischen Provinz Thüringens eng verbunden fühlte. Er berichtet über entwickelte Initiativen zur Erschließung und Bewahrung pädagogischer Traditionen.

Christa Uhlig (Jahrgang 1947), Professorin für Geschichte der Erziehung an der Pädagogischen Hochschule Leipzig, seit 01.09.1986 am Institut für Theorie und Geschichte der Pädagogik an der Akademie der Pädagogischen Wissenschaften in Berlin, abgewickelt seit 01.01.1991.

Am Beispiel der Rezeption der Reformpädagogik in den 70er und 80er Jahren werden Intentionen, Probleme, Widersprüche und Selbstbeschränkungen des Umgangs mit der und des Forschungszugangs zur Reformpädagogik erörtert. Wie auch in den 40er und 50er Jahren betrafen Auseinandersetzungen um Reformpädagogik vor allem deren Integration in das Traditionsverständnis der DDR-Pädagogik sowie den innovativen Charakter reformpädagogischer Konzepte für die Entwicklung von pädagogischer Theorie und Praxis und waren in erster Linie politisch dominant.

Edgar Drefenstedt (Jahrgang 1921), Professor für Allgemeine Didaktik an der Akademie der Pädagogischen Wissenschaften in Berlin, emeritiert seit 01.02.1984.

In dem Beitrag »Reform oder Revisionismus – Eine Analyse des Jahrgangs 1956 der Zeitschrift »Pädagogik« wird eine Analyse des 11. Jahrgangs (1956) dieses wissenschaftlichen Journals vorgestellt. Im Zentrum der dokumentarischen Arbeit und historisch konkreter Wertung stehen Reformbestrebungen, die an wertvolle demokratische Traditionen anknüpften, letztlich aber an übergreifenden politischen Festlegungen der Partei- und Staatsführung der DDR – in Richtung eines eigenen Nationalstaates mit dem Anspruch des Sozialismus – scheiterten, zurückgewiesen und als Revisionismus diffamiert wurden. Der Autor macht deutlich, daß die damaligen Auseinandersetzungen unter dem Gesichtspunkt der deutschen Einheit und mit der Zielsetzung historischer Wahrheitsfindung – als wertvolles gemeinsames Erbe pädagogischen Reformwillens – neu zu bewerten sind.

Dieter Kirchhöfer (Jahrgang 1936), Professor für Philosophie, Logik und Erziehungswissenschaften an den Pädagogischen Hochschulen Dresden und Zwickau und an der Akademie der Pädagogischen Wissenschaften in Berlin, abgewickelt seit 01.01.1991.

Der Beitrag »Abschied von der Individualität – das Paradigma der Individualität in der sozialistischen Erziehungswissenschaft« will Einsichten in den widersprüchlichen Prozeß der Herausbildung des Individualitätsparadigmas in der DDR-Erziehungswissenschaft geben. Er will exemplarisch nachweisen, daß dieses Paradigma Teil der europäischen Diskussion der Moderne war. Sein Scheitern wird vor allem aus den unentwickelten, depravierten objektiven Verhältnissen erklärt, die eine entwickelte Subjektivität des Individuums nicht zuließen.

Fazit des Aufsatzes ist, daß in dem Maße, wie der einzelne in der Veränderung der gegenwärtigen Gesellschaft seine Subjektivität entwickelt, er auch an Individualität gewinnt.

Werner Salzwedel (Jahrgang 1924), Professor für Allgemeine Pädagogik an der Humboldt-Universität zu Berlin, emeritiert seit 1989.

Der Nestor der Allgemeinen Pädagogik der DDR resümiert seinen Versuch, einen Theorieansatz einer Allgemeinen Pädagogik als selbständiger Teildisziplin der Erziehungswissenschaft unter den Bedingungen in der DDR zu begründen. Nach der Erörterung zur Gegenstandsproblematik einer Allgemeinen Pädagogik werden Vorschläge zur theoretischen Abbildung der Grundstruktur des pädagogischen Realprozesses sowie pädagogischer Prozeßgestaltung unterbreitet.

Die beiden folgenden Beiträge von Harald Zimmer und Franz Bernard befassen sich mit Belangen der Berufspädagogik.

Harald Zimmer (Jahrgang 1934), Professor für Berufspädagogik an der Technischen Universität Dresden, im Vorruhestand seit 01.01.1993.

In dem Beitrag »Persönlichkeitsentwicklung unter Beachtung der Aneignung wissenschaftlicher Erkenntnisse« wird ein theoretischer Ansatz im Rahmen einer Pädagogik des Unterrichtens in der Berufsausbildung, bei der durch Qualifikation auch allgemeine Bildung »vermittelt« wird, vorgestellt. Der Ansatz soll Zeugnis ablegen, wie versucht wurde, engstirnige utilitaristische Konzepte der Berufsbildung zu überwinden.

Franz Bernard (Jahrgang 1936), Professor für Fachdidaktik Metalltechnik an der Technischen Universität »Otto von Guericke« Magdeburg.

Franz Bernard stellt dar, wie auf der Basis von Erkenntnissen methodologischer Analysen der dem Unterrichtsfach zugrundeliegenden Fachwissenschaft die Funktion und Struktur der Aneignungsgegenstände aufzudecken ist, die wesentlichen Einfluß auf die Gestaltung von Aneignungsprozessen im Unterricht ausüben. Insbesondere für den beruflichen Unterricht eröffnen diese Untersuchungen Grundstrukturen des methodologischen Vorgehens für typische Aneignungsgegenstände und wesentliche Potenzen für die Entfaltung der Persönlichkeit des Auszubildenden.

Wolfgang Steinhöfel (Jahrgang 1935), Professor für Allgemeine Didaktik an der Technischen Universität Chemnitz, abgewickelt seit 01.01.1991.

In dem monographisch angelegten Beitrag »Die Balance im Umgang mit dem Begabtenphänomen – Zur Begabungsforschung an der Technischen Universität Karl-Marx-Stadt/Chemnitz von 1980 bis 1990« werden erziehungswissenschaftliche Intentionen und Vorgehensweisen einer DDR-Forschungsgruppe zur Beantwortung von Fragen des Erkennens, Förderns und Entwickelns von begabten Schülern im Unterricht von dem langzeitig im Metier tätigen Didaktiker reflektiert.

Karlheinz Tomaschewsky (Jahrgang 1925), Professor für Erziehungstheorie an der Humboldt-Universität zu Berlin, emeritiert seit 01.09.1990.
In dem Beitrag »Umgestaltung des Unterrichts – Führen der Schülertätigkeiten zum Lösen von Aufgaben und zur Verinnerlichung von Werten der Moral« wird von dem DDR-Erziehungstheoretiker ein bewußt zeitbezogener historischer Beitrag vorgestellt, in dem das Bemühen um die Verbesserung der Unterrichtsqualität in der DDR-Schule im Mittelpunkt steht.
Die dazu genutzten Innovationen oder wissenschaftlichen Anleihen werden differenziert entfaltet.

Edgar Rausch (Jahrgang 1928), Professor für Allgemeine Didaktik an der Pädagogischen Hochschule Leipzig, Ruhestand seit 01.10.1992.
Der Beitrag »Unterrichtliche Kommunikation und Kooperation – Didaktische Forschung an der Pädagogischen Hochschule Leipzig mit paradigmatischem Anspruch« berichtet darüber, wie sich in den 80er Jahren eine pädagogisch-didaktische Aufwertung und Kultivierung des Kommunikationsgeschehens im Unterricht als dringend geboten herausstellte und in welcher Weise die Kommunikationsproblematik für die Forschung, Lehrerausbildung und die schulische Praxis an der Pädagogischen Hochschule in Leipzig thematisiert wurde.
Durch die Hereinnahme /Aufnahme der Kommunikation in das didaktische Kategoriensystem wurde das gesamte didaktische Denken und Handeln an neue bzw. weiterführende paradigmatische Ansätze herangeführt.

Klaus-Peter Becker (Jahrgang 1926), Professor für Sprachheilkunde und Rehabilitationspädagogik an der Humboldt-Universität zu Berlin, emeritiert seit 01.03.1991.
In dem Artikel »Rehabilitationspädagogik an der Humboldt-Universität zu Berlin« wird in einem ersten Versuch die Entstehung der Rehabilitationspädagogik in Deutschland nach dem II. Weltkrieg historisch aspekthaft nachvollzogen. Theoretische wie ethische Grundpositionen bilden den Ausgangspunkt der Betrachtungen, werden in ihrer praktischen Auswirkung kritisch verfolgt, mit literarischen Reflektionen westdeutscher Autoren in Beziehung gesetzt und an die gegenwärtige Wissenschaftsentwicklung auf diesem Fachgebiet herangeführt.

Hildegard Steinhöfel (Jahrgang 1936), promovierte Fachärztin für Arbeitsmedizin, 1987/88 Förderung der Gesundheitserziehung in der Lehrerbildung an der Technischen Universität Chemnitz.

Die Einbeziehung von Gesundheitserziehung in die Lehrerbildung ist wohl allzeit und weiterhin umstritten. Historisch bezogen auf die Lehrerbildung in der DDR plädiert die Autorin, ausgehend von ihrer eigenen medizinischen und gesundheitserzieherischen Profession, für eine ganzheitliche pädagogische Anthropologie, welche zugleich auch gezielt der Bildung zur Gesundheitsförderung dienen könnte, als Lehrfach für Pädagogen.